OVID
HEROIDES

Arthur Palmer (1841–1897), Professor of Latin in the University of Dublin and Fellow of Trinity College, also edited Horace's *Satires* (1883) and Plautus' *Amphitruo* (1890). On his death, his edition of Ovid's *Heroides* was completed by his colleague, Louis Claude Purser (1854–1932), editor (with R.Y. Tyrrell) of a major edition of Cicero's correspondence.

Duncan F. Kennedy is Professor of Latin Literature and the Theory of Criticism at the University of Bristol. He is the author of *The Arts of Love: Five Studies in the Discourse of Roman Love Elegy* (Cambridge, 1993) and *Rethinking Reality: Lucretius and the Textualization of Nature* (Ann Arbor, 2002), as well as major articles on Ovid.

CLASSIC EDITIONS FROM BRISTOL PHOENIX PRESS
Also available or forthcoming in this series:

GREEK

Selections from the Attic Orators: Antiphon, Andocides, Lysias, Isocrates, Isaeus, ed. R.C. Jebb; new introduction by P.E. Easterling & M.J. Edwards (2005).

Lycophron: Alexandra, ed. G.W. Mooney; new introduction by N. J. Lowe (forthcoming).

LATIN

Aetna, ed. and tr. R. Ellis; new introduction by Katharine Volk (forthcoming).

Mayor's Juvenal: Thirteen Satires; new introduction by John Henderson. Vol. 1 Introduction, Complete Text, and Commentary on Satires I-VII; Vol. 2 Commentary on Satires VIII-XVI (forthcoming).

Ovid: Ibis, ed. R. Ellis; new introduction by Gareth Williams (forthcoming).

Quintilian: Institutio Oratoria X, ed. W. Peterson; new introduction by Adrian T. Furse (forthcoming).

Statius: Achilleid, ed. O.A.W. Dilke; new introduction by Robert Cowan (2005).

Tacitus: Dialogus, ed. W. Peterson; new introduction by Adrian T. Furse (forthcoming).

Conington's Virgil: Eclogues, Georgics, Aeneid; new introduction by Philip R. Hardie, with Brian Breed [*Eclogues*], Monica Gale [*Georgics*], and Anne Rogerson [*Aeneid*] (forthcoming).

CLASSIC TRANSLATIONS

Gilbert Murray's Euripides: The Trojan Woman and Other Plays; new introduction by James Morwood (2005).

The Odes and Epodes of Horace, tr. by Lord Lytton; new introduction by Oswyn Murray (forthcoming).

OVID
HEROIDES

edited by
Arthur Palmer

new introduction and bibliography by
Duncan F. Kennedy

VOLUME 1
Introduction and Text,
with Greek Translation by Maximus Planudes

BRISTOL
PHOENIX
PRESS

Cover illustration: Lord Leighton's 'Last Watch of Hero':
Hero looking out for her lover Leander, who is drowning in the Hellespont
(© Manchester Art Gallery)

Originally published in 1898 by
the Clarendon Press, Oxford
Reprinted 1967

This edition (with new material) first published in 2005 by
Bristol Phoenix Press
an imprint of The Exeter Press
Reed Hall, Streatham Drive
Exeter, Devon, EX4 4QR
UK

www.exeterpress.co.uk

British Library Cataloguing in Publication Data
A catalogue record for this book is available
from the British Library.

ISBN Volume One 1-904675-05-0
ISBN Volume Two 1-904675-06-9

CONTENTS*

Volume 1

[*The pagination of the original edition, apart from that of Purser's preface, has been retained so that cross-references remain valid. Thus Purser's introduction begins on p. ix, although the first few pages of the original preliminary material have not been reproduced here. This new edition's preliminaries and introductory material are distinguished from the original edition by numerals in upper case roman. In Volume 2, Palmer's commentary begins at p. 275.]

CODICIS PARISINI 8242 PAGINA UNA (31) CONTINENS HEROIDES 8. 30–57

INTRODUCTION

Palmer, Purser and Housman

'Palmer's *Heroides*' is bound up with an early death, an act of selfless generosity and a famous review. A Canadian by birth, Arthur Palmer (1841-97), a graduate of Trinity College, Dublin, was elected a Fellow of the College in 1867. For Trinity this was an unprecedented period of productivity and repute in classical scholarship. Palmer was part of a community which included J.P. Mahaffy, mentor of Oscar Wilde and source, so it is said, of some of his most famous epigrams, and R.Y. Tyrrell, scholar, literary critic and bohemian. He would soon be joined by J.B. Bury, later to be Regius Professor of Modern History at Cambridge. Palmer succeeded Tyrrell as Professor of Latin in 1880 when Tyrrell transferred to the vacant Regius Professorship of Greek. He produced editions of Horace's *Satires* (1883) and Plautus' *Amphitruo* (1890) for the 'Macmillan red' series of school editions, rather austere productions for the series even at this period, though the former was still in print in the 1970s. As these volumes indicate, Palmer's primary interest was in textual criticism. He did extensive work on the text of Propertius (though without ever publishing an edition); and he published a text of Catullus (Oxford, 1896). The *Heroides*, the least-well preserved of Ovid's texts, remained an abiding concern: his earliest major publication was an edition of 1-14 with notes (London, 1874) and some of the material from that finds its way into his contribution to this edition.

The last ten years of Palmer's life were overshadowed by ill-health and, when he knew he would not himself be able to complete the edition, he appealed to his colleague Louis Claude Purser (1854-1932) to finish it for him. The two had collaborated before, preparing for publication in 1889 the fourth and final volume of the Dublin physician James Henry's monumental commentary on the *Aeneid*. On this occasion, however, Purser was reluctant to do so – and not only because, as he states in the preface (p. vii), he had never devoted any special study to Ovid. Tyrrell had embarked in the 1870s on a major edition of the correspondence of Cicero and Purser had initially helped him with the collation of a couple of key manuscripts, the importance of which had escaped Tyrrell's attention when he published the first volume in 1879. Purser found himself drawn into an increasingly demanding collaboration; for it appears that he was largely responsible for the content of volumes 3-7, which were published between 1890 and 1901, as well as for the speed of their execution. Purser had been an exact contemporary of Oscar Wilde, first at Portora Royal School, then at Trinity. In his obituary of Purser, A.C. Clark recounts a telling story:

> That Wilde was not so studious as Purser may be inferred from a curious piece of evidence. This is contained in an old note-book found among Purser's papers after his death, on a page of which is a scrawl in Wilde's hand-writing, 'If he puts me on to construe, I shall say that it is your turn'. These words supply the key to much in Purser's subsequent career. Throughout his life his fate was to do the work of others, as well as his own.[1]

On Palmer's death, Purser succeeded him as Professor of Latin, only to resign in 1904 in order to devote much of his time to University administration, eventually becoming Vice-Provost of Trinity in 1924. He had, of course, acceded to Palmer's request and, although his contribution both to the content and character of this edition was substantial (cf. Preface, pp. vii-viii), he modestly withheld his name from the title page. 'Indulgence', he says, 'may fairly be claimed for this attempt to complete the work of one of the foremost Latin scholars of our time, who was besides an exceptionally gifted man.'

The edition received a swift, careful and typically astringent review from A.E. Housman,[2] who had published a number of important recent papers on the text of the *Heroides* in the *Classical Review* of 1897 (summarised by Purser on pp. liv-lix). Housman's review cannot be ignored; for it has strongly conditioned the reception of this edition and its authors, as well as being yet another important contribution to the criticism of the *Heroides* in its own right. Housman properly acknowledges Purser's contribution:

No indulgence is needed: Mr Purser is more indust-
rious than Palmer, and has finished the task sooner
than Palmer would have finished it; his notes are more
accurate than Palmer's, and in several places he has
corrected Palmer's errors: we owe him nothing but
gratitude.[3]

This may seem harsh on a scholar who was hardly cold in
the ground but it is not wholly unfair. In contrast to his notably
energetic and worldly colleagues at Trinity, Palmer was reclusive,
spending much of his time at his home outside Dublin.[4] A brief
pen-picture adds some further details:

A fair cricketer, he was good at racquets and golf.
And his range of interests is shown by two articles
he contributed in the middle eighties to the *Quarterly
Review*. The first is a critical study of the plays of
Aristophanes, which contains incidentally, as might
be expected in the *Quarterly*, some shrewd hits at
Gladstonian liberalism; in the second, which is a
balanced survey of horse-racing in England, Palmer
displays a keen and well-informed interest in the Turf.[5]

Such frivolities were unlikely to commend their author to
Housman, for whom Palmer 'with all his genius ... remained to
the end of his days an amateur'.[6] Some of Housman's comments
display all the strictness of the recording angel:

His inspiration was fitful, and when it failed him he
lacked the mental force and rightness which should
have filled its place. His was a nimble but not a
steady wit: it could ill sustain the labour of severe and
continuous thinking; so he habitually shunned that
labour. He had no ungovernable passion for knowing
the truth about things: he kept a very blind eye for
unwelcome facts and a very deaf ear for unwelcome
argument, and often mistook a wish for a reason. No
one could defend more stubbornly a plain corruption,
or advocate more confidently an incredible conjecture,
than Palmer when the fancy took him.[7]

There is much more in this vein; but these remarks follow
what, for Housman, was an exceptionally generous estimate:
'Among critics who have emended Ovid's heroides since the
time of Heinsius', he writes, 'the first place belongs to Bentley,
the second to Palmer, and the third to Madvig: van Lennep and
Merkel may dispute the fourth'.[8] Housman's animus seems
born out of frustration at a talent that he regarded as – almost
wilfully – unfulfilled (not least, in his view, by Palmer's failure
to take Bentley's work on the *Heroides* into account) and, to the
extent that it was fulfilled, did not receive the recognition due to
it: no one was more sensitive to, or more concerned about, the
estimation of future generations than Housman himself. And so
his many shortcomings 'will not disguise from posterity and ought
not to disguise from us that Palmer was a man more singularly
gifted by nature than any English scholar since Badham and than
any English Latinist since Markland'.[9]

Text, transmission and authenticity[10]

Housman's considered judgement of this edition is that 'it gives
a text of the heroides which is on the whole the best in existence,
unless the text which Palmer contributed to the new Corpus
Poetarum is better'.[11] The succeeding century has seen extensive
work on the manuscript tradition;[12] but the fact is that the *Heroides*
are the least well-preserved of Ovid's works and their text remains
the most difficult to establish.[13] No published text can claim to have
definitively superseded Palmer's.[14] In the face of the scepticism
expressed by Karl Lachmann,[15] Palmer and Purser were much
exercised by the question of the authenticity of particular epistles
(pp. xxix-xxxi). Palmer had particular concerns about 8,[16] though
he concluded that 'it is in the main Ovid's own work' (p. 351);
he requested Purser to write an extended introduction to 15,
'defending, as far as possible, the Ovidian authorship of it' (p. vii);
and he was firmly of the belief that the double epistles (16-21) were
not written by Ovid (pp. 436-7) – a judgement from which Purser
politely distanced himself in his own Introduction (p. xxxii). This
debate continues to rumble on and a number of the single epistles
remain under suspicion, notably 9.[17] The epistle to Sappho (15),
transmitted separately from the rest of the collection, continues
to excite the greatest controversy: its most recent commentators

remain divided.[18] However, as with the double epistles,[19] the
question of its authorship matters little to critical appreciation.
Purser's judgement remains shrewd: 'Even though it be proved
conclusively that some of the Epistles are not by Ovid, still there
is no doubt that they were written in the Ovidian style and are
Ovidian Epistles. Ovid is their ancestor, if not their father' (p.
xxix). The past century has seen much fine attention to the details
of Ovidian style and usage, as well as to the transmission of the
text, but this has not succeeded in resolving the textual problems
of the *Heroides* as traditionally conceived. As Richard Tarrant
judiciously remarks (1983: 270): 'In this transmission there is
no room for *eliminatio codicum* and very little for *recensio* as a
whole. All inherently plausible readings, whatever their source,
must be taken seriously, and sense and usage are the only sure
criteria for deciding among them.' Changing styles of literary
analysis affect what might be judged a plausible reading. Recent
scholarship has transformed our awareness of the poetics of the
collection; and this is having an important impact on the way in
which the problems presented by the text are perceived and on the
solutions proposed.

Epistolarity[20]

Ovid, as he lays claim to the radical innovation which the *Heroides*
represent, uses the term *epistula* to refer to them (*Ars* 3.345); and they
were to give rise to an extraordinary tradition that stretches through
the Middle Ages[21] to the modern day.[22] From close imitations of
their verse epistle form and heroine authors (e.g. Samuel Daniel's
'Letter from Octavia to Marcus Antonius' or Donne's 'Sappho
to Philaenis'), sometimes adapted to non-classical subjects (e.g.
Drayton's *England's Heroicall Epistles* or Pope's *Eloisa to Abelard*),
through the tradition of the 'female complaint'[23] and the Spanish
novela sentimental,[24] to the epistolary novel,[25] all bear witness to the
influence of the *Heroides* and the high regard in which the poems
were held. The eighteenth century probably marked the high point
of their critical fortunes.[26] The *Heroides* then suffered a calamitous
decline in critical estimation during much of the nineteenth and
twentieth centuries, for all that they were an important influence on
one of the favoured modes of the period 1830-1930, the dramatic
monologue.[27] In a review of T.S. Eliot's *Prufrock*, Ezra Pound sets

Eliot's work in a tradition that he traces back to Ovid: 'Antiquity gave us Ovid's *Heroides* and Theocritus' woman using magic. The form of Browning's *Men and Women* is more alive than the epistolary form of the *Heroides*'.[28] During this period and beyond, Ovidian scholarship reflected that sensibility and downplayed the epistolary form. Purser is thus typical in his dismissive attitude to their epistolary character: 'The Epistles are really soliloquies, the epistolary setting being little more than a mere form which gives an apparent reason for these soliloquies being committed to writing at all' (p. xi); and, in an echo of the complaint that Dryden made in the preface to his translation of 1680 about 'wit out of season', he sees epistolary reference as an unfortunate distraction from 'the dramatic expression of emotion': 'Yet it is a poor kind of facetiousness to make merry over the epistolary setting ... And it is shallow wit to object to Ariadne's letter to Theseus because there was no regular postal service between Naxos and Athens' (p. xi). With the publication of theoretical works such as Jacques Derrida's *The Post Card* (Chicago and London, 1980) and Janet Gurkin Altman's *Epistolarity: Approaches to a Form* (Columbus, 1982), the postmodern period, with its anxieties about communication and its points of failure, has brought a heightened awareness of the distinctive aspects of letter-writing as a discursive mode; and this has had a major impact over the past twenty years on the way we read the *Heroides*.[29] The writers turn to written missives to overcome a separation – emotional, temporal and social no less than physical – from their addressees which their letters attempt, with greater or (more often) lesser success, to bridge. The letters constantly manifest an awareness of that absence whilst simultaneously working to eliminate it.[30]

A further distinctive feature of the letter-form is that it is written at a particular moment as a response to a particular set of circumstances. In the programmatic first letter of the collection, Penelope does not know where Ulysses is. She says that she writes a letter to give to every passing sailor who visits Ithaca in the hope that he will be able to give it to Ulysses, should he meet him (*Her.* 1.59-62). Ovid's Penelope is thus a serial letter-writer; but, in an ingenious twist which infuses the piece with an intriguing and delicious irony, a close examination of the particular letter we read as *Heroides* 1 reveals it to be written for delivery by the 'Cretan beggar' who has just arrived in the palace and is, of course, the returned Ulysses in disguise.[31] But this web of unresolved ironies is perhaps at the expense of us the readers as much as it may be at Penelope's. Has she penetrated the disguise and is this letter an attempt to flush her husband out? Ovid sometimes sets the composition of her epistle at a cliff-hanger moment of the heroine's story;[32] the letter itself might be seen to precipitate the dénouement of events. The double epistles allow particular scope for rendering such dramatic developments explicit: thus the very fact that Helen is, albeit reluctantly, responding to Paris' letter (*Her.* 16 and 17) marks the beginning of her seduction; and it takes little imagination to conjecture that Hero's querulous reply to his letter will bring about Leander's disastrous attempt to swim the Hellespont, in spite of the weather conditions and against his better judgement (*Her.* 18 and 19).

Intertextuality

In their introductions to the individual epistles, Palmer and Purser make much reference to the 'materials', 'sources' or 'authorities' Ovid used and the succeeding century has had comparatively little to add to what they collected. Most of the letters have an obvious specific canonical text or texts to which they correspond closely in both dramatic and verbal detail; indeed it seems likely that, had more ancient texts survived, all would be seen to have had such a close relationship: for example, papyrus discoveries have enabled subsequent scholars to document a number of significant points of contact between the exchange of Acontius and Cydippe (*Her.* 20 and 21) and Callimachus' version of the story in the *Aetia* – connections that for Purser could only be matters of conjecture (pp. 478-83).[33] However, there has been a major shift in the way in which the relationship of the *Heroides* to these 'source' texts is analysed, and the role they play in creating the literary effects specific to the collection. When we come to read their letters, the heroes' and heroines' stories are already familiar to us, the so-called 'external' readers, in versions canonised in the literary tradition. It is only through specific and detailed acquaintance with its source text, the *Odyssey*, that the external reader is able to infer the time and circumstances of the writing of Penelope's letter and to appreciate the resulting ironies.[34] The epistolary form of the *Heroides* thus effectively freezes the protagonists at a particular

point within those stories. They foresee or desire a particular end
to their story, which may or may not be the outcome familiar to
the external readers, who often find in their words a further signifi-
cance than they are in a position to grasp as they 'write' them.
The *Heroides*, as well as being what Purser termed 'the dramatic
expression of emotion', are, at one and the same time through their
relationship to their source texts, extended exercises in irony, tragic
or humorous, as the case may be.

The intertextual relationships thereby established allow for
many different types of metaliterary play, making the literary
tradition itself – and its manipulation – one of the prime subjects
of the collection.[35] This is enabled by a distinctive formal feature
of the letters: each of the *Heroides* can be regarded as having two
authors – the heroine or hero, and Ovid. For Palmer, this nexus
of authorship was relatively inert and tended to lead to negative
judgements, as we see, for example, in his introduction to the
letter of Penelope (p. 277):

> Whatever materials Ovid wanted for this Epistle he drew
> directly from the Odyssey and the Iliad. His perusal of
> those works either had not been very recent, or was
> cursory and careless, as the discrepancies between
> him and Homer noticed on ver. 15, 37 and 91 show.
> The style of the Epistle is the most severe and classical
> of the series and well agrees with the staid character
> of περίφρων Πηνελόπεια. The fidelity of Ovid to the
> conceptions of the authors he followed is very marked,
> and is easily recognised in his delineations of Phaedra,
> Dido and Medea.

If we take Ovid to be the author of any particular epistle, then the
'source' texts (e.g. Homer) temporally precede the epistle, which
then echoes them. On the other hand, if we take the heroine or hero
to be the author, a chronology of authorship is set up, in which the
'source' texts are forestalled by the legendary authors, and it is
Homer or Virgil who 'echoes' them. If we regard Penelope as the
author of *Heroides* 1, it is possible to read the discrepancies in
detail between the *Odyssey* and her letter as a consistent and artful
tactic on (the not-so-staid) Penelope's part to deceive Ulysses in
an attempt to get him to return home.[36] Similarly, the Dido of

Heroides 7 contradicts (even 'corrects'?) Virgil – and does so, in terms of her 'authorial' chronology, long before Virgil writes.[37] Within this metaliterary play, literary history and generic hierarchy seem to be inverted. These elegiac voices pre-empt the epic mode which is conventionally taken to be originary. However, the effects created can be no less subversive than they are witty.

The 'authors' of the *Heroides*: the politics of gender and tradition

The literary tradition is shot through with patriarchal – not to say patronising – attitudes. One does not have to look far to find them in Palmer and Purser, to the detriment of their appreciation of the collection (pp. xiv and xvi):

> [Ovid] knew, or at all events seemed to know, the changing and various movements of the female mind. He depicts in turn the thoughts of the different lovers in their misfortune, the tearful, the affectionate, the passionate, the indignant—and all with a simple observation of fairly obvious features, and without any deep psychological analysis …. It may or may not be true that most women have no character at all;[38] but certainly some of Ovid's heroines have very little character.

Deviations from the 'source' text can serve, as we have seen, to individuate the heroines. But methodologies no less than attitudes can be shot through with prejudice. The external reader will inevitably use the 'source' text as a point of reference, but (s)he may also regard it as an 'objective' or 'authoritative' account of events, seeing the heroine's perspective not only as 'subjective' but subject to that authority, as Palmer does in the case of Penelope. However, in intertextualist readings of the kind we have been looking at, canonical texts such as the *Odyssey* and the *Aeneid* can come to look like 'later' appropriations – even 'misrepresentations' – of the legendary authors' 'own' words and their attempts to fashion themselves. The heroines all have a 'mythic' quality to them which leaves them in danger of stereotyping (Penelope the 'staid' wife, for example). Allowing them to write in their 'own' words gives them the opportunity to subvert the timeless abstractions they have become. The *Heroides* work to unravel the phenomenology of myth itself and the role in myth-formation of canonical texts.[39] This deconstructs the gender politics at work, though it does not abolish them. The reader of the *Heroides* is always confronted with *two* notional authors of any epistle; and one or the other tends to be privileged in any particular reading, as Ovid is so pervasively in Palmer and Purser. Recent study of the intertextuality of the collection has similarly tended to focus attention on Ovid as the manipulator of the literary tradition and seen him as ventriloquising his literary concerns through the heroine or hero. However, a concentration on the Ovidian voice muffles what is distinctive about the voice of the heroine in particular; and there have been a number of notable recent attempts to use feminist and psychoanalytical approaches to recuperate the 'female voice' in the *Heroides*[40] – or to reconfigure the literary tradition in such a way as to see the epistolary mode as historically, if not essentially, feminine[41] and as feminising all those who inhabit its tropes. Thus Patricia Rosenmeyer sees Ovid in the *Tristia* as reversing the hierarchy of authorship so often attributed to the *Heroides* and ventriloquising the concerns of the heroines: 'The *Heroides* may be read as letters from exile ... in which Ovid pursues his fascination with the genre of letters and the subject of abandonment through literary characters; the *Tristia* takes that fascination one step further as the author himself, in letters to loved ones, writes from the position of an abandoned hero of sorts'.[42] The authority associated with authorship is thus destabilised in the *Heroides*, nowhere more so than in 15, the epistle of Sappho, a poem whose 'internal logic already points to the possibility of a poetic tradition that does not claim original authorship'.[43] A different approach is that of Joseph Farrell, who sees the Ovidian author as an intermediary, an editorial figure who 'translates' Briseis' Greek into Latin and 'emends' the text which has been effaced by the blots made by her tears.[44] In this reading, the scholarly concerns which motivate an edition such as Palmer and Purser's become thematised within the text, thus drawing their work (and all other scholarship) into a 'web of ironies created by Ovid's anticipation of the hermeneutic processes to which his text would inevitably be subjected'.[45]

NOTES

1. *Proceedings of the British Academy* 18 (1932) 406. For Purser's reminiscences of Wilde, see Richard Ellman, *Oscar Wilde* (London, 1987) 22. In fairness to Wilde, he at first eclipsed Purser academically at Trinity, as Ellman (1987) 28 notes.
2. *Classical Review* 13 (1899) 172-8 (= J. Diggle and F.D.R. Goodyear [eds], *The Classical Papers of A.E. Housman* [Cambridge, 1972] vol. II, 470-80).
3. (1899) 172 (= [1972] 470).
4. Unlike Mahaffy, Tyrell, Purser and Bury, Palmer did not gain entry into the *Dictionary of National Biography*. Tyrell, Purser and Bury were all to become Fellows of the British Academy in due course; Mahaffy was to become Provost of Trinity and was knighted.
5. W.B. Stanford and R.B. McDowell, *Mahaffy: a Biography of an Anglo-Irishman* (London, 1971) 44.
6. Housman (1899) 173 (= [1972] 472).
7. Housman (1899) 173 (= [1972] 472).
8. Housman (1899) 172 (= [1972] 471).
9. Housman (1899) 173 (= [1972] 472). To set this extraordinary but characteristic calibration in some kind of context, here is Housman's view of Markland: 'It is probable that Englishmen are right in counting Porson the second of English scholars, but many judges on the Continent would give that rank to Markland. He is the only one except Bentley who has been highly and equally eminent in Greek and Latin; and I believe that Bentley did him the honour, extravagant I admit, to be jealous of him.' (*Classical Review* 34 [1920] 111 [= (1972) vol. III, 1005]).
10. Brief author (date) references in the footnotes of this section are, unless otherwise indicated, to Select Bibliography part 1 below.
11. Housman (1899) 173 (= [1972] 472). Housman refers to Palmer's text of the *Heroides* in the first volume of J.P. Postgate, *Corpus Poetarum Latinorum* (London, 1899) 322-53, which Palmer himself had completed in 1892.

12. Notably by Dörrie (1960; 1972); see the important review by E.J. Kenney, *Gnomon* 33 (1961) 478-87. On the condition of the most important manuscript, Parisinus Latinus 8242 (P), see McKie (1986), who also puts forward important arguments against the hypothesis (supported by Dörrie and Kenney) that the *Heroides* were transmitted with the other amatory works of Ovid in a single tradition during the Carolingian period.

13. See the surveys of Tarrant (1983) and Richmond (2002).

14. Dörrie's text (1971), the most important to appear in this period, is a disappointment: see reviews by G.P. Goold, *Gnomon* 46 (1974) 475-84; M.D. Reeve, *Classical Review* 24 (1974) 57-64; and J.M. Hunt, *Classical Philology* 70 (1975) 215-24.

15. *Kleinere Schriften* II (Berlin, 1876) 56-61. Lachmann condemned 3, 8, 9, 13, 14, 15 and 16-21.

16. Discussed further in Knox (1955) 8-11 (Select Bibliography part 2 below).

17. See Courtney (1965) and Vessey (1969).

18. Dörrie (1975) and Rosati (1996) are in favour of Ovidian authorship, Knox (1995) against; as is Tarrant (1981) (Select Bibliography part 2 below).

19. Courtney (1998) contests the defence of the authenticity of the double epistles mounted by Kenney (1996) 20-6 (Select Bibliography part 2 below). For detailed defence of the authenticity of 16.39-144 and 21.145-248, which are first attested in the edition of Stephanus Corallus (Parma, 1477), see Kenney (1979).

20. Henceforth brief author (date) references are to Select Bibliography part 2 below.

21. See Hexter (1986) and Hagedorn (2004).

22. See Dörrie (1968); also Kaufmann (1986) and Beebee (1999) 199-205. They chart the revival of epistolary fiction in the late twentieth century.

23. See Kerrigan (1991).

24. See Brownlee (1990).

25. See Mylne (1981), Kaufmann (1986) and Beebee (1999).

26. Trickett (1988).

27. See Langbaum (1974) and Sinfield (1977).

28. *Literary Essays* (London, 1954) 419.

29. See Kennedy (2002) for a much more detailed consideration of these issues.

30. See Hardie (2002) 106-42.

31. See Kennedy (1984).

32. See e.g. Fulkerson (2002) on *Heroides* 2; and Williams (1992) on *Heroides* 11.

33. See Kenney (1996), Rosenmeyer (1966) and Hardie (2002) 110-21.

34. See Kennedy (1984),

35. See especially Barchiesi (1986) (= [2001] 9-28); (1987) (= [2001] 29-47); and (1993) (= [2001] 105-27).

36. See Kennedy (1984).

37. See Desmond (1993). For Medea, see Hinds (1993).

38. As Charles Martindale points out to me, Purser is here alluding to line 2 of Pope's *Moral Essays: Epistle II. To a Lady.*

39. Kennedy (2002) 226; for different views, see Lindheim (2003) 13-77.

40. See Lindheim (2003) and Spentzou (2003).

41. Kaufmann (1992) 103: 'from the *Heroides* to Héloise, from the *Letters of a Potuguese Nun* to *Clarissa,* [the epistle] has traditionally been considered the feminine mode *par excellence*'. For a useful historical survey, see Beebee (1999) 103-36.

42. Rosenmeyer (1997) 29.

43. Prins (1999) 179.

44. Farrell (1998).

45. Farrell (1998) 338.

SELECT BIBLIOGRAPHY

Part 1

Texts

Dörrie, H., *P. Ovidii Nasonis Epistulae Heroidum* (Berlin and New York, 1971)

Rosati, G., *Lettere di Eroine* (Milan, 1989)

Showerman, G., rev. Goold, G.P., *Ovid. Heroides and Amores* (Cambridge, Mass. and London, 1977).

Studies on the Text and its Transmission

Courtney, E., 'Ovidian and non-Ovidian *Heroides*', *Bulletin of the Institute of Classical Studies* 12 (1965) 63-5

——'Problems in Ovid's *Heroides*', *Mnemosyne* 27 (1974) 298-9

——'Echtheitskritik: Ovidian and non-Ovidian *Heroides* Again', *Classical Journal* 93 (1998) 157-66

Diggle, J., 'Ovidiana', *Proceedings of the Cambridge Philological Society* 18 (1972) 31-41

Dörrie, H., *Untersuchungen zur Überlieferungsgeschichte von Ovids epistulae Heroidum* (Nachr. d. Akad. d. Wissenschaften in Göttingen, Phil.-Hist. Kl. 1960, 5 (Teil I), 7 (II); 1972, 6 (III))

Hall, J.B., 'Conjectures in Ovid's *Heroides*', *Illinois Classical Studies* 15 (1990) 263-92

Kenney, E.J., 'Two Disputed Passages in the *Heroides*', *Classical Quarterly* 29 (1979) 394-431

Lingenberg, W., *Das erste Buch der Heroidenbrief. Echtheitskritische Untersuchungen* (Paderborn, 2003)

McKie, D.S., 'Ovid's *Amores*: The Prime Sources for the Text', *Classical Quarterly* 36 (1986) 219-38

Reeve, M.D., 'Notes on Ovid's *Heroides*', *Classical Quarterly* 23 (1973) 324-38

Richmond, J.A., 'Manuscript Traditions and the Transmission of Ovid's Works' in Barbara Weiden Boyd (ed.), *Brill's Companion to Ovid* (Leiden, 2002) 462-7

Sicherl, M., 'Vermeintliche Versinterpolationen in Ovids Heroides', *Hermes* 91 (1963) 190-212

Tarrant, R.J., 'Ovid' in L.D.Reynolds (ed.), *Texts and Transmission. A Survey of the Latin Classics* (Oxford, 1983) 268-73

Vessey, D.W.T.C., 'Notes on Ovid, *Heroides* 9', *Classical Quarterly* 19 (1969) 349-61.

Part 2

General Literary Studies

Anderson, W.S., 'The *Heroides*' in J.W. Binns (ed.), *Ovid* (London, 1973) 49-83

Barchiesi, A., 'Problemi d'interpretazione in Ovidio; continuità delle storie, continuazione dei testi', *Materiali e Discussioni* 16 (1986) 77-107 (= Eng. trans. in Barchiesi [2001] 9-28)

——'Narratività e convenzione nelle Heroides', *Materiali e Discussioni* 19 (1987) 63-90 (= Eng. trans. in Barchiesi [2001] 29-48)

——'Future Reflexive: Two Modes of Allusion in Ovid's *Heroides*', *Harvard Studies in Classical Philology* 95 (1993) 333-65 (= Barchiesi [2001] 105-27)

——'Vers une histoire à rebours de l'élégie latine: les Héroïdes "doubles" (16-21)', in J. Fabre-Serris and A. Deremetz (eds), *Elégie et épopée dans la poésie ovidienne (Héroïdes et Amours), En homage à S. Viarre* (Lille, 1999) 53 – 67

——*Speaking Volumes. Narrative and Intertext in Ovid and Other Latin Poets* (London, 2001)

Farrell, J., 'Reading and Writing the *Heroides*', *Harvard Studies in Classical Philology* 98 (1998) 307-38

Hardie, P., *Ovid's Poetics of Illusion* (Cambridge, 2002)

Hintermeier, C.M., *Die Briefpaare in Ovids* Heroides: *Tradition und Innovation* (Stuttgart, 1993)

Holzberg, N., *Ovid. Dichter und Werk* (Munich, 1997) 79-99 (= *Ovid. The Poet and his Work* [Ithaca and London, 2002] 71-113)

Jacobson, H., *Ovid's Heroides* (Princeton, 1974)

Jolivet, J.-C., *Allusion et fiction épistolaire dans les Héroïdes: Recherches sur l'intertextualité ovidienne* (Rome, 2001)

Kennedy, D.F., 'Epistolarity: the *Heroides*' in P. Hardie (ed.), *The Cambridge Companion to Ovid* (Cambridge, 2002) 217-32

Kirfel, E.-A., *Untersuchungen zur Briefform der Heroides Ovids* (Bern and Stuttgart, 1969)

Knox, P.E., 'The *Heroides*: Elegiac Voices' in Barbara Weiden Boyd (ed.), *Brill's Companion to Ovid* (Leiden, 2002) 117-39
Lindheim, S.H., *Mail and Femail. Epistolary Narrative and Desire in Ovid's* Heroides (Madison, 2003)
Rosenmeyer, P.A., 'Ovid's *Heroides* and *Tristia*: Voices from Exile', *Ramus* 26 (1997) 29-56
Spentzou, E., *Readers and Writers in Ovid's* Heroides. *Transgressions of Gender and Genre* (Oxford, 2003)
Spoth, F., *Ovids* Heroides *als Elegien* (Munich, 1992)
Verducci, F., *Ovid's Toyshop of the Heart* (Princeton, 1985)
Wilkinson, L.P., *Ovid Recalled* (Cambridge, 1955) 83-117.

Commentaries on more than one poem

Barchiesi, A., *P. Ovidii Nasonis Epistulae Heroidum 1-3* (Florence, 1992)
Knox, P.E., *Ovid Heroides. Select Epistles* (Cambridge, 1995)
Kenney, E.J., *Ovid Heroides XVI-XXI* (Cambridge, 1996)
Reeson, J., *Ovid Heroides 11, 13 and 14. A Commentary* (Leiden, 2001).

Commentaries and Extended Studies on Particular Epistles

Heroides 1
Commentaries: Barchiesi (1992); Knox (1995)
Kennedy, D.F., 'The Epistolary Mode and the First of Ovid's *Heroides*', *Classical Quarterly* 34 (1984) 413-22
Henderson, J., 'Becoming a Heroine (1st): Penelope's Ovid ...', *Liverpool Classical Monthly* 11 (1986), 7-10, 21-4, 37-40, 67-70, 81-5, 113-21
See also: Jacobson (1974) 243-76; Lindheim (2003) 37-51.

Heroides 2
Commentaries: Barchiesi (1992); Knox (1995)
Fulkerson, L., 'Writing Yourself to Death: Strategies of (Mis)reading in *Heroides* 2', *Materiali e Discussioni* 48 (2002) 145-165
Kennedy, D.F., '*Vixisset Phyllis, si me foret usa magistro*: Erotodidaxis and Intertextuality' in R.K. Gibson, S. Green and A.R. Sharrock (eds), *The Art of Love: Bimillennial Essays on Ovid's* Ars Amatoria *and* Remedia Amoris (Oxford, forthcoming)
See also: Jacobson (1974) 58-75.

Heroides 3

Commentary: Barchiesi (1992)

See also: Jacobson (1974) 12-42; Lindheim (2003) 51-62; Verducci (1986) 87-121.

Heroides 4

Casali, S., 'Strategies of Tension', *Proceedings of the Cambridge Philological Society* 41 (1995) 1-15

See also: Jacobson (1974) 142-58.

Heroides 5

Commentary: Knox (1995)

Lindheim, S.H., '*Omnia vincit amor*: Or, Why Oenone Should Have Known It Would Never Work Out (*Eclogue* 10 and *Heroides* 5)', *Materiali e Discussioni* 44 (2000) 83-101

See also: Jacobson (1974) 176-94; Jolivet (2001) ch. 1.

Heroides 6

See: Jacobson (1974) 94-108; Lindheim (2003) 114-33; Verducci (1985) 33-85.

Heroides 7

Commentary: Knox (1995)

Desmond, M.,'When Dido Reads Vergil: Gender and Intertextuality in Ovid's *Heroides*', *Helios* 20 (1993) 56-68

See also: Jacobson (1974) 76-93.

Heroides 8

Williams, G., 'Writing in the Mother-Tongue: Hermione and Helen in *Heroides* 8', *Ramus* 26 (1997) 113-37

See also: Jacobson (1974) 43-57.

Heroides 9

Commentary: Casali, S., *P. Ovidii Nasonis Heroidum Epistula IX: Deianira Herculi* (Florence, 1995)

Casali, S., 'Tragic Irony in Ovid, *Heroides* 9 and 11', *Classical Quarterly* 45 (1995) 505-11

See also: Jacobson (1974) 228-42; Lindheim (2003) 62-75.

Heroides **10**
Commentary: Knox (1995)
See also: Jacobson (1974) 213-27; Verducci (1985) 235-85.

Heroides **11**
Commentaries: Knox (1995); Reeson (2001)
Williams, G., 'Ovid's Canace: Dramatic Irony in *Heroides* 11', *Classical Quarterly* 42 (1992) 201-9
See also: Jacobson (1974) 159-75; Jolivet (2001) ch.3; Verducci (1985) 181-234.

Heroides **12**
Commentaries: Bessone, F., *P. Ovidii Nasonis Heroidum Epistula XII: Medea Iasoni* (Florence, 1997); Heinze, T., *P. Ovidius Naso: Der XII Heroidenbrief: Medea an Jason mit einer Beilage: Die Fragmente der Tragödie Medea* (Leiden, 1997)
Hinds, S.E., 'Medea in Ovid: Scenes From the Life of an Intertextual Heroine', *Materiali e Discussioni* 30 (1993) 9-47
See also: Jacobson (1974) 109-23; Verducci (1985) 33-85.

Heroides **13**
Commentaries: Reeson (2001); Di Lorenzo, E., Carrano, A. and Viscidio, D., *Heroides Epistola XIII (Laodameia a Protesilao)* (Salerno, 1992)
Fulkerson, L., '(Un)sympathetic Magic: a Study of *Heroides* 13', *American Journal of Philology* 123 (2002) 61-88
See also: Hardie (2002) 132-7; Jolivet (2001) ch. 2.

Heroides **14**
Commentary: Reeson (2001)
Fulkerson, L., 'Chain(ed) Mail: Hypermestra and the Dual Readership of *Heroides* 14', *Transactions of the American Philological Association* 133 (2003) 123-145
O'Gorman, E., 'Love and the Family: Augustus and Ovidian Elegy', *Arethusa* 30 (1997) 103-23
See also: Jacobson (1974) 124-43.

Heroides **15**
Commentaries: Knox (1995); Dörrie, H., *P. Ovidius Naso, Der Brief der Sappho an Phaon: mit literarischem und kritischem*

Kommentar im Rahmen einer motivgeschichtlichen Studien (Munich, 1975)

Bessone, F., 'Saffo, la lirica, l'elegia: su Ovidio, *Heroides* 15', *Materiali e Discussioni* 51 (2003) 209-43

Gordon, P., 'The Lover's Voice in *Heroides* 15: Or, Why is Sappho a Man?' in J.P. Hallett and M.B. Skinner (eds), *Roman Sexualities* (Princeton, 1997) 274-91

Rimell, V., 'Epistolary Fictions: Authorial Identity in *Heroides* 15', *Proceedings of the Cambridge Philological Society* 48 (1999) 109-35

Rosati, G., 'Sabinus, the *Heroides* and the Poet-Nightingale: Some Observations on the Authenticity of the *Epistula Sapphus*', *Classical Quarterly* 46 (1996) 207-16

Tarrant, R.J., 'The Authenticity of the Letter of Sappho to Phaon (*Heroides* 15)', *Harvard Studies in Classical Philology* 85 (1981) 133-53

See also: Jacobson (1974) 277-99; Lindheim (2003) 136-76; Verducci (1985) 123-79.

Heroides 16 & 17

Commentary: Kenney (1996)

Kenney, E.J., '"Dear Helen ...": the *pithanotate prophasis?*', *Papers of the Leeds International Latin Seminar* 8 (1995) 187-207.

Heroides 18 & 19

Commentaries: Kenney (1996); Rosati, G., *P. Ovidii Nasonis Heroidum Epistulae XVIII-XIX: Leander Heroni, Hero Leandro* (Florence, 1996)

Beck, M., *Epistulae Heroidum XVIII und XIX des Corpus Ovidianum: echtheitskritische Untersuchungen* (Paderborn, 1996)

See also: Hardie (2002) 138-42.

Heroides 20 & 21

Commentary: Kenney (1996)

Kenney, E.J., 'Love and Legalism: Ovid, *Heroides* 20 and 21', *Arion* 9 (1970) 388-414

Rosenmeyer, P.A., 'Love Letters in Callimachus, Ovid and Aristaenetus, Or the Sad Fate of a Mailorder Bride', *Materiali e Discussioni* 36 (1996) 9-31

See also: Hardie (2002) 110-21.

Reception

Beebee, T.O., *Epistolary Fiction in Europe, 1500-1850* (Cambridge, 1999)

Brownlee, M.S., *Ovid's Heroides and the Novela Sentimental* (Princeton, 1990)

DeJean, J., *Fictions of Sappho 1546-1937* (Chicago, 1989)

Dörrie, H., *Der heroische Brief* (Berlin, 1968)

Hagedorn, S.C., *Abandoned Women. Rewriting the Classics in Dante, Boccaccio, and Chaucer* (Ann Arbor, 2004)

Hexter, R.J., *Ovid and Medieval Schooling. Studies in the Medieval School Commentaries on Ovid's* Ars Amatoria, Epistulae Ex Ponto, *and* Epistulae Heroidum (Munich, 1986) 136-209

Kauffman, L.S., *Discourses of Desire. Gender, Genre, and Epistolary Fictions* (Ithaca and London, 1986)

——*Special Delivery. Epistolary Modes in Modern Fiction* (Chicago and London, 1992)

Kerrigan, J., *Motives of Woe. Shakespeare & 'Female Complaint'* (Oxford, 1991)

Langbaum, R., *The Poetry of Experience*, rev. edn (Harmondsworth, 1974)

Mylne, V., *The Eighteenth Century French Novel: Techniques of Illusion,* 2nd edn, (Cambridge, 1981)

Prins, Y., *Victorian Sappho* (Princeton, 1999)

Sinfield, A., *Dramatic Monologue* (London, 1977) 42-52

Trickett, R., 'The *Heroides* and the English Augustans' in Charles Martindale (ed.), *Ovid Renewed. Ovidian Influences on Literature and Art from the Middle Ages to the Twentieth Century* (Cambridge, 1988) 191-204.

PREFACE

When it became apparent last summer that Professor Palmer would not be able to continue his work on the *Heroides*, he asked me to finish it for him. To this suggestion I demurred, as I had never devoted any special study to Ovid; and in any case the adequate completion of such an elaborate edition as his was quite beyond my powers. However, Professor Palmer seemed so distressed at my answer that I could not, under the circumstances, persist in refusing to meet his wishes, especially as the Delegates of the Clarendon Press were willing to assent to the transfer. Indulgence, then, may be fairly claimed for this attempt to complete the work of one of the foremost Latin scholars of our time, who was besides an exceptionally gifted genius.

Professor Palmer had completed as far as the end of the 14th Epistle. He had written most of the Commentary for 15, 16, 17, and had some notes on the remaining Epistles roughly jotted down. His directions to me were—to leave 16, 17 virtually as they stood; to add very little to the notes of 15, but to write an extended introduction to that Epistle defending, as far as possible, the Ovidian authorship of it; and to see that full notes and introductions were written to the remaining Epistles. He recommended that a specially detailed introduction should be prefixed to 20, 21. His own notes on all the Epistles were to be printed as they stood, and whatever additions or criticisms I thought fit to make were to be enclosed in square brackets. A general Introduction to the volume was to be written; and with respect to that he gave me no instructions, except that there was to be a chapter on the translation of Planudes. He also expressed a wish that I should make a copy of Bentley's manuscript Emendations and print it at the end of the Commentary as an Appendix. Finally, as full an Index as possible was to be added.

These instructions I have followed to the best of my ability. The portion of the volume which has been written by Professor Palmer will doubtless be recognized as exhibiting that high excellence which characterized all his work. The shortcomings of the remainder are many. But they would have been very much more numerous, were it not for the kind assistance of Dr. J. S. Reid of Gonville and Caius College, Cambridge, who gave me valuable aid in the Commentary; of the Reader of the Oxford University Press, who has helped me at every turn; and of the Vice-Provost of Trinity College, Dublin, who kindly read the proofs of a considerable portion of the general Introduction. To them I offer my most sincere thanks.

LOUIS C. PURSER.

TRINITY COLLEGE, DUBLIN:
August, 1898.

INTRODUCTION

———•+———

CHAPTER I

OVID AND HIS HEROIDES.

IT is not certain when Ovid published his *Heroides*. The *Ars Amatoria* was published about 2 B. C., as allusions to contemporary events would show; cf. 1. 177 and *Rem.* 155, where mention is made of the projected expedition of Augustus against the Parthians, but none of the peace which was concluded in 1 A. D. In that work (3. 343–6) Ovid alludes to his *Amores* and *Epistles* as already published :—

> ' Deve tribus libris, titulus quos signat Amorum,
> Elige, quod docili molliter ore legas;
> Vel tibi composita cantetur Epistula voce:
> Ignotum hoc aliis ille novavit opus.'

It is fairly well agreed that the *Amores* were first issued in five books shortly after the death of Tibullus (cf. 3. 9), which took place in 19 B. C. ; and that afterwards a second edition in three books (which we now have) was published some time between the date of the first edition and that of the *Ars Amatoria* [1]. Within the same period (19–2 B. C.) the *Epistles of the Heroines* were published; we cannot state anything more definite than that. When Ovid published *Am.* 2. 18,

---

[1] Piéri (*Quaestiones ad P. Ovidii Nasonis Epistulas Heroidum . . . pertinentes,* Marseilles, 1895, p. 8) disbelieves in the two editions; but if Ovid merely *intended* to publish this work in five books, and changed his mind before publication, he would not have mentioned the fact: for what interest could it have for the public ?

19, it would appear that he was engaged in the composition of both the *Epistles* and the *Ars Amatoria*. M. Piéri's point that the *Epistles* must have been published before the *Amores*, for otherwise Sabinus could not have written replies to these letters (*Am.* 2. 18. 27), can be answered by supposing that Ovid sent his *Epistles* to his friend before publication, and that it was intended that two volumes should appear simultaneously—one by Ovid, *Epistulae Heroidum*; the other by Sabinus, *Epistulae Heroum*.

The full and exact title of the first series of Epistles (1 to 15) was probably *Heroidum Epistulae*, which for purposes of reference was shortened into *Heroides*[1], just as Ovid often speaks of the *Ars Amatoria* as simply *Ars*, e. g. *Trist.* 2. 303. The fact that Ovid wrote Epistles from exile prevented the grammarians from citing our work as *Epistulae*. It is quoted as *Heroides* by Priscian (*Gram. Lat.* ii. 544, 4 ed. Keil), 'ut Ovidius in Heroidibus,' referring to 4. 67: so too by the Scholiast on the Ibis, 'in libro Heroidum' (notes on 357, 589, pp. 66, 98, ed. Ellis): also by John of Salisbury[2]. That Ovid uses the word *Epistula* in *A. A.* 3. 345 would lead us to think that it was contained in the title of the volume. The Second Series of Epistles (16 to 21), which contained letters from men as well as from women, probably in the first instance bore the simple title *Epistulae*; but when this Second Series was joined with the first into one work, the general title of *Heroidum Epistulae* was given to the whole collection, just as the *Epistulae ad Familiares* of Cicero are in several MSS. styled *Epistulae ad Lentulum*, and the separate books are cited by the correspondent to whom the first letter of the book is addressed (cp. Nonius, 83. 25, who quotes *Fam.* ix. 20 (an epistle to Paetus) as *Cicero ad Varronem epistula Paeti*[3]).

---

[1] This title of *Heroides* has so fixed itself in literature that it would be pedantry to avoid using it.

[2] See Tollkiehn (*Quaestionum ad Heroides Ovidianas spectantium capita vii*, Lips. 1888, p. 3), who however thinks John's quotations are too inaccurate to be of much value in a case like the present.

[3] Tollkiehn notices that the *Halieutica* contain a considerable discussion on land-animals as well as on sea-animals, yet the title must not on that account be

Further, the novel feature in Ovid's work was not that it made the heroines the centre-point of interest—that had been done in the *Eoiai* and other legends of fair women long before [1]—but that it represented them as writing letters, and Ovid probably did not fail to emphasize that feature in the title of his work.

Ovid maintained that his *Epistles* were a new form of art ('ille novavit opus'). In what consisted the novelty [2]? In this, that, whereas the dramatic expression of emotion and development of character had been the peculiar province of the drama and had been therein effected by dialogue or short monodies which were subordinate to the dialogue, it was now effected by one long utterance or soliloquy. The Epistles are really soliloquies, the epistolary setting being little more than a mere form which gives an apparent reason for these soliloquies being committed to writing at all. Nothing can show how little the epistolary setting was before Ovid's mind than the concluding portion of the Deianira, where, though Deianira has learned that Hercules is dead, yet she continues to pour forth her soul, changing the tone to that of agonized self-reproach. Yet it is a poor kind of facetiousness to make merry over the epistolary setting. Many forms of art are in their general effect quite alien to reality, for example, the pantomimes of the Roman Empire, and the Italian opera. And it is shallow wit to object to Ariadne's letter to Theseus because there was no regular postal service between Naxos and Athens, and thereby to impair the power of considering whether the ἤθη and the

impugned. He is, however, of opinion that the title was originally *Heroides* (*epistulae* being understood). But Ovid always uses *herois* as a substantive. If *Heroides* is the title, it means 'The Heroines.' Birt (*Das antike Buchwesen,* p. 380) is of opinion that the original title of the first fifteen letters was *Heroides* or *Heroidum Epistulae* : but when the second series of epistles was added to the former, in the fourth or fifth century, the title was altered to *Epistulae* simply.

[1] Such possibly was the work called Ἡρῷναι, which Suidas attributes to Theocritus, s. v. Θεόκριτος.

[2] Lunak (*Quaestiones Sapphicae*, Kazan, 1888, p. 43) supposes that it was the translation into Latin literature of a species of composition much used by the Greeks. But the words do not naturally bear that meaning; and as we know of no such Greek epistles before Ovid's time, this view cannot be considered probable.

πάθη are well sustained and well developed. If they are well sustained and well developed, then we should overlook the form and recognize the poet [1].

It was no exaggeration on the part of Ovid when he maintained that in this kind of Epistle he had created a distinct form of art. It is at once dramatic and distinct from the drama. And there is no satisfactory evidence that such epistles or soliloquies were ever seriously regarded as a distinct form of art and used solely as the vehicle to develop character and describe emotion before Ovid [2].

Propertius has written a beautiful poem in which Arethusa, a young Roman wife, writes to her husband, Lycotas, who has gone to the wars. It bears a considerable resemblance in its thoughts to Ovid's Epistles. But the poem of Propertius is supposed to have been written by a real person to a real person; for Arethusa and Lycotas are but poetical names for Aelia Galla and Postumus. The mind of Propertius is directed to that wife and that husband. He did not grasp, or at any rate did not work out, the idea that such an epistolary form could be used in general for the delineation of character and the expression of emotion. Ovid did grasp the idea and did work it out, adopting as his correspondents those characters which the Epic and the Drama had rendered familiar. Whether the idea was suggested to him by the poem of Propertius or not is incapable of proof. Even supposing it was so suggested, still Ovid had every right to claim originality, as he established that epistolary form as a new vehicle of general dramatic expression. Originality may fairly be claimed by any one who

---

[1] Ovid sometimes feels that he must apologize for the epistolary form. Penelope writes to Ulysses, but she does not know where he is. She gives the letter to a chance stranger, who may possibly come across Ulysses somewhere (' si te modo viderit usquam,' I. 61).

[2] There must of course have been letters inserted in the writings of Callimachus and other Alexandrine authors who handled love-themes. The nurse was such a stock character as confidante and go-between in the love-affairs related in the Alexandrine romances, that of necessity there must have been love-letters in them. There may have been such an epistle as that from Phaedra to Hippolytus, or from Acontius to Cydippe; but they were incidental, and quite subordinate to the main point, which was narrative, not dramatic expression.

sees what is capable of being prosecuted with success, and prosecutes it with such success that it becomes associated with his name.

If the *Epistles* are indirectly an offshoot of the drama they are more directly derived from the suasoriae of the schools. Indeed the *Epistles* are little else then suasoriae, the subject of which is deserted or unprosperous love. Suasoriae were the first kind of declamation practised in the rhetorical schools, as they required no technical knowledge. They consisted in soliloquies or monologues of celebrated characters in certain given situations. Agamemnon deliberates whether he shall sacrifice Iphigenia or not ; Sulla whether he shall lay down his dictatorship or not ; Cato's dying speech was a stock subject (Persius, 3. 44). A fine example of a suasoria in modern poetry is Tennyson's *Lucretius*. Juvenal (1. 16 ; 7. 161) comically represents the schoolboy as giving advice to Sulla or Hannibal : yet that is the real meaning of the word *suasoria*, though perhaps *deliberativa* would be a more suitable term for this form of school exercise (cf. Quintilian, iii. 8. 6 ' pars deliberativa, quae eadem suasoria dicitur '). The pupil was expected to throw himself into the position of the character, and to reason as appropriately as he could from that point of view[1]. Now to have brought these suasoriae from the schools to the public, and from prose to poetry, and to have been successful in so doing, gave Ovid full right to make the very modest claim to originality which he does in just one half of a distich. Nor do his contemporaries appear to have disputed this claim.

Graceful, easy and luxurious in his character and his poetical style, Ovid naturally enlisted in the service of Love, served as a soldier in Love's camp, and wrote Love's commentaries. He had already written three books of these, when he thought of combining his natural bent with the practice of the schools ; he became Love's Professor and wrote Love's suasoriae. The subject was one which exactly

[1] That such a training served to develop the imagination cannot be denied ; but when practised too exclusively and without judgement, it was apt to make the pupil's style somewhat inflated and too ornate. This, as we shall see, was the effect it had on Ovid.

suited him. He knew, or at all events seemed to know, the changing and various movements of the female mind. He depicts in turn the thoughts of the different lovers in their misfortune, the tearful, the affectionate, the passionate, the indignant—and all with a simple observation of fairly obvious features, and without any deep psychological analysis. An inferior poet in treating such subjects would be monotonous and tiresome to the last degree; but Ovid's extraordinary ease of style and command of language allow him to vary the theme in such a manner as to excite our wonder and admiration, and to reduce the feeling of monotony within the narrowest limits. But to an age which is so deeply critical and introspective as the present, his poems cannot afford any great instruction, or excite any deep feeling. It is only occasionally that they do more than please by their ingenuity. Ovid is at best too superficial in his thoughts and feelings to be anything but the idle singer of an empty day. An ordinary educated person reads him to cull the choice phrases, the ingenious lines or the graceful passages; he has his marked Ovid. Depth of thought and depth of feeling are rarely to be found in the poet. ' Si vis me flere dolendum est primum ipsi tibi'—and Ovid seldom grieves. Hence his works appeal rather to our intellect than to our feelings; and we think more of the way in which Ovid has handled his subject than sympathize with the sufferings of his characters.

Ovid was a tolerable success in the schools. Seneca the rhetorician relates that he attended the classes of Arellius Fuscus, whose style was somewhat elaborate, involved and uneven; dry in argument and narrative, but often diffuse and brilliant in special passages, especially in descriptions. The writings of Fuscus never showed vigour, solidity, or rugged strength; his style was brilliant and exuberant rather than rich. Trained by this man, whom Ovid sometimes surpassed even in the schools, he developed to an undue extent his natural tendency to luxuriance; and as he was a born poet, who, when he attempted prose,

' Lisped in numbers, for the numbers came,'

we are not surprised to learn that his declamations were

regarded as 'prose poems,' and that no higher praise was
bestowed on his talent than that it was cultivated, refined, and
attractive. He was considered too discursive in the several
topics of a declamation, and did not know when to let well
alone. He disliked work and regarded argument as tiresome;
hence he preferred suasoriae to controversiae; and when he
did attempt the latter he chose subjects connected with
morals, as these did not require any special study. Ovid had
plenty of faults, and knew that they were regarded as such,
but excused them by saying that

> ' So in fair faces moles sometimes arise,
>   Which serve to stay the surfeit of our eyes.'

The story is well known that some of his critics asked to be
allowed to expunge three of his lines, and that when he
consented on condition of being allowed to retain three, the
three chosen by each were the same [1].

Ovid derived the materials for his Heroides from many
sources, but especially from Greek tragedy. The well-known
passage in the *Tristia*, 2. 381–406, shows that he was a diligent
student of the Greek drama. To Aeschylus's trilogy of the
Danaides he owed the story of Hypermnestra and Lynceus;
to the *Hermione* and *Trachiniae* of Sophocles he is indebted
for his Hermione and Deianira, and possibly to the 'Ριζοτόμοι
for part of his Medea; while to Euripides he is under more
extensive obligations—to the *Hippolytus* (probably the καλυ-
πτόμενος as well as the στεφανηφόρος) for his Phaedra, to the
Aeolus for his Canace, to the *Medea* for part of his Medea,

---

[1] For the style of Arellius Fuscus see Seneca, *Controv.* ii. Introd. Ovid his
pupil, ib. ii. 2. 8, ' habebat ille (Ovidius) comptum et decens et amabile ingenium.
Oratio eius iam tum nihil aliud poterat videri quam solutum carmen'; § 9 ' sine
certo ordine per locos discurrebat;' ix. 5. 17 ' Ovidius nescit quod bene cessit
relinquere;' ii. 2. 12 ' Declamabat autem Naso raro controversias et non nisi
ethicas: libentius dicebat suasorias: molesta illi erat omnis argumentatio. Verbis
minime licenter usus est nisi in carminibus, in quibus non ignoravit vitia sed
amavit.' Then follows the story about his critics' request. Two of the lines were
' Semibovemque virum semivirumque bovem' (*A. A.* 2. 24), and ' Et gelidum
Borean egelidumque Notum' (*Am.* 2. 11. 10), ' ex quo adparet summi ingenii viro
non iudicium defuisse ad compescendam licentiam carminum suorum sed animum.
Aiebat interim decentiorem faciem esse in qua aliquis naevus fuisset.'

to the *Protesilaus* for his Laodamia. Homer has given him the subject of Penelope and Briseis ; Virgil that of Dido ; Catullus (and perhaps the Alexandrine originals of Catullus) that of Ariadne; and the Alexandrines the rest. Oenone appears to be derived from Parthenius or the Cypria. It is to the Cypria that Ovid is probably also indebted for much of his Paris and Helen [1]. Hypsipyle is certainly taken from Apollonius, to whom Ovid is also partially indebted for his Medea. Callimachus is possibly the author from whom Ovid derived Phyllis [2], part of Sappho (Sappho's own writings and the New Comedy supplying the other part), and Leander and Hero : and he was certainly Ovid's original authority for Acontius and Cydippe.

Ovid, in using these originals, sometimes adhered fairly closely to them (e. g. in the Briseis), but generally did little more than take from them the main outlines of the story. And as Shakespeare passed Plutarch and the Italian novels through his great mind and there issued characters of extraordinary power, depth and subtlety ; so Ovid passed his materials through his gentle mind, and his characters emerge more tender and less violent than in his originals [3]. They are all forgiving and yielding, all ready to welcome their lover back, even Hypsipyle : they pray for their own death rather than his : the utmost they wish is that he may feel remorse. The *Heroides* are genuinely Ovidian productions, reflecting the poet's own soft and limpid nature. 'Confiteor misero molle cor esse meum.' Accordingly, perhaps it may

---

[1] See Georg Wentzel, *Die Entführung der Helene*, Göttingen, 1890—a most instructive essay. He has a fine reconstruction of the *Alexander* of Euripides, but decides that Ovid made little use of that drama.

[2] Cf. *Frag.* 505, vol. ii. p. 660, ed. Schneider, Νύμφιε Δημοφόων ἄδικε ξένε. Perhaps, as Birt suggests (*Rhein. Mus.* xxxii. p. 414), Ovid obtained this story through Tuscus, a contemporary of his own, who wrote a *Phyllis* (cf. Pont. 4. 16. 20 'Quique sua nomen Phyllide Tuscus habet'), and Teuffel, § 252. 8. Possibly Callimachus told the story in an account of the origin of Amphipolis.

[3] This point is well brought out by Mr. James N. Anderson, of the Johns Hopkins University, in his pamphlet *On the Sources of Ovid's Heroides*, Berlin, 1896. It is possible that the dramatic necessities of the epistolary setting may have had some little effect in producing the milder tone adopted by the Ovidian Dido, Ariadne, and Medea.

be well to take a rapid glance at a few of his characters and
see how he has delineated them [1].

It may or may not be true that most women have no
character at all ; but certainly some of Ovid's heroines have
very little character. Ariadne, for example, both in Catullus
and in Ovid, has not much personality [2]. She is a situation,
and a very pathetic one. She is loneliness and its terrors.
The terrors are perhaps more prominent in Ovid, the loneliness
in Catullus, as in the great lines—

> ' Nulla fugae ratio, nulla spes, omnia muta,
> Omnia sunt deserta, ostentant omnia letum.'

The more passionate Catullus makes Ariadne curse her be-
trayer, while the gentler Ovid does not allow her to go beyond
reproach. But the soliloquy in both poets is such as any
one would make in similar circumstances. Again, Hypermnestra is not a character, nor is Hermione; and the situations of both those heroines are too exceptional to excite
our sympathy. Both poems consist mainly of digressions,
which impair the artistic merit of the epistles. The con-
flicting feelings of Hypermnestra on the night of the murder
are well represented, but the digression on Io is feeble. It
has been noticed by Birt (l. c.) that there is not one hint in
the epistle that it was love which impelled Hypermnestra to
spare Lynceus: it was her gentleness and mercy (*pietas*);
and her appeal for aid is not based on her love but—

> ' Si qua piae, Lynceu, tibi cura sororis.'

Whatever may be the faults in detail [3], we cannot deny

---

[1] The story of Byblis and her passion for her brother Caunus, told in *Met.* 9.
450 ff., forms an extended Heroical poem ; but, as befits the narrative setting, it is
divided into two regular soliloquies, between which comes an epistle. There is in
that story much that recalls the *Heroides*. Byblis, like Canace, at first does not
know that the feeling within her is love. She clasps her lover in her dreams, like
Sappho. She recalls the close unions of the gods, and in the letter tempts Caunus,
just as Phaedra tempts Hippolytus. She will not take a first rejection, for Caunus
is not born of a tiger, nor is his heart of adamant. When finally rejected she
raves like a Bacchante. The whole stock-in-trade of a suasoria of the schools is
here called into use.

[2] She is represented, however, as having a certain sense of dignity. She
remembers that she was a princess (89, 90). Ovid often endows his heroines with
this sense of dignity, e. g. Phaedra (153), Oenone (10, 89), Hypsipyle (114).

[3] Perhaps the faults are not as great as appear at first sight. For the metre of

vividness to the description which Hermione gives of the
confusion and bewilderment when Paris carried off Helen,
and a certain pathos to the description of her orphaned youth
and of the return of Helen, who did not know her daughter
and whom her daughter only knew as being so passing fair—

'Te tamen esse Helenen, quod eras pulcherrima, sensi;
Ipsa requirebas, quae tua nata foret.'

Laodamia and Penelope are patterns of wifely anxiety for
their absent husbands. They are so far represented as distinct that we feel that Laodamia is young and impulsive, and
Penelope old and staid. The overwhelming passion with
which the great poet of passion has endowed Laodamia
(Catull. 68. 73, 105) is not to be found in Ovid. The only
pleasing relief to the constant repetition of imagined dangers
is the graceful little passage (117 ff.) in which is pictured the
return of Protesilaus. The constancy of Penelope leads to
one fine outburst—

'tua sum, tua dicar oportet:
Penelope coniunx semper Ulixis ero.'

But neither poem imprints itself on the memory.

Some of the other heroines are beautiful and touching
pictures. There is Phyllis, the tender and trustful, 'et amans
et femina,' who loved not wisely but too well—the simple
girl who might have won indulgence, who has but one thing
to reproach herself with, that she placed faith in a perjured
lover, though such faith if truly weighed and measured deserves praise. Perfect simplicity is the note of her character.
Such a couplet as—

'Speravi melius, quia me meruisse putavi:
Quaecumque ex merito spes venit, aequa venit'

goes straight to the heart. Canace is also tender and brave.

71, 78 see below, p. xxix. The change of subject in 77 may be justified, if not by
the fact that no one could mistake the meaning, by the consideration that the poet
had Helen in his mind as the principal person all through. Accordingly when he
speaks of 'coniux' he means *her* husband; but of course he could not speak of
Tyndareus as her father, for Jupiter was father of Helen. Possessive pronouns
in such passages, like the definite or indefinite article, may be assumed according
to the context; and no one would cavil at 'soror Silvia' in Virg. *Aen.* 7. 487,
though 'Tyrrheus pater,' not 'Tyrrhidae,' precede.

Her love grows without her knowledge, she bears the throes of childbirth without a cry. Her gentle and affectionate lover, and her wild and savage father are well indicated; but perhaps the agony of the mother's grief for her innocent little one—scarcely born, to whom has been given but one day, the first and last—is the greatest achievement of the *Heroides*. The poet, as a critic has finely said, has no part here, the mother has it all.

Less interesting and touching, though not wanting in interest and pathos, is the humble-minded Briseis—who was once a princess, who remembers with a proud sorrow her husband stretched huge upon the earth in the agonies of death and her brave brothers 'dying amid their dying country's cries'—

'Qui bene pro patria cum patriaque iacent,'—

but is now a captive; yet she loves her captor devotedly; he is her lord, her husband, her brother. She is content to be slave even to his proud wife[1], if only she may be near him, and sometimes receive a kind word from him. Oenone is not at all so humble; but she is a distinct character. She is the wild thing reared on the mountains, the daughter of the River god, who enjoyed those golden country days—

'With Paris once her playmate on the hills'

('tecumque fui puerilibus annis'). But she has lived to see the fleet put into Troy with the Grecian woman in the arms of Paris. She could not bear her griefs in silence. She made all Ida ring with her complaints, and rushed back to her cave to weep and weep. Very far from humble is the magnanimous Hypsipyle. This poem is a fine crescendo. Hypsipyle, the princess, the daughter of Thoas, the granddaughter of Minos, the queen of the Lemnian women, the faithful daughter, the married lady[2], the legitimate mother of Jason's children, is supplanted by a barbarous, savage

---

[1] 3. 77: Ovid here describes a great Roman lady, not a Grecian one.

[2] This is much insisted on, cf. 6. 5, 17, 20, 22, 41–6, 60, 111, 112, 134, 155, 163. Perhaps in 54 we should read, 'Milite tam forti *tuta* tuenda fui.' If *ti* dropped out, the copyist going on at the wrong *t*, *fortuta* would at once pass into *fortuna*, and with *fortuna* would come *fuit*.

and adulterous witch, who has abandoned her father and murdered her brother. If they were to come to Lemnos she would slay the woman, but—such is her mildness—pardon the husband ; but they will not come, so curse them both—

'Vivite devoto femina virque toro !'

Ovid has shown considerable judgement in his choice of the exact time at which to represent Dido writing to Aeneas[1]. It is just the moment when she is described by Virgil as no longer the proud Queen of Carthage and not yet the deserted Oriental, but the tearful and supplicating woman, praying for a short delay. This exactly suits Ovid's nature. It is a fine letter ; but a good example of Ovid's besetting sin of not letting well alone. It is too long. That Aeneas is ungrateful, is falsely called 'pius,' is foolish too in leaving Carthage, the great and wealthy city, and leaving it in storm, to face dangers, are all insisted on twice over. Dido drifts off into regular soliloquy twice (25, 103); and the last six lines, which are an address to her sister, should not belong to the letter at all ; just as the last twenty-six lines of the Deianira with their strange θρῆνος and its refrain show that the poet sometimes regarded the epistolary setting as the merest form. The poem of Deianira is somewhat tiresome[2]. Meleager would not recognize his sister in the portrait of Ovid. She is feebly querulous[3]. The use of catalogues is

---

[1] There is an epistle of Dido to Aeneas in the *Salmasian Codex*, which is to be found in Baehrens (*P. L. M.* iv. p. 271), and Riese (*Carm. in codd. scripta*, p. 113). It is probably later than the third century. It consists of 150 hexameters, generally correct (but cf. 132 *sed quōd hospes eras*) ; but it is Ovidian rather than Virgilian. Dido's love is stronger than her desire for revenge. Though a rhetorical exercise, it has some merit. We find in it two fairly effective refrains, 'sua taedia solus Fallere nescit Amor,' and 'Cui digna rependes, Si mihi dura paras?' The gist of the poem is, 'Tutus fraude manes et nos pietate perimus.' The theme that Nature passes through many changes, but Love once fixed in the heart suffers no change, is treated at undue length, though with some grace. The author proclaims his Epicurean views more than once : 'trahit omnia casus' (41) ; 'Esse deos natura docet, non esse timendos Rerum facta probant,' (121).

[2] Mr. Shuckburgh, in his excellent edition, says that in some respects this Epistle seems to him to be less effective and artistic than the others ; he especially censures the laboured digression about Omphale.

[3] Some MSS , e. g. v₆ (cf. Sedlmayer, *Proleg. crit.* p. 12) call this 'Conquestio Deianirae.'

overdone. The subject of the poem is that Hercules can conquer all things but love[1]; and we are given a catalogue of his love adventures, which makes us think of Leporello in *Don Giovanni*. In this list comes Omphale, who forms the subject of an immense digression. To her Hercules is represented as giving a catalogue of his labours. The grotesque pictures of Hercules spinning and Omphale arraying herself in his arms verge too closely on the comic to be appropriate to the main theme. Yet it is difficult to believe that the poem is not by Ovid. It looks as if it might have been some studies for a Deianira run together in a hasty and inartistic fashion.

The fourth (Phaedra) and sixteenth (Paris) Epistles may be put together as studies in temptation. Ovid knew his business here; but it is mere business. 'Ars fit,' no matter what Phaedra may say (25). There is really no romance, nothing to cast a glamour. The opportunities for sin are all in our favour, I love you (i.e. long for you), you are my first real love, you are beautiful, it will be to your material advantage to yield, I shall be always faithful, ordinary morality is mere 'rusticity'[2]—the bad old arguments advanced without any kind of exceptional grace. Paris is a commonplace gallant, with a slight veneer of culture; but at times he strays into vulgarity and almost coarseness. The reply of Helen, who is more refined, but a regular flirt, who is young and fair and has the gift to know it[3], reminds us of Julia in *Don Juan*—

> ' But who alas! can love and then be wise?
> Not that remorse did much oppose temptation :
> A little still she strove and much repented,
> And whispering " I will ne'er consent "—consented[4].'

The affection she seems to entertain for her worthy but

---

[1] Cf. Soph. *Trach.* 488—

ὡς τἄλλ' ἐκεῖνος πάντ' ἀριστεύων χεροῖν
τοῦ τῆσδ' ἔρωτος εἰς ἅπανθ' ἥσσων ἔφυ.

[2] 4. 131-2, cf. 102 ; 16. 285, cf. 17. 12, 13 ; 20. 59.

[3] Cp. 17. 153 'Lude, sed occulte'; 37 'non quo fiducia desit, Aut mea sit facies non bene notn mihi.'

[4] Compare 177-8 'Et libet et timeo, nec adhuc exacta voluntas Est satis : in dubio pectora nostra labant' with the concluding lines of the Epistle.

dull husband (110), and for her native land (226), are the
redeeming traits in her character. The simple Ovid was not
the man to draw Helen, the world's wonder.

Along with these poems should go that of Sappho, which is
the only Epistle which exhibits real passion, though it is
passion more of a physical than a romantic kind. It was
a pity, though perhaps inevitable, that Ovid should have
thought fit to represent Sappho to a considerable extent
as the New Comedy had chosen to caricature her, rather
than as that Sappho who was on the one hand the poetess
all fire and air, and on the other the Lesbian lady who made
the dignified reply to the advances of Alcaeus[1].

Does Ovid put all his own tender feelings into his women,
and his own assurance in love-affairs into his men? Certain
it is at any rate that his men are very well satisfied with
themselves, not to say somewhat blatant. Leander seems to
think a great deal more of his athletic feats than he does of
Hero. She is a goddess and all that sort of generality; but
still his imagination does not picture and sympathize with
her loneliness, but always turns to his own swimming and his
own troubles. Quite different Hero, who knows (9-16) that

---

[1] A chivalrous defender of Sappho is found in Lunak, *op. cit.* p. 110 ff. He is
a very strong and lively supporter of the Ovidian authorship of the Epistle.
'Itaque hodie fere nulli nisi toti plumbei de Ovidio eius epistulae auctore dubitant'
(p. 8). He thinks that Ovid mainly derived his materials from Sappho's own
poems, but added some traits which he found in Alexandrine narratives and
epigrams. Lunak defends (p. 88) *Cydro*, the reading of F in v. 17, correcting
frag. 71 of Sappho, Ἡρων ἐδίδαξε Κύδρω, supposing the verse to be Sapphic metre.
He notices that βάρβιτος was a word used by Sappho, cf. Athen. 4. 182 F τὸν γὰρ
βάρωμον καὶ βάρβιτον ὧν Σαπφὼ καὶ Ἀνακρέων μνημονεύουσι . . . ἀρχαῖα εἶναι.
Bodenstein (*Studien zu Ovids Heroiden*, Merseburg, 1882, p. 16) would admit the
genuineness of the Epistle were it not for the peculiar nature of its tradition and
position in the manuscripts; see Introd. to the Epistle, pp. 420–421. It is urged by
Birt (*Rh. Mus.* xxxii. p. 399, 430 ff.) that Ovid drew much of the material for this
Epistle from the Αἴτια of Callimachus. The appearance of the Naiad, the story
about Deucalion's leap from the Leucadian rock, the lyre of Sappho dedicated to
Apollo, all look like material of an aetiological poem. We know that Callimachus
treated of Ἄκτια, which Suidas tells us was an ἀγὼν παλαιός, ὡς Καλλίμαχος ἐν τῷ
περὶ Ἀγώνων δῆλον ποιεῖ. Dilthey (*Cydippe*, p. 118, note 1) thinks that perhaps
in the temple of Apollo at Mytilene a lyre may have been shown to travellers as
that of Sappho, and a story may have gathered round it which was related in detail
by Callimachus.

' Man's love is of man's life a thing apart,
'Tis woman's whole existence.'

Her thoughts are ever with Leander; her fears are ever
for him, fears for his safety, fears for his faith. But it is
ungracious to look at the Epistle of Leander from this point
of view, when we remember the beautiful description of the
straits on a moonlit night, with the sounds of the king-
fishers across the waters (18. 75–82), which for simplicity and
picturesqueness is equal to anything in Roman poetry. Here
certainly the poet was a master. Another example of con-
summate descriptive powers exhibited in a few strokes is
that of the first dawn of morning on the shore at Naxos, the
white frost, the moon still up, the birds just beginning to sing
(10. 7 ff.). The artistic excellence of these pictures consists
in their perfect simplicity. Ovid was not thinking of making
an effect at all : freed from self-consciousness, the artist within
him by a line or two has made the scenes stand before us in
all their vivid beauty.

The correspondence of Acontius and Cydippe gives us the
only example in the collection of ' the maiden passion for
a maid.' The two Epistles are among the very best of the
poems, and the epistolary setting is most appropriate.
Acontius may perhaps seem too urgent ; but he softens
down any harshness by his assurance that it is his own ardour
and the beauty and charms of Cydippe which compel him
to abandon all reserve in the declaration of his passion—

' Aut esses formosa minus ; peterere modeste :
    Audaces facie cogimur esse tua.'

At first the little trick played on Cydippe strikes us as
childish ; but ' Love is a child.' We must remember too that
uttered words had far more weight with the ancients than
with us ; and even with us undue importance is often attached
to expressed words ; there are many who would act a lie, but
would hesitate to tell one. But in any case the quibble is not
nearly so paltry in itself as that in the *Merchant of Venice*,
and it is addressed to the court of Love, where all things are
fair, not to the strict court of Venice before the Duke and the
magnificoes in solemn conclave assembled. The reply of the

sick girl is charming. She is rightly indignant at being imposed on, and sets forth ably the consequences which such formalism must bring about. But heaven is against her: she must be in error. She begs Acontius to make offerings for her recovery; the hands that wounded her should heal her. 'Why should the goddess, who is enraged because your promised bride is not yet yours, strive to bring it to pass that she can never be yours (21. 185–186)?' So she *is* his promised bride; and at last she is his willing bride—

'Doque libens victas in tua vota manus.'

Nothing could be more graceful and maidenly than this surrender. But the poem all through is admirable. Not the least beautiful part of it is the description of the young girl's first visit to Delos for its splendid ceremonial. The youthful excitement which she displays is a particularly happy touch.

The great similarity of the arguments and sometimes of the very expressions which one finds in the different Epistles is due chiefly to the influence of the schools which taught certain heads of discourse for each subject; and also to the general similarity of the position of so many of the deserted heroines. There are one or two of these topics which Ovid loves to dwell on with especial emphasis. The greatest of these is the Greek idea of ἄτη—that of a curse descending in a family from generation to generation[1]. Ovid, as we have seen, was a diligent student of the Greek drama[2], and has caught this conception from them and woven it into his poems with much effect. Such a curse was supposed to have blighted nearly all the great royal families of legendary antiquity, and the crime and shame and sorrow which were the lot of each succeeding generation afforded admirable material for tragic treatment. Thus Phaedra feels that the

---

[1] 'History seems to show that hereditary royal families gather from the repeated influence of their corrupting situation some dark taint in the blood, some transmitted and growing poison, which hurts their judgements, darkens all their sorrow, and is a cloud on half their pleasure' (W. Bagehot, *The English Constitution*, p. 237).

[2] Another example of the influence of the Greek drama on Ovid is perhaps the idea which interpenetrates the *Oresteia*, of the dead being still active and calling for vengeance; cf. note to 8. 50.

curse of Venus has devoted all the progeny of the Sun to
unholy loves (4. 53)—

> ' Forsitan hunc generis fato reddamus amorem,
> Et Venus ex tota gente tributa petat.'

Similarly, Deianira sees that her family too is accursed (9.
153)—

> ' Heu devota domus ! solio sedet Agrios alto,'

father, brothers, mother, have all come to ruin ; why does she,
now involved in the net of crime (*impia*), delay to die ?
Hypermnestra supposes that the curse of Juno follows her
race from Io (14. 85 ff.).   Hermione wonders (8. 65)—

> ' Num generis fato, quod nostros errat in annos,
> Tantalides matres apta rapina sumus ' ? '

Allied with this idea is the universal superstition of the
unfortunate, that ill-luck pursues them.   Thus Briseis (3. 43)
is in doubt as to whether she has offended the gods—

> ' An miseros tristis fortuna tenaciter urget,
> Nec venit inceptis mollior hora malis,'

and Dido is convinced (7. 111) that

> ' Durat in extremum vitaeque novissima nostrae
> Prosequitur fati, qui fuit ante, tenor².'

Slighter examples of stock themes are Ovid's parting
scenes, and pictures of a heroine ' looking over the wild waves
in vain for the skiff of her lover ; he comes not again,' e. g.
2. 91, 121 ; 5. 43 ; 6. 58 ; 10. 25 ; 13. 15.   These may be
fairly considered as essential, and are generally managed by
Ovid with picturesque effect.

The similes used to express hard-heartedness would also
seem to be part of the regular stock-in-trade of Roman
reproach.   Catullus (64. 154) and Virgil (*Aen.* 4. 367) do not
disdain to compare the obdurate one to lionesses and Scyllas,
to Hyrcanian tigers and the rocks of Caucasus ; so Ovid may
be excused for similar commonplaces (7. 37 ; 10. 109 ; cf.

---

[1] See Prof. Palmer's fine note on this passage.

[2] Of course Ovid, like all love-poets, supposes that Fate plays a large part in
the affairs of love, cf. 6. 28, 51 ; 12. 35, &c. : but that is the merest commonplace.

3. 133). Again, when a heroine becomes violently excited the regular illustration is that she is like a Bacchante (e. g. 4. 47; 10. 41; 13. 33); but this is also found in Virgil (*Aen.* 4. 300; 7. 385) and Propertius (3. 8. 14). It would be easy to add other recognized conceptions and illustrations, which it was imperative to introduce into the poems, just as Sir George Beaumont is said to have considered that a brown tree should be introduced into every landscape. A somewhat prosaic example is the reason given by some of the heroines for concluding their letter, that their hand is weary with writing, e.g. Hypermnestra (130), Helen (266), Cydippe (245).

But if these are artificialities, they are trifling ones ; and on the whole we cannot deny that Ovid has made a great deal of his subject. His *Heroides* have won, if not a great, yet a moderate and well-deserved success. They were read and imitated from his time [1] down to modern times. We have referred to the Epistle of Dido, above, p. xx, and there is an Epistle of Deidamia to Achilles in a Paris MS. 2,782 of the twelfth century. It is written in leonine elegiacs without elision, and shows a considerable knowledge of the *Heroides* [2]. Theodolphus, bishop of Orleans in the ninth century, may possibly have imitated 21. 235, and 20. 34 [3]. The *Heroides* were early translated into French, and well known in Germany during the Middle Ages [4]. In the thirteenth century Vincent of Beauvais in his *Speculum Historiale* quotes from them a whole string of lines ' eleganter dicta et ea praecipue quae moralia videntur,' cf. p. 422. Matthew Paris often quotes the *Heroides* (see Index).

Dante seems to have known of the *Heroides* by his allusion to Hero and Leander in *Purg.* 28. 73, and to Phyllis and Demophoon in *Parad.* 9. 101. In the third book of the *Confessio Amantis* Gower tells the story of Canace, deriving his materials mainly from Ovid. Chaucer in his *House of Fame,*

---

[1] See Persius (1. 30 ff.) quoted below, p. xxxi.

[2] It has been published by Riese in the *Rhein. Mus.* xxxiv. (1879), p. 474. Leonine verse did not come into vogue till about the ninth century.

[3] See Dilthey, *Obs. in epp. heroidum Ovidianas*, Göttingen, 1884, p. 21.

[4] For details see Piéri, *op. cit.* p. 91 ff.; cf. also Sedlmayer, ' Beiträge zur Geschichte der Ovidstudien im Mittelalter,' in the *Wiener Studien*, vi. 142, and his account of a Middle Age Epistula Phaonis (26 lines) in *Wiener Studien*, x. 167.

Book i, makes reference to a large number of the *Heroides* ;
touching Dido he says :—

> ' But al the maner how she dyede,
> And alle the wordes that she seyde,
> Who so to knowe hit hath purpos,
> Rede Virgile in Eneydos
> Or the epistele of Ovyde.'

In the Prologue to the *Legende of Goode Women* he
writes :—

> ' Hero, Dido, Laudomia, alle yfere,
> And Phillis, hangyng for thy Demophoun,
> And Canace, espied by thy chere,
> Ysiphile betraysed with Jasoun,
> Maketh of your trouthe neyther boost ne soun,
> Nor Ypermystre, or Adriane, ye tweyne,
> My lady cometh, that all this may disteyne.'

An imitation of Ovid by Petrus de Lunesana called *Complanctus
Phaedrae de Hippolyti recessu*, written in 1414, is printed at
length in Sedlmayer, *Prolegomena Critica*, pp. 105–108.
An Italian, Angelus Quirinus Sabinus, about 1467, composed
three Epistles, *Ulysses to Penelope, Demophoon to Phyllis, Paris
to Oenone*, which are replies to the Epistles of Ovid. That
these Epistles are not by Sabinus the friend of Ovid, has been
established by Jahn, *Zeitschr. für die Alt.-Wiss.* (1837), 631 ff. [1].
There are some imitations of the *Heroides* in English
literature. Pope's *Eloisa to Abelard* is a most exact imitation,

---

[1] Some people in the Middle Ages actually regarded Ovid as a moral and
didactic writer, who wrote his *Heroides* to teach lessons in virtue. Sedlmayer
(p. 101) quotes Hubertinus Crescentinas, who thus judges of Ovid's purpose (in
ed. Ven. 1490): ' Materia vero est ethica i. e. moralis, quia describit varios virorum
mulierumque mores. Intentio poetae est exercendo ingenium et quaerendo formam
amoris effectus demonstrare et ostendere, quantum hi differant in mulieribus pudicis
et impudicis, qui in aliis casti amoris pietatem, in aliis libidinis et furoris inconti-
nentiam probant. Itaque aliae ad laudem et imitationem, aliae ad libidinis et
impudicitiae detestationem memorantur.' But Sedlmayer shows that this view
had been held before. In the scholia to one MS. (v_3) we find it stated that the
aim of Ovid was ' duo amoris genera notare, castum scilicet et incestum, castum
ut Penelopes et Laodamiae, incestum ut Phaedrae et aliarum ' ; and of Leander
it is stated in another MS. that Ovid's aim is ' reprehendere ipsum quod tantis
periculis se exponebat ' ! Compare also certain prose arguments in v_5 (Vind. 210),
and verse arguments in v_4 (Vind. 3,117), g_2 (Guelf. 336), c_2 (Cremifanensis, 149).
As specimens of these cf. the arguments to Ep. 8, the prose one ' Intendit auctor
eam (Hermionen) a legitimo et casto amore commendare;' the verse one 'Ap-
probat hic castas multum Naso mulieres,' which is as foolish as it is unmetrical.

and is doubtless finer in its rhetoric than anything in Ovid, but it is more stilted, more laboured[1]. Perhaps the characters and circumstances, as being on a higher plane than Ovid's, demanded a more exalted treatment; but certain it is that Pope has not the easy and natural flow of his Roman models. But nevertheless his is a tolerable poem. Not so successful are the letters of the collection called *England's Heroical Epistles* by Michael Drayton. These are works of some merit and feeling, written in ten-syllable rhyming couplets; but they are prolix, heavy and of a distinctly less soft and delicate texture than Ovid's works. These Epistles are in pairs. World-worn King Henry in a pathetic poem replies to an abject letter from Fair Rosamond. Queen Catherine comes 'with gentle argument of love' to Owen Tudor, for 'we may hide treasure but not hide our love[2]'; and Owen Tudor, like Acontius, with no small pride in his race, excuses the ardour of his passion :—

> 'If I do fault the more is beauty's blame
> When she herself is author of the same[3];
> All men to some one quality incline,
> Only to love is naturally mine.'

King Edward tempts Jane Shore who yields to him. King John tempts Matilda who scorns him. Queen Isabella, like Hypermnestra, begs the aid of Mortimer whom she has rescued, and he promises to return and rescue her in due time. The Earl of Surrey and Lady Geraldine confirm to one another their unaltering faith, and so on. The Lady Geraldine, like Laodamia, will leave all gaiety until her love returns : and longs for the time when she will hear from his own lips of all his journeyings and exploits, when he will describe to her all the details :—

> 'as the Grecian finger dipped in wine
> Drawing a river in a little line,'

---

[1] Dr. Ward, in his Introduction to the Epistle, says, 'Most readers of this poem will be inclined to consider that its language is appropriate to passion, but not the language of passion itself'—a remark which is eminently applicable to several of the Ovidian Epistles.

[2] Cf. *Heroid.* 12. 37.

[3] Cf. *Heroid.* 20. 53–54.

and ends her graceful letter in Ovidian style :—

> ' Then, as Ulysses' wife, write I to thee,
> Make no reply, but come thyself to me[1].'

These instances will show that Drayton was a diligent student of Ovid, of whom he 'partly professes to be the imitator.'

We have spoken all along of the whole twenty-one *Heroides* as being by Ovid. This has been done for convenience sake : it would be awkward to have to say 'the author of the Paris,' or a similar circumlocution. Even though it be proved conclusively that some of the Epistles are not by Ovid, still there is no doubt that they were written in the Ovidian style and are Ovidian Epistles. Ovid is their ancestor, if not their father. There is the greatest diversity of opinion as to what Epistles are by Ovid and what are not. K. Lehrs (*Adversarien über die sogenannten Ovidischen Heroiden*, Jahrb. 1863, pp. 49–69) cuts out large passages from most of the Epistles, e. g. from the Penelope he cuts out 51–56, 87–116. The Canace is perhaps the only one he leaves intact. This able Greek scholar has not shown his usual judgement in this essay. Not even his admirers can follow him[2]. Lachmann (*Kleinere Schriften*, 56–61) has condemned not only 15–21, but also 3, 8, 9, 12, 13, 14; but it was the strength of his personality rather than the strength of his arguments which obtained for his view undeserved consideration[3]. The chief argument he brings against 3 is the repeated epanalepsis in 3–10; but if this is a blemish it was probably one which Ovid introduced purposely, cf. above, p. xv. He appears to have been fond of repetitions of a similar kind, cf. 13. 7, 10, 19; and in any case it is not sound criticism to condemn a whole poem because a little portion of it may seem to be inferior to the general level of the author. The eighth Epistle is condemned chiefly on metrical grounds, (*a*) that Ovid would not have written *Lĕdă* (l. 78) but *Lĕdē*. But he does write *Lĕdă* in the unquestionably genuine *Am.*

---

[1] Cf. *Heroid.* 13. 31 ff., 113 ff.; 1. 33, 2.

[2] Cf. Tollkiehn, *op. cit.*, p. 18.

[3] Tollkichn's pamphlet is mainly directed against Lachmann's view, and is eminently successful.

2. 4. 42 ; it also appears in *Heroid*. 17. 55. Similar words
are *Aethră*, 17. 150; *Cassandră*, *Am*. 1. 7. 17 ; *Idă*, 5. 138,
16. 110; *Europă*, *Met*. 8. 120; *Aetnă*, *Met*. 5. 352 ; *Cretă*,
A. A. 1. 298. Again (*b*) Lachmann says that Ovid would
not elide the -*i* of *Castori*, as he appears to do in v. 78 *Castori
Amyclaeo et Amyclaeo Polluci*. But this reads very like
a transliteration of a Greek line Κάστορ᾽ Ἀμυκλαίῳ καὶ Ἀμυκλαίῳ
Πολυδεύκῃ, see Bodenstein, *op. cit.* p. 20. For elision of -ι of
the dative in Greek Epic cf. Hom. *Il*. 5. 5; 12. 88; 16. 385,
&c. (eleven times in the *Iliad*, and six in the *Odyssey*).

Lachmann objects to the Deianira on account of the
metrical difficulties—to the hiatus in 131, 133 (see notes on
those lines and Appendix i); and to the lengthening of -*it*
in v. 141—

> 'Semivir occubuit in lotifero Eveno,'

but cf. Virgil, *Aen*. 8. 363 ; *Georg*. 2. 211 'At rudis enituit
impulso vomere campus'; and Ovid himself also lengthens
the final -*t*, see note to 6. 31[1]. The other cases fall under
the rules laid down by Lachmann, which however seem quite
arbitrary, viz. that Ovid only lengthens a short syllable in
the middle of a line (1) when *et* or *aut* follows a caesura in
the third foot of the hexameter, (2) when a Greek word
follows. It is very hard to believe that Ovid would make any
difference between *occubuit et* and *occubuit in*; certainly Virgil
would not[2].

As to 12, 13 it is only on aesthetic grounds that Lachmann separates them from Ovid's works. They have not

---

[1] However, most of the examples there quoted, as being compounds of *eo*, would
carry no conviction to Lachmann, who holds that -*it* in such perfects is always
long. (See Conington on *Georg*. 2. 81, and Appendix to *Georg*. 2.)

[2] The correct reading in 9. 126 may be 'Fortunam vultu fassa *gemente* suam.'
Two letters -*em*- of *gemente* were omitted, and *gente* altered to *tegente* of P,
a copyist more readily adding syllables at the beginning or end of a corrupt word
than in the middle. As *tegente* did not make sense, the copyist of G altered to
vultum ... legendŏ, adopting an un-Ovidian quantity. It is barely possible that
in 133 for the corrupt *insanii* we should read *Iardanii*, with reference to Hercules'
slavery to Omphale, daughter of the Oriental Iardanus. We should not alter *et*,
and *turpia* would suggest that the epithet attached to *Alcidae* should be one of
scorn. If we supposed the down-stroke of R attached to A, the rest of the
corruption would easily follow. Mr. Housman (*Cl. Rev.* xi. 239) very ingeniously
suggests *Echionii*, but this is rather far from the MSS.

'illam sanam copiam et ubertatem quam Nasonis propriam esse constat,' and exhibit 'molestam quandam et exuberantem orationis abundantiam,' and to them belongs an 'exilis ingenii vena.' On such questions of taste it is well not to dispute. But as regards 14 he brings weighty arguments against two lines—the trisyllabic ending *generis* in 62 and the lengthening of the middle syllable of *potitur* in 113. But neither of these lines is in P by the first hand[1]. The first is to be corrected or give place to 114; the second to be ejected. See crit. notes on those lines and p. lvii[2].

An attempt has been made to defend the authenticity of the Sappho in the introductory note to that Epistle. This defence was made in accordance with Prof. Palmer's direction. In his admirable edition of this epistle De Vries (Leyden, 1885) has almost demonstrated that it was written by Ovid. As to the authenticity of 16–21 nothing is here said, as Prof. Palmer has expressed a strong opinion on the subject, p. 436 ff.; and the present writer has no reason to believe that he would have altered it. Those who impugn these six Epistles would probably regard them as the work of some imitator of Ovid such as Persius (1. 30 ff.) describes with withering contempt[3]:—

> ' Ecce inter pocula quaerunt
> Romulidae saturi, quid dia poemata narrent.
> Hic aliquis, cui circa umeros hyacinthina laena est,
> Rancidulum quiddam balba de nare locutus,

---

[1] Bodenstein (p. 4) is misleading when he states that P reads 'danda forent generis.' It is only P corrected which reads it.

[2] We must remember, however, that Ninnius Crassus, who translated the *Iliad* in the first century B.C., and Lucilius, v. 18 (cf. Priscian, i. 502 Keil), ended hexameters with *potītur*. As to the other difficulties of this Epistle, v. 42 'Quaeque tibi dederam vina soporis erant' may be altered with Prof. Palmer to 'Quaeque tibi dederam, *plena* soporis erant,' or Dilthey to 'Quaeque tibi dederam *iuncta*, soporis erant,' both referring to the sleep which followed the conjugal embrace. But the expression and idea seem unusual and uncomely; besides, Hypermnestra never appeals to Lynceus on the ground of their love. Possibly there may be an allusion in the word 'sopor' to the sense of 'narcotic,' which it sometimes has; in prosaic language, it was 'the wine of a narcotic,' i.e. drugged; cf. Nep. *Dion* 2. 5 'ne agendi esset Dioni potestas, patri *soporem* medicos *dare* coegit. Hoc aeger sumpto sopitus diem obiit supremum.' The sons of Aegyptus seem to have been plied with wine; cf. vv. 29, 33.

[3] It is possible that Persius may be alluding to Ovid himself (cp. ll. 36–37).

Phyllidas, Hypsipylas, vatum et plorabile si quid,
Eliquat ac tenero supplantat verba palato.
Adsensere viri: nunc non cinis ille poetae
Felix? Non levior cippus nunc imprimit ossa?
Laudant convivae : nunc non e manibus illis
Nunc non e tumulo fortunataque favilla
Nascentur violae? " Rides " ait " et nimis uncis
Naribus indulges. An erit qui velle recuset
Os populi meruisse et cedro digna locutus
Linquere nec scombros metuentia carmina nec tus? " '

There is no doubt that this is the view maintained by the majority of scholars. But as far as the present writer has been able to form an opinion on the subject, these Epistles, neither in matter nor in language, appear to offer a sufficient number of anomalies to make it necessary to disallow their Ovidian authorship. They probably formed a separate volume, *Epistles* (Second Series), written some years after the others, when Ovid was not so punctilious with regard to his metre as he was in his earlier works, and when he had acquired a greater diffuseness of style. But as this is a mere individual opinion, and runs counter to the view entertained by the editor of this volume, any defence of it should be made in some other place.

CHAPTER II

THE CHIEF MANUSCRIPTS[1].

THE chief MS. of the *Heroides* is the Codex Parisinus 8242 (P) of the eleventh century, often called by its old name of Puteaneus. It is universally allowed to be the MS. on which the text should be mainly based. Heinsius considered it his sheet-anchor, 'Puteaneus ad quem frequenter recurrimus tanquam ad sacram ancoram.' It contains the *Heroides* and *Amores*, but neither quite completely. The portions of the *Heroides* which are wanting are 1. 1 to 2. 13; 4. 48-103; 5. 97 to 6. 49; 20. 176 to the end. It omits the whole of 15, also 16. 39-144; and in its original state no doubt omitted 21. 13-248. There are twenty-eight lines in a page. A specimen of the writing can be seen in the photograph at the beginning of this volume. The first hand wrote such subscriptions and inscriptions as *Fin.* ii, *Incipit* iii: but the names of the heroes and heroines are added by a later hand, as the false spelling (e. g. Ypolito, Horesto) shows. No such mistakes occur in the text.

This MS. was subjected to a very extensive process of correction about the twelfth century, the corrector emending most of the mistakes in spelling, adding sometimes whole lines, often words omitted by the first hand, often too other readings between the lines, and even (in some forty passages at least) erasing the original readings.

---

[1] In this section the principal guide followed has been H. S. Sedlmayer, *Prolegomena Critica ad Heroides Ovidianas*, 1878. Some assistance has also been obtained from *Observationes ad P. Ovidii Nasonis Heroidum Epistulas* by Guilelmus Peters (Leipz. 1882).

P exhibits all the usual errors to which copyists are prone, e.g.

(*a*) It often omits one of two similar words when they come together : e.g. it gives 9. 32 *nubere pari* (for *nubere nube pari*) ; 70 *hic victo* (for *huic victor victo*)—and of course individual letters in a similar position : 8. 38 *succubui telis* (for *succubuit telis*). (*b*) It omits syllables of words. This is an error which it very frequently presents, e.g. 9. 49 *temeram* (for *temeratam*) ; 101 *insignis* (for *insignitus*) ; 12. 144 *prior* (for *proprior*) ; 207 *praedice* (for *praedicere*)—and once at least it exhibits the reverse process of adding a syllable, 14. 101 *manere* (for *mare*). (*c*) It runs two words into one : 7. 65 *agite* (for *age te*) ; 11. 10 *spectat sed* (for *spectasset*) ; 17. 230 *numinis* (for *num minus*). (*d*) Not infrequently it has transpositions of letters : 3. 97 *felix* (for *flexit*) ; 7. 72 *flumina* (for *fulmina*) ; 13. 71 *limitȝ* (for *milite*). It makes much less error in proper names than might be expected.

Professor Palmer made a careful collation of P. All the points in which his collation differs from that given in Sedl-mayer's critical edition, or which are in any other way of importance, are added in an Addendum to this section [1].

Of far less importance is G, the Codex Guelferbytanus (MS. Extrav. 260) of the twelfth century. It has suffered much from damp, and considerable portions of *Epp.* 17, 18, 19, 20 are almost illegible. The first hand ends at 20. 194, a second hand has added the rest of 20, but 197–215 are cut away either wholly or in part. This MS. was subjected to a very considerable recension in the thirteenth century, which added many glosses and various readings, and filled up some lacunae, which were left by the first hand, possibly from his inability to read the archetype from which he was copying, e.g. 8. 59 (*quisquamne*), 20. 112 (whole verse). There are also corrections by a third and fourth hand, but they are of no importance. The value of the MS. in itself is slight. It often exhibits special readings, good in themselves ; but from comparison with P and other MSS. it can be seen that they are conjectures, e.g. 2. 73 (*alios*), 9. 147 (*iactabitur*). In those passages where P is wanting we must use this MS. with the greatest caution, unless it is supported by some other MSS., especially those of the mixed class [2]. Thus in 1. 48 we can read *esse* with G, because it is supported by Planudes ; but in

---

[1] See below, p. xlii.   [2] See below, p. xxxvii ff.

1. 62 we cannot adopt the strange *novata*; nor *cur* in 6. 17. Yet again, we cannot entirely scorn the guidance of G in the passages which P omits; for the later MSS. are infected with the thirteenth century recension from which G is free, e. g. in 4. 75 G has *sin*, i. e. *sint*; the fifteenth century MSS. in their efforts after simplicity read *sunt*[1].

The codex Etonensis (E) of the eleventh century, written in Gothic characters, is of the same age as the first hand of P, but is vastly inferior. It contains *Theoduli carmina, Cornelius Gallus* (i. e. Maximianus), the *Achilleis* of Statius, Ovid's *Remedia Amoris*, his *Heroides* up to 7. 157, and the verse translation of the Acts by Arator. It was brought by Sir H. Wotton from Venice. It is copied from a worse archetype than G, is full of corrections made by some grammarian prior to the eleventh century, and of emendations of its own. The following are some of the examples :

1. 33 *Sigeia porta* (for *S. tellus*), 50 *erit* (for *abest*); 2. 17 *diis* (see p. xxxviii), 110 *plura datura*; 3. 128 *dabo* (for *feram*); 4. 19 *serior*, 127 *immitis* (the copyist perhaps did not understand the irony of *sic meriti*); 6. 161 *cum pennis* (for *consumpserit*); 7. 68 *Troica* (for *Phrygia*), 101 *quater atque ter* (for *noto quater*). The following readings of E are also found in some late MSS.: 1. 106 *valet* (for *potest*); 3. 6 *queror* (for -*ar*), 89 *finiat* (for *desinat*); 4. 53 *sectamur* (for *reddamus*), 171 *Fauni* (for *Panes*); 7. 123 *cupiere* (for *coiere*). E occasionally preserves the right reading : 2. 122 *Quaque*; 5. 124 *illa*, 150 *deficio* (which is nearer *deficior* than *destituor* the reading of s is); 6. 110 *pollicito*, 137 *vincit*[2]. The error of omitted syllables[3] is very common in E.

The *schedae* Vindobonenses (V), considerable fragments of *Ep.* 10 to 20 (omitting 15), belong to the twelfth century. They have not a single verse which is wanting in P, and this cannot be said of any other MS. Thus 14. 62, 113 are not in V. The fact that V have not 18. 1, 2 renders these lines doubtful[4]. They sometimes confirm readings of P which would otherwise be uncertain, e.g. 14. 65 *quo*, 131 *lassa*; 19. 70 *lente morator*.

---

[1] See below, p. xxxix.
[2] Most probably 6. 29 *timidum quod amat*, the reading of E, is right. Mr. Shuckburgh defends it by 1. 12.
[3] See p. xxxiv.　　　　　　　　　　　　　　　[4] See *Adn. Crit.*

The remaining MSS. are not mentioned separately in *Adn. Crit.*, except the Francofurtanus (F) about which see below p. xxxix. The virtual agreement of all the MSS. of the thirteenth to the fifteenth centuries is denoted in the *Adn. Crit.* by the symbol ω; the readings of a few, somewhat inferior, MSS. of this group, which however appear to deserve mention, are denoted by ς.

The chief MSS., viz. P G E, are derived from a common archetype, as Sedlmayer (p. 38) and Peters (p. 4) have proved. They all omit 2. 18, 19; and read in 2. 122 *littora lata* (for *aequora latâ*); 3. 30 *blandas*; 7. 97 *violate*, 113 *in terras* (for *internas*); and that P and G had a common archetype may be further seen from 9. 103 *dardanis* (for *Iardanis*); 10. 10 *semisopita*; 19. 118 *peccas*.

For the MSS. of *Ep.* 15; 16. 39-144; 21. 13-248, see *Adn. Crit.* on those passages. Notice has been directed (p. 157) to the Harleian MS. 2565 (K) in the British Museum, written about 1475, which contains all these passages. It is of no value otherwise, in almost every case belonging to the inferior class of fifteenth century MSS. In the Epistle of Sappho it agrees very closely with u (= Urbinas 347), e.g. both alone have 73 *positi*, 206 *capit*; but it also has a close relationship with Γ (= Laurentianus 36. 21, called l₁ by De Vries) and v₈ (= Vindobonensis 3111).

Of the early editions the Roman editio princeps (1471) appears to be based on a MS. which was subjected to the recension which was made prior to the eleventh century, and which appears so largely in E. It rarely has any of the alterations of the thirteenth century recension. The Bologna editio princeps also appeared in 1471. All the other editions, viz. eight from Venice, 1478 (ε₁), 1486 (ε₂), 1489 (ε₃), 1492-8 (ε₄), and 1484, 1490, 1492, 1496 (1, 2, 3, 4); that of Parma, 1477 (π), and that of Vicenza, 1480 (β), come from a single archetype A. As regards the long passages omitted in the principal MSS.,—if we call 16. 39-144 (*a*): 21. 13-144 (*b*) and 21. 144-248 (*c*),—A and 1, 2, 3, 4 lacked *a b c*; ε₁ has *b*; ε₂ ε₃ ε₄ have *b c*; π β have *a b c*.

The first hand of P exhibits the text in the purest condition of any of the extant MSS. But some time before the eleventh century, in which P was copied, some grammarian applied himself to correct and amplify some other codex which was akin to P. That this recension was made before the eleventh century is certain, for it has in a large measure found its way into E. We may call it the Chief Recension. The second hand of P exhibits it in a large degree; but it may be considered as existing in its entirety in G (of the twelfth century)[1]. But it must not be supposed that all the MSS. which are subsequent to G are entirely dependent on, though they are all in a large measure influenced by, the Chief Recension. There are a considerable number of MSS. of those centuries which present only a certain number of the alterations of the Chief Recension, and in many cases either present a better reading than P, or at any rate agree with P against G. But, though this is the case, and thus in a measure they are superior to G, still these later MSS. cannot be taken as the sole authority in the parts where P is deficient, because they are disfigured by a series of corruptions and interpolations beginning in the thirteenth century and continued during the two following centuries. Corruptions and interpolations, then, have entered the text (1) from the Chief Recension, (2) from a series of recensions subsequent to the twelfth century. Thus there are four classes :—

1. The first hand of P.
2. Several MSS. of the thirteenth, fourteenth and fifteenth centuries, which in some few cases are not influenced by the Chief Recension, but in the majority of cases are influenced both by it and by the recensions which were made after the twelfth century. This may be called the m i x e d class.
3. G, which is wholly influenced by the Chief Recension, and E, which is largely influenced thereby.

---

[1] The fact that the archetype from which E was copied was a much less pure source than that from which G was derived will explain why G and P often agree, while E falls into error, e.g. 2. 66 *faciant* P G rightly, *faciunt* E ; cf. Peters, pp. 5, 6. E is accordingly of less value on the whole than P or G. Peters seems to hold that G was copied from a MS. like P, but was corrected partly by the aid of the recension which appears in E and partly by corrections of its own scribe.

4. The mass of fifteenth century MSS. which are influenced by both the Chief Recension and the series of recensions which began in the thirteenth century.

Of these classes a few words must be said on the m i x e d class. The chief MSS. of it are—

1. The Gissensis (σ) in the University Library at Giessen, of the fourteenth century. It omits 16. 39–142 and 21. 13–248, but it, and it alone of the codices which we now possess, has 2. 18–19, l. 18 in the form 'cum prece turmoniis sum venerata sacris[1].' It is impossible to believe that these verses are not by Ovid. They would have dropped out on account of the two successive hexameters beginning with *saepe*; they are far too good for an interpolator, who would never have excogitated such an Ovidian word as *turicremis* (cf. *A. A.* 3. 393); the corruption of this word into *turmoniis* looks as if the line had a long history; and the lines afford a satisfactory structure for *deos*[2]. Sedlmayer (p. 52), Peters (p. 51), and Mr. Housman (*Cl. Rev.* xi. 202), have done good service in protesting against their exclusion.

Sedlmayer has quoted a number of other passages on the support of which he attributes a high position to σ; but he used the very faulty collation of Wigand given at the end of Loers's edition. Peters (pp. 9–13) has subjected σ to a careful examination and sums up: 'Puto fluxisse codicem Gissensem

---

[1] It is also to be noted that these lines are given in the text of σ without comment, whereas in 4. 132, where σ gives the manifestly spurious couplet (see *Adn. Crit.*), it notes 'illi duo versus non sunt de textu'—whence Peters (p. 14) rightly concludes that they were in the margin of the archetype of σ, while 2. 18, 19 were in the text of the archetype.

[2] E to be sure alters to *diis*, a simple proceeding. It is hard to believe that Ovid would have used the singular *deo*. At the end of the Venice edition of 1484 is the note, 'absunt duo carmina quae falso in hunc locum contulerunt.' But at the end of the Aldine ed. 1502 we find, according to Ehwald, this note: 'Illud non duxi silentio praetereundum in epistola Phyllidis ad Demophoontem duos hosce adinventos esse versiculos

Sum prece turicremis devenerata focis

Saepe videns ventos caelo pelagoque faventes

additosque sic

Saepe deos supplex &c.

qui etiam sunt pernecessarii : nam sine ipsis nulla haberi constructio potest quod facile est volenti cognoscere.' They also appear to have been in two MSS. seen by Burmann, with the variant *turiferis*.

ex archetypo qui non minus secundum Etonensis quam secundum Guelferbytani recensiones opera leyi et inconstanti
tractatus est . . . eum nullius pretii esse censeo.' Of the
passages quoted by Sedlmayer the only ones which σ really
exhibits are 3. 30 *blandae . . . preces* (which F also has, and
which has a considerable degree of probability, Madvig
(*A. C.* i. 76) notwithstanding), and 9. 129 *sublimis ab*, which
other MSS. also have; see *Adn. Crit.*[1]

The Guelferbytanus Gud. 297 (g₃) of the fifteenth century
also belongs to the middle class. With P it, and it alone,
omits 9. 81, 83; 18. 23, 24. It also agrees with P in such
corruptions as 6. 155 *mater materque duorum*. In 9. 160
it has proved useful in preserving with some other MSS.
fatis (*eat* P: *titulis* G).

Similarly the Vindobonensis 13685 (v₃) agrees with P in
many corruptions, but also possesses some of the genuine
readings which are corrupted in P, e. g. 2. 142 *libet*; 9. 129
sublimis ut. In 8. 5 both σ and v₃ preserve *feci* (for *renui*),
which was certainly the original reading of P.

But the MS. of the m i x e d class which is most free from
the alterations of the Chief Recension is the F r a n c o f u r t a n u s
(F) of the thirteenth century, which is the best authority for
the Epistle of Sappho. It exhibits many of the corruptions
of P but preserves what is probably the right reading in
3. 30 (*blandae . . . preces*); 4. 127 (*sic meriti*); 7. 104 (*admissi*);
9. 12 (*humili*). To the same class appear to belong Vindobonensis 306 (v₁) of the fourteenth century, Gothanus posterior (γ₂) and some others (cf. Sedlmayer, p. 61).

These MSS. of the mixed class are all able here and there
to afford some little aid towards the criticism of the text;
but it is a tedious task to discover the grain of wheat which
lies in the heap of chaff. For they have all suffered from the
extensive alterations which were introduced into the text after
the twelfth century. The chief cause of this recension was
a desire for clearness; thus the indicative is often put for the

---

[1] This reading has much to recommend it. If the words were wrongly divided
sublimi sab, we should as the next step have *sublime sub* of P G ω. But probably
the MS. of Planudes and v₃ are right in reading *sublimis ut.*

subjunctive, e. g. 7. 126 (*praebueram*); 8. 18 (*feres*); a verb
is added where Ovid intended it to be understood, e. g. 2. 53
'quid iam tot pignora *prosunt*' (Ovid had *nobis*); and such
like alterations are made without any scruple.

The most interesting kind of interpolations are whole
verses which have been inserted. That there are many such
in the *Heroides* is unquestionable, e. g. after 4. 132 in several
MSS. including σ occurs the distich :—

> 'Saturnus periit, perierunt et sua iura:
> Sub Iove nunc mundus : iussa Iovis sequere.'

In 14. 47–48 the hexameter fell out owing to the fact that
both lines began with the same word ; whereupon one grammarian composed a line :—

> 'At rursus monitis iussuque coacta parentis,'

and another :—

> 'Tandem victa mei saeva formidine patris.'

In another codex the pentameter fell out, and in its place
this last invention was foisted in, so that there were three
hexameters following one another; whereat a heroic versifier
proceeded to add two pentameters :—

> 'Mente sequi dira iussa paterna volens,'

and

> 'Audeo per iugulum tela movere meum.'

Thus we can see how interpolations propagated themselves.
For a nest of such inventions see *Adn. Crit.* to 9. 81 (cf. 9. 55).

But there are many lines which are generally regarded as
interpolations about which some doubt may be entertained.
Among the chief of these are those mentioned in *Adn. Crit.*
at 5. 24; 7. 23, 97; 8. 19; 13. 73; 16. 265; 20. 11. Prof.
Palmer regarded all these as interpolations. But a case can
be made out for the genuineness of some of them. After 5. 24
the omitted distich fell out because the next one began with
the same word. Oenone had spoken generally of trees and
beeches on which her name had been cut, but there was one
poplar especially on which her memory dwelt, and some
reference to it was necessary before she could burst out into
an apostrophe to it. The doubtful lines mentioned at 7. 23
and 13. 73 are excellently defended by Mr. Housman in

Cl. Rev. xi. 200 ff.[1] Those mentioned at 7. 97 and 8. 19 are rightly defended by Vahlen (*Ueber die Anfänge der Heroiden des Ovid*, Berlin, 1881) and Mr. Housman, *l. c.* The lines at 16. 265 are probably an interpolation, as the apodosis ' Sic et tu Phrygias venies regina per urbes ' breaks the series of comparisons. Those at 20. 11 are doubtful. Certainly—

> ' Id metui, ut divae diffusa est ira: decebat
> Te potius, virgo, quam meminisse deam '

does not sound like Ovid.

There are besides many couplets which begin certain Epistles, and which are generally regarded as spurious, but about which a doubt may be raised as to whether they may not be genuine; namely those mentioned in *Adn. Crit.* as being found in some MSS. or early editions at the beginnings of 5 (E), 6 (E), 7 (E), 8 (Ald. ed.), 9 (s), 10 (s), 11 (s), 12 (ed. Ven. 1474), 17 (given by Heinsius), 20 (s), 21 (s). Planudes omits all these. They are vigorously defended by Vahlen (*op. cit.*)—not that he wishes to vouch for those very couplets, but he maintains that some such introductory couplets are required. For (he argues) in studied works like these Epistles Ovid would not break into the middle of a thought; and, in what are formally Epistles, Ovid would naturally employ some metrical form of the ordinary salutation, as he does so frequently in the *Epistles from Pontus*. But strong objections have been urged against this theory by Peters (p. 47 ff.): (1) Why did so many of the introductory lines fall out ? Vahlen (p. 35) assumes that it was because the copyist wanted room for an illuminated letter at the beginning of the Epistle. Presumably the copyist was required to put a certain number of lines into the parchment given him ; accordingly, if he wished to have additional space for illumination he had to suppress lines. This seems an inadequate reason. Why did he not suppress *all* such introductory couplets ? (2) Ovid does not always in his *Epistles*

---

[1] Perhaps it is hardly necessary to alter *diesque* into *quiesque* in 7. 26, though if *quiesque* was the original reading, it would probably have been corrupted into *diesque*. The emphatic word in the hexameter is *semper*. Aeneas is before Dido's eyes, which *never* sink in sleep; night and day bring Aeneas to her mind. *Noxque diesque* is a variation of the theme *semper*.

from Pontus use a form of salutation, e.g. he has none in
2. 1; 3. 1, 7; 4. 3, 4, 5, 10, 12, 14. (3) Sometimes certainly
the abruptness is effective, e. g. in *Heroid.* 12. Vahlen cannot be considered as having proved his point; yet his paper
is most able and learned, and is well worth reading.

In some MSS. the Epistles appear divided into books like
the Satires of Juvenal; sometimes into two (1–14: 16–21);
sometimes three (1–5: 6–14: 16–21); sometimes four (1–5:
6–10: 11–14: 16–21); sometimes five (1–5: 6–10: 11–13:
14–17: 18–21). Birt (*Das antike Buchwesen*, pp. 378–379)
thinks that the First Series of Epistles consisted of three
books, 1–5: 6–10: 11–15; and that the Second Series also
consisted of three books, 16, 17: 18, 19: 20, 21. In λ
(=Laurentianus, 36. 27, Saec. XIV) we find a note to 20:
'Haec missiva epistula ... est prima pars tertiae partis secundi
libri;' and to 21: 'Haec est responsiva epistola ...; est secunda pars tertiae partis secundi libri.' Cf. Peters, p. 2.

ADDENDUM AD ADNOTATIONEM CRITICAM

[Tradidit mihi Palmerus meus ut ederem collationem, quam fecerat
et accuratissimam esse dixit, codicis Parisini 8242 (P), quem optimae
notae esse semper putavit. Sed vix mihi quidem videtur operae pretium esse totam collationem typis mandare, quippe quae semper fere
cum Sedlmayerana congruat. Quaecunque tamen ab illa collatione
vel minime discrepare videntur, omnia hic protuli.]

II. 81. *A* //// *mę* m. 1; *At mea* m. 2.   100. Ductus litterarum in P favet lectioni *Expectem pelago vela negante tamen*: nam
post *t* certe fuit *e*: et etiamnunc ultima littera potest *n* esse aeque
ac *o*.   101. *expecĭa*, *o* a m. 1.   108. Non recte *pastus* ex P qui
habet *partus* citat Sedlm.

III. 4. *voces* ex *vocos* correctum. 20. *nuri*/ tum ras.; fortasse fuerat
nurus.   25. *Non* (non *Nec*); itaque *Non* legendum.   43. *Ăn*, *h*

man. rec.   76. Certe *plenos* fuit ante ras.   83. *Qui,* $\overset{d}{d}$ m. 2.
86. *t* in *lacerat* m. 2 : *laceros* fuisse videtur.   115. Nunc puto *Et*
quisquam in P primo fuisse : *Et* in *si* mutatum est, et *quam* in *quis-*
quam vix legi potest.   136. *tuus*, sed altera *u* ex alia littera quae *p*
fuisse potest correcta : *patris* ma. rec. in marg.

IV. 14. *victus* (non *victas*) ; vide Comm.   36. *posuisse* (i.e. praeposuisse) add. post finem versus.   125. *pulcherrima*, $\overset{e}{}$ e a m. 2.
138. *Cognata*, $\overset{o}{}$ o a m. 2.   141. *reserenda* ^{a}*manti, a* a m. 2, ut puto.
150. Nota interrogationis post *iacent*, non *verba*.   156. *colla* ma. rec.
supra *corda* scriptum.   167. *ora*, $\overset{o}{}$ o a m. 2. $m\overset{c}{g}um$ *est, c* a m. 2.
175. *que,* $\overset{quo}{}$ *quo* a m. 2.

V. 3. *ceberrima,* $\overset{le}{}$ *le* a m. 2.   10. *flumina* in *flumine* corr.
24. *surgit erecta*.   33. *miserere* a m. 1.

VI. 65. *argo*.   81. *Argolidas* in *Argolicas* m. rec. mutatum.
88. *loco* /// (*locos* fuit).   98. *fero sanguis*.   100. Utrum *favet*
notis expunctum sit nunc dubito : *facit* a m. 2 nunc videtur scriptum.
103. *Non haec aesonides sed fil* ////////// *filia phasias oete*.   In lacuna
spatium circiter novem litterarum. Verba *filia phasias oete* videntur esse
a m. 2.   109. *aesonides*. $\overset{esia}{}$ Corrector voluit *es Iason*.   118. Non
solum *lis* dispicitur sed crus primae litterae *q* ut videtur fuisse.   142.
Inerasses, $\overset{t}{}$ *t* a m. 2.   163. *fraudana,* $\overset{t}{}$ *t* a m. 2.

VII. 10. *Que* (-*que* om.).   45. *censeris* non *cesseris*.   47.
mag /// $\overset{o}{}$ (glossa *f. dano*).

VIII. 38. *tedis* (non *telis*).   50. Num *tu* sit a m. 2 dubito.
pate // *patre* : utrum vox ultima a m. 2 sit incertum.   65. *eral-* $\overset{t}{}$
nannos, t a m. 2.

IX. 41. Glossa *divino* a m. 2 supra *Aucupor* scripta. *murmure* $\overset{a}{}$
fame   64. *alma*.   95. *redulabat, re* incerta, *du* satis certa,
labat certa.   104. /// *capto, e* a m. 2 : *a* videtur in ras. fuisse.
113. *illa* ex alia voce corr. ; *ille* ut videtur.   140. *tempora* in *tim-*
pora mutatum a m. 2.   149. *Ei quid* vel fortasse *Et quid* : non *Si*
quid.

X. 16. *erat somno* a m. 1 : *erat* in *erat a* corr. et *e* superscriptum.

64. *Qui si qua racessus, si* in *se* corr. 86. *trigideinsula*: cetera ut in adn. crit. P non habet *saevas*. 96. *praedacibusque* cf. Planudem. 106. *stravit* a m. 1 totum est ut puto : sed si non totum, certe quidem *str*. 126. *turbes, e* in *i* a m. 2 mutato : utrum *t* a m. 1 sit dubium.

XI. 8. *Auctorique, s* a m. 2. 48. *eras* vel *erat* in *eram* corr. m. 2. 125. *uulnere* ut nunc puto. 127. In ras. fuerunt circiter novem vel decem litterae quorum ultima erat *g*. In marg. a m. 2 *Tu rogo pro-iectae.*

XII. 134. *Aesona* a m. 1. 201. *aureo* a m. 2 (non *auro*).

XIII. 35. *phiþaceyd* /// ceteris abscissis. 62. *pisto i* a m. 2 *puto* a man. rec. ut puto. Corrector alter voluit *piis*. 86. *Substitit* totum a m. 1. 135. *Si quid* non *Sed quid*. In ras. post *revoco* fuerunt circiter septem litterae, non plures quam octo, quarum ultima fuit *s*, quinta vel sexta *l* vel *d* vel *b*. Pro *revoco* primo fuisse credo *revocans* (i. e. revocās); spatium non quadrat cum *revocans*. 136. *secundat, e* a m. 2.

XIV. 62. In ras. dispicitur *Que* in initio, -*is* in fine versus. 91. *Conata* // *loqⁱ*: *q* ante *loqui* non dispicitur : *loqⁱ* tamen post corr. est, nec dubito quin in P fuerit *Conato queri* (sic). 123. *piŋ* /////// *tibi, remanet* a m. 2. Nihil incertum est.

XVI. Post 38 ne minimum quidem signum lacunae. Lector quidam parvam notam atramento rubro posuit. 150. *visa est*. 180. *dicere, a* vix a m. 1 est.

XVII. 73. *causaboris, la* a m. 2. Dele meam coniecturam. 102. glossa *verecundiae* supra *oris* scripta. 109. *turocia* in *tua troica* corr. a m. 2. 121. *fata* in *ficta* corr. a m. 2. 169. '*damna* a m. 1 ; corr. m. 2.' (Sedlmayer.) Equidem nil nisi *damn- est* legere possum. 192. *fuit, r* a m. 2. 245. *dubite, e* in *o* corr. a m. 1 ut puto; *dubito* noli mutare. 249. *Tu, an* a m. 2.

XVIII. 13. *ut ante*, non *velut ante*. 203. *ut & mare*. 215. *hiems* a m. 2 in marg. inter *patietur* et *remis* rasura circ. trium litt. An *iter* fuit ?

XIX. 53. *incertas* P ut nunc est, sed *a* ex *u* facta videtur, et *i* super scripta et *s* inserta a m. 2.

XX. 26. *solertem*, non *solertum*.   30. *Consūptoque* (nil a m. 2).

75. *flentes* (nil a m. 2).   101. /// *lydon* // *aper* /////// (reliquis erasis): in marg. a m. 2 $n\bar{a}scim$ ⁹ *ut illo* ut recte refert Sedlmayer. P non habet *sic saevus ut illo* quod in codd. aliquot reperitur.   116.

Nutis pro *mitis*, *p* a m. 1.   161. *-ll* ——— *ax*: fuit ut nunc puto *Ille tamen mendax*.

CHAPTER III

THE TRANSLATION OF PLANUDES [1].

THE monk Maximus Planudes lived in the latter half of the thirteenth century at Constantinople. As he was a man of eminence and discretion (ἐλλόγιμον καὶ συνετόν, Pachymer, vol. ii, p. 243, ed. Bonn), he was sent in 1296 by the Emperor Andronicus II, along with Leo Bardalas, the ὀρφανοτρόφος, on a mission to Venice to assure that state that the Emperor had no share in the massacre of Venetians which had lately taken place at Constantinople. It has been sometimes assumed that Planudes lived about thirty years later, and that it was in the embassy to Venice in 1327 that he took part. But of that embassy there are full details, and Planudes is not mentioned as having been connected with it; moreover in letters written by himself, probably not later than 1300, he alludes to his journey to Venice and all the troubles connected therewith. We know that Planudes died at the age of 50 [2], and, as he was probably of mature age when he acted as ambassador, we may fairly fix his birth between 1255–1260, and his death 1305–1310.

He was a Byzantine who had learned Latin, and this gave him considerable importance. Though he wrote many other works [3], his translations from Latin were the most famous. Of these we have the Disticha which go under the name

[1] The only special work on Planudes's translation of the *Heroides* known to the present writer is that by Prof. Gudeman (*De Heroidum Ovidii codice Planudeo*, Berlin, 1888), which is an admirable treatise. To it this section is often indebted.

[2] The epitaph written by his friend Gregorius says (l. 7) πέμπτην ἐξανύων ἐτέων δεκάδ'.

[3] E. g. on Grammar, scholia on Theocritus, a biography of Aesop and prose edition of his Fables, mathematical works, some poems, a large and valuable collection of letters; extracts of earlier Greek writers, such as Plato, Aristotle, Strabo, Pausanias, Synesius, excerptors of Dio Cassius; a summary of Plutarch's works; collections of epigrams and proverbs—the latter entitled παροιμίαι δημώδεις συλλε-

of Cato; Cicero's *Somnium Scipionis* and the commentary of Macrobius; perhaps Cornificius *ad Herennium* on memory 3. 16–24 (if that translation is not the work of Theodorus of Gaza); Caesar's *Gallic War*; Ovid's *Metamorphoses*[1] and *Heroides*; St. Augustine *De Trinitate*; and Boethius *De Consolatione Philosophiae*. The translation of Boethius is considered the best. It was completed in 1295; so that we may be fairly certain that his translation of the *Heroides* was composed before that date, when Planudes's knowledge of Latin was less extensive than it afterwards became.

For the translation of the *Heroides* is a flat and bald work; in a considerable number of places showing a very imperfect knowledge of Latin. Take, for example, the following:—

1. 30. Narrantis coniunx pendet ab ore viri.

καὶ ταῦτα διηγούμενος ἀνὴρ τῶν ὤτων (*aure*) ἐξαρτᾶται τὴν σύζυγον.

2. 143. Stat nece matura tenerum pensare pudorem.

καὶ καθάπαξ κεκύρωταί μοι (=*stat*) γηραιοῖς πρέπονται (*matura*) θανάτῳ τὴν ἀκμάζουσαν σωφροσύνην ἀντισηκῶσαι.

3. 3. lacrimae fecere lituras.

στοιχεῖα (=*litteras*) τοῖς ἐμοῖς ἐγένετο δάκρυσι.

37. coniunx Ex Agamemnoniis una puella tribus.

σύζυγε, τῆς Ἀγαμεμνονείου φυλῆς μία παρθένος (as if *tribus* was genitive of *tribus*).

55. dotata.

ἀποδιδομένη.

4. 124. tollendi ('rearing').

αὐξηθῆναι.

164. regia tota.

ἡ χώρα πᾶσα (*regio*)[2].

8. 52. Non lecta est operi sed data causa tuo.

καὶ οὐδ' ἀνεγνώσθη σοι τῷ ἔργῳ ἀλλ' ἐδόθη ἡ δίκη.

9. 35. votis operata pudicis.

σώφροσι προστετηκυῖα εὐχαῖς.

88–9. et vasto pondere laedat humum. Non tibi Threiciis adfixa penatibus ora.

καὶ ἀπείρῳ βάρει τὸν ὦμον (*humerum*) ἐπίεσεν. οὐδέ σοι ἡ τοῖς Θρᾳκίοις θεοῖς πεποιθυῖα (Did P. think there was a word *adfisa*?) χώρα (*ora* nom. sing.).

10. 71. tecto morerere recurvo.

τῷ κοίλῳ ἐμβραδύνας (*morarere*) οἰκήματι.

γεῖσαι παρὰ τοῦ σοφωτάτου κυροῦ Μαξίμου τοῦ Πλανούδου: see K. Krumbacher, *Geschichte der byzantinischen Litteratur*, § 119, pp. 248–250.

[1] This has been edited by Boissonade, and is to be found in the fifth volume of Lemaire's *Ovid*, 1822.

[2] *Regia* appears to have been a troublesome word for Planudes. In 5. 81 he translates it ἐξουσία: in 6. 50 again χώρα.

10. 109–110. sīlices.　　　　　　δρῦς (ίlices).
17. 59. suspicio ('look up to').　　ὑποπτεύω.
18. 98. nec mihi verba dabis.　　οὐδ' αὐτὴ περὶ τούτων μοι διηγήσῃ.
20. 24. conciliare.　　　　　　　συμβουλεύειν (consiliare: but the
　　　　　　　　　　　　　　　　verb is deponent).

　　224. despectis arguor ortus　ἐξ ὀλιγωρουμένων ὑδάτων (aquis) ἐλέγ-
　　avis.　　　　　　　　　　　χομαι γεννηθείς.

Planudes seems to have no proper notion of the meanings of the Latin participles; witness the following :—

2. 100. pelago vela negata meo.　　τὰ ἱστία τὰ τὴν ἐμὴν ἀπαρνησάμενα
　　　　　　　　　　　　　　　　θάλατταν.

5. 108. Uxor . . . habenda fui.　　σύζυγος γέγονα σή.

7. 147. Utque latet vitatque tuas　οὕτω δ' ὡς ἀπῴκισται καὶ ἄδηλός ἐστιν
　　abstrusa carinas . . . terra pe-　ὁ ζητούμενος χῶρος καὶ τὰς σὰς
　　tita.　　　　　　　　　　　　ἀποκλείει τριήρεις.

10. 112. premenda fui.　　　　　πεπίεσμαι.

19. 183. Arte laboratae merguntur　αἱ μὲν γὰρ νῆες ὑπὸ τῆς θαλάττης καὶ
　　ab aequore naves.　　　　　τῇ τέχνῃ πονοῦσαι βυθίζονται.

　　198. Collaque pulvino nostra fe-　καί μοι τὸν τράχηλον τῷ προσκεφαλαίῳ
　　renda dedi.　　　　　　　　φέρουσα δέδωκα.

And as regards quantity he often falls into error :—

7. 85. at me novere merentem　ἐμὲ δ' ἔγνωσαν οἱ παρόντες ἀλύουσαν
　　(right reading movere).　　　(maerentem).

　　123. qui me coiere querentes.　οἵ με μεμφόμενοι ἐβιάζοντο (coegere).

10. 90. Neve traham serva grandia　μηδὲ δούλη γενομένη μέγαν ἕλκοιμι τῇ
　　pensa manu.　　　　　　　χειρὶ στήμονα.

　　96. Destituor rabidis praeda　καὶ δὴ τοῖς ἅρπαξι θηρσὶ καὶ ἀγρίοις
　　cibusque feris.　　　　　　ἐγκαταλέλειμμαι (praedācibus-
　　　　　　　　　　　　　　　que).

12. 88. Et dea marmorea cuius in　καὶ ἡ μαρμαρέα θεὸς ἧς ἐν τῷ οἴκῳ
　　aede sumus.　　　　　　　τυγχάνομεν.

　　140. At mihi funerea flebiliora　ἐμοὶ δ' ἐπιτάφιος αὐλὸς γοερώτερα.
　　tuba.

17. 77. me spectas oculis lascive　ὀφθαλμοῖς εἰς ἐμὲ λοξοῖς σὺν χλιδῇ
　　protervis.　　　　　　　　(lascivē) ἀτενίζεις (besides λοξοῖς
　　　　　　　　　　　　　　　does not render protervis).

Other errors of a more or less serious nature may be found at 1. 69, 76, 82; 2. 33; 3. 81; 4. 115, 137; 5. 121; 6. 22, 150; 8. 31; 9. 141; 11. 19, 67, 71; 12. 84, 161, 175, 177; 13. 42; 16. 316; 17. 93, 102, 110, 170; 18. 39, 135, 153; 19. 14, 48, 130; 20. 29, 53, 241.

Planudes occasionally translates a singular by a plural and

vice versa : 1. 30 τῶν ὤτων (aure); 6. 30 θεοῖς (deo); 7. 95 φωνῶν (vocis); and has such renderings as 5. 73 ὀλολυγμῶν καὶ ἀγανακτήσεων for querulis ululatibus, cf. 4. 160.

There are a few omissions, certain words in the Latin not being translated at all: e.g. 1. 51 aliis; 5. 38 dura; 6. 49 villo[1], 147 sospesque; 7. 94 Caeruleus; 12. 62 Mane erat; 14. 44 whole line; 16. 343 abductis; 17. 58 suo, 139 curvo (this is not due to ignorance of 1. 55); 18. 203 Desino; 19. 11 unctae; 20. 30 whole verse, 67 passo. Planudes seems occasionally puzzled at the names of trees (cf. Gudeman, p. 10). In 5. 25, 27; 14. 40 he omits populus or populeus; in 5. 47 ulmus; in 13. 33 pampinea. In 9. 64 he makes a guess at populus, and translates it by κότινος 'the wild olive.' In 11. 76 he rightly translates fraxina virga by μείλινος λύγος.

Occasionally Planudes alters the order of words, e.g. 3. 116 citharae noxque Venusque iuvant (νὺξ δὲ καὶ κιθάρα καὶ Ἀφροδίτη τέρπουσι); 4. 58, 65, 91; 7. 14; 10. 117; 18. 128; 20. 154. When there is anything of the nature of an inscription he renders it into elegiac verse, cf. 2. 74, 147-8; 5. 115; 7. 195; 14. 129; 20. 239. Cassandra's prophecies in 5. 115 are also turned into verse. In one case the mere speech of the child Hermione is rendered by a verse, 8. 80 sine me, me sine, mater, abis, χωρὶς ἐμοῦ, χωρὶς ποῖ ποτε μῆτερ ἄπει; which is quite unusual, cf. for the contrary 10. 35.

Planudes, as a Greek, was presumably well versed in the more common of the Greek myths: so we are not surprised that he renders 2. 76 Cressa by Ἀριάδνη; 4. 49, 5. 138 Fauni by Πᾶνες; 6. 1 carina by Ἀργώ; 9. 14 Nereus by θάλαττα; 10. 48 Ogygio by Θηβαίου; 12. 27 Ephyren by Κόρινθον; 16. 265 Schoeneida by Ἀταλάντην; 18. 188 Oleniumque pecus by αἲξ ἡ Ὠλενία. In 9. 147 his learning kept him right; for the true reading (Oeta) appears to have become corrupted to Etna, but he failed to see the error in all MSS.; in 9. 103 Dardanis for Iardanis, 153 acrior for Agrios. For Iphiclus in 13. 25 he gives Ὑψίπυλος, but no evidence is forthcoming for this name. Iphiclus is certainly right (cf. Hom. Il. 2.

___

[1] For villo ... aureo he gives χρυσῷ τινι : yet he translates villus rightly in 12. 201 (ἐρίοις).

704–706). On account of this knowledge of Greek mythical character we cannot be sure that the MS. used by Planudes in 6. 103 had *Phasias Aeetine*, though he renders ἡ Φασιὰς Αἰήτου θυγάτηρ. He would have been quite well able to derive this from the reading of Gς *et filia fasias ete* (*Oete* E).

Sometimes the text of Planudes himself has been altered; and accordingly we cannot always infer that the MS. which he used was different from some of those which we possess. To give a few examples: 2. 77 οἱ should probably be read for σοί, 82 τὸν ἀλλοδαπόν for τὸ ἀ.; 9. 128 add ⟨ἀπαρακαλύπτῳ⟩; 14. 51 κόλπους for πλοκάμους; 16. 12 καταλλήλῳ for -ως; 17. 84 εἴ τι for εἴ τις; 19. 86 ἢ οὐ (or οὗτοι) for ἤτοι, 194 prob. ἐμαυτῆς for ἑαυτῆς; 20. 165 ἀνομοίως; and many others.

The manuscript used by Planudes in its omissions resembled P. It has not 2. 18, 19; 16. 39–142; 21. 13–248; nor the Epistle of Sappho. The doubtful initial verses (see p. xli) are also wanting. The general result as to the value of the MS. at which Professor Gudeman has arrived is (p. 66) that (1) it often agrees with P alone against the other principal MSS.; (2) it sometimes is better than P; (3) it is on the whole almost, if not quite, as good an authority as G; (4) it is better on the whole than the MSS. of the thirteenth century, and accordingly than the mass of the fifteenth century MSS.

Thus it agrees with P against the other MSS. in the following among many other cases:—

> 2. 35. *et undis* (*et auris* G; *iniquis* F).
> 73. *illos* (*alios* G; *illo* E).
> 6. 94. *Moribus* (*mobilis* G E F).
> 11. 125. *vulnera* (*fulnere* G; *funere* F).
> 12. 143. *frequenter* (*frequentant* G).
> 199. *numeravimus* (*numeramus in* G).
> 202. *Dos mea* (*dos tibi* G).
> 14. 82. *facti* (*fusi* G).
> 131. *lassa* (*pressa* G F).
> 16. 177. *ora* (*hora* G).
> 20. 82. *livida* (*aspera* V G).

And in some few cases it is better than P:—

> 2. 50. *nominibus* (*numinibus* P G E). This confirms a conjecture of Hubertinus and Gronovius.
> 3. 57. *eos* (*hora* GP$_2$; P$_1$ erased).

9. 129. *sublimis ut* (*sublime sub* P G F).
14. 123. *Lynceu* (*line est* G F ; *remanet* P₂ ; P₁ erased).
16. 260. *Ausus sum* (*ausus cum* P G).
17. 167. *Forma* (so Bentley conjectured ; *fama* P G).
203. *relinques* (*relinquis* P G).
20. 37. *placitas* εὐδοκουμένας (*placidas* P G F).

These passages will show that the MS. of Planudes is often
as good and sometimes better than P ; and that it is in many
respects superior to G.   It was probably copied from a better
archetype than G.   Accordingly in the portions which are
omitted in P, Planudes is to be considered a tolerable
authority.   It is also superior to the thirteenth century MSS.
The above passages quoted from F, which is the best of these
MSS., give us an indication of the fact, but the full and detailed proof should be sought in Professor Gudeman's treatise
(pp. 41–54).   As to the verses concerning which it is doubtful
whether they are interpolations or not (see above, p. xl),
Planudes translates those noted as spurious in *Adn. Crit.* at
5. 24 ; 13. 73 ; but does not give those mentioned in the *Adn.
Crit.* at 7. 23, 97 ; 8. 19 ; 20. 11.   At 16. 265 he read :—

>   *Ut tulit Hippomenes Schoeneida praemia cursus*
>   *Quae propero cursu vicerat ante procos.*

In some cases the MS. of Planudes contained readings
which are apparently guaranteed by no other MSS. and
which are often right :—

6. 47. *Dodonide pinu* is the most signal case : see note.

3. 44. *Nec venit₁ inceptis mollior hora malis* (conj. Lehrs : *meis* MSS.
Plan. has τοῖς ὑπηργμένοις κακοῖς).

6. 96. *impavido somno* (ἀτρέστου τοῦ ὕπνου).

7. 71. He appears to confirm Bentley's conjecture *Quidquid erit* (ὅ, τι
ποτ' ἂν παρείη).

8. 109. He gives δάκρυα ἀναδιδόντες οἱ ὀφθαλμοὶ συνθολοῦνται, most
probably translating *lacrimis tinguntur obortis*, which would seem
a very fair restoration for the strange, if not impossible, *funguntur* ;
or just possibly Ovid wrote, as Tibullus might have done (cf. i. 7. 50 :
3. 2. 20), *funduntur* ' are bathed.'

9. 145. τίς με μανία ἐρῶσαν ἐξέκαυσεν ; looks like *quis me furor ussit
amantem ?*

13. 73. *adversus* (ἀντιμέτωπος) for *adversos.*

159. *nostrum* (ἐμαυτῆς) for *reditum*—a false reading.

160. *animos* (ψυχῶν) for *animi.*

16. 11. *fesso* (τοῦ ἀπειρηκότος) for *fasso.*

17. 267. *loquemur* (κοινολογησόμεθα) for *loquamur*.

19. 121. *quando* (ἡνίκα) for *quanto*.

The following are a few miscellaneous remarks on special passages in the translation :—

1. 86. Prof. Gudeman (p. 20) feels a difficulty as to τὴν οἰκείαν αὐστηρίαν μαλάσσει as a rendering of *vires temperat ipse suas*. Planudes uses αὐστηρία also in 7. 73 to translate *saevitia*; and it is not an uncommon word in Byzantine Greek for 'severity' (cf. Justinian Cod. i. 3. 29).

2. 10. καὶ νῦν ἄκουσάν με καὶ ἐρῶσαν λυπεῖ (so MS. A of Plan.) = *invita nunc et amante nocent* E ω. MS. P. has λυπεῖς = *noces* conj. Heusinger.

28. κατέχειν = *detinuisse*.

3. 30. Plan. read *blanda . . . prece* (σὺν μειλιχίοις δεήσεσι).

117. ἀσφαλέστερόν ἐστιν ἐπὶ λέχους ἀνακεκλίσθαι καὶ κόρην ὁρᾶν. The line runs *Tutius est iacuisse toro, tenuisse puellam* : cf. 18. 183 *Ergo ego te nunquam . . . tenebo* is rendered by σε . . . θεάσομαι. No explanation seems possible but that of Prof. Gudeman (p. 14) that there were variants *vidisse* and *videbo*. Yet even so, it is strange that P did not use the perfect ἑωρακέναι. It can hardly be supposed that he confused *tenere* and *tueri*.

4. 86. οὐ γάρ εἰμι ἀξία σοῦ γε ἕνεκεν ἀπολέσθαι translates apparently *Non sum materia digna perire tua*. If this is so, Planudes has made a mere guess at the sense, which was perhaps suggested by such phrases as mea causa, mea gratia.

128. *abdicat*, ἀποκηρύττει, the right word : see note on the passage.

5. 19. τὰ πολυωπὰ διέτεινα δίκτυα = *Retia . . . maculis distincta tetendi*. As Prof. Gudeman notes (p. 14) this is a Homeric word, cf. Od. 22. 386. For other Homeric words used by Plan. he compares ἔστρεφεν ἵππους, which wrongly translates 1. 36 *terruit . . . equos* : and τοῖς πολυφλοίσβοις κύμασι which rightly translates 10. 26 *raucis aquis*.

6. 56, 57. In these successive lines Plan. translates *aestas* and *messis* by the same word θέρος.

100. *cavet* (*favet* or *facit* MSS.) πείθει Plan., translating *suadet*.

137. Plan. probably read Quid *referam* scelerata piam si *vincat* et ipso.

7. 45. 'quid non censeris inique?' is rendered ὅπερ (*quod*) μὴ σὺ κατὰ νοῦν ἀδίκως λογίζου (as if *censeris* were imperative).

136. Et nondum nato (conj. Heins. :   καὶ τῷ μήπω τεχθέντι αὐθέντης
nati MSS.) funeris auctor eris.   γεννήσῃ τοῦ φόνου.

8. 50. That Plan. tried to translate the untranslatable may be seen from ἐνέδυσε τὸν πατέρα ἡ μήτηρ (*induit illa patrem* G ω).

9. 83. Plan. here translates—

> Turpiter ipse aliis referebas verba puellis
> Factaque narrabas dissimulanda tibi.

11. 54. Et cogor lacrimas con-   καὶ εἰς ἀνάγκην καθίσταμαι τὸ ἐμαυτῆς
bibere ipsa meas.   δάκρυον ἀναστέλλειν (*cohibere*).

127. Plan. has καὶ σὺ μὲν ἱκετεύω τῆς σφόδρα δυστυχησάσης ἀδελφῆς τὰς ἐντολὰς ἔνεγκαι· αὐτὴ διώξομαι τὴν τοῦ πατρὸς ἐντολήν. He had *mandatum* in the second line. The first line may possibly have been *Tuque rogo abiectae*, &c. (*proiectae* ω; or *provectae* P₂; *dilectae* G).

12. 17. Plan. has καὶ ὁπόσα σπέρματα κατεβάλετο τοσούτους ἐχθροὺς σπεῖραι, which appears to represent *Semina iecisset totidem sevisset et hostes*, the conjecture of Mr. Shuckburgh.

13. 107. *Aucupor*. The MSS. of Plan. give μαντεύομαι (altered by Prof. Palmer to μαστεύομαι). This points to *auguror*, but that reading is not attested. Where *aucupor* occurs elsewhere, 9. 41, Plan. also translates as if it were *auguror*, εἰς κληδόνας δέχομαι.

14. 125. defunctaque vita Cor-   καὶ τὸ χρεὼν λειτουργῆσαν τὸ σῶμα—
pora.   a strange rendering.

16. 173. *Non ego coniugium generosae degener opto*. In the version of this line there seems to be a corruption in the MS. of Planudes. It runs οὔκουν ἔγωγε διογενὴς ὢν τὴν τῆς εὐγενοῦς συνάφειαν βούλομαι. Probably διογενὴς is a corruption of δυσγενής. In Met. 11. 315 *patriae non degener artis* Plan. shows that he knew the meaning of the word, τὴν πατρῴαν μὴ καταισχύνων τέχνην. It is hard to agree with Prof. Gudeman (p. 8) that *de-* had anything to say to *deo*. Prof. Gudeman would appear to be in error in stating that συνάφεια cannot = γάμος: see 17. 194, 20. 23 (probably), and Sophocles's Lexicon.

17. 17. Plan. confirms the conj. of Bentley *Forma*, τὸ κάλλος.

18. 74. caecum, Cynthia, numen   σὺν σοί, ὦ Κυνθία, τὸ φῶς ἔχεις (trans-
habes.   lating *tecum*, which is attested
    by no MS.).

180. Plan. appears to have found a strange reading for this line, which properly runs *Saepe sed heu! lacrimas hoc mihi 'paene' movet*. He renders πολλάκις δ᾽ ἀλλ᾽, οἴμοι, κράζεις Τίς βλάπτει με τιμωρία; which seems a version of *Saepe sed heu lacrimas* (taken as a verb) *Quae mihi poena nocet?*

19. 151. See note on p. 263.

20. 178. See crit. note on p. 145.

CHAPTER IV

MR. HOUSMAN'S EMENDATIONS[1].

1. 15. *ab hoste revictum.* For *revincere* cf. Fast. 6. 432. Probably *hostere* passed through *hestore* into *Hectore.* The error in fact, and the poverty of expression (after *nomine Hectoreo*) are against the ordinary reading.

2. 18, 19. defended: see p. xxxviii above.

2. 109, 110. transposed to follow 114, and *huic* read for *cui* in 115[2].

5. 85. *et cupio* is an undignified sentiment and in contradiction to l. 81. It is a mere stop-gap for some word which invested *potentis* with a clearer meaning, most probably *rerum* which fell out after *fieri*, cf. Lucr. 2. 50; 3. 1027. Faber suggested *regis*, but there is no reason why it should have fallen out.

5. 121. *Vox erat in cursu* (Heinsius and Bentley) defended.

6. 29. *timidum quod amat* of the Eton MS. defended.

---

[1] The proof-sheets of the Commentary were printed off before I read Mr. Housman's valuable series of contributions to the criticism of the *Heroides*, which he published in the *Classical Review* of last year (1897, vol. xi). His great eminence as a critic requires that all his emendations should be set forth in any edition of that work; and this the Editor of the *Classical Review* and Mr. Housman himself have kindly permitted. Of course little more than the bare result at which Mr. Housman has arrived can be here stated, and the vigorous and powerful manner in which some of his emendations are supported is entirely wanting. Everything in the text expresses Mr. Housman's views, as I understand them. I trust I have not in any case misrepresented him. The few remarks in the notes are my own, and are the merest suggestions dictated by an instinct which is perhaps unduly conservative.

[2] Is not *huic* somewhat harsh after *tibi* in ll. 107, 111? One feels a little doubtful as to transpositions of couplets in the *Heroides*. The reply of Phyllis to the question of Demophoon, 'Who is Phyllis?' seems to consist of two similarly-constructed parts, 107–110 and 111–116. They form a climax. 'Phyllis is the princess who received you hospitably and gave you wealth besides; she who put under your sway the kingdoms of Lycurgus, and to crown all gave you her maidenhood—woe worth the day!'

6. 31–36. defended as a brilliant example of Ovid's ability to repeat in finer language what seemed perfect before. 37–38 is 'a shameful interpolation, ungrammatical in language, inept in sense and destructive of coherency [1].'

6. 108. For *patria* read *ripa* with Bentley. In cursive *patria* is *pria*, which is *ripa* with one letter out of place. The word *patria* used of a river signifies the place where it rises, Am. 3. 6. 40 [2].

6. 140. For *iratis* P[2] read *ignavis*. The word is omitted in P[1].

7. 24, 25. defended.

7. 75. *Haec minus ut cures* for *Nec mihi tu curae*; for Dido cannot pretend that she does not care for Aeneas [3].

7. 85. *sat me monuere* for *at me movere*. It is impossible that *movere* can mean 'they melted my heart': all it can mean is 'they produced their natural effect upon me,' i. e. excited mistrust. *movere* is a word of neutral sense [4]. For *sat* cf. 12. 75.

7. 97 ff. defended.

7. 194. Read Hoc *tantum* (for tamen) in tumuli marmore crimen erit. For *tamen* would mean 'my epitaph shall not link my name with Sychaeus, but, in spite of that, it shall link it with Aeneas'—which is ridiculous [5].

8. 20, 21. defended; see p. xli above.

8. 34. Plus *patre, quo* prior est, ordine *pollet* avus (Bentley) approved.

8. 45. For *regebat*, P has *petebat*, perhaps a corruption for *tenebat* 'commanded [6].'

8. 50. Read Sed *tibi* (quid faceres?) induit illa pater. In the ordinary

---

[1] If we could read '*devictum serpentem*—' with the Erf. MS. the grammar would be mended. The rest of the couplet is fairly in character with the excited state of Hypsipyle's mind; and the pentameter is certainly worthy of Ovid. If an interpolator had acted as patron of the dragon, he would have probably given it a whole couplet.

[2] See note.

[3] It is just possible that we should read 'Nec mihi tu *cura*'—an emerging in classical times of a construction of *curare* which is found in Plautus and Accius on the one hand and Apuleius and Tertullian on the other, the dative being used because the idea of 'interest for' is so prominent in the couplet. Emphasize *meae* in the pentameter.

[4] This is a most acute remark. Perhaps the interpretation assigned to the MS. reading *is* right. The sense would be, 'You told me of the death of Creusa in the course of your narrative. But that episode was more to me than a mere event in the story; it aroused my suspicions of your faithlessness, yet I trusted you and gave you my love—therefore I am the more guilty.'

[5] *Tantum* is certainly better than *tamen*, though if one wished to cavil he might object to *tantum* being used of a whole distich when in contrast to merely 'Elissa Sychaei.' Yet *tamen* is possible when we remember how fond the Roman poets were of the word. The thought will be, 'I shall not have an inscription connecting me with Sychaeus, yet I shall have an epitaph,—viz. this.'

[6] If *tenebat* is right, the MS. reading *petebat* probably arose from *-ne-* dropping out, and the next copyist making the first addition that came into his head.

reading *Sed tu quid faceres?* *induit illa pater*, the last words could only mean 'Your father put them on himself[1].'

8. 59. Hermione coram *quicquam obiěcit* (= obicit) ⟨alter⟩ Orestae for *quisquamne obiecit* Orestae; for (1) the *-ne* has no satisfactory authority[!]; (2) *obiecit* ought to be present; (3) and cannot be used absolutely.

9. 9-10. *For*

> At non ille *venis*, cui nox, si creditur, una
> *Non tanti*, ut tantus conciperere, fuit

read

> At non ille, brevis cui nox, si creditur, una
> Luctanti, ut tantus conciperere, fuit—

for the idiomatic *tanti esse* makes no sense. Even if we altered with some MSS. *tanti* into *tanta* (and that *tanti* should have been corrupted into *tanta* is most unlikely) still *tanta erat* will only = *tam longa erat*, not *sat longa erat*. *Luctanti* is a vox amatoria, Prop. 2. 1. 13; 15. 5[2].

9. 45. Arbiter Eurystheus *astu* (or *furto*) Iunonis iniquae (the MSS. have *irae* Iunonis), with allusion to the trick practised by Here related in Hom. Il. 19. 95 ff.; cf. Virg. Aen. 8. 291[3].

9. 133. *Echionii* for *insanii*. Hercules was sixth in descent from Echion[4].

9. 156. Alter (Meleager) fatali vivus in igne *situs* (*fuit* MSS.)[5].

10. 31. *Ut* (Bentley) vidi, *haut dignam* quae me vidisse putarem ' when I saw such a sight as methought I did not deserve to see '; or *Ut* vidi *haut unquam* (or *hautquaquam*) quae me *mer*uisse putarem. The ordinary reading is impossible, for she certainly *did* see the sails[6].

10. 67-74. These lines are to be read and punctuated thus :—

> Non ego te, Crete centum digesta per urbes,
>> Aspiciam, puero cognita terra Iovi,
> *Ut* (*at* MSS.; *nam* Bentley) pater et tellus iusto regnata parenti
>> Prodita sunt facto nomina cara meo.
> Cum tibi, ne victor tecto morerere recurvo
>> Quae regerent passus, pro duce fila dedi,
> *Tum* (Bentley) mihi dicebas ' Per ego ipsa pericula iuro
>> Te fore, dum nostrum vivet uterque, meam.'
> *Ut* = ex quo tempore.

---

[1] They mean ' Your father put them on,' which words by themselves would mean, ' put them on himself'; but the context here would save them from ambiguity.

[2] See Prof. Palmer's note. Can 'brevis ut'='too short to admit of'? or is this the meaning? *Luctari* would appear to be used only of the woman.

[3] This is very clever and learned—and possibly right. Still, Deianira may be considered to feel the immediate weight of the instrument of Juno's wrath, and at the same time to reflect with bitterness that the wrath of the goddess is not yet satiated: *longa* is emphatic, and introduces an additional idea to that contained in the hexameter.　　[4] Cf. above, p. xxx, note 2.

[5] Perhaps *fuit* = ' is no more,' ' is dead.' The verbs are the emphatic words in the three previous lines.

[6] Mr. Housman's full defence of this reading deserves careful study, *Cl. Rev.* xi. 239-240.

10. 85–6. Alter the beginnings of these two lines in order to get rid of the solecistic Quis scit an . . . habet, thus:

> Quis scit an et fulvos tellus alat ista leones
> Forsitan et saevas tigridas insula habet.

It is not pretended that the last line is emended. The best of the conjectures is Gronovius's 'saevam tigrida Naxos habet.'

10. 146. Infelix tendo trans freta *lata* manus (*longa* P₂). The word is omitted in P₁. The copyist went on at the wrong -*ta*[1].

11. 127–8. Tu, rogo, dilectae nimium mandata sororis
> *Perfice*: mandatis *opsequar* ipsa patris[2].

12. 65. Orat opem Minyis: alter petit, *impetrat* alter. The boon is begged by one (my sister), but extorted by another. *Impetrat* fell out owing to the similarity of *petit* and -*petrat*, and a copyist added *habebit*. For alter . . . alter, used of a man and a woman, cf. Capitolinus Maximini Vita I. It is allowable here, as Ovid seems to mean generally 'the supplicator is one, the gainer another.'

12. 91–2. Medea could not ask whether Jason's tears helped to cajole her: she knew they did. Read then

> Vidi etiam lacrimas: pars est *sua laudis* in illis
> *Si* cito sum verbis capta puella tuis.

Si is Bentley's. For *laudis*, cf. 2. 66; 10. 130.

13. 74–5. defended.

14. 62. Transpose 114 to take the place of this unmetrical line.

14. 82. *facti sanguinis*. This, though defensible (Liv. 35. 51. 3), is not strong enough after *cognatae* in l. 81. Read *sacri sanguinis*[3].

14. 103 ff. The two verses 103 and 106 are interpolations prompted by the fact that 104 and 105 have by mischance been placed in inverted order, the pentameter before the hexameter: cf. Merkel at 8. 81.

15. 41. Read At mea cum *legerem, sat iam* formosa videbar[2].

15. 129. Oscula cognosco, quae tu committere *lingua* (not *linguae*). So the Francofurtanus codex, rightly, cf. Am. 2. 5. 23[2].

15. 139. furialis *Enyo*. The Cappadocian goddess of hysterics[4].

15. 198. Read ' Plectra dolore *iacent* muta, dolore lyra ' for the incompetent vulgate ' Plectra dolore *tacent*, muta dolore lyra *est*.'

15. 201–2. (Lesbides) Desinite ad citharas turba venire *mea* (*meas* MSS.). *Turba* cannot be used without an adj. any more than *chorus* in Prop. I. 19. 13 ' illic formosae veniant *chorus* heroinae.' For *mea turba*, cf. A. A. 3. 811 : Trist. i. 5. 34[5].

---

[1] *Lata* or *vasta* was suggested by Prof. Palmer: see *Adn. Crit.*

[2] See note.

[3] Perhaps Hypermnestra meant in the pentameter to represent Danaus as craving for mere bloodshed.

[4] See note, which was written before I saw Mr. Housman's remarks.

[5] These two emendations are exceptionally brilliant and simple: *mea* introduces real poetry into the line.

16. 37. Read, adopting Palmer's *vulnus* for *vultus* in 38 :

> Ante tuos animo vidi quam lumine vultus
> Prima *tulit* vulnus nuntia fama tui
> Nec tamen est mirum si, *sic cum polleat arcus,*
> Missilibus telis eminus ictus amo.

(*sicut oporteat arcu* MSS.)

16. 83. *nec* = et 'non' as Loers says : *et* couples *risit* and *ait*, and *non* is part of the speech, cf. 21. 222; Met. 5. 414; 9. 132; 10. 569; 11. 136; Fast. 4. 598; cf. *quam* = et 'hanc' Heroid. 12. 202.

16. 122. Read *vento* or *ventis* for *nostrae*, which is feeble and omitted by the first hand of one MS.

17. 51. For *Et genus* read *Sed* genus (*ea genus* P).

18. 65. *dea* is not vocative.

18. 119–122. The author of the Epistle simply wrote

> Si qua fides vero est, ad te via prona videtur,
> A te cum redeo clivus inertis aquae.

An interpolator added

> Hoc quoque si credis, veniens huc esse natator
> Cum redeo, videor naufragus esse mihi,

and the two couplets have exchanged their first hemistichs.

18. 191. Punctuate

> Neve putes id me, quod abest, promittere, tempus[1].

[Other examples of hyperbata are

3. 19. Si progressa forem, caperer ne, nocte, timebam.

7. 144. Hectore, si, vivo quanta fuere, forent.

10. 110. Illic, qui silices, Thesea, vincat, habes.

These have been already recognized. Add the following :

3. 56. Et, mecum, fugias, quae tibi dantur opes.

15. 103–4. nec tu, Admoneat quod te, munus, amantis, habes.

20. 94. Quod de me solo, nempe, queraris, habes.

An alternative punctuation (which Heinsius adopts in 7. 144 and 10. 110) would be to leave out all the commas].

19. 180. Read with V, D. Heinsius and Bentley:

> Et quotiens grave *sit* puppibus ire, natas.

'Leander swims to and fro with such frequency that even to *sail* with the same frequency would be a toil and a trouble. He is therefore much unlike to Paris and Jason.'

20. 13. Write

> Nunc quoque ⟨*avemus*⟩ idem, sed idem tamen acrius illud.

avem' is easily mistaken for *quem*, which would be easily lost after *-que*.

20. 178. (Continuo *per te* ⟨*tunc*⟩ ego salvus ero): $\overline{tc}$ fell out after *te*, and was inserted before *continuo* with *et* to eke out the verse. For *per te* corrupted into *certe*, cf. Prop. 2. 18. 29.

20. 198. Anxia sunt *causa* pectora nostra *tua*. The fragments of A (saec. xi, xii) have *vita . . . tua*. For *vita* and *causa* confused cf. Cic. Clu. 59. 164.

---

[1] Prof. Palmer had seen that this punctuation was right.

21. 58. Me precor, ut serves, perdere, *laeve*, velis. '*laevus* is a blunderer, a man who when he shoots at a pigeon invariably kills a crow. The best way for him to make Cydippe well will be to wish her ill.'

21. 205. For *Si mihi lingua foret* read *Mens nisi iniqua foret.* *mēnsisi* is much like *mihi si*, and *iniqua* is almost the same as *lingua*[1].

21. 237. For *nisi quod* read *nisi si* (cf. 4. 111). Cydippe does not say that such a 'littera' had really been invented[2].

---

[1] See *Adn. Crit.*   [2] See *Adn. Crit.*

SIGNA QUAE IN ADNOTATIONE CRITICA ADHIBENTUR

P = Cod. Parisinus 8242, saec. XI.

E = Cod. Etonensis, saec. XI.

G = Cod. Guelferbytanus (260), saec. XII.

V = Schedae Vindobonenses, saec. XII.

F = Cod. Francofurtanus, saec. XIII.

ω = Codd. saec. XIII—XV fere omnes.

ς = Codd. saec. XIII—XV, pauci eique non boni.

CORRIGENDA

Page 13, l. 2 from end. Add 'Lehrs' after *malis*

,, 19, l. 49. Read 'Dryades' for 'dryades'

,, 26, l. 2 of Adn. Crit. Read '*fluviali*' for '*pluviali*'

,, 47, l. 17. Put a comma after *An*

,, 48, l. 47. Read 'per' for 'habes', and see note in English Commentary

,, 55, l. 95. Read 'rebellabat' for 'redundabat' and see note

,, 66, l. 5 of Adn. Crit. Read '*Pronaque*' for '*Plenaque*'

,, 74, l. 114. Read 'nostra' for 'nostro'

,, 87, l. 36. Read 'audibam' for 'audieram'

,, ,, ll. 1, 2 of Adn. Crit. Read 'Hac antiqua forma Ovidius utitur Fast. iii. 507', and see note

,, 123, Ep. 18. 2. Read 'Sesta' for 'Sesti' and see note

,, 131, l. 11. Read 'palaestrae' for 'palestrae'

,, 139, l. 13. Read 'teneo' for 'studeo' and see note

,, ,, l. 7 of Adn. Crit. Read 'Id metui ut diuae diffusa est ira ; decebat'

,, 142, l. 93. Read 'quod tu vis' for 'quantumvis' and see note

,, 143, l. 120. Read 'lenis' for 'levis'

,, 144, l. 144. Read 'spes' for 'sepem'

,, 149, l. 11 of Adn. Crit. Read 'c_1' for 'c_2'

,, 154, l. 165. Read 'deducta' for 'deductas' and see note

,, 155, l. 203. Read 'voluntas' for 'voluptas'

,, 157, last line. Read 'recepta' for 'recepto'

,, 158, Ep. 21. 89. Dele 'in'

,, ,, ,, 21. 165. Read 'suas deducta'

,, 293, note on l. 52. Read 'Intr.' for 'Ind.'

,, 376, ,, l. 53. Read '8. 5' for '8. 3'

,, 382, ,, l. 13. Read '2. 6' for '3. 6'

,, 387, ,, l. 4 (last line). Read 'cf. Catull. 66. 74' for 'see on'

,, 412, ,, l. 20. Read '1. 60' for '7. 97'

,, 413, ,, l. 27. Read '12. 137' for '12'

,, 432, ,, l. 154. Read '1. 46' for '1. 146'

,, 436, ,, l. 218. Read '17. 22' for '17. 20'

,, 473, ,, l. 115. Dele the last four lines of note from 'But.' The interpretation given is defective, as it fails to account for the *-que* in *causaque*

P. OVIDI NASONIS

HEROIDES

———◆———

I.

PENELOPE ULIXI.

Ha*e*c tua Penelope lento tibi mittit, Ulixe ;
Nil mihi rescribas *tu* tamen : ipse veni !
Troia iacet certe Danais invisa puellis :
Vix Priamus tanti totaque Troia fuit.
5 O utinam tum, cum Lacedaemona classe petebat,
Obrutus insanis esset adulter aquis !
Non ego deserto iacuissem frigida lecto,
Non quererer tardos ire relicta dies,
Nec mihi quaerenti spatiosam fallere noctem
10 Lassaret viduas pendula tela manus.
Quando ego non timui graviora pericula veris ?
Res est solliciti plena timoris amor.

1. *Hanc* libri (**P** nondum extante), quod miror editoribus satisfacere.
sic **x**. 3 libri recentiores dant *quam* pro *quae*.   **2.** *tu tamen* Bentley,
ut tamen Gronovius, *at tamen* G, *attamen* ω.   *attamen : ipse* N. Heinsius :
vulgo post *rescribas* interpungunt.   *fac tamen* S. Allen.   *attinet* Marius
Victorinus vi. 109, 30.   **4.** *tuta* Plan.   **8.** *Non* G, *Nec* E ω.   **10.** *Las-*

In te fingebam violentos Troas ituros,
    Nomine in Hectoreo pallida semper eram.
15 Sive quis Antilochum narrabat ab Hectore victum,
    Antilochus nostri causa timoris erat;
Sive Menoetiaden falsis cecidisse sub armis,
    Flebam successu posse carere dolos.
Sanguine Tlepolemus Lyciam tepefecerat hastam:
20   Tlepolemi leto cura novata mea est.
Denique, quisquis erat castris iugulatus Achivis,
    Frigidius glacie pectus amantis erat.
Sed bene consuluit casto deus aequus amori:
    Versa est in cineres sospite Troia viro.
25 Argolici rediere duces: altaria fumant;
    Ponitur ad patrios barbara praeda deos;
Grata ferunt nymphae pro salvis dona maritis;
    Illi victa suis Troica fata canunt.
Mirantur iustique senes trepidaeque puellae,
30   Narrantis coniunx pendet ab ore viri.
Atque aliquis posita monstrat fera proelia mensa
    Pingit et exiguo Pergama tota mero:
'Hac ibat Simois, haec est Sigeia tellus,
    Hic steterat Priami regia celsa senis;
35 Illic Aeacides, illic tendebat Ulixes,
    Hic lacer admissos terruit Hector equos.'
Omnia namque tuo senior te quaerere misso
    Rettulerat nato Nestor, at ille mihi.

---

saret ω, Lassasset G.   15. *Amphimachum* Politianus: vel *Memnone*
idem: *Archilochum* Schoppa.   20. *poena* s.   21. *si quis*
Slichtenhorst, Planudes.   24. *cinerem* E s.   27. *nuptae* Heinsius,
Bentley: vel *sponsae* Bentley.   28. *Troia* s. *Illi, quisque suis, fortia facta
canunt* Bentley.   29. *lassique* Riese, *laetique* Schenkl, Sedlmayer.
Sed adiectivum quod est *iusti* verbo *senes* apte convenit. Cf. 'iustus
senex' Fast. v. 384; iv. 524: Met. viii. 704: 'iusti patres' Fast. iv.
950.   31. *Iamque* G s.   33. *hac est* G s, vix latine: *hic* aut *haec
est* ω, quorum alterutrum verum est, ut Heinsius Werferusque viderunt.
36. *lacer admissos* s, Egnatius, N. Heinsius: *alacer missos* G E ω, Merkel.
Cf. Consol. ad Liv. 320.   40. *dolo* librorum ex glossa *Dolon* ad *ille*

Rettulit et ferro Rhesumque Dolonaque caesos,
40 Utque sit hic somno proditus, ille dolo.
Ausus es, o nimium nimiumque oblite tuorum,
Thracia nocturno tangere castra dolo,
Totque simul mactare viros, adiutus ab uno!
At bene cautus eras et memor ante mei!
45 Usque metu micuere sinus, dum victor amicum
Dictus es Ismariis isse per agmen equis.
Sed mihi quid prodest vestris disiecta lacertis
Ilios et, murus quod fuit, esse solum,
Si maneo, qualis Troia durante manebam,
50 Virque mihi dempto fine carendus abest?
Diruta sunt aliis, uni mihi Pergama restant,
Incola captivo quae bove victor arat.
Iam seges est, ubi Troia fuit, resecandaque falce
Luxuriat Phrygio sanguine pinguis humus.
55 Semisepulta virum curvis feriuntur aratris
Ossa, ruinosas occulit herba domos.
Victor abes, nec scire mihi quae causa morandi,
Aut in quo lateas ferreus orbe, licet.
Quisquis ad haec vertit peregrinam litora puppim,
60 Ille mihi de te multa rogatus abit.
Quamque tibi reddat, si te modo viderit usquam,
Traditur huic digitis charta notata meis.
Nos Pylon, antiqui Neleia Nestoris arva,
Misimus: incerta est fama remissa Pylo.
65 Misimus et Sparten: Sparte quoque nescia veri.
Quas habitas terras aut ubi lentus abes?

---

adscripta ortum suspicabar. *prodit ille dolon* E. *vigil* auctor Electorum
Etonensium, quod non omnino placet. Certe *dolo* repetitum valde
displicet: mendum tamen in altero loco fortasse inest. *loco* Wakker.
lucro R. Y. Tyrrell.   **42.** *frangere* s. *castra gradu* Baehrens, Misc.
Crit. p. 197. Mihi occurrunt *malo, pede, nocturna . . . via*: etiam *bolo*
non omnino absurdum videtur: cf. Plaut. Poen. Prol. 101.   **48.**
Ilion s. *esse* G, Plan. *ante* E ω, edd. vett.   **50.** *abes* s. *erit* E,
interpolate, ut solet.   **52.** *Accola* Heinsius, Bentley.   **62.** *nouata*
G pr., quod iniuria recepit Merkel. *notata* G₂ ω.   **65.** *uestri* Bentley

Utilius starent etiamnunc moenia Phoebi:
(Irascor votis heu! levis ipsa meis)
Scirem, ubi pugnares, et tantum bella timerem
70   Et mea cum multis iuncta querela foret.
Quid timeam, ignoro; timeo tamen omnia demens,
Et patet in curas area lata meas:
Quaecumque aequor habet, quaecumque pericula tellus,
Tam longae causas suspicor esse morae.
75 Haec ego dum stulte metuo, quae vestra libido est,
Esse peregrino captus amore potes;
Forsitan et narres, quam sit tibi rustica coniunx,
Quae tantum lanas non sinat esse rudes.
Fallar, et hoc crimen tenues vanescat in auras,
80   Neve, revertendi liber, abesse velis.
Me pater Icarius viduo discedere lecto
Cogit et inmensas increpat usque moras.
Increpet usque licet: tua sum, tua dicar oportet:
Penelope coniunx semper Ulixis ero.
85 Ille tamen pietate mea precibusque pudicis
Frangitur et vires temperat ipse suas.
Dulichii Samiique et quos tulit alta Zacynthos,
Turba ruunt in me luxuriosa proci,
Inque tua regnant nullis prohibentibus aula;
90   Viscera nostra, tuae dilacerantur opes.
Quid tibi Pisandrum Polybumque Medontaque dirum,
Eurymachique avidas Antinoique manus,

---

coll. Trist. iii. 3. 25, 26: 'tu forsitan illic Iucundum, nostri nescia, tempus
agis.' Quae coniectura speciosa ne cui imponat moneo Ovidium *nostri*
pro *mei* ponere potuisse, *vestri* pro *tui* non item.   **66**. *habites—agas*
Bentley.   **75.** *metuo* G Merkel.   *meditor* E ω, Plan. edd. vett.
77. *narras* multi codd.   *quod* G.   **78.** *sinit* ω.   **82.** *inuisas*
Bentley coll. xix. 210.   **86.** *e ////// res* G, *et uires* ω vulgo.   Quid
Planudes legerit incertum, vertens τὴν οἰκείαν αὐστηρίαν μαλάσσει: vide
Gudeman p. 20.   *et voces* Francius.   *ipse* G s, *ille* E ω.   *ira* pro *ipse*
N. Heinsius.   *atque iras* Riesius.   Conf. Pont. iii. 6. 24.   **90.**
dilaniantur s.   **91.** *durum* E, *dium* vel *dicam* Bentley.   **95.**
actor G N. Heinsius.   *auctor* E ω   **99, 100.** spurios ducebat Bentley.

Atque alios referam, quos omnis turpiter absens
    Ipse tuo partis sanguine rebus alis?

95 Irus egens pecorisque Melanthius actor edendi
    Ultimus accedunt in tua damna pudor.

Tres sumus inbelles numero, sine viribus uxor
    Laertesque senex Telemachusque puer.

Ille per insidias paene est mihi nuper ademptus,
100   Dum parat invitis omnibus ire Pylon.

Di, precor, hoc iubeant, ut euntibus ordine fatis
    Ille meos oculos conprimat, ille tuos.

Hac faciunt custosque boum longaevaque nutrix,
    Tertius inmundae cura fidelis harae.

105 Sed neque Laertes, ut qui sit inutilis annis,
    Hostibus in mediis regna tenere potest,

Telemacho veniet, vivat modo, fortior aetas:
    Nunc erat auxiliis illa tuenda patris.

Nec mihi sunt vires inimicos pellere tectis:
110   Tu citius venias, portus et ara tuis!

Est tibi sitque, precor, natus, qui mollibus annis
    In patrias artes erudiendus erat.

Respice Laerten: ut iam sua lumina condas,
    Extremum fati sustinet ille diem.

115 Certe ego, quae fueram te discedente puella,
    Protinus ut venias, facta videbor anus.

---

101. *haec* s. *ho* E. *O* Heinsius, quod non improbat Sedlmayer.
103. *Hac* Tyrrell, coll. Cic. Att. vii. 3. 5. Adde Ennium 246, Muelleri;
'Iuppiter hac stat.' Aen. xii. 565. Eadem coniectura facienda est Am. i.
3. 12. *hec* G E ω. *Huc* Bentley, van Lennep. *Hinc* Merkelius.   103,
104 post 96 collocat Ehwald.   105. *annis* E s, Planudes. *armis* s,
fortasse G pr.   107, 8 delet Sedlmayer cum Schenkelio. Post 98
ponit Th. Birt. Mihi 111–112 potius videntur secludendi.   111–114
damnat Bentley.   110. *Tu citus aduenias* vel *Spe citius venias*
Bentley. *ara* s Heinsius: cf. Pont. ii. 8. 68. *aura* G pr. E ω Plan.
113. *ut tu* Bentley. *claudas* s.   114. *fatis* G s.   116. *uenias* G pr.,
redeas E ω, *uenies* G₂.

II.

PHYLLIS DEMOPHOONTI.

Hospita, Demophoon, tua te Rhodopeia Phyllis
    Ultra promissum tempus abesse queror.
Cornua cum lunae pleno semel orbe coissent,
    Litoribus nostris ancora pacta tua est.
5 Luna quater latuit, toto quater orbe recrevit,
    Nec vehit Actaeas Sithonis unda rates.
Tempora si numeres, bene quae numeramus amantes,
    Non venit ante suam nostra querela diem.
Spes quoque lenta fuit: tarde, quae credita laedunt,
10   Credimus: invito nunc et amore noces.
Saepe fui mendax pro te mihi; saepe putavi
    Alba procellosos vela referre Notos.
Thesea devovi, quia te dimittere nollet:
    Nec tenuit cursus forsitan ille tuos.
15 Interdum timui, ne, dum vada tendis ad Hebri,
    Mersa foret cana naufraga puppis aqua;
Saepe deo supplex, ut tu, scelerate, valeres,
20   Ipsa mihi dixi 'si valet ille, venit.'

II. 3. *quater* ѕ, Burmann.   5. *pleno* ѕ.   6. *Bistonis* Bentley. 7. *numeras* ѕ. *bene quae* Ε ω Plan., edd. vett., *quae nos* Ε Merkel. 10. ita Ε. *invitus* Ehwald. *inuita nunc et amante nocens* Ε et ita edd. vett., nisi quod *nocent* habent cum ѕ. *invita nunc et amante noces* Heusinger, *inuito nunc es amore nocens* Merkel, *invitae nunc et ut ante nocent* Bentley, *inuita nunc et amante iacet* Lindemann.   11. *putaui* Ε ѕ, Planudes, edd. vett. *notavi*, prima syllaba propter *Notos* in pentametro immutata, Ε Merkel.   13. *qui* Ε.   14. Ab hoc versu incipit Ρ, sed prima pagina legi vix potest.   17. *deo* scripsi, versibus spuriis 18, 19 omissis. *deos* libri praeter Ε qui *diis* exhibet. *deis* Ε, Hubertinus, sed *deos* ex *deo* sequente littera *s* nasci potuit. *uenires* ѕ. *redires* ѕ. Post hunc versum in Gissensi codicum hodie notorum solo sequuntur hi duo: *Cum (Sum edd.) prece turmoniis sum venerata sacris Saepe uidens uentos caelo pelagoque fauentes:* edd. vett. ante Burmannum *turicremis devenerata focis. turiferis* Burmanni codd. duo: quos versus sede movere tempus erat, expertes auctoritatis, sententiae nocentes. Hos versus olim

Denique fidus amor quidquid properantibus obstat
Finxit, et ad causas ingeniosa fui.
At tu lentus abes, nec te iurata reducunt
Numina, nec nostro motus amore redis.
25 Demophoon, ventis et verba et vela dedisti:
Vela queror reditu, verba carere fide.
Dic mihi, quid feci, nisi non sapienter amavi?
Crimine te potui demeruisse meo.
Unum in me scelus est, quod te, scelerate, recepi;
30   Sed scelus hoc meriti pondus et instar habet.
Iura, fides ubi nunc commissaque dextera dextrae,
Quique erat in falso plurimus ore deus?
Promissus socios ubi nunc Hymenaeus in annos,
Qui mihi coniugii sponsor et obses erat?
35 Per mare, quod totum ventis agitatur et undis,
Per quod saepe ieras, per quod iturus eras,
Perque tuum mihi iurasti, nisi fictus et ille est,
Concita qui ventis aequora mulcet, avum,
Per Venerem nimiumque mihi facientia tela,
40   Altera tela arcus, altera tela faces,
Iunonemque, toris quae praesidet alma maritis,
Et per taediferae mystica sacra deae.
Si de tot laesis sua numina quisque deorum
Vindicet, in poenas non satis unus eris.
45 At laceras etiam puppes furiosa refeci,
Ut, qua desererer, firma carina foret,
Remigiumque dedi, quod me fugiturus haberes:
Heu! patior telis vulnera facta meis!

---

recipere noluit ed. Ven. 1484, interpolatos fassa est Aldina 1502. Vide
Ehwald, Praef. p. 14. Causa interpolationis patet. Suspectos Riesius
aliique iam habuere.   Bentley 17, 18 damnavit.   **26.** *feci? si*
Bentleius.   **28.** *promeruisse* G, *detinuisse* (?) Plan.   **29, 30** delet
Lenz, neque id injuria facit. Vix dici potest quam misere interpolatae
sint hae epistolae, quam multi versus adulterini pro Ovidianis legantur et
legentur.   **31.** *Pacta fides* Bentley. *Pura fides* Koch.   **35.** *et*
auris G **s.**: fortasse scribendum: *Cauris—et Euris*.   **36.** *nempe*
Bentley.   **37.** *falsus* ω Bentley.   **45.** *Ha* G **s.**   **47.** *quod*

Credidimus blandis, quorum tibi copia, verbis;
50 Credidimus generi nominibusque tuis;
Credidimus lacrimis: an et hae simulare docentur?
Hae quoque habent artes, quaque iubentur, eunt?
Dis quoque credidimus: quo iam tot pignora nobis?
Parte satis potui qualibet inde capi.
55 Nec moveor, quod te iuvi portuque locoque:
Debuit haec meriti summa fuisse mei.
Turpiter hospitium lecto cumulasse iugali
Paenitet et lateri conseruisse latus.
Quae fuit ante illam, mallem suprema fuisset
60 Nox mihi, dum potui Phyllis honesta mori.
Speravi melius, quia me meruisse putavi:
Quaecumque ex merito spes venit, aequa venit.
Fallere credentem non est operosa puellam
Gloria: simplicitas digna favore fuit.
65 Sum decepta tuis et amans et femina verbis:
Di faciant, laudis summa sit ista tuae.
Inter et Aegidas media statuaris in urbe;
Magnificus titulis stet pater ante suis;
Cum fuerit Sciron lectus torvusque Procrustes,
70 Et Sinis et tauri mixtaque forma viri,
Et domitae bello Thebae, fusique bimembres,
Et pulsata nigri regia caeca dei,
Hoc tua post illos titulo signetur imago:
' Hic est, cuius amans hospita capta dolo est.'

(non *quo*) *me fugiturus haberes* P G : *quo—abires* E ω Plan.   50.
nominibusque Hubertinus, quod confirmat Planudes: *numinibusque*
codices.   51. *similare* P, *v* a manu prima ut videtur: *similare*
Merkel.   52. *quoque* s.   53. *quo* Heinsius, *quod* P pr. *quid*
P₂ω.   55. *quod te portuque locoque recepi* s: quod ideo commemoro
quia ostendit menti scribae obversatum esse vi. 55 ubi sine dubio *iuui*
reponendum.   61. *quia////te* P: *quia me* G s recte: *te* obiectum
esse hic vix potest, ut vult Sedlmayer, conferens xii. 197.   *demeruisse*
Casaubon, Merkel.   62. *de merito* P, *ex* a ma. sec., *ex* G ω. Non
recte *est merito* ex P pr. refert Sedlmayer. Fortasse: *e merito*.   73. *alios*

75 De tanta rerum turba factisque parentis
   Sedit in ingenio Cressa relicta tuo.
Quod solum excusat, solum miraris in illo:
   Heredem patriae, perfide, fraudis agis.
Illa, nec invideo, fruitur meliore marito,
80   Inque capistratis tigribus alta sedet;
At mea despecti fugiunt conubia Thraces,
   Quod ferar externum praeposuisse meis.
Atque aliquis 'iam nunc doctas eat' inquit 'Athenas:
   Armiferam Thracen qui regat, alter erit.
85 Exitus acta probat.' careat successibus, opto,
   Quisquis ab eventu facta notanda putat.
At si nostra tuo spumescant aequora remo,
   Iam mihi, iam dicar consuluisse meis.
Sed neque consului, nec te mea regia tanget,
90   Fessaque Bistonia membra lavabis aqua.
Illa meis occulis species abeuntis inhaeret,
   Cum premeret portus classis itura meos:
Ausus es amplecti, colloque infusus amantis
   Oscula per longas iungere pressa moras,
95 Cumque tuis lacrimis lacrimas confundere nostras,
   Quodque foret velis aura secunda queri,
Et mihi discedens suprema dicere voce:
   'Phylli, fac expectes Demophoonta tuum!'

G, *illum* Heinsius ex excerptis Puteani: *illo* E.   **81.** *A me* P
corr. ma. 2.   *A mea* E.   *Al mea* conj. Sedlmayer.   **82.** *feror* G₂
E ω.   **84.** *Armiferam* P, *Armigeram* G s, *Armiferamque* E s.
chen
traqui P, *chen* a ma. 2.   **85.** *probat?* Sedlmayer.   **89.** *tangit*
E ω.   **90.** *Fessaue* Micyllus.   *levabis humo* Bentley.   **94.** *Obscula*
P pr.   **95.** *effundere* G s.   **96.** *Quoque* P pr.   **98.** *Philli*
PG.   **98.** *fac* PG, *face* E s.   **100.** *negante data* scripsi: *negata*
meo codices praeter P, vulgo. Sed hanc lectionem idoneum sensum
praebere nego, nego huc spectare codicis Parisini corruptelam. Is habet:
uelane~gatạ tạ meo, tertia *a* ex alia littera quae fuisse *e* sane potest correcta.
Sedlmayer pro altero *-ta -ca* P habere dicit: mihi secus visum. Quam
pulchra evadat sententia ex hac emendatione vides: 'Questus es (v. 96)
ventum secundum esse: pollicitus es (v. 98) te rediturum. Utrumque
mentitus es: hoc, quia fixum tibi erat (v. 99) numquam redire: illud,
quia ventus vere adversus erat, immo vero pelagus ipsum tempestate

Expectem, qui me numquam visurus abisti!
100   Expectem pelago vela negante data!
Et tamen expecto : redeas modo serus amanti,
    Ut tua sit solo tempore lapsa fides.
Quid precor infelix? te iam tenet altera coniunx
    Forsitan et nobis qui male favit, Amor.
105 Utque tibi excidimus, nullam, puto, Phyllida nosti;
    Ei mihi, si, quae sim Phyllis et unde, rogas!
Quae tibi, Demophoon, longis erroribus acto
    Threicios portus hospitiumque dedi,
Cuius opes auxere meae, cui dives egenti
110   Munera multa dedi, multa datura fui;
Quae tibi subieci latissima regna Lycurgi,
    Nomine femineo vix satis apta regi,
Qua patet umbrosum Rhodope glacialis ad Haemum,
    Et sacer admissas exigit Hebrus aquas,
115 Cui mea virginitas avibus libata sinistris
    Castaque fallaci zona recincta manu.
Pronuba Tisiphone thalamis ululavit in illis,
    Et cecinit maestum devia carmen avis;
Adfuit Allecto brevibus torquata colubris,
120   Suntque sepulcrali lumina mota face.
Maesta tamen scopulos fruticosaque litora calco
    Quaque patent oculis aequora lata meis;

---

motum negabat te vera praedicare.' Confer xiii. 128 : vii. 55. Non est
quod haereas in pyrrichio, qui centies pentametrum apud Ovidium claudit ;
est quod haereas in inepta lectione *vela meo pelago negata.* Conieceram
etiam : *negante tamen,* quod non aeque placet. **102.** *Et* s. *laesa* s,
Planudes. **103.** *iam te tenet* s. **105.** *Utque* codices, *Atque*
Madvig, Adv. ii. p. 70, *Usque* nescio quis. **106.** *phillis* P G.

108. *partus* P. **109, 110.** hoc distichon post **114** collocant
Suringar, Madvig : hic notas interrogationis post **110, 116** posuerit.
111. *letissima* P, corr. ma. pr. in *latissima.* **113, 114** Sedlmayero
suspecti. **114.** *exiit* G P pr. altera *i* in *g* mutatum, *i* superscripta.
excipit s Plan. ut videtur : ὑποδέχεται. **120.** *luminata* unde *lumina
nata* reponendum suspicor. **121.** *culmina* Burmann, Merkel. **122.**
Quaque E ω. *Quaeque* P G. *aequora* Aldus, recte : nam quo *litorum*
prospectus Phyllidi, nisi naufragum expectaret? Immo maris prospectum
captabat ut vela Demophoontis redeuntis, si forte rediret, cognosceret.

Sive die laxatur humus, seu frigida lucent
  Sidera, prospicio, quis freta ventus agat:
125 Et quaecumque procul venientia lintea vidi,
  Protinus illa meos auguror esse deos.
In freta procurro, vix me retinentibus undis,
  Mobile qua primas porrigit aequor aquas;
Quo magis accedunt, minus et minus utilis adsto:
130 Linquor et ancillis excipienda cado.
Est sinus, adductos modice falcatus in arcus;
  Ultima praerupta cornua mole rigent:
Hinc mihi suppositas inmittere corpus in undas
  Mens fuit: et, quoniam fallere pergis, erit.
135 Ad tua me fluctus proiectam litora portent,
  Occurramque oculis intumulata tuis.
Duritia ferrum ut superes adamantaque teque,
  'Non tibi sic' dices 'Phylli, sequendus eram.'
Saepe venenorum sitis est mihi, saepe cruenta
140 Traiectam gladio morte perire iuvat;
Colla quoque, infidis quia se nectenda lacertis
  Praebuerunt, laqueis inplicuisse lubet.
Stat nece matura tenerum pensare pudorem;
  In necis electu parva futura mora est.
145 Inscribere meo causa invidiosa sepulcro;
  Aut hoc aut simili carmine notus eris:
PHYLLIDA DEMOPHOON LETO DEDIT HOSPES AMANTEM:
  ILLE NECIS CAVSAM PRAEBVIT, IPSA MANVM.

---

litora codices. *lata*] *nota* G **s.**   **134.** *quando* E.   **141, 2** om. E.
142. *Prebuerunt* P, *Prebuerant* P₂ G ω. *lubet* Heinsius ex codd., *iuuat*
P G.   **143.** *n///c* P; *nunc* fortasse fuit. *miserum* **s.**   **144.** *elec-*
tum **s** Plan. Burmann.   **146.** *simile* P pr.   **147.** *l & o* P.   **148.**
ipsam P pr. et in margine *l. illa* ma. pr.

III.

BRISEIS ACHILLI.

Quam legis, a rapta Briseide littera venit,
    Vix bene barbarica Graeca notata manu.
Quascumque aspicies, lacrimae fecere lituras:
    Sed tamen hae lacrimae pondera vocis habent.
5 Si mihi pauca queri de te dominoque viroque
    Fas est, de domino pauca viroque querar.
Non, ego poscenti quod sum cito tradita regi,
    Culpa tua est, quamvis haec quoque culpa tua est:
Nam simul Eurybates me Talthybiusque vocarunt,
10   Eurybati data sum Talthybioque comes.
Alter in alterius iactantes lumina vultum
    Quaerebant taciti, noster ubi esset amor.
Differri potui: poenae mora grata fuisset.
    Ei mihi! discedens oscula nulla dedi!
15 At lacrimas sine fine dedi rupique capillos:
    Infelix iterum sum mihi visa capi.
Saepe ego decepto volui custode reverti,
    Sed, me qui timidam prenderet, hostis erat.
Si progressa forem, caperer ne nocte timebam,
20   Quamlibet ad Priami munus itura nurum.

III. Fin. II. Incipit III BRISEIS ACHILLI, nomina propria a manu valde recenti **P.**
4. *hae* **s**, Plan., *et* **P,** *he* **G.**   **3–6** circumscribenda censet Merkel, praef. p. 10 ut tollat epanalepsin propter quam Lachmann totam epistolam damnaverat. Alterum distichon ob protritam sententiam, alterum ob *cito* molestum damnat Merkel.   **6.** *uiroqua queri* **P,** *queror* **E s,** *queri* Riese, *Sit* pro *Si* in **5** scripto.   **12.** *vester* Heinsius, Markland, Bentley: sed triumviri illustres sine dubio falsi sunt.   **14.** *dedit* **P.**   **18.** *redderet* Ehwald.   **19.** Post *ne* interpunxit Madvig Adv. Lat. p. 71.   *forte* **s**, Naugerius, Burmann.   **20.**

Sed data sim, quia danda fui : tot noctibus absum
　　Nec repetor ; cessas, iraque lenta tua est.
Ipse Menoetiades tum, cum tradebar, in aurem
　　' Quid fles ? hic parvo tempore ' dixit ' eris.'
25 Nec repetisse parum : pugnas, ne reddar, Achille :
　　I nunc et cupidi nomen amantis habe!
Venerunt ad te Telamone et Amyntore nati,
　　Ille gradu propior sanguinis, ille comes,
Laertaque satus, per quos comitata redirem :
30　　Auxerunt blanda grandia dona prece,
Viginti fulvos operoso ex aere lebetas
　　Et tripodas septem pondere et arte pares ;
Addita sunt illis auri bis quinque talenta,
　　Bis sex adsueti vincere semper equi,
35 Quodque supervacuum est, forma praestante puellae
　　Lesbides, eversa corpora capta domo,
Cumque tot his (sed non opus est tibi coniuge) coniunx
　　Ex Agamemnoniis una puella tribus.
Sic tibi ab Atride pretio redimenda fuissem :
40　　Quae dare debueras, accipere illa negas ?
Qua merui culpa fieri tibi vilis, Achille ?
　　Quo levis a nobis tam cito fugit amor ?
An miseros tristis fortuna tenaciter urget,
　　Nec venit inceptis mollior hora malis ?
45 Diruta Marte tuo Lyrnesia moenia vidi,
　　Et fueram patriae pars ego magna meae ;
Vidi consortes pariter generisque necisque
　　Tres cecidisse,—tribus, quae mihi, mater erat—

---

nurus ante ras. ut videtur P s.　　21. sum G E ω.　　25. Nec P, Non
G ω.　　parum est ω.　　28. Iste gradu G, Heinsius e conj.　　29.
Laerteque G ω.　　30. blanda … prece Naugerius, quod confirmat
Planudes ; blandas … preces P G ω, blandae … preces Gissensis et Francofurtanus, vulgo.　　31. fului Madvig cum hiatu, blandas … preces cum
codd. legens. operosos P. lebetes E ω Madvig.　　32. tripodes s Madvig.
39. Sic Bentley, ego ; Si codices : sed hypothesi locus nullus est. Hoc
quoque conj. Bentley.　　39. atride P, atrida E ω.　　40. neges s
Heinsius.　　44. aura E ω.　　malis Housman, quod mirifice confirmat Planudes, meis libri.　　46. par P.　　48. quibus Bentley.

Vidi, quantus erat, fusum tellure cruenta
50 Pectora iactantem sanguinolenta virum.
Tot tamen amissis te compensavimus unum;
Tu dominus, tu vir, tu mihi frater eras.
Tu mihi, iuratus per numina matris aquosae,
Utile dicebas ipse fuisse capi.
55 Scilicet ut, quamvis veniam dotata, repellas
Et mecum fugias, quae tibi dantur, opes.
Quin etiam fama est, cum crastina fulserit Eos,
Te dare nubiferis lintea vel*le* Notis.
Quod scelus ut pavidas miserae mihi contigit aures,
60 Sanguinis atque animi pectus inane fuit.
Ibis et o! miseram cui me, violente, relinques?
Quis mihi desertae mite levamen erit?
Devorer ante, precor, subito telluris hiatu
Aut rutilo missi fulminis igne cremer,
65 Quam sine me Phthiis canescant aequora remis,
Et videam puppes ire relicta tuas!
Si tibi iam reditusque placent patriique Penates,
Non ego sum classi sarcina magna tuae;
Victorem captiva sequar, non nupta maritum:
70 Est mihi, quae lanas molliat, apta manus.
Inter Achaeiadas longe pulcherrima matres
In thalamos coniunx ibit eatque tuos,
Digna nurus socero, Iovis Aeginaeque nepote,
Cuique senex Nereus prosocer esse velit:

---

mihi P cum ceteris, non *mea* ut Keil apud Merkelium renuntiat.   **51.**
amissos...uno Heinsius, Bentley, temere.   **55.** *repellar* G E ω.   **57.**
eos s (codex Dresdensis apud Loersium), Planudes.   *fuls//// ////* P,
hora E G ω.   **58.** *linea* E ω.   *velle* Micyllus, *uela* P G ω,
uella s, *plena* s Sedlmayer, quod per se placet: cf. Rem. 266.   **60.**
animae Bentley.   **61.** *tu lente* Bentley: melius foret *vir lente*, sed
hoc quoque malum est. Praestiterit distichon, ut idem Bentley voluit,
delere.   *relinques* G s, *relinquis* P, Planudes.   **67.** *tam* Gruter,
Bentley.   **71.** *acheiadas* P ma. pr., *achaiadas* P ma. 2. G Riese.
73. *nepoti* P.   **76.** *plen//s* P, 'videtur fuisse *plenos*': SEDLMAYER.

75 Nos humiles famulaeque tuae data pensa trahemus,
　　Et minuent plenos stamina nostra colos.
Exagitet ne me tantum tua, deprecor, uxor,
　　Quae mihi nescioquo non erit aequa modo,
Neve meos coram scindi patiare capillos,
80　Et leviter dicas ' haec quoque nostra fuit.'
Vel patiare licet, dum ne contempta relinquar:
　　Hic mihi vae! miserae concutit ossa metus.
Quid tamen expectas? Agamemnona paenitet irae,
　　Et iacet ante tuos Graecia maesta pedes.
85 Vince animos iramque tuam, qui cetera vincis!
　　Quid lacerat Danaas impiger Hector opes?
Arma cape, Aeacide, sed me tamen ante recepta,
　　Et preme turbatos Marte favente viros!
Propter me mota est, propter me desinat ira,
90　Simque ego tristitiae causa modusque tuae!
Nec tibi turpe puta precibus succumbere nostris:
　　Coniugis Oenides versus in arma prece est.
Res audita mihi, nota est tibi: fratribus orba
　　Devovit nati spemque caputque parens.
95 Bellum erat: ille ferox positis secessit ab armis
　　Et patriae rigida mente negavit opem;
Sola virum coniunx flexit. Felicior illa!
　　At mea pro nullo pondere verba cadunt.
Nec tamen indignor; nec me pro coniuge gessi
100　Saepius in domini serva vocata torum.
Me quaedam, memini, dominam captiva vocabat:
　　' Servitio ' dixi ' nominis addis onus.'

---

plenos E ᤕ Ehwald.　　**78.** *nescio* P, om. *quo.*　　**80.** *Sed* Bentley, quod
confirmat Planudes: ἀλλά.　　**81.** *dum non* G ᤕ, *dum nec* ᤕ. *conpta* P.
86. *impeger* P, *integer* Hooefftt.　　**87.** *aeciades et* P (sic).　　**90.**
Sumque ego tristiae P.　　**95.** *Bello* P₂ G E ω.　*secesserat armis*
Bentley, fortasse recte.　　**96.** *negarat* Bentley.　　**97.** *felix* pro
flexit P, sed *flexit* ma. pri. in margine.　　**98.** *Ad* P ma. pr.　　*pro !*
ut sit exclamatio, Gruter, Madvig, alii, male.　　**100.** *dominum* ᤕ.

Per tamen ossa viri subito male tecta sepulcro,
　　Semper iudiciis ossa verenda meis,
105 Perque trium fortes animas, mea numina, fratrum,
　　Qui bene pro patria cum patriaque iacent,
Perque tuum nostrumque caput, quae iunximus una,
　　Perque tuos enses, cognita tela meis,
Nulla Mycenaeum sociasse cubilia mecum
110　Iuro: fallentem deseruisse velis!
Si tibi nunc dicam 'fortissime, tu quoque iura
　　Nulla tibi sine me gaudia facta,' neges.
At Danai maerere putant: tibi plectra moventur,
　　Te tenet in tepido mollis amica sinu.
115 Et quisquam quaerit, quare pugnare recuses?
　　Pugna nocet, citharae noxque Venusque iuvant.
Tutius est iacuisse toro, tenuisse puellam,
　　Threiciam digitis increpuisse lyram,
Quam manibus clipeos et acutae cuspidis hastam,
120　Et galeam pressa sustinuisse coma.
Sed tibi pro tutis insignia facta placebant,
　　Partaque bellando gloria dulcis erat.
An tantum, dum me caperes, fera bella probabas,
　　Cumque mea patria laus tua victa iacet?
125 Di melius! validoque, precor, vibrata lacerto
　　Transeat Hectoreum Pelias hasta latus!
Mittite me, Danai! dominum legata rogabo
　　Multaque mandatis oscula mixta feram;
Plus ego quam Phoenix, plus quam facundus Ulixes,
130　Plus ego quam Teucri, credite, frater agam.
Est aliquid, collum solitis tetigisse lacertis,
　　Praesentisque oculos admonuisse sinu.

---

107. *quae* om. **P**, sed addit ma. pr., *quod* **E** ω. 　　112. *capta* Bentley.
115. *Et quisquam* **G**, *Si quisquam* (aut, ut mihi visum, *quisquis*) **P**, sed
si ma. 2. in ras. *Et* fuisse potest. *Et si quis* ω, fortasse recte. *Et quis-*
quis **s**, quod habet quo se tueatur. *Si quis nunc quaerat* vel *Si quis forte*
roget tentabat Bentley. *Si quis iam quaerat* ego olim. 　　120. *sus-*
tenuisse **P**. 　　124. *tibi* Bentley. 　　125. *librata* **E**. 　　129. *poenix·*
P. 　　132. *Presentisque* **PG**, qui genitivus casus est, *Praesentesque*

Sis licet immitis matrisque ferocior undis,
  Ut taceam, lacrimis comminuere meis.
135 Nunc quoque, sic omnes Peleus pater impleat annos,
  Sic eat auspiciis Pyrrhus ad arma tuis,
Respice sollicitam Briseida, fortis Achille,
  Nec miseram lenta ferreus ure mora.
Aut, si versus amor tuus est in taedia nostri,
140 Quam sine te cogis vivere, coge mori.
Utque facis, coges : abiit corpusque colorque ;
  Sustinet hoc animae spes tamen una tui.
Qua si destituor, repetam fratresque virumque ;
  Nec tibi magnificum femina iussa mori.
145 Cur autem iubeas? stricto pete corpora ferro :
  Est mihi qui fosso pectore sanguis eat.
Me petat ille tuus, qui, si dea passa fuisset,
  Ensis in Atridae pectus iturus erat.
A! potius serves nostram, tua munera, vitam :
150 Quod dederas hosti victor, amica rogo.
Perdere quos melius possis Neptunia praebent
  Pergama : materiam caedis ab hoste pete.
Me modo, sive paras impellere remige classem,
  Sive manes, domini iure venire iube.

Bentley. *sinum* l. *suis* P, omnia a ma. pr., *sinu* GE ω, *sinus* s, *sui*
Slichtenhorst, Heinsius, Madvig, *suis* Sedlmayer.   136. *in arma* E ω.
tuis] P mihi visus est habere *tu par* aut *tu per* et *patris* ma. recenti in
margine. Madvig pugnat pro *patris* : cf. Art. i. 191, 2. Sed *patris* post
pater in versu praecedenti de diverso viro dictum vapidum est. Sedlmayer
de P ita refert : ' *tuus* ^patris^ (alterum *u* in *tuus* ex alia litt. corr.). *tuis* ω.
fortasse *suis*, i. e. faventibus, bonis : vel *puer*.   139. *At* E ω.   141.
color
dolorque P.   142. *animi* ω.   143. *destituor* PG, *destituar* ω.
145. *pectora* s.   154. *more* G ω.

IV.

PHAEDRA HIPPOLYTO.

Qua, nisi tu dederis, caritura est ipsa, salutem
    Mittit Amazonio Cressa puella viro.
Perlege, quodcumque est : quid epistola lecta nocebit ?
    Te quoque in hac aliquid quod iuvet esse potest.
5 His arcana notis terra pelagoque feruntur ;
    Inspicit acceptas hostis ab hoste notas.
Ter tecum conata loqui ter inutilis haesit
    Lingua, ter in primo destitit ore sonus.
Qua licet et sequitur, pudor est miscendus amori ;
10   Dicere quae puduit, scribere iussit amor.
Quidquid Amor iussit, non est contemnere tutum :
    Regnat et in dominos ius habet ille deos.
Ille mihi primo dubitanti scribere dixit :
    ' Scribe : dabit victas ferreus ille manus.'
15 Adsit et, ut nostras avido fovet igne medullas,
    Figat sic animos in mea vota tuos.
Non ego nequitia socialia foedera rumpam :
    Fama, velim quaeras, crimine nostra vacat.
Venit amor gravius, quo serius : urimur intus ;
20   Urimur, et caecum pectora vulnus habent.
Scilicet ut teneros laedunt iuga prima iuvencos,
    Frenaque vix patitur de grege captus equus,
Sic male vixque subit primos rude pectus amores,
    Sarcinaque haec animo non sedet apta meo.

IV. finit P ma. pr.; tum Explicit iii. Incipit iiii. PHEDRA YPOLITO P
ma. rec.   1. *Qua* P cum unius litterae spatio in quo atramentum evanuit.
salute' //// P, virgula a ma. rec., *salutem* Gᴇ ω.   *Qua—salute* Merkel,
Sedlmayer, ego olim.   *Quam—salutem* Ehwald.   4, 5 suspectos
habet Peters.   5. *modis* coni. Burmann.   8. *restitit* s Bentley.
9. *quitur* Birt, Sedlmayer : mira coniectura.   11. *contempnere tuum* P.
16. *Fingat* s, *Frangat* Burmann, Bentley, *Urat* Francius.   19. *Urit* s.

25 Ars fit, ubi a teneris crimen condiscitur annis;
  Quae venit exacto tempore, peius amat.
 Tu nova servatae capies libamina famae,
  Et pariter nostrum fiet uterque nocens.
 Est aliquid, plenis pomaria carpere ramis
30 Et tenui primam delegere ungue rosam.
 Si tamen ille prior, quo me sine crimine gessi,
  Candor ab insolita labe notandus erat,
 At bene successit, digno quod adurimur igni:
  Peius adulterio turpis adulter obest.
35 Si mihi concedat Iuno fratremque virumque,
  Hippolytum videor praepositura Iovi.
 Iam quoque, vix credes, ignotas mittor in artes:
  Est mihi per saevas impetus ire feras;
 Iam mihi prima dea est arcu praesignis adunco
40 Delia: iudicium subsequor ipsa tuum.
 In nemus ire libet, pressisque in retia cervis
  Hortari celeris per iuga summa canes;
 Aut tremulum excusso iaculum vibrare lacerto
  Aut in graminea ponere corpus humo.
45 Saepe iuvat versare leves in pulvere currus
  Torquentem frenis ora fugacis equi.
 Nunc feror, ut Bacchi furiis Eleleides actae,
  Quaeque sub Idaeo tympana colle movent,
 Aut quas semideae dryades Faunique bicornes
50 Numine contactas attonuere suo.

---

gràuior G **s**, *serior* E.   **25.** *ut* pro *ubi* **s**, Heinsius.   **26.** *Cui
uenit* Faber, Heinsius, Bentley, *Quae calet* Werfer.   Sed *venire* vox propria de femina amori obsequente est.   **27.** *capies* **s**, *carpis* PG, *carpes*
Plan. **ω**: -sed *carpis, carpes* ex *carpere* in versu 29 huc redundaverunt:
rapies coni. Heinsius.   **30.** *delegere* P, *deligere* G **ω**.   **31.** *Si* **s**,
                                          cces (2.)
Sic PE, *Et* G.   **33.** *sue sit* P.   **34.** *abest* **s** Heinsius.   **37.**
credas **s**, *credis* **s**: cf. xviii. 121.   *mittor* **s**, edd. vett. fortasse Plan.: cf.
Met. viii. 188; *mutor* PGE, *nitor* **s** Heinsius.   **38.** *par* P.   *silvas*
Burmann.   **42.** *celeris* PG.   **45.** *uersare* prima syll. post ras. P,
seruare E **s**.   **46.** *sequacis* P₂ **s**.   **47.** *elelegides* P.   **48–103.**
folium ex P periit.   **48.** *Quique* Micyllus, *Quasque* Bentley.

Namque mihi referunt, cum se furor ille remisit,
　Omnia; me tacitam conscius urit amor.
Forsitan hunc generis fato reddamus amorem,
　Et Venus ex tota gente tributa petat.
55 Iuppiter Europen, prima est ea gentis origo,
　Dilexit, tauro dissimulante deum;
Pasiphae mater, decepto subdita tauro,
　Enixa est utero crimen onusque suo;
Perfidus Aegides, ducentia fila secutus,
60　Curva meae fugit tecta sororis ope.
En, ego nunc, ne forte parum Minoia credar,
　In socias leges ultima gentis eo.
Hoc quoque fatale est: placuit domus una duabus:
　Me tua forma capit, capta parente soror.
65 Thesides Theseusque duas rapuere sorores:
　Ponite de nostra bina tropaea domo.
Tempore quo nobis inita est Cerealis Eleusin,
　Gnosia me vellem detinuisset humus!
Tunc mihi praecipue, nec non tamen ante, placebas:
70　Acer in extremis ossibus haesit amor.
Candida vestis erat, praecincti flore capilli,
　Flava verecundus tinxerat ora rubor,
Quemque vocant aliae vultum rigidumque trucemque,
　Pro rigido Phaedra iudice fortis erat.
75 Sint procul a nobis iuvenes ut femina compti:
　Fine coli modico forma virilis amat.
Te tuus iste rigor positique sine arte capilli
　Et levis egregio pulvis in ore decet.
Sive ferocis equi luctantia colla recurvas,
80　Exiguo flexos miror in orbe pedes;

---

53. *reddemus* G₂ s, *sectamur* E s, *pendamus* Bentley: *debemus* malim.
54. *Ut* cum Schrodero pro *Et* reponendum videtur.　*petit* ω.　**55.**
europam E ω.　**56.** *Delusit* vel *Elusit* Markland, non male.　**65.**
Thesides s Ewald: cf. Priscian ii. 37; *theseydes* vel *theseides* G ω.
67. *uobis* s Heinsius, fortasse recte. *eleusin* Francofurtanus, recte: cf.
Priscianus i. 544; *eleusis* G ω.　**72.** *cinxerat* GE s.　**74.** *erit* E s.

Seu lentum valido torques hastile lacerto,
Ora ferox in se versa lacertus habet ;
Sive tenes lato venabula cornea ferro—
Denique nostra iuvat lumina, quidquid agis.
85 Tu modo duritiam silvis depone iugosis :
Non sum *militia* digna perire tua.
Quid iuvat incinctae studia exercere Dianae
Et Veneri numeros eripuisse suos?
Quod caret alterna requie, durabile non est :
90   Haec reparat vires fessaque membra novat.
Arcus, et arma tuae tibi sunt imitanda Dianae,
Si numquam cesses tendere, mollis erit.
Clarus erat silvis Cephalus, multaeque per herbam
Conciderant illo percutiente ferae,
95 Nec tamen Aurorae male se praebebat amandum :
Ibat ad hunc sapiens a sene diva viro.
Saepe sub ilicibus Venerem Cinyraque creatum
Sustinuit positos quaelibet herba duos.
Arsit et Oenides in Maenalia Atalanta :
100   Illa ferae spolium pignus amoris habet.
Nos quoque iam primum turba numeremur in ista :
Si Venerem tollas, rustica silva tua est.
Ipsa comes veniam, nec me latebrosa movebunt
Saxa neque obliquo dente timendus aper.
105 Aequora bina suis obpugnant fluctibus Isthmon,
Et tenuis tellus audit utrumque mare.

---

84. *iuuat* E ω Plan., *iuuas* ω vulgo.   *agis* E ω, *agas* G vulgo.   Sed **82, 83** spurii videntur.   **86.** *materia* codices, quod aegre explicari potest. Mihi temperare nequivi quin admitterem *militia*, quod optimum sensum praebet, suadente ne dicam imperante Am. ii. 14, 6.   *duritia* Faber, *materies digna vigore tuo* Bentley. (*Non sum materies digna perire*) *tuam* Munro litteris ad me datis.   **90.** *levat* s, quod non improbat Sedlmayer, cf. Rem. 206: Am. i. 5, 2.   **93.** *herbam* E s, *herbas* ω, vulgo.   **101.** *iam primum* ω vulgo, *quam primum* Francius. Cf. vs. **147.**   **103.** *salebrosa* s, ed. Ven. 1498, Heinsius, Burmann, fortasse recte.   **104.** redit P p. 7.   **105.** *obpugnant* P.   **106.** *claudit*

Hic tecum Troezena colam, Pittheia regna;
　Iam nunc est patria gratior illa mea.
Tempore abest aberitque diu Neptunius heros:
110　Illum Pirithoi detinet ora sui;
Praeposuit Theseus, nisi *si* manifesta negamus,
　Pirithoum Phaedrae Pirithoumque tibi.
Sola nec haec ad nos iniuria venit ab illo:
　In magnis laesi rebus uterque sumus.
115 Ossa mei fratris clava perfracta trinodi
　Sparsit humi; soror est praeda relicta feris.
Prima securigeras inter virtute puellas
　Te peperit, nati digna vigore parens.
Si quaeras, ubi sit, Theseus latus ense peregit:
120　Nec tanto mater pignore tuta fuit.
At ne nupta quidem taedaque accepta iugali;
　Cur, nisi ne caperes regna paterna nothus?
Addidit et fratres ex me tibi, quos tamen omnis
　Non ego tollendi causa, sed ille fuit.
125 O utinam nocitura tibi, pulcherrime rerum,
　In medio nisu viscera rupta forent!
I nunc, sic meriti lectum reverere parentis,
　Quem fugit et factis abdicat ipse suis!
Nec, quia privigno videar coitura noverca,
130　Terruerint animos nomina vana tuos.
Ista vetus pietas, aevo moritura futuro,
　Rustica Saturno regna tenente fuit.

Slichtenhorst, male, *ambit* s. **108.** *carior* G E ω P pro var. lect. ma. pri. in margine. **110.** *perithoi* P G s Merkel: ita boni codices Horatiani habent. **111.** *nisi si* Heinsius, *nisi* P, *nisi nos* G ω. *negamus* P, *negemus* G s. **113.** *ad nos*] *nobis* s Heinsius, Burmann. **112.** *phirithoumque* P. **115.** *trinodis* P apud Sedlmayerum. **124.** *ipse* E s. **127.** *sic* F s, *si* P G ω. *I nunc, i* Heinsius qui scribit P habere *ii* pro *si* ma. pri. de quo nihil compertum habeo. Utcumque hoc se habeat, *sic* certum est. *et* ω. **128.** *ipse* G s, Heinsius, *ille* P ω. **129.** *uideor* s. **132.** Post hunc vs. codices nonnulli hos versus pessimi poetae exhibent: 'Saturnus periit, perierunt et sua regna Sub Iove mundus adest iura tuere Iovis' cum varietate lectionis quam

Iuppiter esse pium statuit, quodcumque iuvaret,
Et fas omne facit fratre marita soror.
135 Illa coit firma generis iunctura catena,
Imposuit nodos cui Venus ipsa suos.
Nec labor est celare, licet peccemus, *amorem :*
Cognato poterit nomine culpa tegi.
Viderit amplexos aliquis, laudabimur ambo :
140 Dicar privigno fida noverca meo.
Non tibi per tenebras duri reseranda mariti
Ianua, non custos decipiendus erit.
Ut tenuit domus una duos, domus una tenebit ;
Oscula aperta dabas, oscula aperta dabis ;
145 Tutus eris mecum laudemque merebere culpa,
Tu licet in lecto conspiciare meo.
Tolle moras tantum properataque foedera iunge :
Qui mihi nunc saevit, sic tibi parcat Amor!
Non ego dedignor supplex humilisque precari.
150 Heu! ubi nunc fastus altaque verba ? iacent.
Et pugnare diu nec me submittere culpae
Certa fui, certi siquid haberet amor :

---

exscribere indignum est.　　187. *pete munus ab illa* libri, quae verba
nemo intellexit, neque ut credo intelliget.　Si quis pro sanis habeat
magna iniuria Ovidium afficiet qui ista verba ineptissima nullus scripsit.
Verba *pete munus ab ipsa* occurrunt Art. ii. 575 ubi Soli suadetur ut taceat
de amoribus Veneris Martisque conditione muneris ab Venere accipiendi,
ipsius copia·scilicet : quae sententia nihil habet cum hoc loco commune.
Sedlmayer meam coniecturam *licet peccemus, amorem* admisit : quod mihi
ipsi animum erexit ut hanc coniecturam nunc primum reciperem.　Vis est,
fateor, verba *ab illa* in *amorem* mutare : sed si concedimus scribam potuisse levi lapsu *pete munus* pro *peccemus* exarare, haud incredibile est
eundem correcturum fuisse verbum *amorem*, iam sensus expers, in verba
ab illa cum A. A. ii. 575 memoriae obversaretur.　Vulgata lectio sana non
potest esse : Veneris non erat celare amorem, quae suum celare non potu-
erit.　Coniecturae leviores nil proficiunt, veluti *non labor; et celare licet*
Heinsius. `celare virum; p. m. ab illo*, Bentley.　*celare; licet; p. m. ab
ipsa* Madvig.　*licet tepeamus ab illa* R. Ellis.　*licet pereamus ab illa*
Birt.　*licet; pete munus! ab illa* Ehwald.　　189. *amplexos* P Ehwald ;
　　　　　　　　　　　　　　　　　　　　a
amplexus ω, vulgo.　　141. *reserenda manti*, *a* ma. 2. P.　　141–144
delere vult Peters.　　147. *sperataque* coni. Burmann.　　149.
vocari Bentley.　　150. Ita Sedlmayer interpungit cum Drakenborchio.
151. *At* Bentley ; Heinsius malebat : *Pugnavique diu.* Sed totum dis-

Victa precor genibusque tuis regalia tendo
 Bracchia; quid deceat, non videt ullus amans.
155 Depuduit, profugusque pudor sua signa reliquit.
 Da veniam fassae duraque corda doma.
Quod mihi sit genitor, qui possidet aequora, Minos,
 Quod veniant proavi fulmina torta manu,
Quod sit avus radiis frontem vallatus acutis,
160 Purpureo tepidum qui movet axe diem,
Nobilitas sub amore iacet: miserere priorum,
 Et, mihi si non vis parcere, parce meis.
Est mihi dotalis tellus Iovis insula, Crete:
 Serviat Hippolyto regia tota meo.
165 Flecte, ferox, animos: potuit corrumpere taurum
 Mater: eris tauro saevior ipse truci?
Per Venerem, parcas, oro, quae plurima mecum est:
 Sic numquam, quae te spernere possit, ames;
Sic tibi secretis agilis dea saltibus adsit,
170 Silvaque perdendas praebeat alta feras;
Sic faveant Satyri montanaque numina Panes,
 Et cadat adversa cuspide fossus aper;
Sic tibi dent nymphae, quamvis odisse puellas
 Diceris, arentem quae levet unda sitim.
175 Addimus his precibus lacrimas quoque: verba precantis
 Perlegis, et lacrimas finge videre meas.

---

tichon suspectum habeo.   **155.** *rubor* Heinsius, fortasse recte. *relin-*
quit P s.   **157.** *Quid* G ω, *Quo mihi quod* Micyllus, Heinsius (vel
Quo mihi si).   Sed. cf. Met. vii. 705 seqq.   **160.** *Purpureum rapido*
qui vehit Bentley coll. Fast. iii. 518.   **165.** *ferox* P s, Ehwald, coll.
xix. 141, *feros* P₂, ω vulgo.   **170.** *praedandas* s Bentley.   **171.**
Panes] *Fauni* E s.   **175, 176** delet Bentley.   **176.** *Perlege et*
G s, *Perlege sed* s Bentley, *Perlegito* Heinsius, *Perlegis at* Burmann.

V.

OENONE PARIDI.

Perlegis? an coniunx prohibet nova? perlege: non est
Ista Mycenaea littera facta manu.
Pegasis Oenone, Phrygiis celeberrima silvis,
Laesa queror de te, si sinis, ipsa meo.
5 Quis deus opposuit nostris sua numina votis?
Ne tua permaneam, quod mihi crimen obest?
Leniter, ex merito quidquid patiare, ferendum est;
Quae venit indigno poena, dolenda venit.
Nondum tantus eras, cum te contenta marito
10 Edita de magno flumine nympha fui.
Qui nunc Priamides, absit reverentia vero,
Servus eras: servo nubere nympha tuli.
Saepe greges inter requievimus arbore tecti,
Mixtaque cum foliis praebuit herba torum;
15 Saepe super stramen faenoque iacentibus alto
Defensa est humili cana pruina casa.
Quis tibi monstrabat saltus venatibus aptos,
Et tegeret catulos qua fera rupe suos?
Retia saepe comes maculis distincta tetendi,
20 Saepe citos egi per iuga longa canes.
Incisae servant a te mea nomina fagi,
Et legor Oenone falce notata tua,

V. Explic̃. IIII. Incipit V. OENONE PARIDI P, sed nomina a ma.
rec. Hoc distichon in E ʂ praefigitur: *Nympha suo Paridi quamuis
suus esse recuset Mittit ab Idaeis uerba legenda iugis* (vel *meus esse
recuset*). **3.** *Pegagis* P, *Pedasis* Micyllus, *Perlegis* Birt. **4.** *ipse*
GE ω Plan. **5.** *apposuit* P. **6.** *sidus* Bentley. **8.** *Cui* Bentley.
indigne GE ω, *indignae* Heinsius e cod. uno. **10.** *te* P. *flumina* P pr.
11. *absit* PGE Plan., *adsit* multi codd. **15.** *gramen* ʂ. **16.**
Depressa PE ʂ Plan, *Deprensa* G ʂ: 'Quidam ex veteribus *defensa*, nusquam legi:' NAUGERIUS: et ita correxit Parrhasius. **17.** *saltos* P pr.
19. *masculus* P pr. **20.** *summa* E ω. **24.** *recta* PGE, Plan.

Et quantum trunci, tantum mea nomina crescunt:
  Crescite et in titulos surgite recta meos!
27 Popule, vive, precor, quae consita margine ripae
  Hoc in rugoso cortice carmen habes:
'Cum Paris Oenone poterit spirare relicta,
30   Ad fontem Xanthi versa recurret aqua.'
Xanthe, retro propera, versaeque recurrite lymphae!
  Sustinet Oenonen deseruisse Paris.
Illa dies fatum miserae mihi dixit, ab illa
  Pessima mutati coepit amoris hiemps,
35 Qua Venus et Iuno sumptisque decentior armis
  Venit in arbitrium nuda Minerva tuum.
Attoniti micuere sinus, gelidusque cucurrit,
  Ut mihi narrasti, dura per ossa tremor.
Consului, neque enim modice terrebar, anusque
40   Longaevosque senes: constitit esse nefas.
Caesa abies, sectaeque trabes, et classe parata
  Caerula ceratas accipit unda rates.
Flesti discedens : hoc saltim parce negare ;
  [Praeterito magis est iste pudendus amor.
45 Et flesti et nostros vidisti flentis ocellos:]
  Miscuimus lacrimas maestus uterque suas.
Non sic adpositis vincitur vitibus ulmus,
  Ut tua sunt collo bracchia nexa meo.
A! quotiens, cum te vento quererere teneri,
50   Riserunt comites! ille secundus erat.

ἰθυτενῆ, *rite* s Heusinger. Post h. v. in E et codd. rec. sequitur distichon :
'*Populus est memini pluviali consita rivo* (ita E s, *ripa* ceteri), *Est in qua
nostri littera scripta memor.*' Planudes et multi codd. ante vs. 23 habent.
Distichon spurium eiecit Merkel. **28.** *nomen* s. **30.** //// *xanthum*
P : *e xantho* fuerat ni fallor. **31.** *nymphae* P s Heinsius. **33.**
duxit E s Plan. **38.** *dura* libri recte ut docet Aen. vi. 54 a Sedlmayero
laudatum, quem locum praeterieram cum *dure* Sedlmayero commen-
darem : quod nollem me viro docto persuasisse. Quamquam *dure* per se
optimum est ; cf. Trist. i. 8, 14 : Hor. Carm. iv. 1, 40 : Prop. ii. 30, 19 ; et
ossa Cynthiae apud Propertium iv. 7, 81 mollia non dura sunt. Planudes
vocem omittit. **40.** *Longeuusque senex* P pr. **41.** *peracta* s
Burmann. **44, 45** ineptum emblema damnavit Merkel. **45.** *pressisti*
Bentley. **47.** *adpositas* P pr. **49.** *querere* P pr. **52.**

Oscula dimissae quotiens repetita dedisti;
Quam vix sustinuit dicere lingua 'vale'!
Aura levis rigido pendentia lintea malo
Suscitat, et remis eruta canet aqua.
55 Prosequor infelix oculis abeuntia vela,
Qua licet, et lacrimis umet harena meis.
Utque celer venias, virides Nereidas oro:
Scilicet ut venias in mea damna celer.
Votis ergo meis alii rediture redisti?
60 Ei mihi! pro dira paelice blanda fui!
Aspicit inmensum moles nativa profundum;
Mons fuit; aequoreis illa resistit aquis:
Hinc ego vela tuae cognovi prima carinae,
Et mihi per fluctus impetus ire fuit.
65 Dum moror, in summa fulsit mihi purpura prora:
Pertimui; cultus non erat ille tuus.
Fit propior terrasque cita ratis attigit aura:
Femineas vidi corde tremente genas.
Non satis id fuerat: quid enim furiosa morabar?
70 Haerebat gremio turpis amica tuo.
Tunc vero rupique sinus et pectora planxi,
Et secui madidas ungue rigente genas,
Implevique sacram querulis ululatibus Iden:
Illuc has lacrimas in mea saxa tuli.
75 Sic Helene doleat desertaque coniuge ploret,
Quaeque prior nobis intulit, ipsa ferat.
Nunc tibi conveniunt, quae te per aperta sequantur
Aequora legitimos destituantque viros;

Quamuis P₂ **s.**   **59.** *redistis* P pr.   **65.** *purpur* //// (om. *prora*)
P.   **68.** *femineos...greges* vel *femineum...gregem* Bentley.   *comas*
coni. Sedlmayer, quod placet.   **69.** *fuerat?* J. F. Heusinger, Ehwald.
quod P ap. Sedl. **s.**   *morabor* **s,** 'forte rectius' HEINSIUS, qui se non
intelligere vulgatam lectionem scribit.   **72.** *comas* **s:** vide vs. 68.
73. *idam* P₂ **s.**   **74.** *Illuc* PG, *Illinc* E **s,** Plan.   **75.** *Sic bene doleat*
defectaque P, *bene* in *de te* mutatum ma. 2.   **77.** *tecum ueniunt* GE ω P₂.
78. *restituant* P pr. *toros* **s** Burmann.   **81.** *tanget* P pr.   **83.** *aut*

At cum pauper eras armentaque pastor agebas,
80   Nulla nisi Oenone pauperis uxor erat.
Non ego miror opes, nec me tua regia tangit,
    Nec de tot Priami dicar ut una nurus:
Non tamen ut Priamus nymphae socer esse recuset,
    Aut Hecubae fuerim dissimulanda nurus.
85 Dignaque sum et cupio fieri matrona potentis:
    Sunt mihi, quas possint sceptra decere, manus.
Nec me, faginea quod tecum fronde iacebam,
    Despice: purpureo sum magis apta toro.
Denique tutus amor meus est tibi: nulla parantur
90   Bella, nec ultrices advehit unda rates.
Tyndaris infestis fugitiva reposcitur armis:
    Hac venit in thalamos dote superba tuos.
Quae si sit Danais reddenda, vel Hectora fratrem,
    Vel cum Deiphobo Polydamanta roga;
95 Quid gravis Antenor, Priamus quid suadeat ipse,
    Consule, quis aetas longa magistra fuit.
Turpe rudimentum, patriae praeponere raptam;
    Causa pudenda tua est: iusta vir arma movet.
Nec tibi, si sapias, fidam promitte Lacaenam,
100   Quae sit in amplexus tam cito versa tuos.
Ut minor Atrides temerati foedera lecti
    Clamat et externo laesus amore dolet,
Tu quoque clamabis: nulla reparabilis arte
    Laesa pudicitia est; deperit illa semel.
105 Ardet amore tui? sic et Menelaon amavit:
    Nunc iacet in viduo credulus ille toro.

'perperam quidam rescribunt': HEINSIUS.   **84.** *nurus* tam cito
repetitum displicet: aut *nimis* aut *tuae* coniecerim.   **85.** *et* om. s, *et*
fieri regis Faber, *et fieri cupidi* Riese.   Vide annon *capio* pro *cupio* reponendum sit: h. e. capax sum reginae locum obtinendi.   **86.** *qua* P,
quae s. *possunt* GE ω.   **87.** *mea* P pr.   **89.** *totus* P pr.   *ibi*
Bentley, *mihi* Heinsius, *meus est: tibi* Ehwald.   **92.** *domos* P
pr. pro *tuos.*   **95.** *censeat* s.   Duo folia ab vs. 97 usque ad vi. 49 ex P
perierunt.   **99.** *cupias* E ω.   **108.** *fuit* E.   **109.** *tunc* E ω.

Felix Andromache, certo bene nupta marito!
Uxor ad exemplum fratris habenda fui.
Tu levior foliis, tum cum sine pondere suci
110   Mobilibus ventis arida facta volant;
Et minus est in te quam summa pondus arista,
Quae levis adsiduis solibus usta riget.
Hoc tua, nam recolo, quondam germana canebat,
Sic mihi diffusis vaticinata comis:
115 'Quid facis, Oenone? quid harenae semina mandas?
Nil profecturis litora bubus aras.
Graia iuvenca venit, quae te patriamque domumque
Perdat! io, prohibe! Graia iuvenca venit!
Dum licet, obscenam ponto demergite puppim!
120   Heu! quantum Phrygii sanguinis illa vehit!'
Dixerat; in cursu famulae rapuere furentem:
At mihi flaventes diriguere comae.
A! nimium miserae vates mihi vera fuisti:
Possidet, en, saltus illa iuvenca meos!
125 Sit facie quamvis insignis, adultera certe est:
Deseruit socios hospite capta deos.
Illam de patria Theseus, nisi nomine fallor;
Nescio quis Theseus abstulit ante sua.
A iuvene et cupido credatur reddita virgo?
130   Unde hoc conpererim tam bene, quaeris? amo.
Vim licet appelles et culpam nomine veles:
Quae totiens rapta est, praebuit ipsa rapi.
At manet Oenone fallenti casta marito:
Et poteras falli legibus ipse tuis.

---

113. *Haec* s.   114. *Sic*] *Et* Plan. ut vid.   116. *Nil* s Plan., *Non* ω,
vulgo.   118. *Perdet* s.   119. *dimergite* s, *di mergite* E s, Heinsius:
non bene: nam illud *dum licet* non nisi mortalibus convenit.   120.
uenit E.   121. *incursu* s Micyllus. *famuli* G.   124. *illa* E ω
Plan. edd. vett.: recte ut sentit Gudeman. *graia* G Merkel.   126. *toros*
s Bentley.   128. *arte* G₁, ω Plan.   130. *haec* E s. Verum 129,
130 spurii videntur.   132. *illa* s.   133. *fallaci* s. *casta* ω, *tuta*

135 Me Satyri celeres—silvis ego tecta latebam—
     Quaesierunt rapido, turba proterva, pede,
     Cornigerumque caput pinu praecinctus acuta
     Faunus in inmensis qua tumet Ida iugis.
     Me fide conspicuus Troiae munitor amavit:
[140 Ille meae spolium virginitatis habet.
     Id quoque luctando; rupi tamen ungue capillos,
     Oraque sunt digitis aspera facta meis;
     Nec pretium stupri gemmas aurumque poposci:
     Turpiter ingenuum munera corpus emunt.
145 Ipse, ratus dignam, medicas mihi tradidit artes]
     Admisitque meas ad sua dona manus.
     Quaecumque herba potens ad opem radixque medenti
     Utilis in toto nascitur orbe, mea est.
     Me miseram, quod amor non est medicabilis herbis!
150 Deficior prudens artis ab arte mea.
     Ipse repertor opis vaccas pavisse Pheraeas
     Fertur et e nostro saucius igne fuit.
     Quod nec graminibus tellus fecunda creandis
     Nec deus, auxilium tu mihi ferre potes.
155 Et potes, et merui: dignae miserere puellae!
     Non ego cum Danais arma cruenta fero;
     Sed tua sum tecumque fui puerilibus annis
     Et tua, quod superest temporis, esse precor.

E₁, unde *certa* conieceris. **136.** *Quaesierunt* s, Burmann, Sedlmayer,
Ehwald, *Quaesierant* G Merkel. Recte illud: nam P prima manu
semper, quantum notavi, perfectum exhibet: cf. ii. 142, vii. 166, xii. 71,
xiv. 72. **140–145** versus turpes totam sententiam evertentes in
dubium iure vocavit Merkel. **147.** *medenti* Heinsius, *medendi* libri.
150. *Deficio* E, *Destituor* s. **151,152** Merkelio iure suspecti. **152.**
Dicitur et s. *e* G apud Loersium, Merkel, Ehwald, *a* s, Burmann,
Sedlmayer, qui de G tacet. Planudes *a* legit (πρός). **153.** *neque* E ω,
nec G s. *creatis* E ω.

VI.

HYPSIPYLE IASONI.

Litora Thessaliae reduci tetigisse carina
Diceris auratae vellere dives ovis.
Gratulor incolumi, quantum sinis; hoc tamen ipsum
Debuera*t* scripto certi*us* esse tuo.
5 Nam ne pacta tibi praeter mea regna redires,
Cum cuperes, ventos non habuisse potes.
Quamlibet adverso signatur epistula vento:
Hypsipyle missa digna salute fui.
Cur mihi fama prior de te quam littera venit:
10 Isse sacros Martis sub iuga panda boves,
Seminibus iactis segetes adolesse virorum
Inque necem dextra non eguisse tua,
Pervigilem spolium pecudis servasse draconem,
Rapta tamen forti vellera fulva manu?
15 Haec ego si possem timide credentibus 'ista
Ipse mihi scripsit' dicere, quanta forem!

VI. 'Etiam huic Epistolae praefigitur distichon hoc in Excerptis
Puteani: *Lemnias Hypsipyle, Bacchi genus Aesone nato, Dicit et in
verbis pars quota mentis erat.*' HEINSIUS: eadem habet **E**. 3. *ipsum*
Plan. **s** Douza, quem olim secutus sum; *ipso* **G ω** Merkel, Sedlmayer,
ipse unus cod., *ipsa* coni. Heinsius, quem secutus est Ehwald. Locus
tamen nondum expeditus est. Nam nec *hoc ipso* potest *de hoc ipso*
significare, ut ait Burmannus, nec ullo exemplo firmatur *certior esse* cum
accusativo quasi idem valeret ac *scire* iunctum. Occurrunt haec, (1)
Pro *ipse* potest *esse* legi: haec verba passim inter se confunduntur. (2)
Ovidius potuit *ipsum* scribere τῷ *esse* munus duplex attribuens: sed hoc
ultimum refugium est. (3) Ovidius potuit *hoc tamen ipsum* per se cum
ellipsi verbi ponere: scil. querar, exprobrabo. Ut Virgilius Aen. ii. 79
Hoc primum: ii. 690 Hoc tantum: cf. xviii. 121 Hoc quoque. (4) Restat
via qua angustias superare conatus sum scribendo *hoc tamen ipsum
... debuerat ... certius.* 4. *Debueram ... certior* codices: vide
notam ad vs. 3. 7. *Quaelibet* **E ω**, *Quemlibet* **G**, *Quolibet* **s**. *signatur*
s Heinsius, Merkel, *signetur* **G ω** vulgo. 9. *quam littera nuntia* **E s**
Plan. (vel *nuntia littera* ut **s** habent; hoc Burmann, Merkel). *de te quam*
G Ehwald. 10. *Ipse* **E**. *Marti* Heinsius. 15. *Haec* **E s**, *Hoc* **G**,
O! ego Heinsius. *ista*] *ipse* Burmann: pulchre uterque. 17. *Cur* **G**.

Quid queror officium lenti cessasse mariti?
  Obsequium, maneo si tua, grande tuli.
Barbara narratur venisse venefica tecum,
20   In mihi promissi parte recepta tori.
Credula res amor est : utinam temeraria dicar
  Criminibus falsis insimulasse virum!
Nuper ab Haemoniis hospes mihi Thessalus oris
  Venerat, et tactum vix bene limen erat,
25 'Aesonides' dixi 'quid agit meus?' ille pudore
  Haesit in opposita lumina fixus humo.
Protinus exilui tunicisque a pectore ruptis
  'Vivit? an' exclamo 'me quoque fata vocant?'
'Vivit' ait timid*us* : *timidum* iurare coegi :
30   Vix mihi teste deo credita vita tua est.
[Ut rediit animus, tua facta requirere coepi.
  Narrat aeripedes Martis arasse boves,
Vipereos dentes in humum pro semine iactos,
  Et subito natos arma tulisse viros :
35 Terrigenas populos civili Marte peremptos
  Inplesse aetatis fata diurna suae.
Devictus serpens. iterum, si vivat Iason,
  Quaerimus; alternant spesque timorque *vic*em.]
Singula dum narrat, studio cursuque loquendi
40   Detegit ingenio vulnera nostra suo.

---

cessare s.   *obsequium* et hic et in 18 legisse Planudem putat Gude-
mann : nam utroque loco per eandem vocem (χάριν . . . χάριτος) convertit.
18. *officium* s Bentley, Schroder.   20. *futura* E pr. ω, edd. vett.
28. *trahunt* s.   29. *timidus* (vel *timide*): *timidum* Heinsius, quem
Sedlmayer recte secutus videtur.   Certe codicum varietas versum arche-
typi mancum arguunt. *timidumque mihi* G s, *timidum* (vel *timide*)
quod ait s Plan., *timidum quod amat* E s, *timidumque uirum* s, *timidumque diu* s, *timidumque deos* Bentley : malim *timidumque Iouem*.   31.
Ut rediit animus s, Heinsius recte, cf. xiii. 29 : A. A. iii. 707 : Fast. iii. 3,
333, v. 515. *Utque animus rediit* G ω, edd. recc. Sed 31–38 spurii sunt,
ut Merkelio visum, nam *diurna* pro ἐφήμερα parum Latine dicitur vs. 36 :
devictus . . . serpens 37 poetam claudicantem arguit : denique totus locus
vss. 10–14 inepte repetit.   37. *Deuicto serpente* s, *Deuictum serpentem*
s. Fortasse, *Ut victus serpens* : conf. Planudem.   38. *uicem* Bentley :

Heu! ubi pacta fides? ubi conubialia iura
Faxque sub arsuros dignior ire rogos?
Non ego sum furto tibi cognita: pronuba Iuno
Adfuit et sertis tempora vinctus Hymen.
45 At mihi nec Iuno, nec Hymen, sed tristis Erinys
Praetulit infaustas sanguinolenta faces.
Quid mihi cum Minyis, quid cum Dodonide pinu?
Quid tibi cum patria, navita Tiphy, mea?
Non erat hic aries villo spectabilis aureo,
50 Nec senis Aeetae regia Lemnos erat.
Certa fui primo, sed me mea fata trahebant,
Hospita feminea pellere castra manu,
Lemniadesque viros, nimium quoque, vincere norunt:
Milite tam forti *causa* tuenda fuit.
55 Urbe virum *iuv*i, tectoque animoque recepi:
Hic tibi bisque aestas bisque cucurrit hiemps.
Tertia messis erat, cum tu dare vela coactus
Implesti lacrimis talia verba tuis:
'Abstrahor, Hypsipyle, sed dent modo fata recursus,
60 Vir tuus hinc abeo, vir tibi semper ero.
Quod tamen e nobis gravida celatur in alvo,
Vivat, et eiusdem simus uterque parens.'
Hactenus: et lacrimis in falsa cadentibus ora
Cetera te memini non potuisse loqui.

---

recte, vel si malis *uices*; cf. Met. xv. 409. *fidem* libri.   **41.** *Heus*
GE: cf. Fast. iii. 485.   **45, 46** spurii videntur.   **47.** *Dodonide*
Planudes, quod verum esse evicit Gudeman, p. 65.   Vide Comm. Anglicum.   *Tritonide* edd., cum libris omnibus.   **49.** *aureo* **GE** ω. *fuluo*
spectabilis auro **s**.   **50.** redit P.   *Non* ω.   **51.** *mala fata* P **s**,
mea fata **E** ω.   **54.** *forti causa* Merkel, *fortuna* P₁, *forti uita* P₂**GE**
ω Plan., *f. ripa* **s**, *f. vitta* Sedlmayer: *vittàm* enim virginitatis signum
esse; *forti, nauta, tuenda fui* ego olim. *causa* nunc verum iudico: *cā*
eius compendium peperit *fortica* post *fortuna*. *porta* non displiceret.
55. *iuvi* ego: cf. ii. 55: Met. xi. 281; 'petit urbe vel agro se iuvet:' Juv.
iii. 211. *uidi* libri et Plan. inepte. 'τὸ *vidi* vehementer friget' HEIN-
SIUS. *lectoque* Bentley.   **56.** *hiemps* P.   **58.** *suis* Heinsius,
Bentley.   **59.** *se dent* P pr., *si dent* P₂ ω.   **60.** *abero* P.
62. *sumus* P pr.   **65.** *concedis* **G** ma. pr. Merkel. *argon* **G** ω Merkel,
qui ita scribit, Praef. p. xiii: 'Accusativi aeolici qui apparent *Ion* (Am.

65 Ultimus e sociis sacram conscendis in Argon.
    Illa volat ; ventus concava vela tenet.
Caerula propulsae subducitur unda carinae :
    Terra tibi, nobis aspiciuntur aquae.
In latus omne patens turris circumspicit undas :
70   Huc feror, et lacrimis osque sinusque madent.
Per lacrimas specto, cupidaeque faventia menti
    Longius assueto lumina nostra vident.
Adde preces castas inmixtaque vota timori,
    Nunc quoque te salvo persoluenda mihi.
75 Vota ego persolvam ? votis Medea fruetur ?
    Cor dolet, atque ira mixtus abundat amor.
Dona feram templis, vivum quod Iasona perdo ?
    Hostia pro damnis concidat icta meis ?
Non equidem secura fui, semperque verebar,
80   Ne pater Argolica sumeret urbe nurum.
Argolidas timui : nocuit mihi barbara pelex :
    Non expectata vulnus ab hoste tuli.
Nec facie meritisque placet, sed carmina novit,
    Diraque cantata pabula falce metit.
85 Illa reluctantem curru deducere lunam
    Nititur et tenebris abdere solis equos ;
Illa refrenat aquas obliquaque flumina sistit ;
    Illa loco silvas vivaque saxa movet ;
Per tumulos errat passis discincta capillis
90   Certaque de tepidis colligit ossa rogis.

---

ii. 2, 45), *Heron* (Am. ii. 16, 31), *Argon* (hic et xii. 9), *Didon* (vii.
133), noti fuerunt Marciano Capellae cuius locus extat apud C. L.
Schneider, Gr. ii. p. 300.'   66. *vento* (? *ventis*) *concava vela tument*
Francius, Bentley.   **70.** *a lacrimis* **s.**   **71.** *amanti* **E**, Volscus.
73. *addo* **F s**, Burmann : non recte.   **76.** *Dedolet* Bentley. Séd hic
et sequens versus spurii videntur.   **77.** *perdam* **GE ω** Bentley.   **78.**
concidet **GE ω** Bentley.   **81.** *Argolicas* **GE ω** Plan.   **82.** *expectata*
P pr. ut videtur, Burmann, Merkel, Ehwald ; *expectato* **P** corr. **G ω**, Jahn,
Sedlmayer.   **83.** *meritis* **P ue** supra scripto ma. rec.   *carmine* **G ω.**
nouit **E** pr. **s**, *mouit* **G ω**, **P** ex *mouet* corr.   **84.** *face* **P** pr.   **85.**
curru Naugerius, tres codices Heinsii : *cursu* **PE ω.**   Vid. Comm.

87. *fulmina* **s**, Bentley, mire.   **89.** *passi* **P.**   *sparsis* **E ω.**   **90.**

VI. HYPSIPYLE IASONI: 65–108. 35

Devovet absentis simulacraque cerea fingit,
Et miserum tenuis in iecur urget acus,
Et quae nescierim melius : male quaeritur herbis
Moribus et forma conciliandus amor.
95 Hanc potes amplecti thalamoque relictus in uno
Impavidus somno nocte silente frui ?
Scilicet ut tauros, ita te iuga ferre coegit,
Quaque feros anguis, te quoque mulcet ope.
Adde, quod adscribi factis procerumque tuisque
100 Se cavet et titulo coniugis uxor obest.
Atque aliquis Peliae de partibus acta venenis
Imputat et populum, qui sibi credat, habet :
' Non haec Aesonides, sed Phasias Aeetine
Aurea Phrixeae terga revellit ovis.'
105 Non probat Alcimede mater tua, consule matrem,
Non pater, a gelido cui venit axe nurus ;
Illa sibi a Tanai Scythiaeque paludibus udae
Quaerat et a patria Phasidis usque virum.

colligat P.   91. fingit GE ω, figit P.   93, male ι, mage PGE ω.
94. Moribus P post ras. in med. voc., Mobilis E, G ex Nobilis ma. 2·
                                            facit
99. Abde P pr.   100. cauet ego, fauet P, facit ma. pr. ut videtur,
nolet (a. ?)
fauet G, facit E ι, Ehwald, fauet edd. vett. Burmann, Merkel. πείθει
Plan., quid vertebat ? Leguleiorum formulas sapere verba poetae credi-
derim et eadem officina procusa qua illa 'cede bonis' ix. 110 : 'tradet
habendam' vii. 163 : 'exhibiturus erat' x. 52, et similia. Metaphoram
ex formulis iuris peritorum haustam esse docent verba adscribi et titulo.
Cf. Cic. de Inv. ii. 41, 120 : 'Amentiae fuit cum heredi vellet cavere id
adscribere quo non adscripto nihilominus heredi caveretur.' Ne in praesenti infinitivo pro futuro haereas, mos erat ex antiquo in formulis
servatus ita loquendi : cf. Cic. Att. i. 8 : 'quod ille recusarit satisdare
amplius abs te non peti.' Huc pertinet usus verbi cavere in Carm. Fratr.
Arv. 'Caverunt se adfuisse.' Quodammodo defendi fauet a Servio ad
Georg. iv. 230 non nego. Is dicit : 'favere veteres etiam velle dixerunt.'
Sed sensus vult hic non sufficeret : requiritur verbum, quo conatus ipsius
Medeae ut ita fieret, exprimeretur. sese auet S. Allen, Madvig ; iubet
Koch, pauet Birt, Se uetat Sedlmayer.   101. pellae P pr., per te
GE ι.   103. sed Phasias Aeetine Heinsius, Salmasio et Meziriaco
praeeuntibus. sed fil//////////// tum post ras. non in marg. phasias (sic
non fasias) oetae P (ma. 2.?), filia fasias ete G et sic fere ω. Planudes
vertit : ἀλλ' ἡ Φάσιας Αἰήτου θυγάτηρ.   104. reuulsit ι, revexit Bentley,
fortasse recte.   105. Alcimene ω.   106. orbe nurus ι.   107.
a Tanai ι, Naugerius, tanais PGE ω, Tanai Heinsius. udae ι Heinsius,

Mobilis Aesonide vernaque incertior aura,
110   Cur tua pollicito pondere verba carent?
Vir meus hinc ieras, cur non meus inde redisti?
Sim reducis coniunx, sicut euntis eram.
Si te nobilitas generosaque nomina tangunt,
En ego Minoo nata Thoante feror.
115 Bacchus avus: Bacchi coniunx redimita corona
Praeradiat stellis signa minora suis.
Dos tibi Lemnos erit, terra ingeniosa colenti;
Me quoque dotalis inter habere potes.
Nunc etiam peperi: gratare ambobus, Iason;
120   Dulce mihi gravidae fecerat auctor onus.
Felix in numero quoque sum, prolemque gemellam,
Pignora Lucina bina favente dedi.
Si quaeris, cui sint similes, cognosceris illis:
Fallere non norunt; cetera patris habent.
125 Legatos quos paene dedi pro matre ferendos,
Sed tenuit coeptas saeva noverca vias.
Medeam timui: plus est Medea noverca;
Medeae faciunt ad scelus omne manus.
Spargere quae fratris potuit lacerata per agros
130   Corpora, pignoribus parceret illa meis?
Hanc *hanc*, o demens Colchisque ablate venenis,
Diceris Hypsipyles praeposuisse toro!

---

undae PGE ω, *unde* G.   **108.** *fasidis* P, *phasidos* s.   **109.** *aeso-*
nides PGE ω.   **110.** *pollicito* E s, recte, *policiti* P pr., *polliciti* ω,
sollicito s.   **111.** *cur non meus* ω probante Heinsio, Bentley. Cf. x. 57,
uir non meus PG s.   **114.** *notat hoante* P pr.   **118.** *quoque*
///////// sed *l* et *s* in rasura dispiciuntur.   *quod tales* G s, correxit Salmasius: *dotales servos* significat. Cf. Aen. iv. 104: 'Dotalesque tuae Tyrios
permittere dextrae;' *res tales* multi codd. edd. plurimi, *me quoque, quot*
tales, vel *dotatas* Heinsius.   Salmasii coniectura est certa, nec tamen
omnibus satisfacit; *opes tales* Lindemann: *Me res dotales* Meziriacus.
119. *preperi* in *properer* (*propere* apud Sedlmayerum) mutatum P.
125. *Legatis* s Burmann.   **129.** *fratres* P pr. *laniata* s Burmann.
                                                                            tu (2.)
130. *Viscera* Bentley.   **131.** *Hanc hanc ego, Hanc* P qui alteram
hanc more suo omiserat. Pronomen iteratum indignantis est: cf. Hor.
Epod. iv. 20: 'Hoc, hoc tribuno militum.' *Hanc tamen* G ω, *Hanc o tu* s.

Turpiter illa virum cognovit adultera virgo :
Me tibi teque mihi taeda pudica dedit ;
135 Prodidit illa patrem : rapui de clade Thoanta ;
Deseruit Colchos : me mea Lemnos habet.
Quid refert, scelerata piam si vincit et ipso
Crimine dotata est emeruitque virum ?
Lemniadum facinus culpo, non miror, Iason :
140 Quamlibet infirmis ipse dat arma dolor.
Dic age, si ventis, ut oportuit, actus iniquis
Intrasses portus tuque comesque meos,
Obviaque exissem fetu comitante gemello,
(Hiscere nempe tibi terra roganda fuit !)
145 Quo vultu natos, quo me, scelerate, videres ?
Perfidiae pretio qua nece dignus eras ?
Ipse quidem per me tutus sospesque fuisses,
Non quia tu dignus, sed quia mitis ego ;
Pelicis ipsa meos implessem sanguine vultus,
150 Quosque veneficiis abstulit illa suis.
Medeae Medea forem ! quod siquid ab alto
Iustus adest votis Iuppiter *ille* meis,
Quod gemit Hypsipyle, lecti quoque subnuba nostri
Maereat et leges sentiat ipsa suas ;

---

133. *uirgo*] *certe* s, *certe est* s, *furto* Bentley.   **135.** *cade* P, *l* ma. pr.,
caede E s.   **137.** *referā* P, ex *referat* ut videtur correctum, G ω. *uincit*
E s, *uincet* P, *uincat* s.   **138.** *meruitque* P, *demeruitque* s.   **140.**
Quamlibet infirmis J. F. Heusinger, *Q. inuitis* C. Heusinger, non minus
bene.   *Quamlibet ipse* P, *ò* et *iratis* ma. 2. supra scriptis.   *Quae
libet iratis* s.   *Quod libet ad facinus* G ω.   *Qualibet iratis*, Riese.   *iste
tuus* (2.)
Madvig.   *furor* unus s, haud male.   **142.** *meos* P : *meos* ex *meus* ut
videtur ma. pr. mutatum.   **143.** *comitata* E ω.   **144.** *nonne* GE s.
foret E ω.   **145.** *scelerete* P.   **146.** *Perfide quo pretio* G s.
147. *te* P corr. ma. 2.   **149.** *Pelicos* P₁.   **150.** *uenificiis* P.   *illa
tuas* (scribe *tuos*) Bentley.   **151.** *quod si quod* P.   **152.** *ades* s.
ille Heinsius, Bentley, quod valde placet, *ipse* libri.   **153.** *succuba*
ω, aeque bene.   **154.** *nunciat* G₂, *sanciat* s Heinsius, Burmann : non

155 Utque ego destituor coniunx materque duorum,
    A totidem natis orba sit illa viro.
Nec male parta diu teneat peiusque relinquat:
    Exulet et toto quaerat in orbe fugam.
Quam fratri germana fuit miseroque parenti
160   Filia, tam natis, tam sit acerba viro.
Cum mare, cum terras consumpserit, aera temptet;
    Erret inops, exspes, caede cruenta sua.
Haec ego coniugio fraudata Thoantias oro.
    Vivite devoto nuptaque virque toro!

VII.

DIDO AENEAE.

Sic ubi fata vocant, udis abiectus in herbis
    Ad vada Maeandri concinit albus olor.
Nec quia te nostra sperem prece posse moveri,
    Adloquor: adverso movimus ista deo.
5 Sed merita et famam corpusque animumque pudicum
    Cum male perdiderim, perdere verba leve est.
Certus es ire tamen miseramque relinquere Didon,
    Atque idem venti vela fidemque ferent?

---

recte. **155.** *mater materque* Lindemann. **156.** Ita **PG**: confer Madvigii Adversaria ii. 72. *aque uiro* **ꞩ**, Burmann, Merkel. *Cum totidem n. o. sit illa* Lindemann ante Madvigium. **157.** *mala* **P ꞩ**.
it·(a.)
161. *matre* **P** pr. *consumpsera̲era* **P**. **162.** *inobs* **P**. *expers* **P ω**.

VII. Explic. VI, Incipit VII. **P**, DIDO AENEAE add. **P₂**. In **ꞩ ꞩ** praemittitur distichon: *Accipe, Dardanide, moriturae carmen Elissae; Quae legis a nobis ultima uerba legis.* **3.** *Non* **ꞩ**. **4.** *nouimus* **P ꞩ**. *auerso uouimus* **ꞩ** Heinsius, Bentley. *movimus* per se non laudandum, etsi defendi potest, post *moveri* tam brevi intervallo recurrens valde displicet. Mihi placeret *nevimus* si de hoc verbo metaphorice posito aliquid constaret. Cf. Hor. Ep. ii. 1, 225, 'tenui deducta poemata filo.' Vox et feminae et poetriae conveniret. **5.** *merue* uel *merite* **P**, in *merui* uel *meriti* ma. 2. mutatum, illud potius, **P**, *meriti famam* **G ω**: corr. Hein-

Certus es, Aenea, cum foedere solvere naves,
10   Quaeque ubi sint nescis, Itala regna sequi?
Nec nova Carthago, nec te crescentia tangunt
    Moenia nec sceptro tradita summa tuo?
Facta fugis, facienda petis: quaerenda per orbem
    Altera, quaesita est altera terra tibi.
15 Ut terram invenias, quis eam tibi tradet habendam?
    Quis sua non notis arva tenenda dabit?
Alter habendus amor tibi restat et altera Dido:
    Quamque iterum fallas, altera danda fides.
Quando erit, ut condas instar Carthaginis urbem,
20   Et videas populos altus ab arce tuos?
Omnia ut eveniant, nec *di* tua vota morentur,
    Unde tibi, quae te sic amet, uxor erit?
Uror, ut inducto ceratae sulpure taedae:
26   Aenean animo noxque diesque refert.
Ille quidem male gratus et ad mea munera surdus
    Et quo, si non sim stulta, carere velim:
Non tamen Aenean, quamvis male cogitat, odi,
30   Sed queror infidum questaque peius amo.
Parce, Venus, nurui, durumque amplectere fratrem,
    Frater Amor; castris militet ille tuis.
Aut ego quem coepi, neque enim dedignor, amare,
    Materiam curae praebeat ille meae.

---

sius. *Didon* P.   **8.** *uerba* P **s.**   **10.** *nescit* P pr. *rena* P pr.   **11.**
mea **E s** Bentley. *cartago* PG. *surgentia* **s.**   **13.** *fugienda* in *facienda*
mutatum P, *fugienda* **s.**   **15.** *Ut tamen* Bentley.   **16.** *terenda* G₂, Merkel.
17. Ita **s**, Burmann. *Alter amor tibi est habendus et* P. *A. a. t. et
exstat h.* GE **s** (*habenda et* G). *A. a. t. restat habendus et* **s** vulgo. *A. a.
tibi restat? habendast altera Dido* Birt, Ehwald. Fortasse ulcus gravius
versum insedit, si vere Ovidii sunt 17, 18, de quo dubito. Nam sensum
importunissime interrumpunt.   **19.** *erat* P **s.**   **19, 20** post 14
ponit Birt.   **21.** *ut eueniant* **E s**, Heinsius, qui scribit P idem a manu
prima exhibere, edd. plerique; *si ueniant* GP (*si* ma. 2. supra ras.) ω,
Sedlmayer. *di* van Lennep, collatis xviii. 5: xix. 95: Met. viii. 71. *te*
libri.   **23.** Post hunc uersum inseritur in F **s** edd. vett. quibusdam,
etiam Burmanni: Ut pia fumosis addita tura rogis, Aeneas oculis semper
vigilantis inhaeret: cum varietate lectionis.   **26.** *dies* P.   **29.**
et (1.)
cogitet ω.   **33.** *Aut* P, A///// (*A* in ras.) G. *Atque* **E s.**   *quem* ω,

35 Fallor, et ista mihi falso iactatur imago :
   Matris ab ingenio dissidet ille suae.
   Te lapis et montes innataque rupibus altis
   Robora, te saevae progenuere ferae,
   Aut mare, quale vides agitari nunc quoque ventis,
40   Quo tamen adversis fluctibus ire paras.
   Quo fugis? obstat hiemps : hiemis mihi gratia prosit.
   Aspice, ut eversas concitet Eurus aquas.
   Quod tibi malueram, sine me debere procellis :
   Iustior est animo ventus et unda tuo.
45 Non ego sum tanti—quid non censeris inique ?—
   Ut pereas, dum me per freta longa fugis.
   Exerces pretiosa odia et constantia magno,
   Si, dum me careas, est tibi vile mori.
   Iam venti ponent, strataque aequaliter unda
50   Caeruleis Triton per mare curret equis.
   Tu quoque cum ventis utinam mutabilis esses !
   Et, nisi duritia robora vincis, eris.
   Quid, si nescires, insana quid aequora possunt ?
   Expertae totiens tam male credis aquae ?
55 Ut pelago suadente etiam retinacula solvas,
   Multa tamen latus tristia pontus habet.

------

edd. vett. recte. *quae* PGE s, Plan. *quae . . . amorem* Madvig.   **36.** *suo*
P in *suae* corr. ma. 2. *suo* erunt qui legant.   **37.** *montis* P. *elataque*
Bentley.   **40.** *Quod* s, Heinsius, quod mihi suadere Iacobum Henry
memini. *flatibus* Bentley.   **43.** *maluerim* s, *debueram* G s.   **45.**
Ita P, *o* ma. 2. supra *quid* scripto, *ns* in *censeris* in ras. sed certe aut
censeris aut *cesseris* fuit.   Quod dicit Keilius apud Merkelium P *mereris*
quod rettulit Heinsius *terreris*, hi doctissimi viri aeque falsi sunt. Valeant
igitur coniecturae quae istis lectionibus innitantur, velut *metiris* Madvigii,
mercaris et *mentiris* meae, *tu reris* Heinsii. *censeris* unice verum mihi
videtur, difficilisque lectio peperit varietatem codicum magnam.   *quod
non cenaris* ut videtur sub ras. G, *censeris* G ma. sec.   *quamvis mereris
inique* s (cod. Trev.) edd. vett. Burmann, Jahn, Loers.   *quod non vereris*
Merkel.   *quid ni cuncteris* Ehwald.   *quod non censeris* Plan.   *quid
enim causaris* Schenkl.   *quid non causeris* malim.   *quid enim verearis*
Riese.   *quamvis censeris* Heinsius, vel *quanti censeris*.   *quamvis censebis*
Burmann.   Interpolationes codicum recentiorum enumerare inutile est.
47. *magna* P.   **48.** *fugias* GF Plan.   **53.** *possint* E s.   **54.**

Nec violasse fidem temptantibus aequora prodest:
Perfidiae poenas exigit ille locus.

Praecipue cum laesus amor, quia mater Amorum
60   Nuda Cytheriacis edita fertur aquis.

Perdita ne perdam, timeo, noceamve nocenti,
Neu ·bibat aequoreas naufragus hostis aquas.

Vive precor: sic te melius quam funere perdam:
Tu potius leti causa ferere mei.

65 Finge, age, te rapido (nullum sit in omine pondus)¸
Turbine deprendi: quid tibi mentis erit?

Protinus occurrent falsae periuria linguae
Et Phrygia Dido fraude coacta mori;

Coniugis ante oculos deceptae stabit imago
70   Tristis et effusis sanguinolenta comis.

Quid tanti est *ut* tum 'merui! concedite!' dicas,
Quaeque cadent, in te fulmina missa putes?

Da breve saevitiae spatium pelagique tuaeque:
Grande morae pretium tuta futura via est.

75 Nec mihi tu curae; puero parcatur Iulo:
Te satis est titulum mortis habere meae.

Quid puer Ascanius, quid *com*meruere Penates?
Ignibus ereptos obruet unda deos?

Sed neque fers tecum, nec, quae mihi, perfide, iactas,
80   Presserunt umeros sacra paterque tuos.

Omnia mentiris, neque enim tua fallere lingua
Incipit a nobis, primaque plector ego.

---

quam s Merkel.   **60.** *Uda* Bentley.   **62.** *hospes* Riese.   **65.**
age te] *agite* P،   **68.** *frigia* P, *tyria* G s, *troica* E.   **70.** *et*
ex *ad* corr. ma. 2. P.   **71.** *ut tum* Madvig, ut ipse quoque vidi.
tu̇tum P, *totum* G ω.   **72.** *flumina* P.   **75.** Ita PG s. *tu parcas*
s Planudes, edd. vett. Burmann, *parcatur* s, Jahn. Fortasse: *nec mihi tu
curo parcas*: *parcatur Iulo*. Sed **75, 76** spurii videntur.   **77.** *quid
commeruere* ego. Cf. Fast. i. 362: 'Quid bos, quid placidae commeruistis
oves?' *quid meruere* P, *ii* add. ma. 2.: *quid di meruere* G ω vulgo. Sed
di Penates nusquam dixit Ovidius, et *deos* in pentametro nimis cito post
di repetitur. In mentem venit etiam: *quid, dic, meruere*.   **81.** *nec*
P.   **82.** *primaue* Bentley. *plector* P s.   **85.** *Hoc* P s, *Haec* G ω.

Si quaeras, ubi sit formosi mater Iuli,
　　Occidit a duro sola relicta viro.
85 Haec mihi narraras: at me movere: merentem
　　Ure: minor culpa poena futura mea est.
Nec mihi mens dubia est, quin te tua numina damnent:
　　Per mare, per terras septima iactat hiemps.
Fluctibus eiectum tuta statione recepi
90　Vixque bene audito nomine regna dedi.
His tamen officiis utinam contenta fuissem,
　　Et mihi concubitus fama sepulta foret!
Illa dies nocuit, qua nos declive sub antrum
　　Caeruleus subitis compulit imber aquis.
95 Audieram vocem: nymphas ululasse putavi;
　　Eumenides fati signa dedere mei.
Exige, laese pudor, poenas violate † Sychaei ...

　　　　*　　　　*　　　　*

　　Ad quas, me miseram, plena pudoris eo.
Est mihi marmorea sacratus in aede Sychaeus:
100　Oppositae frondes velleraque alba tegunt:
Hinc ego me sensi noto quater ore citari;
　　Ipse sono tenui dixit 'Elissa, veni!'
Nulla mora est, venio; venio tibi debita coniunx;
　　Sum tamen admissi tarda pudore mei.
105 Da veniam culpae: decepit idoneus auctor:
　　Invidiam noxae detrahit ille meae.

――――――――

nec me Burmann, *haec me* Sedlmayer, *di me monuere* Madvig, *nouere*
　　　　　　　　　　　　　　　　　　　　　　va numina (2.)
E ω. **86.** *Inde* G s, *Illa* E s P ma. 2. Planudes. **87.** *te munera*
P, *mea munera* s Bentley. *damnant* P s. **89.** *Syrtibus* Bentley.
90. *nomina* P pr. **91.** *contesta* P₁. **92.** *Nec ... concubitu* Werfer.
96. *fati ... mei* van Lennep, *fatis ... meis* libri. **97.** *siceo* ut videtur
P pr., in *sycheu* corr. ma. 2., *sychei* G. Ante *Sychaei* sine dubio erat lacuna
in archetypo, quam cod. Regius Heinsii et cod. Trev. in marg. sic explebant:
violata[que lecti(sic cod. Trev. in cod. Reg. lacuna)] Iura nec ad manes fama
retenta meos Vosque mei Manes animaeque cinisque (umbraeque Bentley)
Sychaei. **100.** *Appositae* s Riese. **102.** *dixite lassa* P. **103.**
uenio semel P. *dedita* P, male: cf. xx. 8. **104.** *Sed* s. *amissi* P, *amisso*

Diva parens seniorque pater, pia sarcina nati,
　Spem mihi mansuri rite dedere viri.
Si fuit errandum, causas habet error honestas:
110　Adde fidem, nulla parte pigendus erit.
Durat in extremum vitaeque novissima nostrae
　Prosequitur fati, qui fuit ante, tenor.
Occidit internas coniunx mactatus ad aras,
　Et sceleris tanti praemia frater habet;
115　Exul agor cineresque viri patriamque relinquo
　Et feror in duras hoste sequente vias;
Adplicor ignotis fratrique elapsa fretoque
　Quod tibi donavi, perfide, litus emo.
Urbem constitui lateque patentia fixi
120　Moenia finitimis invidiosa locis.
Bella tument: bellis peregrina et femina temptor,
　Vixque rudis portas urbis et arma paro.
Mille procis placui, qui me coiere querentes,
　Nescioquem thalamis praeposuisse suis.
125　Quid dubitas vinctam Gaetulo tradere Iarbae?
　Praebuerim sceleri bracchia nostra tuo.
Est etiam frater, cuius manus impia possit
　Respergi nostro, sparsa cruore viri.
Pone deos et quae tangendo sacra profanas:
130　Non bene caelestis impia dextra colit.
Si tu cultor eras elapsis igne futurus,
　Paenitet elapsos ignibus esse deos.
Forsitan et gravidam Didon, scelerate, relinquas,
　Parsque tui lateat corpore clausa meo.

---

meo GᴱB ω. *pudere* P pr.　108. *tori* Merkel cum G (*thori*), fortasse recte.

109. *arrandum* P.　111. *Duret* P ꜱ.　118. *in terras* P (*interras*) GᴱB ꜱ, *internas* ꜱ edd. vett., *Herceas* Heinsius, Sedlmayer, *infernas* D. Heinsius.　116. *duras* PG ω, Plan., *dubias* cod. Basiliensis: cf. xvi. 21. 118. *emi* P pr. G ω.　119. *potentia* cod. Reg. Heinsii. *fi /// xi* P, fuit *finxi* ut ꜱ habent; *feci* ꜱ, *vidi* Burmann, *ieci* Heinsius: quibus addam *duxi*.　121. *perigrina* P.　122. *Virque* P pr.　123. *coire* P. 124. *meis* G pr. ω Plan.　125. *uictam* GᴱB ꜱ.　*tarbae* P.　127. *poscit* ꜱ Plan. edd. vett.　133. *dido* P: cf. vi. 65.　135. *fatis* om.

135 Accedet fatis matris miserabilis infans,
    Et nondum nati funeris auctor eris,
    Cumque parente sua frater morietur Iuli,
    Poenaque conexos auferet una duos.
    'Sed iubet ire deus.' vellem, vetuisset adire,
140   Punica nec Teucris pressa fuisset humus.
    Hoc duce nempe deo ventis agitaris iniquis
    Et teris in rapido tempora longa freto!
    Pergama vix tanto tibi erant repetenda labore,
    Hectore si vivo quanta fuere forent.
145 Non patrium Simoenta petis, sed Thybridis undas.
    Nempe ut pervenias, quo cupis, hospes eris.
    Utque latet vitatque tuas abstrusa carinas,
    Vix tibi continget terra petita seni.
    Hos potius populos in dotem, ambage remissa,
150   Accipe et advectas Pygmalionis opes.
    Ilion in Tyriam transfer felicius urbem.
    Resque loco regis sceptraque sacra tene.
    Si tibi mens avida est belli, si quaerit Iulus,
    Unde suo partus Marte triumphus eat,
155 Quem superet, nequid desit, praebebimus hostem:
    Hic pacis leges, hic locus arma capit.
    Tu modo, per matrem fraternaque tela, sagittas,
    Perque fugae comites, Dardana sacra, deos,

P pr. *matris* ut videtur sub ras. et *fatis matris* supra scriptum ma. 2.
136. *nato* Heinsius. **138.** *auferat* P. **139.** *deos* P pr. *uellem
u. adire* om. P pr. add. ma. 2. **141.** *uentos* P pr. **145.** *Thybridis*
Riese, *tybridas* P pr., *tybridis* P ma. 2., *tibridis* GE ω edd. vett.: cf.
Met. xv. 432; *Thybridas* Heinsius, Burmann, edd. recc. **149.**
populos potius P ω. **150.** *auectas* Heinsius, Bentley. **151.** *in
Tyriam*] *iterriam* P. **152.** *Resque* scripsi. Cf. Fast. v. 125: 'res caeli
tenuit :' Met. vi. 677 : 'Sceptra loci rerumque capit moderamen.' Rasura
in P ita tamen ut *loco* clare legi possit, et vestigia primae litterae appareant
quae littera facile R nullo modo M nec S fuisse potest. *Inque loco* P ma.
2. supra ras., GE s, Plan. ut videtur. *Hancque loco* cod. Leidensis, Merkel.
Hancque, locum Burmann. *Iamque locum* ego olim, Ehwald. *Hicque
loco* s, *Hicque locum* edd. vett. aliquot, Jahn. *Sisque loco* Shuckburgh,
Sedlmayer. *Meque loco regis* Birt. *Inque loco regis sceptra sacrata* s
Plan.? edd. vett. aliquot. *regia sceptra* GE. **155.** *Quod superest* P s.

—Sic superent, quoscumque tua de gente reporta*t*
160 Mars ferus, et damni sit modus ille tui,
Ascaniusque suos feliciter impleat annos,
Et senis Anchisae molliter ossa cubent!—
Parce, precor, domui, quae se tibi tradit habendam:
Quod crimen dicis praeter amasse meum?
165 Non ego sum Phthia*s* magnisve oriunda Mycenis,
Nec steterunt in te virque paterque meus.
Si pudet uxoris, non nupta, sed hospita dicar:
Dum tua sit Dido quidlibet esse feret.
Nota mihi freta sunt Afrum frangentia litus:
170 Temporibus certis dantque negantque viam.
Cum dabit aura viam, praebebis carbasa ventis:
Nunc levis eiectam continet alga ratem.
Tempus ut observem, manda mihi: serius ibis,
Nec te, si cupies, ipsa manere sinam.
175 Et socii requiem poscunt, laniataque classis
Postulat exiguas semirefecta moras.
Pro meritis et siqua tibi debebimus ultra,
Pro spe coniugii tempora parva peto,
Dum freta mitescunt et amor, dum tempore et usu
180 Fortiter edisco tristia posse pati.
Si minus, est animus nobis effundere vitam:
In me crudelis non potes esse diu.

Quod superet ᴇ, qui post hunc versum deficit. **157.** *tuṁ* P. *patrem*
P ω. **159.** *tuo* P pr. *reportat Mars ferus* Madvig: *reportas, Mars
ferus* libri, vulgo. **162.** *senes* P pr. **164.** *deum* P pr. **165.**
Phthias Heinsius, Plan., *phithias* P, sed *s* ut videtur post insertum, *pytia* G,
Pthia edd. recc. plerique. *magnisve* Burmann, *magnisque* PG, *magnis* ω.
166. *steterunt* P₁, *steterant* P₂G ω. **169.** *plangentia* Heinsius,
Bentley, *latus* P. **171.** *Cum debitar auiam* P₁, corr. P₂. **172.**
S|||||| leuis ṣeiectam P, *Nunc* supra ras. P₂. *Sed* fuit sub ras. secundum
Sedlmayerum; nihil affirmo. *euectam* Madvig: *euictam* malim. *eiecta
leuem* coni. Merkel. **173.** *certius* s, *tutius* s. **174.** *cupias* G ω.
177. *ultro* P. **178.** *coniugi* P₂, *coniuge* P₁. **179.** *mitescunt*
P, *mitescant* G ω. *tempteret |||||||| usum* ma. sec. supra scriptum P,
corr. Salmasius. *forte tepescat* G, *et amorem temperat usus* Shuckburgh.
180. *ediscam* G s. **181.** *Sin* s. **184** *enses* P₁.

Aspicias utinam, quae sit scribentis imago:
Scribimus, et gremio Troicus ensis adest,
185 Perque genas lacrimae strictum labuntur in ensem,
Qui iam pro lacrimis sanguine tinctus erit.
Quam bene conveniunt fato tua munera nostro!
Instruis inpensa nostra sepulcra brevi.
Nec mea nunc primum feriuntur pectora telo:
190 Ille locus saevi vulnus amoris habet.
Anna soror, soror Anna, meae male conscia culpae,
Iam dabis in cineres ultima dona meos.
Nec consumpta rogis inscribar ELISSA SYCHAEI,
Hoc tamen in tumuli marmore carmen erit:
195 PRAEBVIT AENEAS ET CAVSAM MORTIS ET ENSEM;
IPSA SVA DIDO CONCIDIT VSA MANV.

VIII.

HERMIONE ORESTI.

Pyrrhus Achillides, animosus imagine patris,
Inclusam contra iusque piumque tenet.
5 Quod potui, renui, ne non invita tenerer;
Cetera femineae non valuere manus.
'Quid facis, Aeacide? non sum sine vindice;' dixi:
'Haec tibi sub domino est, Pyrrhe, puella suo.'
Surdior ille freto clamantem nomen Orestis
10 Traxit inornatis in sua tecta comis.

---

187. *fato* ω Plan., *facto* PG s., quod non temere spernendum: cf. x. 70.
191. *culpae* P a ma. 2. 193. *Et consumpta* Bentley. 194.
e P₁. *margine* Bentley. 196. *icta* Bentley.

VIII. Explicit VII. Incipit VIII P ma. 2. HERMIONE HORESTO P
ma. rec.
1. In edd. vett. Aldina et Burmanni praemittitur distichon: *Alloquor Hermionen nuper fratremque virumque; Nunc fratrem: nomen coniugis alter habet.* Codicum auctoritate caret. 2. Accusativum requiro:
an *Hermionen* pro *Inclusam*, vel *Me clausam* legendum? 5.
renui supra ras. P. 9. *Surchos* (aut *Surohos*) *ille* P₁. *orestes* P₁.

Quid gravius capta Lacedaemone serva tulissem,
    Si raperet Graias barbara turba nurus?
Parcius Andromachen vexavit Achaia victrix,
    Cum Danaus Phrygias ureret ignis opes.
15 At tu, cura mei si te pia tangit, Oreste,
    Inice non timidas in tua iura manus.
An siquis rapiat stabulis armenta reclusis,
    Arma feres, rapta coniuge lentus eris?
Sit socer exemplo, nuptae repetitor ademptae,
20   [Nupta foret Paridi mater ut ante fuit.]
Nec tu mille rates sinuosaque vela pararis
    Nec numeros Danai militis; ipse veni.
25 Sic quoque eram repetenda tamen, nec turpe marito,
    Aspera pro caro bella tulisse toro.
Quid, quod avus nobis idem Pelopeius Atreus,
    Et, si non esses vir mihi, frater eras?
Vir, precor, uxori, frater succurre sorori:
30   Instant officio nomina bina tuo.
Me tibi Tyndareus, vita gravis auctor et annis,
    Tradidit: arbitrium neptis habebat avus;
At pater Aeacidae promiserat inscius acti:
    Plus quo, quo prior est ordine, possit avus.
35 Cum tibi nubebam, nulli mea taeda nocebat;
    Si iungar Pyrrho, tu mihi laesus eris.

---

11. *tulessem* P pr.   12. *gradus* P₁.   14. *ignes* P₁.   15. *orestes* ω.
18. *feras* P, *feres* ꜱ.   19. *repetitus* P pr. Post hunc versum aut
intercidit distichon, aut, quod verius, pentameter genuinus loco deiectus
est ab adulterino. Lacunam ita explent ꜱ et edd. Ven. 1474 et Parmensis: Cui pia militiae causa puella fuit: Si socer (*pater* ꜱ) ignauus
vacua (vidua ꜱ) stertisset (*plorasset* ꜱ, *stetisset* ꜱ, *sedisset* marg. edd.
Micylli et Bersmanni) in aula. Fieri potest ut pentameter genuinus
quem desideramus hic sit.   19. *Sit* libri, *Si* Merkel, qui totum
distichon exulare iussit primus; *Sis* (*socer exemplo est*) Riese.   21.
sinuotaque P₁.   *parares* P.   22. *numeros* P pr., *numerum* P₂G ω.
uires Bentley.   27. *Quid quid* P₁.   28. *esset* P pr.   31. *meritis
gravis* Bentley.   33. *Ut ... promiserit* Bentley.   *eacidae* G ω, *Aecio*
P, *Aeacio* Riese, Sedlmayer.   34. *Plus quo, quo* (vel *qui*) scripsi: cf.
xx. 76. *Plus quoque* P, *qui* supra per compendium scripto ma. 2. *Plus
quoque qui* G ω vulgo. Bentleius malebat: *Plus patre quo* longius a libris

Et pater ignoscet nostro Menelaus amori:
Succubuit telis praepetis ipse dei;
Quem sibi permisit, genero concedet amorem;
40   Proderit exemplo mater amata suo.
Tu mihi, quod matri pater est; quas egerat olim
Dardanius partis advena, Pyrrhus agit.
Ille licet patriis sine fine superbiat actis:
Et tu, quae referas facta parentis, habes.
45 Tantalides omnis ipsumque regebat Achillem;
Hic pars militiae, dux erat ille ducum.
Tu quoque habes proavum Pelopem Pelopisque paren-
tem;
Si medios numeres, a Iove quintus eris.
Nec virtute cares; arma invidiosa tulisti:
50   Sed tu quid faceres? induit illa pater.
Materia vellem fortis meliore fuisses:
Non lecta est operi, sed data causa tuo.
Hanc tamen implesti, iuguloque Aegisthus aperto
Tecta cruentavit, quae pater ante tuus.
55 Increpat Aeacides laudemque in crimina vertit,
Et tamen aspectus sustinet ille meos.
Rumpor, et ora mihi pariter cum mente tumescunt,
Pectoraque inclusis ignibus usta dolent.
Hermione coram quisquamne obiecit Oresti,
60   Nec mihi sunt vires, nec ferus ensis adest?
Flere licet certe: flendo defundimus iram,
Perque sinum lacrimae fluminis instar eunt.

---

recedens. *possit* ꜱ edd. vett., *posset* PG ω, *pollet* Bentley.   35. *nullum*
P₁.   38. *Succubui* P₁.   39. *concedit* P₁, G₁.   *amorem* P, sed *em*
ma. 2. supra ras.   41. *gesserat* G ω.   42. *partis* P₁.   *degit* P₁,
corr. ma. pr.   43. *acjtis* P.   45. *omnes* P₂.   *petebat* P. An
premebat?   47. *habes* om. P, *qui* supra *quoque* ma. 2. ut videtur scripto.
48. *medios* Nodellius, Heinsius, Bentley, *melius* libri, vulgo.   *ab* Heinsius.   50. *tu* om. P₁.   *pater* P₁, *patrem* P₂G ω, correxit Naugerius.
55. *crimine* P ꜱ.   59. *ne* om. P₁.   60. *enses* P₁.   61. *defundimus*
P, *dispargimus* G, *diffundimus* G₂ ω.   62. *Inque* G₁.   63. Ita ꜱ

Has solas habeo semper semperque profundo:
Ument incultae fonte perenne genae.
65 Num generis fato, quod nostros errat in annos,
Tantalides matres apta rapina sumus?
Non ego fluminei referam mendacia cygni
Nec querar in plumis delituisse Iovem.
Qua duo porrectus longe freta distinet Isthmos,
70 Vecta peregrinis Hippodamia rotis;
[Castori Amyclaeo et Amyclaeo Polluci
Reddita Mopsopia Taenaris urbe soror;]
Taenaris Idaeo trans aequora ab hospite rapta
Argolicas pro se vertit in arma manus.
75 Vix equidem memini, memini tamen: omnia luctus,
Omnia solliciti plena timoris erant.
Flebat avus Phoebeque soror fratresque gemelli,
Orabat superos Leda suumque Iovem;
Ipsa ego, non longos etiam tunc scissa capillos,
80 Clamabam 'sine me, me sine, mater, abis?'
Nam coniunx aberat:—ne non Pelopeia credar,
Ecce, Neoptolemo praeda parata fui.
Pelides utinam vitasset Apollinis arcus!
Damnaret nati facta proterva pater.
85 Nec quondam placuit nec nunc placuisset Achilli
Abducta viduum coniuge flere virum.
Quae mea caelestis iniuria fecit iniquos?
Quodve mihi miserae sidus obesse querar?

Burmann. *semper habeo* P s, *habeo semper solasque* G. Nempe *semper*
in archetypo semel tantum scriptum turbas dedit.   **65-82** aut spurii
aut graviter interpolati. Vide Commentarium Anglicum.   **65.** $N////$ ^{Hoc(2.?)}
P, *Hoc* G. *fatum* ω.   *era Inannos* P, *errat in annos* G ω vulgo. *durat*
Heinsius, Bentley.   **66.** *repina* P pr.   **69.** *porrectis* P₁, *destinat*
PG s.   *hemos* P₁, *histmos* (non *histhmos*) P₂.   **70.** *ippotamia* P.
71, 72 spurios arguit *Castori* elisum.   **72.** *tenari* P₁, *tindaris* P₂,
Tyntaris G, *Tyndaris* ω.   **73.** *tenaris* P₁, *tindaris* P₂.   **75.** *memini*
semel P₁.   **77.** *flebatque* G ω Plan. Hoc parum feliciter defendit
Gudeman p. 23. *phoebique* PF, corr. Meziriacus.   **79.** *etiam tunc* P s,
etiam tum G s.   **83.** *appolinis* P.   **84.** *gnati* P₁.   **88.** *Quod*

Parva mea sine matre fui, pater arma ferebat,
90   Et duo cum vivant, orba duobus eram.
Non tibi blanditias primis, mea mater, in annis
   Incerto dictas ore puella tuli,
Non ego captavi brevibus tua colla lacertis
   Nec gremio sedi sarcina grata tuo;
95 Non cultus tibi cura mei, nec pacta marito
   Intravi thalamos matre parante novos.
Obvia prodieram reduci tibi, vera fatebor,
   Nec facies nobis nota parentis erat:
Te tamen esse Helenen, quod eras pulcherrima, sensi;
100   Ipsa requirebas, quae tua nata foret.
Pars haec una mihi, coniunx bene cessit Orestes:
   Is quoque, ni pro se pugnat, ademptus erit.
Pyrrhus habet captam reduce et victore parente:
   Hoc munus nobis diruta Troia dedit!
105 Cum tamen altus equis Titan radiantibus instat,
   Perfruor infelix liberiore malo;
Nox ubi me thalamis ululantem et acerba gementem
   Condidit in maesto procubuique toro,
Pro somno lacrimis oculi funguntur obortis,
110   Quaque licet, fugio sicut ab hoste viro.
Saepe malis stupeo rerumque oblita locique
   Ignara tetigi Scyria membra manu,
Utque nefas sensi, male corpora tacta relinquo
   Et mihi pollutas credor habere manus.
115 Saepe Neoptolemi pro nomine nomen Orestis
   Exit, et errorem vocis ut omen amo.

---

mihi vae miserae ω, Heinsius, Sedlmayer. Cf. iii. 82: xxi. 169: Ibin 207.
99. *helenem* P.   **100.** *requirebar* P₁. *nota* P₁.   **102.** *me* malim.
pugnat P, *pugnet* G.   **104.** *Hoc munus nobis* G ꜱ Merkel. *Et minus
a nobis* P. *Munus et hoc nobis* ꜱ Plan. edd. ante Merkelium plerique.
Et minus hoc nobis edd. Venn. et Vinc. *Munus et a!* Ehwald. Conicio
Et vulnus nobis. *tulit* G ꜱ, Merkel, edd. aliquot.   **107.** *acerua*
s (a.)
P.   **111.** *stuueo nerusque* P₁.   **112.** *cyria* P.   **117.** *oro* P ꜱ.

Per genus infelix iuro generisque parentem,
   Qui freta, qui terras et sua regna quatit,
Per patris ossa tui, patrui milñ, quae tibi debent,
120   Quod se sub tumulo fortiter ulta iacent:
Aut ego praemoriar primoque exstinguar in aevo,
   Aut ego Tantalidae Tantalis uxor ero.

IX.

DEIANIRA HERCULI.

Gratulor Oechaliam titulis accedere nostris,
   Victorem victae subcubuisse queror.
Fama Pelasgiadas subito pervenit in urbes
   Decolor et factis infitianda tuis,
5 Quem numquam Iuno seriesque inmensa laborum
   Fregerit, huic Iolen inposuisse iugum.
Hoc velit Eurystheus, velit hoc germana Tonantis,
   Laetaque sit vitae labe noverca tuae.
At non ille velit, cui nox (sic creditur) una
10   Non tanti, ut tantus conciperere, fuit.
Plus tibi quam Iuno, nocuit Venus: illa premendo
   Sustulit, haec humili sub pede colla tenet.

---

120. *se* P ω, *sic* G **s**, *se* Burmann, Jahn, Ehwald, *sic* Loers, Merkel, cui codex
G, deliciae suae, nonnunquam falsa suasit, Sedlmayer.   **121.** $\overset{m\,(2.)}{prio///que}$
P. *exuar* P₁.

IX. Explicit VIII. Incipit VIIII (P ma. 2.). DEIANIRA HERCULI P
ma. 3.   In **s** (Excerptis Puteani et cod. Reg.) et edd. vett. praemittitur
distichon: *Mittor ad Alciden a coniuge conscia mentis Littera, si coniunx
Deianira tua est.*
   1. *oethaliam* P.   *uestris* **s** Heinsius, male.   **3.** *palasgiadas* a m. 1.,
palasgiades a ma. 2. P, *Pelasgiacas* **s**, Bentley.   **4.** *Discolor* **s**,
Bentley; in uno codice cum glossa *priori famae tuae.*   **9.** *uelit* **s**,
uenis PG ω, *uenit* **s**.   *sic* P pr. *c* erasa, *si* G ω edd. vett. aeque þene.
10. *tanti* PG ω, *tanta* **s** (codex Moreti), Jahn, Loers, Lennep; *satis*

Respice vindicibus pacatum viribus orbem,
  Qua latam Nereus caerulus ambit humum.
15 Se tibi pax terrae, tibi se tuta aequora debent,
  Implesti meritis solis utramque domum.
Quod te laturum est, caelum prius ipse tulisti:
  Hercule supposito sidera fulsit Atlans.
Quid nisi notitia est misero quaesita pudori,
20 Si cumulus turpis facta priora notat?
Tene ferunt geminos pressisse tenaciter angues,
  Cum tener in cunis iam Iove dignus eras?
Coepisti melius, quam desinis; ultima primis
  Cedunt: dissimiles hic vir et ille puer.
25 Quem non mille ferae, quem non Stheneleius hostis,
  Non potuit Iuno vincere, vincit Amor.
At bene nupta feror, quia nominer Herculis uxor,
  Sitque socer, rapidis qui tonat altus equis.
Quam male inaequales veniunt ad aratra iuvenci,
30 Tam premitur magno coniuge nupta minor.
Non honor est sed onus species laesura ferentis:
  Siqua voles apte nubere, nube pari.
Vir mihi semper abest, et coniuge notior hospes,
  Monstraque terribiles persequiturque feras.
35 Ipsa domo vidua votis operata pudicis
  Torqueor, infesto ne vir ab hoste cadat;
Inter serpentes aprosque avidosque leones
  Iactor et haesuros terna per ora canes.

Slichtenhorst ex codd. **12.** *humilis* PG ω Bentley, Ehwald. **15.** *Si* P
pr. *tuta* Heinsius, *tota* libri, Burmann, Merkel. Sollennis inter has
voces confusio. **18.** *atlans* P, *athlas* P ma. rec. **20.** *cumulus*
P, *cumulas* P₂G ω, *maculas* ʂ Heinsius, Bentley, *macula stupri f. p.*
notas ʂ, Burmann. *turpis* ego, *stupri* PG ω, *strupi* ʂ. *turpi* coni.
Heinsius: in nullo codice inuenitur. *nota* PG ω; *si cumulus stupri*
facta priora notat J. Douza ex suo codice, Ehwald. Sed ut monuit Heusinger non stupratam Iolen sed iugum ab ea impositum hic exprobrat
Deianira. **27.** *nominer* Heinsius ex uno codice, *nominor* PG ω.
32. *nube* om. P pr. **38.** *haesuros* PG ω, *esuros* ʂ Heinsius, *hausuros*
coni. Postgate. *terna* P, *cerno* G ω. *ora* G cod. Vat. Heinsii, Plan.,

Me pecudum fibrae simulacraque inania somni
40   Ominaque arcana nocte petita movent.
Aucupor infelix incertae murmura famae,
    Speque timor dubia spesque timore cadit.
Mater abest queriturque deo placuisse potenti,
    Nec pater Amphitryon nec puer Hyllus adest.
45 Arbiter Eurystheus irae Iunonis iniquae
    Sentitur nobis iraque longa deae.
Haec mihi ferre parum: peregrinos addis amores,
    Et mater de te quaelibet esse potest.
Non ego Partheniis temeratam vallibus Augen,
50   Nec referam partus, Ormeni nympha, tuos;
Non tibi crimen erunt, Teuthrantia turba, sorores,
    Quarum de populo nulla relicta tibi est:
Una, recens crimen, defertur adultera nobis,
    Unde ego sum Lydo facta noverca Lamo.
55 Maeandros, terris totiens errator in isdem,
    Qui lassas in se saepe retorquet aquas,
Vidit in Herculeo suspensa monilia collo,
    Illo, cui caelum sarcina parva fuit.
Non puduit fortis auro cohibere lacertos,
60   Et solidis gemmas opposuisse toris?
Nempe sub his animam pestis Nemeaea lacertis
    Edidit, unde umerus tegmina laevus habet.
Ausus es hirsutos mitra redimire capillos!
    Aptior Herculeae populus alba comae.

---

ossa **P** ceteri.   **40.** *omniaque* **PG**.   **44.** *illus* **P**, *ilus* **G**.   **47.**
parum est **G** ω.   **49.** *temeram* **P** pr., *uiolatam* **G** s.   *aug///* **P**,
                                   h (2.)
augem **P**₂, *anguem* ω.   **51.** *Nec* s.   *erit* s.   *teuthantia* **P**, *Theutrantia*
Egnatius, Burmann, Merkel.   **53.** *defertur* Egnatius, edd. vett.
referentur **P**₁, *narratur* **P**₂, *refertur* s, *praefertur* s Heinsius, Burmann;
                                   ris (2.)
desertus codex Egnatii.   **55.** *Meandros ter totiens errator* **P**, corr.
Heinsius. *Me//nandros totiens qui terris errat in isdem* **G**, Burmann;
varie interpolatum in s.   **58.** *lapsas* ω Bentley.   **58.** *Collo* s
Heinsius, eleganter.   **61.** *nemea* **PG** s.   **63, 64** in **P** ma. 2. in

65 Nec te Maeonia lascivae more puellae
    Incingi zona dedecuisse pa*t*et?
Non tibi succurrit crudi Diomedis imago,
    Efferus humana qui dape pavit equas?
Si te vidisset cultu Busiris in isto,
70   Victor*i* victo nempe pudendus era*t*!
Detrahat Antaeus duro redimicula collo,
    Ne pigeat molli subcubuisse viro!
Inter Ioniacas calathum tenuisse puellas
    Diceris et dominae pertimuisse minas.
75 Non fugis, Alcide, victricem mille laborum
    Rasilibus calathis inposuisse manum,
Crassaque robusto deducis pollice fila
    Aequaque fo᷈ ᷈᷈᷈᷈ osus pensa rependis erae?
A! quotiens, digitis dum torques stamina duris,
80   Praevalidae fusos comminuere manus!
Crederis infelix scuticae treme,ᵢuctus habenis
    Ante pedes dominae *pertimuisse minas* . . . . .
Eximias pompas, inmania semina laudum
    Factaque narrabas dissimulanda tibi:

---

margine scripti. **65.** *monia* P₁. **66.** *patet* scripsi: cf. xvii. 32;
pudet PGω, *putes* cod. Leidensis, vulgo, *putas* ς Burmann. **68.** *equos*
ω. **70.** *Victori victo* scripsi. *Hic* /// *victor victo* P, //*uic* G, *Huic*
ω, vulgo. *Sic* ς Sedlmayer. *erat* P₂, *eras* ceteri. **71.** *anthaeus* P.
72. *pieat* P pr., G pr. **73.** *Ioniadas* Heinsius. Cf. Ehwald ad hunc
locum. *Maeonias* edd. vett. *chalatum* P. **75.** *Non pudet* ς. *uic-
ticem* P pr. **77.** *deducens* Bentley. **78.** *Tu quoque* G ς. *Et
data* Bentley. *famosae* e cod. Lovaniensi Heinsius, Burmann. *pensa*
om. P, add. ma. 2. **80.** *Praeualedae* P pr. Post h. v. P habet in
margine ma. 2. scriptum: *Crederis infelix scuticae tremefactus habenis* et
ita G ω in textu: *Diceris* ς. **82.** Post hunc versum P habet in margine ma. 2. scriptum *Eximiis pompis immania semina laudum*, et ita ς in
textu. *Eximiis pompis praeconia summa triumphi* G, in ς varie scribitur.
Vs. 82 ut pentametrum exhibent libri ad hunc modum: *Ante pedes
dominae pertimuisse minas*. Rectam viam ingressus Merkel ita scribit
praef. p. ix. ' ix. 81, 83 in margine P a ma. sec. adiciuntur: vetus aliquis
librarius in libro, qui pentametros vetustiori more non reductos haberet,
describendo aberravit in hexametro 82 a voce *dominae* in **74.**; adiecti
deinde ante aetatem G codicis duo hexametri duobus pentametris.' Burmann 81 et 83 servatis vs. 82 ita scribit cum cod. Reg.: Ante pedes
dominae procubuisse tuae.' **84.** *narrabis* Bentley. **85.** *elisis*

85 Scilicet inmanes elisis faucibus hydros
   Infantem caudis involuisse manum.
Ut Tegeaeus aper cupressifero Erymantho
   Incubet et vasto pondere laedat humum.
Non tibi Threiciis adfixa penatibus ora,
90   Non hominum pingues caede tacentur equae,
Prodigiumque triplex, armenti dives Hiberi
   Geryones, quamvis in tribus unus erat,
Inque canes totidem trunco digestus ab uno
   Cerberos implicitis angue minante comis,
95 Quaeque redundabat fecundo vulnere serpens
   Fertilis et damnis dives ab ipsa suis,
Quique inter laevumque latus laevumque lacertum
   Praegrave conpressa fauce pependit onus,
Et male confisum pedibus formaque bimembri
100   Pulsum Thessalicis agmen equestre iugis.
Haec tu Sidonio potes insignitus amictu
   Dicere? non cultu lingua retenta silet?
Se quoque nympha tuis ornavit Iardanis armis
   Et tulit a capto nota tropaea viro.
105 I nunc, tolle animos et fortia gesta recense:
   Quo tu non esses iure, vir illa fuit,
Qua tanto minor es, quanto te, maxime rerum,
   Quam quos vicisti, vincere maius erat.

'meliores,' HEINSIUS. *eliso* P₁, *elisos* P₂G.   86. *cunis* ʂ, Burmann,
nodis Heinsius; qui credebat meliorum librorum *caudis* ex *codis*, hoc ex
nodis ortum. *Infantem cintis* Vat. *Infantem nuda dilacerasse manu* ʂ,
edd. vett. aliquot.   87. *Utque* P₂. *tegeus* P ʂ. *in cupressifero* PG ω:
culpa librarii alicuius qui illud *tegeus* pro disyllabo legeret.   *cyparissifero*
Bentley.   88. *Incubet* ʂ, *Incubat* G ω P₂. *le///t* P, *laedit* G.   94.
Cerberos P, *Cerberus* G ω.   95. *redulabat*, ut videtur, in ras. P₁.
96. *dicior illa* G, *dicior ipsa* G₂ ʂ.   97. *dextrumque lacertum* ʂ,
Bentley.   101. *sidoneo* P pr. *insignis* P₁.   103. *onerauit* ʂ,
Naugerius. *Iardanis* Ant. Volscus: *dardanis* libri.   104. *a capto* ʂ.
ha
tropeuiro P, *bir ꞁ tropaea* ʂ. Sinerent libri, libenter legerem: *a*
capto capta.   105. *facta* ω.   106. *Quo* scripsi: *quo iure*
coniungendum, *Quem* P₁, *Quod* P₂G ω, vulgo, *Quom* Madvig, *Quam*
Heinsius, vel, cum altero Mentiliano *Quo ... foret* quod nihil habet cum

Illi procedit rerum mensura tuarum:
110   Cede bonis: heres laudis amica tuae.
O pudor! hirsuti costis exuta leonis
      Aspera texerunt vellera molle latus!
Falleris et nescis: non sunt spolia illa leonis,
      Sed tua, tuque feri victor es, illa tui.
115 Femina tela tulit Lernaeis atra venenis
      Ferre gravem lana vix satis apta colum,
Instruxitque manum clava domitrice ferarum
      Vidit et in speculo coniugis arma sui.
Haec tamen audieram; licuit non credere famae,
120   Et venit ad sensus mollis ab aure dolor.
Ante meos oculos adducitur advena paelex,
      Nec mihi, quae patior, dissimulare licet.
Non sinis averti: mediam captiva per urbem
      Invitis oculis aspicienda venit.
125 Nec venit incultis captarum more capillis,
      Fortunam vultu fassa decente suam;
Ingreditur late lato spectabilis auro,
      Qualiter in Phrygia tu quoque cultus eras;
Dat vultum populo sublimis ut Hercule victo:
130   Oechaliam vivo stare parente putes;
Forsitan et pulsa Aetolide Deianira
      Nomine deposito paelicis uxor erit,
Eurytidosque Ioles et † insanii Alcidae
      Turpia famosus corpora iunget Hymen.

---

mea emendatione commune.   109. *procedit*, *h* ma. pr. P.   111.
Pro pudor ꜱ Heinsius, Burmann.   *costas* PG ꜱ, Burmann, Merkel,
costis ω, edd. vett. Bentley ad Hor. Carm. iii. 5, 38, Madvig Adv. ii. p. 75,
not.   119. *Hoc* ꜱ.   *tamen* ꜱ, *satis* ꜱ.   120. *En venit* G₁ ω.   123.
auerte P₁.   *carpenta*, et in 124 *uehunt* Bentley.   126. Ita van Lennep,
vultu fassa tegente suam P, ultima littera ex alia mutata ma. 2.; *vultus
fassa tegendo suos* ꜱ, Burmann; *vultum fassa tegendo suum* G, et, quod
mireris, Merkel; *f. tacente suam* Melissus, Sedlmayer; *f. latente suam*
L. Mueller; *f. tegensue suam* Bentley.   Codicis P lectionem tuetur
S. G. Owen, Classical Review, vol. iii. p. 212.   129. Ita edd. vett. cum
quibus facit Planudes.   Post *victo* interpungit Merkel.   *sublime sub Hercule victo* PG ω, Burmann, Ehwald.   *sublimis ab Hercule victo* Ment. et

135 Mens fugit admonitu, frigusque perambulat artus,
    Et iacet in gremio languida facta manus.
Me quoque cum multis, sed me sine crimine amasti ;
    Ne pigeat, pugnae bis tibi causa fui.
Cornua flens legit ripis Achelous in udis
140   Truncaque limosa tempora mersit aqua ;
Semivir occubuit in lotifero Eveno
    Nessus, et infecit sanguis equinus aquas.
Sed quid ego haec refero ? scribenti nuntia venit
    Fama, virum tunicae 'tabe perire meae.
145 Ei mihi ! quid feci ? quo me furor egit amantem ?
    Impia quid dubitas Deianira mori ?
An tuus in media coniunx lacerabitur Oeta,
    Tu sceleris tanti causa superstes eris ?
Si quid adhuc habeo facti, cur Herculis uxor
150   Credar, coniugii mors mea pignus erit.
Tu quoque cognosces in me, Meleagre, sororem !
    Impia quid dubitas Deianira mori ?
Heu devota domus ! solio sedet Agrios alto ;
    Oenea desertum nuda senecta premit ;
155 Exulat ignotis Tydeus germanus in oris ;
    Alter fatali vivus in igne fuit ;
Exegit ferrum sua per praecordia mater.
    Impia quid dubitas Deianira mori ?

Erf., quod fortasse praeferendum.   **133.** *insanii* P, *insani* G, *atque Inachii* Bentley, *atque Aonii* idem, Merkel, *Ismeni* Riese. Totum distichon suspectum habeo.   **134.** *iungit* P **s.**   **135.** *frigidosque* P. **139.** *in imis* P.   **141.** *Semifer* **s** Heinsius. *lotifero* Bentley. *Eueno* Heinsius. *l//////fero ueneno* P, *erni* supra ras. a ma. 2. et *q* ; post *fero* ma. 2. *letiferoque ueneno* G, *lerni* supra scripto ma. 2.   *in lorifero eueneno* Guelf. 3.   *in lauriferoque ueneno* cod. Scriv. *lentifero* Madvig. Magna varietas in **s.** *vi lerniferoque veneno* edd. vett. *in letifero Eveno* Heinsius, Burmann, vulgo. Versus sequentes hoc ordine in P scribuntur **144, 143, 142, 145: 142** a ma. 2. iterum scriptus in margine post **143.**
142. *infecit* P.   **143.** *scribendi* P, *scribendo* G **s.**   **144.** *labe* ω. **145.** *Eu* P.   **147-152** in margine ma. rec. scripti in P.   **147.** *coniux* P.   **148.** *causa*] *uiua* G₁, ω.   **149.** *Et quid adhuc* ω Bentley. **150.** *coniugi* P. *mea* P, *mihi* G ω.   **153.** *Agrios* Plan., Micyllus, *acrios* P **s,** *acrior* G ω.   **156.** *perit* **s,** Heinsius, Bentley.   **159.** *hoc*

Deprecor hoc unum per iura sacerrima lecti,
160 Ne videar fatis insidiata tuis.
Nessus, ut est avidum percussus arundine pectus,
  ‘Hic’ dixit ‘vires sanguis amoris habet.’
Inlita Nesseo misi tibi texta veneno.
  Impia quid dubitas Deianira mori?
165 Iamque vale, seniorque pater germanaque Gorge,
  Et patria et patriae frater adempte tuae,
Et tu lux oculis hodierna novissima nostris,
  Virque—sed o possis—et puer Hylle, vale!

X.

ARIADNE THESEO.

Mitius inveni quam te genus omne ferarum:
  Credita non ulli quam tibi peius eram.
Quae legis, ex illo, Theseu, tibi litore mitto,
  Unde tuam sine me vela tulere ratem,
5 In quo me somnusque meus male prodidit et tu
  Per facinus somnis insidiate meis.
Tempus erat, vitrea quo primum terra pruina
  Spargitur et tectae fronde queruntur aves;
Incertum vigilans, a somno languida, movi
10 Thesea prensuras semisupina manus:

---

om. P pr. add. ma. 2. *iuri* P₁. **160.** *fatis* sex codices. *eat* P₁.
titulis P₂G s. *thalamis* s, *nostris ... toris* s, *toris ... tuis* s, *tuis ... toris*
s. ‘Latet aliquid’: Heinsius; non puto. *invidiosa* s, unde *insidiosa*
Bentley. **166.** *meae* s.

  X. Explicit VIIII. Incipit X P. ARRIĀNE add. P₂ THESEO add. P₃.
In s et edd. vett. praemittitur distichon: *Illa relicta feris etiam nunc,*
improbe Theseu, Vivit et haec aequa mente tulisse velis.
  1, 2 in G alia manu hic scripti, a ma. pr. post vs. 6 positi. Spurii
Micyllo, Francio, Sedlmayero visi. **3.** *Quam* s: vide ad i. 1. **6.**
Pro facinus s, fortasse recte. **9.** *an* s, Riese, *aç* Heinsius. *languentia*
P₁. **10.** *presurans* P, *pressuras* G ω. *semisopita* libri. Correxit

Nullus erat: referoque manus iterumque retempto,
Perque torum moveo bracchia: nullus erat.
Excussere metus somnum; conterrita surgo,
Membraque sunt viduo praecipitata toro.
15 Protinus adductis sonuerunt pectora palmis,
Utque erat e somno turbida, rapta coma est.
Luna fuit: specto, siquid nisi litora cernam;
Quod videant, oculi nil nisi litus habent.
Nunc huc, nunc illuc, et utroque sine ordine, curro;
20 Alta puellares tardat harena pedes.
Interea toto clamanti litore 'Theseu':
Reddebant nomen concava saxa tuum,
Et quotiens ego te, totiens locus ipse vocabat:
Ipse locus miserae ferre volebat opem.
25 Mons fuit: apparent frutices in vertice rari;
Nunc scopulus raucis pendet adesus aquis:
Ascendo, vires animus dabat, atque ita late
Aequora prospectu metior alta meo.
Inde ego, nam ventis quoque sum crudelibus usa,
30 Vidi praecipiti carbasa tenta noto:
Aut vidi aut tamquam quae me vidisse putarem—
Frigidior glacie semianimisque fui.
Nec languere diu patitur dolor; excitor illo,
Excitor et summa Thesea voce voco.

Heinsius, *semisepulta* Egnatius.　　**11.** *refero* P₁, *que* add. ma. 2.
13. Ab hoc versu incipit V, Vindobonensis, codex haud pessimus, ad
partes a Sedlmayero primo vocatus.　　**16.** *e somno* G ω.　*turbida,*
tur a ma. 2. P.　*rupta* margo Bersmanni, Bentley. Cf. iii. 15.　　**17.**
specto s a ma. 2. P: nempe imago Ariadnae ruptas comas pectentis menti
scribae obversata est.　　**21.** *clamanti s* Plan. vulgo, *clamati*//// P (*n*
et virg. et *ti* a ma. 2.; SEDLMAYER), *clamanti in* G, *clamaui* V s,
Bentley, *clamavi in* Ehwald, *clamatum* e P vestigiis suspicor scripsisse
Ovidium.　　**26.** *Nunc* PV, *Hinc* G Burmann, *Hic s, Huic s.*　　**27,**
28 spurii videntur.　　**31.** Versus depositus. *Aut uidi a*///*uam* (*etiam*
a ma. 2. supra scriptum) *quae* (*cum* ma. 2. supra scr.) *me* P; *Aut uidi*
aut tamquam quae me G, *aut uidi aut fuerant quae me* V s, *aut uidi aut*
etiam Plan. ω, Burmann, *aut uidi aut certe cum uel quia s* edd. vett.　*Ut*
uidi aut etiam cum Heusinger. *putavi* G s edd. vett. *Aut vidi aut tantum*
quia me vidisse putavi Madvig, Adv. ii. 76. *putaram* Postgate, cetera ut

35 'Quo fugis?' exclamo 'scelerate revertere Theseu!
    Flecte ratem! numerum non habet illa suum.'
Haec ego; quod voci deerat, plangore replebam:
    Verbera cum verbis mixta fuere meis.
Si non audires, ut saltem cernere posses,
40   Iactatae late signa dedere manus:
Candidaque inposui longae velamina virgae,
    Scilicet oblitos admonitura mei.
Iamque oculis ereptus eras: tum denique flevi;
    Torpuerant molles ante dolore genae.
45 Quid potius facerent, quam me mea lumina flerent,
    Postquam desieram vela videre tua?
Aut ego diffusis erravi sola capillis,
    Qualis ab Ogygio concita Baccha deo;
Aut mare prospiciens in saxo frigida sedi,
50   Quamque lapis sedes, tam lapis ipsa fui.
Saepe torum repeto, qui nos acceperat ambos,
    Sed non acceptos exhibiturus erat,
Et tua, quae possum, pro te vestigia tango,
    Strataque, quae membris intepuere tuis.
55 Incumbo lacrimisque toro manante profusis
    'Pressimus' exclamo 'te duo: redde duos!
Venimus huc ambo: cur non discedimus ambo?
    Perfide, pars nostri, lectule, maior ubi est?'
Quid faciam? quo sola ferar? vacat insula cultu:
60   Non hominum video, non ego facta boum.
Omne latus terrae cingit mare; navita nusquam,
    Nulla per ambiguas puppis itura vias.
Finge dari comitesque mihi ventosque ratemque:
    Quid sequar? accessus terra paterna negat.

Madvig. *Aut vidi aut acie tamquam vidisse putarem* Zingerle.   36.
ista V s.   37. *Hoc* G ω.   40. *Alte iactatae* scripserim: nam *Iactatae
late* illud *fortunatam natam* nimis sapit. *Iactataeque* V. *longe* s Bentley.
46. *desieram* P ω, *desierat* G, *desierant* s Plan., quod haud recte vulgo
legitur. Oculi per commiserationem sortem deflent Ariadnes (*me* vs. 45)

65 Ut rate felici pacata per aequora labar,
    Temperet ut ventos Aeolus, exul ero.
Non ego te, Crete centum digesta per urbes,
    Aspiciam, puero cognita terra Iovi.
At pater et tellus iusto regnata parenti
70 Prodita sunt facto, nomina cara, meo,
Cum tibi, ne victor tecto morerere recurvo,
    Quae regerent passus, pro duce fila dedi,
Cum mihi dicebas ' per ego ipsa pericula iuro,
    Te fore, dum nostrum vivet uterque, meam.'
75 Vivimus, et non sum, Theseu, tua, si modo vivit
    Femina periuri fraude sepulta viri.
Me quoque, qua fratrem, mactasses, improbe, clava :
    Esset, quam dederas, morte soluta fides.
Nunc ego non tantum, quae sum passura, recordor,
80 Sed quaecumque potest ulla relicta pati.
Occurrunt animo pereundi mille figurae,
    Morsque minus poenae quam mora mortis habet.
Iam iam venturos aut hac aut suspicor illac,
    Qui lanient avido viscera dente, lupos ;
85 Forsitan et fulvos tellus alat ista leones ;
    Quis scit, an et saeva*m* tigri*da Dia ferat?*

---

quae *desierat* videre Thesei vela : aliter *me* vi omni caret. **66.** *Eulos*
P. **69.** *A* Ehwald, *Nam* ς, *Et* ς. *parente* P₂ω. **70.** *bina*
F Bentley. **71.** *uictus* P₂ω. **73.** *Tum* ς Bentley, *Tu* ς. **75.**
uiuit ς, edd. vett., *viuis* PG ω Heinsius, *uiuo* Bentley, recte fortasse.
78. *saluta* P pr. **79.** *quae sum modo passa* coni. Burmann. Fortasse:
quae sum perpessa. **80.** *potest* om. P pr. **82.** *poena* P pr.
quam] *que* P pr. **85.** *alii* G·V ? ω. **86.** Ita editor Etonensis
duce Heinsio, qui proposuerat *an et saeva tigride Dia vacet* vel *an et
saevis tigrisin illa vacet. an haec saeva tigride silva vacet* Bentley. *an
et saevam tigrida Naxus habet* Gronovius. *an et saevas tigridas illa
ferat* van Lennep. *an et saevas tigridas intus alat* Elect. Eton. hodie,
et *habet* in priore versu. Vulgatam damnat, ut taceam de praesenti tempore post *quis scit an,* elisio vocis dactylicae in hac sede : quod facinus
non plus quam semel atque iterum admisit Ovidius, Pont. i. 8, 46 (addere
aquas) et Trist. iv. 2, 54 (resistere equos), hoc ex Propertii imitatione : et
mireris doctos viros extitisse defensores loci aperte corrupti. Totum distichon secluserim potius. *Qui scit an et haec trigides insula habent* P,

Et freta dicuntur magnas expellere phocas:
    Quis vetat et gladios per latus ire meum?
Tantum ne religer dura captiva catena,
90   Neve traham serva grandia pensa manu,
Cui pater est Minos, cui mater filia Phoebi,
    Quodque magis memini, quae tibi pacta fui.
Si mare, si terras porrectaque litora vidi,
    Multa mihi terrae, multa minantur aquae.
95 Caelum restabat: timeo simulacra deorum:
    Destituor rapidis praeda cibusque feris.
Sive colunt habitantque viri, diffidimus illis:
    Externos didici laesa timere viros.
Viveret Androgeos utinam, nec facta luisses
100   Impia funeribus, Cecropi terra, tuis,
Nec tua mactasset nodoso stipite, Theseu,
    Ardua parte virum dextera, parte bovem,
Nec tibi, quae reditus monstrarent, fila dedissem,
    Fila per adductas saepe recepta manus.
105 Non equidem miror, si stat victoria tecum,
    Strataque Cretaeam belua *planx*it humum.
Non poterant figi praecordia ferrea cornu;
    Ut te non tegeres, pectore tutus eras.
Illic tu silices, illic adamanta tulisti,
110   Illic qui silices, Thesea, vincat, habes.
Crudeles somni, quid me tenuistis inertem?
    Aut semel aeterna nocte premenda fui.

Quis scit an haec saeuas tigridas insula habet G vulgo.   **87.** *magnos*
G₂ s.   **87, 88** Riesio suspecti.   **94, 95** seclusit van Lennep.
95, 96 damnat Auct. Elect. Eton. Bentley. Mihi¡ quaternio **93–96**
spuria videtur.   **96.** *rabidis* G s.   **99.** *Androgeus* GV ω. *facta*
G₁ ω, *fata* P (ap. Heinsium) s. *luisses* ω, G sed *es* post ras. *luisset* P₁,
tulisset P₂, *fuisses* V, *tulisses* s.   **102.** *dexter aperte* P₁.   **104.**
relecta Heinsius.   **106.** *planxit* Bentley, cf. xvi. 334. *strauit* P (*str*
certe ma. I.) G₂ Plan., *texit* G₁, Merkel, *pressit* s, Sedlmayer, *tinxit* ω,
Burmann.   **108.** *tua … pectora* s.   **109.** Libenter scripserim:
Scilicet aes illic, illic adamanta tulisti. Nam nullo iure ad *silices* in 10
revertitur poeta, post clausulam de adamante interpositam. *s* in *silices*
ma. 2. P, non dicit utra Sedlmayer.   **110.** *silicem* s Bentley.
111. *qui* s Naugerius.   **112.** *At* G ω edd. ante Merkelium plerique,

Vos quoque crudeles, venti, nimiumque parati,
Flaminaque in lacrimas officiosa meas ;
115 Dextera crudelis, quae me fratremque necavit,
Et data poscenti, nomen inane, fides.
In me iurarunt somnus ventusque fidesque :
Prodita sum causis una puella tribus.
Ergo ego nec lacrimas matris moritura videbo,
120 Nec, mea qui digitis lumina condat, erit?
Spiritus infelix peregrinas ibit in auras,
Nec positos artus unguet amica manus?
Ossa superstabunt volucres inhumata marinae?
Haec sunt officiis digna sepulcra meis?
125 Ibis Cecropios portus patriaque receptus,
Cum steteris urbis celsus in arce tuae
Et bene narraris letum taurique virique
Sectaque per dubias saxea tecta vias,
Me quoque narrato sola tellure relictam :
130 Non ego sum titulis subripienda tuis.
Nec pater est Aegeus, nec tu Pittheidos Aethrae
Filius: auctores saxa fretumque tui !
Di facerent, ut me summa de puppe videres !
Movisset vultus maesta figura tuos.
135 Nunc quoque non oculis, sed, qua potes, aspice mente,
Haerentem scopulo, quem vaga pulsat aqua ;
Aspice demissos lugentis more capillos,
Et tunicas lacrimis sicut ab imbre gravis.
Corpus, ut inpulsae segetes aquilonibus, horret,
140 Litteraque articulo pressa tremente labat.

Haud Riese.   **114, 115** suspecti.   **115.** *qui* P, fortasse recte.
negavit P.   **117.** *que* bis a ma. 2. P.   Hic codex saepe omittit *que*.
118. *Prodicta* P, *Perdita* s.   *factis* G₁, V₂.   **120.** *quae* Bentley.
digitus s Heinsius.   *claudat* s.   **122.** *iunget* G V s.   **124.** *Haec*]
Non G₁.   *mei* P.   **126.** *urbis* P₂ s, *urbes* P₁, *turbes* P₃, *turbae* G ω
edd. plerique.   *in aure* P₁, *in arce* P₂V s, Burmann, *in ore* G₁, Jahn,
Merkel, Ehwald, *in orbe* Birt, Sedlmayer, *honore* G₂ Plan.   **127.**
narrabis G V ω.   **129.** *sola* Micyllus, *solam* P G ω, *sola in tellure* Riese,
Sedlmayer.   **131, 132** post 110 collocant Birt, Ehwald.   **136.**
s in *scopulo* a ma. 2. P.   **139.** *horrent* P G V s.   Ita Sedlmayer.

Non te per meritum, quoniam male cessit, adoro:
　　Debita sit facto gratia nulla meo,
Sed nec poena quidem: si non ego causa salutis,
　　Non tamen est, cur sis tu mihi causa necis.
145 Has tibi plangendo lugubria pectora lassas,
　　Infelix tendo trans freta longa manus:
Hos tibi, qui superant, ostendo maesta capillos:
　　Per lacrimas oro, quas tua facta movent:
Flecte ratem, Theseu, versoque relabere velo!
150　Si prius occidero, tu tamen ossa feres.

XI.

CANACE MACAREO.

Siqua tamen caecis errabunt scripta lituris,
　　Oblitus a dominae caede libellus erit:
Dextra tenet calamum, strictum tenet altera ferrum,
　　Et iacet in gremio charta soluta meo.
5 Haec est Aeolidos fratri scribentis imago,
　　Sic videor duro posse placere patri.
Ipse necis cuperem nostrae spectator adesset,
　　Auctorisque oculis exigeretur opus;
Ut ferus est multoque suis truculentior Euris,
10　Spectasset siccis vulnera nostra genis.

---

141. *gessit* P₁. *quod iam cessarit* Bentley, ut puto eum voluisse: *cesserit* inepte ei adstruit ed. Oxoniensis.　　143. *ne* PV s, Bentley, Ehwald.　Sed hoc sensum prorsus evertit. *si] sim* Bentley.　　145–148 Bentleio suspecti, nec iniuria.　　146. *longa* in marg. ma. 2. P; fortasse *vasta* vel *lata* rectius.　　147. *Hoc* P pr.　　149. *uelo* Basiliensis, Burmann, *uento* ceteri codices, vulgo, quod ex *mouent* supra natum credo.　Vertere ventum Theseus non poterat.　　150. *leges* s.

XI. Explicit X.　Incipit XI, P ma. 2. CANACE MACHAREO P ma. 3. ut puto. In s praefigitur hoc distichon: *Aeolis Aeolidae quam non habet ipsa salutem Mittit et armata verba notata manu.*
10. *Spectat sed* P, *Spectaret* s Bentley.　　13. *titonio* P, *simonio* G,

Scilicet est aliquid, cum saevis vivere ventis:
Ingenio populi convenit ille sui.
Ille Noto Zephyroque et Sithonio Aquiloni
Imperat et pinnis, Eure proterve, tuis.
15 Imperat heu! ventis; tumidae non imperat irae:
Possidet et vitiis regna minora suis.
Quid iuvat admotam per avorum nomina caelo
Inter cognatos posse referre Iovem?
Num minus infestum, funebria munera, ferrum
20 Feminea teneo, non mea tela, manu?
O utinam, Macareu, quae nos commisit in unum,
Venisset leto serior hora meo!
Cur umquam plus me, frater, quam frater amasti,
Et tibi, non debet quod soror esse, fui?
25 Ipsa quoque incalui, qualemque audire solebam,
Nescioquem sensi corde tepente deum.
Fugerat ore color, macies adduxerat artus,
Sumebant minimos ora coacta cibos;
Nec somni faciles et nox erat annua nobis,
30 Et gemitum nullo laesa dolore dabam;
Nec, cur haec facerem, poteram mihi reddere causam,
Nec noram, quid amans esset; at illud eram.
Prima malum nutrix animo praesensit anili,
Prima mihi nutrix 'Aeoli,' dixit 'amas.'
35 Erubui, gremioque pudor deiecit ocellos:
Haec satis in tacita signa fatentis erant.
Iamque tumescebant vitiati pondera ventris,
Aegraque furtivum membra gravabat onus.
Quas mihi non herbas, quae non medicamina nutrix
40 Attulit audaci supposuitque manu,

Ut penitus nostris (hoc te celavimus unum)
    Visceribus crescens excuteretur onus!
A! nimium vivax admotis restitit infans
    Artibus et tecto tutus ab hoste fuit.
45 Iam noviens erat orta soror pulcherrima Phoebi,
    Denaque luciferos luna movebat equos:
Nescia, quae faceret subitos mihi causa dolores,
    Et rudis ad partus et nova miles eram:
Nec tenui vocem; 'quid' ait 'tua crimina prodis?'
50   Oraque clamantis conscia pressit anus.
Quid faciam infelix? gemitus dolor edere cogit,
    Sed timor et nutrix et pudor ipse vetant.
Contineo gemitus elapsaque verba reprendo,
    Et cogor lacrimas conbibere ipsa meas.
55 Mors erat ante oculos, et opem Lucina negabat,
    Et grave, si morerer, mors quoque crimen erat;
Cum super incumbens scissa tunicaque comaque
    Pressa refovisti pectora nostra tuis,
Et mihi 'vive, soror, soror o carissima,' aisti
60   'Vive nec unius corpore perde duos!
Spes bona det vires: fratris nam nupta futura es;
    Illius, de quo mater, et uxor eris.'

---

exueretur **F**: sed cf. Fast. i. 624, ut iubet Heinsius. **43.** *At* Naugerius,
Ah **G V s**. **44.** *tectus tutus* ω edd. vett., *tectis tutus* **G**. **45.** *aucta*
malim: nam si *dena* in sequenti verum est, luna decies non noviens erat
orta: non tamen decies *aucta* ad plenum. **46.** *Nonaque* **P s**, Ehwald,
Denaque ceteri, vulgo, *Plenaque* Bentley. **49.** *agit* **P**. **51.** *coegit*
P pr. **52.** *pudor ... timor* **G s**. *uetat* **G V s**. **53.** *Contineo* **s**, Aldus,
vulgo, *Continuo* **P G V ω**. *rependo* **G₁**, *repende* **V**. **56.** *si morerer* ω
Burmann, Jahn, Ehwald: *simreor* (*e* in *i* corr.) **P**. *erat* non est lectio sed
glossema ab aliquo lectore qui hanc structuram sibi finxit: 'grave erat si
morerer: mors quoque crimen erat.' *si morior* **G₁**, *si moriar* **G₂ s**, Merkel,
Sedlmayer. **59.** *dixti* **s** Riese. **61.** *dec* **P₁**. *fratris* scripsi.
fratri nam nupta futura es **G ω**, edd. vett., Merkel: sed parum Latine:
si *fratri* legitur, *nuptura es* postulatur. Ras. in **P**, 'nullum veteris lectionis
apparet vestigium,' HEINSIUS. *fratri es nam nupta futura* **P₂** in margine,
quod cum me facit. *germano nupta futura es* **s**, Ehwald. *germani* pos-
tulabatur ut Bentley voluit. **62.** *Illius es de quo* e cod. Leidensi

Mortua, crede mihi, tamen ad tua verba revixi:
Et positum est uteri crimen onusque mei.

65 Quid tibi grataris? media sedet Aeolus aula:
Crimina sunt oculis subripienda patris.

Frugibus infantem ramisque albentis olivae
Et levibus vittis sedula celat anus,

Fictaque sacra facit dicitque precantia verba:

70   Dat populus sacris, dat pater ipse viam.

Iam prope limen erat: patrias vagitus ad auris
Venit, et indicio proditur ille suo.

Eripit infantem mentitaque sacra revelat
Aeolus: insana regia voce sǫnat.

75 Ut mare fit tremulum, tenui cum stringitur aura,
Ut quatitur tepido fraxinus icta noto,

Sic mea vibrari pallentia membra videres:
Quassus ab inposito corpore lectus erat.

Inruit et nostrum vulgat clamore pudorem,

80   Et vix a misero continet ore manus;

Ipsa nihil praeter lacrimas pudibunda profudi:
Torpuerat gelido lingua retenta metu.

Iamque dari parvum canibusque avibusque nepotem
Iusserat in solis destituique locis:

85 Vagitus dedit ille miser—sensisse putares—
Quaque suum poterat voce rogabat avum.

Quid mihi tunc animi credis, germane, fuisse
(Nam ˙potes ex animo colligere ipse tuo),

Cum mea me coram silvas inimicus in altas

90   Viscera montanis ferret edenda lupis?

Heinsius.   **67.** *Frugibus* P, *Frondibus* GV, Plan., Merkel, Ehwald.
68. *Ut* P.   *uelat* s.   **72.** *ille* P, *ipse* G s: recte *ille*: infans proditur,
non vagitus.   **76.** *fraxinus icta* ego, quod recepit Sedlmayer.
        a (2.)
fraxinçiȩs uirga P. *fraxina uirga* ceteri codices, vulgo. Hoc duo vitia
habet: nam adiectivum quod est *fraxinus* nusquam invenitur: et tota
arbor, non solum virga una, uento quatitur. Vide Sedlmayerum, Comm.
Crit. p. 43: ipse proponit *fraxinus acta*. *fagina virga* Birt.   **80.**
        e   o (2.)   u (2.)
miserae Bentley.   *ora* P.   **82.** *gelida ling/a r. manu* P.   **89.**

Exierat thalamo ; tunc demum pectora plangi
 Contigit, inque meas unguibus ire comas.
Interea patrius vultu maerente satelles
 Venit et indignos edidit ore sonos :
95 'Aeolus hunc ensem mittit tibi'—tradidit ensem—
 'Et iubet ex merito scire, quid iste velit.'
Scimus et utemur violento fortiter ense :
 Pectoribus condam dona paterna meis.
His mea muneribus, genitor, conubia donas?
100 Hac tua dote, pater, filia dives erit?
Tolle procul decepte faces, Hymenaee, maritas
 Et fuge turbato tecta nefanda pede!
Ferte faces in me, quas fertis, Erinyes atrae,
 Et meus ex isto luceat igne rogus!
105 Nubite felices Parca meliore sorores,
 Amissae memores sed tamen este mei.
Quid puer admisit tam paucis editus horis?
 Quo laesit facto vix bene natus avum?
Si potuit meruisse necem, meruisse putetur :
110 A! miser admisso plectitur ille meo!
Nate, dolor matris, rapidarum praeda ferarum,
 Ei mihi! natali dilacerate tuo,
Nate, parum fausti miserabile pignus amoris :
 Haec tibi prima dies, haec tibi summa fuit.
115 Non mihi te licuit lacrimis perfundere iustis,
 In tua non tonsas ferre sepulcra comas,
Non super incubui, non oscula frigida carpsi :
 Diripiunt avidae viscera nostra ferae.
Ipsa quoque infantis cum vulnere prosequar umbras
120 Nec mater fuero dicta nec orba diu.

---

m (2.)

metoram P₁. 91. *planxi* P₂G ω. 92. *meas*] *ineas* P. *genas* P₂
s Burmann, Merkel, *comas* ω, Sedlmayer, Ehwald. 104. *Ac* Merkel,
Sedlmayer, *At* P, *Et* G s Ehwald, *Ut* V s Burmann. 106. *Amissae*
PG edd. recc., *Admissi* V ω Burmann, edd. vett. 111. *rabidarum* s
Bentley. 112. *dilacerande* Bronkhusius. 119. *persequar* s. 124.

Tu tamen, o frustra miserae sperate sorori,
　Sparsa, precor, nati collige membra tui,
Et refer ad matrem socioque inpone sepulcro,
　Urnaque nos habeat quamlibet arta duos!
125 Vive memor nostri lacrimasque in vulnera funde
　Neve reformida corpus amantis amans:
Tura rogo *placitae* nimium mandata sororis
　Tu fer: mandatum persequar ipsa patris.

XII.

MEDEA IASONI.

At tibi Colchorum, memini, regina vacavi,
　Ars mea cum peteres ut tibi ferret opem.
Tunc, quae dispensant mortalia *fila*, sorores
　Debuerant fusos evoluisse meos.
5 Tum potui Medea mori bene: quidquid ab illo
　Produxi vitae tempore, poena fuit.

---

quaelibet ʂ edd. Venn.   **125.** *uulnera* P (ap. Heinsium *uulnere*) ʂ,
fulnere G, *funere* ω, *funera* ʂ edd. vett. quaedam. *funere* per se bonum
cedit lectioni *uulnera* ab Heinsio bene defensae.   **127, 128** non
sunt spurii ut Heinsio mihique visum: verum *Tu rogo*, quod in omnibus
libris est, ex vera lectione *Tura rogo* corruptum est. Nempe *rogo* est
dativus casus, non verbum. *placitae* scripsi. *Tu rogo prouectae* P₂ in
margine, prima scriptura erasa, teste Sedlmayero. *dilectae* G, *prouectae*
ω. *nimiam* P. *soriras* P.   **128.** *Tu fer* scripsi, *Perfer* PG ω. Scilicet
cum *tura* in *tu* corruptum esset, alterum *tu* hic non tolerabant scribae.
Perfice cod. Gottorpianus, Slichtenhorst. *mandatum* P₂ ʂ, *mandatis* PG
ω. *persequar* P, *perfruar* G ω.

XII. Explic. XI. Incipit XII P ma. 2. Medea Iasoni add. P ma. 3.
In ed. Ven. 1474 hoc distichon praemittitur: *Exul inops contempta novo*
Medea marito Dicit an a regnis tempora nulla vacant.
　1. *Ut* G ʂ.   **3.** *fila* ʂ Heinsius: cf. Am. i. 3, 17, fila sororum: Hor.
Carm. ii. 3, 15 Dum res et aetas et sororum fila trium patiuntur atra.
facta P, *fata* G ω edd. recc.   **4.** *Debueram* P. *euoluisse* in ras. a ma.
2. P.   **6.** *uitae* ω edd. vett., *uitam* PG ʂ edd. recc.   **7.** *iuuenilibus*

Ei mihi! cur umquam iuvenalibus acta lacertis
    Phrixeam petiit Pelias arbor ovem?
Cur umquam Colchi Magnetida vidimus Argon,
10   Turbaque Phasiacam Graia bibistis aquam?
Cur mihi plus aequo flavi placuere capilli
    Et decor et linguae gratia ficta tuae?
Aut, semel in nostras quoniam nova puppis harenas
    Venerat audacis attuleratque viros,
15 Isset anhelatos non praemedicatus in ignes
    Immemor Aesonides oraque adusta boum;
Semina sevisset, totidem quot semina et hostes,
    Ut caderet cultu cultor ab ipse suo.
Quantum perfidiae tecum, scelerate, perisset,
20   Dempta forent capiti quam mala multa meo!
Est aliqua ingrato meritum exprobrare voluptas: ·
    Hac fruar, haec de te gaudia sola feram.
Iussus inexpertam Colchos advertere puppim
    Intrasti patriae regna beata meae.
25 Hoc illic Medea fui, nova nupta quod hic est;
    Quam pater est illi, tam mihi dives erat:
Hic Ephyren bimarem, Scythia tenus ille nivosa
    Omne tenet, Ponti qua plaga laeva iacet.

P₂G ω.   *apta* P₁.   **9.** *argon* G ω Merkel: vide ad vi. 65. *argo* P.
10. *fasiacam* P.   **15.** *hanelatos* P, *hanhelantes* G.   *premeditatus*
P ω. *in hostes* G.   **16.** *adusta* s (Goth. 2), Riese, *ad usta* Birt, Sedlmayer, Ehwald, *adunca* P₂G ω Plan., Burmann, Merkel; P₁ in ras.
17. Ita ego: *Semina iecisset totidemque et seminat et* (hoc erasum) *hostes* P
iecisset in ras. et *sensisset* a ma. 2. in margine. *iecisset totidem quod seminat
hostes* G, *sumpsisset et* G ma. 2. supra.   *Semina sensisset* s, *totidem sumpsisset et hostes* s, *totidem sensisset et hostes* s, *iecisset totidem iecisset et hostes*
Heinsius, Bentley. *S. sevisset totidem sevisset et hostes* Heinsius, Merkel.
S. iecisset (totidemque et semina et hostes) Riese. Ut edidi, Madvigius
nisi quod *semina iecisset* is mavult. *S. iecisset totidem sevisset et hostes*
Shuckburgh, Sedlmayer.   **18.** *Et* Merkel, et ita G secundum J. F.
Heusingerum. *Ut* P vulgo. *uultu* P.   **19.** *scelerare* P₁.   **20.** *male*
P₁.   **24.** *Intristi* P₁.   **25.** *fui* V s, Heinsius, *fuit* PG s.   **26.** *est*
om. P₁.   **27.** *sycia* P. *Scythiam tenet ille nivosam* s, *Scythiae tenet
ille niuosae* s, *Scythiae tenet ille nivosae Omne latus* Heinsius.   **29.**

Accipit hospitio iuvenes Aeeta Pelasgos,

30   Et premitis pictos, corpora Graia, toros:

Tunc ego te vidi, tunc coepi scire, qui*d* esses;

Illa fuit mentis prima ruina meae.

Et vidi et perii! nec notis ignibus arsi,

Ardet ut ad magnos pinea taeda deos.

35 Et formosus eras, et me mea fata trahebant:

Abstulerant oculi lumina nostra tui.

Perfide, sensisti: quis enim bene celat amorem?

Eminet indicio prodita flamma suo.

Dicitur interea tibi lex, ut dura ferorum

40.   Insolito premeres vomere colla boum.

Martis erant tauri plus quam per cornua saevi,

Quorum terribilis spiritus ignis erat,

Aere pedes solidi praetentaque naribus aera,

Nigra per adflatus haec quoque facta suos.

45 Semina praeterea populos genitura iuberis

Spargere devota lata per arva manu,

Qui peterent natis secum tua corpora telis:

Illa est agricolae messis iniqua suo.

Lumina custodis succumbere nescia somno

50   Ultimus est aliqua decipere arte labor.

Dixerat Aeetes: maesti consurgitis omnes,

Mensaque purpureos deserit alta toros.

Quam tibi tunc longe regnum dotale Creusae

Et socer et magni nata Creontis erat?

Accipis Bentley. *oetha* P post ras., *oeta* V ω, *iuuenes pater oeta* G s, cum prava interpolatione.   **30.** *grata* PV.   **31.** *quid esses* s Heinsius; *quis esses* PG Plan. edd. recc. plerique.   **33.** *Ut vidi ut* Egnatius, Heinsius, Burmann.   **34.** *ut* ma. 2. inculcatum, *ad* ma. 2. supra & scriptum P.   *pinta* P pr.   **38.** *Dicitur* P *Dixerat* P₂GV ω. *rex* PGV ω, correxit Heinsius.   **41.** *Martes* P pr.   *quam*] *que* P₁. **41, 42.** 'Hoc distichon Ovidianae non videtur esse venae.' HEINSIUS. Uncis inclusit Burmannus.   **48.** *mensis* P.   *amara* s.   **50.** *alia* coni. Heinsius.   **51.** *oetes* P post ras, GV ω.   *omnis* P₁.   **53.** *nunc* s Burmann.   **54.** *erant* G s, Burmann, Merkel.   **61.** *anget* P.

55 Tristis abis; oculiş abeuntem prosequor udis,
    Et dixit tenui murmure lingua 'vale!'
Ut positum tetigi thalamo male saucia lectum,
    Acta est per lacrimas nox mihi, quanta fuit.
Ante oculos taurique meos segetesque nefandae,
60   Ante meos oculos pervigil anguis erat;
Hinc amor, hinc timor est; ipsum timor auget amorem.
    Mane erat, et thalamo cara recepta soror
Disiectamque comas adversaque in ora iacentem
    Invenit et lacrimis omnia plena meis.
65 Orat opem Minyis. Alter petit, alter habebit.
    Aesonio iuveni, quod rogat illa, damus.
Est nemus et piceis et frondibus ilicis atrum,
    Vix illuc radiis solis adire licet;
Sunt in eo—fuerant certe—delubra Dianae:
70   Aurea barbarica stat dea facta manu:
Noscis? an exciderunt mecum loca? venimus illuc;
    Orsus es infido sic prior ore loqui:
' Ius tibi et arbitrium nostrae fortuna salutis
    Tradidit, inque tua est vitaque morsque manu.
75 Perdere posse sat est, siquem iuvet ipsa potestas:
    Sed tibi servatus gloria maior ero.

---

62. *et* codices, *est* ego olim.   **63.** *auersaque* V ş Burmann, Sedlmayer, *aduersaque* PG ω Merkel, Ehwald.   **65.** Ita P₁, Sedlmayer, suadente Birtio, praeeunte Salmasio. *petit altera et altera habebit* P corr. ma. 2. G ş Burmann. *petit altera et altera habebat* ω Jahn. *petit altera et altera:* '*habebit*,' Fr. Heusinger. *orat opem Minyis soror altera, at altera flevit* Heinsius. *avebat* Werfer. *praebet* Oudendorp.   **66.** *inueni* P₁.   **69.** *certa* P pr. *fuerantque diu* ş, *fuerintque diu* Bentley.

71. *Noscis an* GV ş. *Nesci///* (*o* ma. 2.) *anexciderunt* P (*a* a ma. 2.) et *u* in *a* mutatum ma. 2. *excidant* GV ş. Litterae *sci* in *Nesci* inculcatae a ma. 2. videntur in P. *Nescis an* ş, repugnante metro, ut ait Heinsius. Sed quod ipse proposuit *Nostin an* aeque pugnat cum metro: nam licet comici saepe corripiant syllabam finalem in vocibus iambicis praesentis temporis ubi *s* absorbetur, ut *viden, iuben,* hoc nihil ad rem. ·Nullo exemplo firmari vel ex comicis potest correptio secundae personae perfecti singularis, ut *nostin: nostîn,* trochaice, pluralis numeri est. Nihilominus hoc immane dedecus omnes editiones a Burmanniana usque ad Merkelium possedit.   **71.** *animo* loco *mecum* G.   **72.** *Ausus* G ş.   **75.** *sad* P₁. *iuuet* Lovaniensis, *iubet* P₁, *iuuat* P₂GV ω. *ipsa* PG ω, Heinsius,

Per mala nostra precor, quorum potes esse levamen,
Per genus et numen cuncta videntis avi,
Per triplicis vultus arcanaque sacra Dianae
80   Et si forte aliquos gens habet ista deos,
O virgo, miserere mei, miserere meorum ;
Effice me meritis tempus in omne tuum.
Quodsi forte virum non dedignare Pelasgum—
Sed mihi tam faciles unde meosque deos?—
85 Spiritus ante meus tenues vanescat in auras,
Quam thalamo nisi tu nupta sit ulla meo!
Conscia sit Iuno sacris praefecta maritis,
Et dea, marmorea cuius in aede sumus!'
Haec animum—et quota pars haec sunt?—movere
   puellae
90   Simplicis et dextrae dextera iuncta meae.
Vidi etiam lacrimas: an pars est fraudis in illis?—
Sic cito sum verbis capta puella tuis.
Iungis et aeripedes inadusto corpore tauros
Et solidam iusso vomere findis humum ;
95 Arva venenatis pro semine dentibus imples :
Nascitur et gladios scutaque miles habet.
Ipsa ego, quae dederam medicamina, pallida sedi,
Cum vidi subitos arma tenere viros,
Donec terrigenae, facinus mirabile, fratres
100   Inter se strictas conseruere manus.

---

ista s, edd. vett. aliquot, Bentley.   **78.** *nomen* P₁.   **80.** *aliquos* codices, fortasse *aequos, alios* Micyllus, D. et N. Heinsii, Burmann. *Per quoscumque alios* Burmann.   **84.** *arbitrer unde deos* G prava interpolatione. *unde putabo deos* et similia s.   **85.** *uanescet* G s, Madvig. **87.** *Conscio* P.   **89.** *haec sunt* P, Scaligeri liber. *possunt* ω, *pos///s* G, *possint* V, *poterant* s, *possent* s. *etiam* s, edd. uett. *horum* s.   **91.** *a! pars est* L. Mueller de R. M. p. 335. *an et ars est* Sedlmayer. *an et est pars* edd. vett. aliquot. *et illis* pro *in illis* malim.   **92.** *Si cito* Bentley.   **93.** Ante hunc versum distichon videtur excidisse. *et* om. G₂ s : quare coni. Heinsius *aenipedes.*   **96.** *habens* multi libri.   **99.** *mirabile* P solus : *miserabile* ceteri, vulgo ante Merkelium.   **100.** *Inter*

Insopor ecce draco squamis crepitantibus horrens
    Sibilat et torto pectore verrit humum.
Dotis opes ubi erant? ubi erat tibi regia coniunx,
    Quique maris gemini distinet Isthmos aquas?
105 Illa ego, quae tibi sum nunc denique barbara facta,
    Nunc tibi sum pauper, nunc tibi visa nocens,
Flammea subduxi medicato lumina somno
    Et tibi, quae raperes, vellera tuta dedi.
Proditus est genitor, regnum patriamque reliqui:
110   Munus, in exilio quod licet esse, tuli.
Virginitas facta est peregrini praeda latronis,
    Optima cum cara matre relicta soror.
At non te fugiens sine me, germane, reliqui:
    Deficit hoc uno littera nostro loco.
115 Quod facere ausa mea est, non audet scribere dextra;
    Sic ego, sed tecum, dilaceranda fui.
Nec tamen extimui—quid enim post illa timerem?—
    Credere me pelago, femina, iamque nocens.
Numen ubi est? ubi di? meritas subeamus in alto,
120   Tu fraudis poenas, credulitatis ego!
Conpressos utinam Symplegades elisissent,
    Nostraque adhaererent ossibus ossa tuis,
Aut nos Scylla rapax canibus mersisset edendos
    —Debuit ingratis Scylla nocere viris—

---

se strictas G s, *Inter constrictas* P s.   101. *Insopor ecce vigil* P_1G_1,
Merkel, *Peruigil ecce draco* P_2 ω, Burmann. *Insuper ecce vigil* Heinsius,
de forma inusitata *insopor* dubitans. Analogia adjectivi quod est *decolor*
eam satis defendit. Scripsi *Insopor ecce draco*, quod codex Erfurtanus pro
diversa lectione exhibet.   **102.** *horto* P_1.   *uertit* P s.   **103, 104**
seclusit Ehwald.   **104.** *destinat* G s.   *isthemos* P.   **110.** *quod*
licet G ω, Ehwald, *quolibet* Trev. Burmann. *Et minus exilio quidlibet*
esse tuli coni. Heinsius. *Nomen . . . quodlibet* Bentley.   **113.** *sine*
me Burmanno suspectum, sed iniuria.   **118.** *iamque* libri ut videtur
omnes praeter unum F, unde *tamque* haud recte receperunt Burmann,
Merkel, ego olim. ἤδη Plan.   **123.** *mersisset* ego: *misisset* codices.
Ruhnkenius ait *mittere* exquisite dici pro *proiicere* laudatque Phaedrum
i. 23, 3 'Nocturnus cum fur panem misisset cani.' Ibid. ii. 3, 2 'tinctum
cruore panem misit malefico.' Sen. Ep. 27 'Canem missos a domino
panes frustra aperto ore captantem.' Sane credo tales locos memoriae
scribae obversatos cum *mersisset* in *misisset* mutaret. Quid quod de

125 Quaeque vomit totidem fluctus totidemque resorbet,
   Nos quoque Trinacriae supposuisset aquae !
   Sospes ad Haemonias victorque reverteris urbes;
   Ponitur ad patrios aurea lana deos.
   Quid referam Peliae natas pietate nocentes,
130   Caesaque virginea membra paterna manu?
   Ut culpent alii, tibi me laudare necesse est,
   Pro quo sum totiens esse coacta nocens.
   Ausus es—o ! iusto desunt sua verba dolori—
   Ausus es 'Aesonia' dicere 'cede domo!'
135 Iussa domo cessi natis comitata duobus
   Et, qui me sequitur semper, amore tui.
   Ut subito nostras Hymen cantatus ad aures
   Venit, et accenso lampades igne micant,
   Tibiaque effundit socialia carmina vobis,
140   At mihi funerea flebiliora tuba,
   Pertimui nec adhuc tantum scelus esse putabam :
   Sed tamen in toto pectore frigus erat.
   Turba ruunt et 'Hymen' clamant 'Hymenaee' fre-
      quenter :
   Quo propior vox haec, hoc mihi peius erat.
145 Diversi flebant servi lacrimasque tegebant ;
   Quis vellet tanti nuntius esse mali ?
   Me quoque, quidquid erat, potius nescire iuvabat,
   Sed tamquam scirem, mens mea tristis erat,
   Cum minor e pueris *lassus* studioque videndi
150   Constitit ad geminae limina prima foris:

---

eadem Scylla Ovidius ipso verbo *mergere* utitur Met. xiv. 73 ' Mox eadem
Teucras fuerat mersura carinas.'   **125.** *Quaeue* Bentley.   **133.**
Deesse videntur nonnulla.   **137.** *Hymenaeus clarus* (vel *laetus*)
Bentley.   **139.** *effudit* G ω, *offundit* coni. Heinsius.   *genialia* coni.
Bentley.   **140.** *Ei mihi* P, *Ei* ma. 2. inculcatum.   *funesta* P₂ ω,
edd. vett. P₁ evanuit.   **141.** *adhoc* P₁.   *putabant* P (ap. Sedlmayerum :
                                                                      que
ap. Heinsium *putabat*), *patebat* coni. Heinsius, Bentley.   **143.** *hymen*
(*que* ma. 2.) pro *Hymenaee* P, *hymenaea* G ω.   *frequen̄* P, i.e. *frequenter*
P s, Plan., Sedlmayer, Ehwald, *frequentant* G ω, vulgo.   Bene se haberet
frequentes.   **144.** *prior* P₁.   **149.** *lassus* tandem scripsi : *iussus*

'Hinc' mihi 'mater, abi! pompam pater' inquit 'Iason
    Ducit et adiunctos aureus urguet equos.'
Protinus abscissa planxi mea pectora veste,
    Tuta nec a digitis ora fuere meis.
155 Ire animus mediae suadebat in agmina turbae
    Sertaque compositis demere rapta comis.
Vix me continui, quin sic laniata capillos
    Clamarem 'meus est' iniceremque manus.
Laese pater, gaude; Colchi gaudete relicti;
160   Inferias umbrae fratris habete mei.
Deseror amissis regno patriaque domoque
    Coniuge, qui nobis omnia solus erat.
Serpentis igitur potui taurosque furentes,
    Unum non potui perdomuisse virum;
165 Quaeque feros pepuli doctis medicatibus ignes,
    Non valeo flammas effugere ipsa meas.
Ipsi me cantus herbaeque artesque relincunt:
    Nil dea, nil Hecates sacra potentis agunt.
Non mihi grata dies; noctes vigilantur amarae,
170   *Et* tener a misero pectore somnus ab*i*t.

PG codices piurimi et Planudes. Pro *iussus* multi libri et edd. vett.
habent *iussu*: tres *uisu*, tres *lusu*, unus *cursu*, unus *missus*. Heinsius
coni. *casu studione*. Burmann *iussus studione*. Lennep *lusu* vel *lusus
studione*. Loers *lusu studioque*. Merkel *lusus studioque*. His addere
poteram *aestu studioque*. Verisimile mihi olim videbatur nomen pueri
minoris qui erat *Pheres* hic quondam fuisse. De Mermero et Pherete
natis Medeae ex Iasone susceptis confer Apollod. i. 27. Sed nec quod
olim edidi *Cum clamore Pheres iussus* nec *Cum rumore Pheres* quod
nuper commendavit Housman omni ex parte placet. **150.** *gemmae*
corr. in *geminae* ma. 2. P. **151.** *Hic* s Heinsius, *Hac* malim, *Qui*
Vaticanus. *adi* vel *ades* Bentley, *adi* Ehwald, *abi* P, ultima littera post
ras. ut videtur. *inquid* P. **152.** *Ducet* P Heinsius, Burmann.
158. *inicere manus* P₁. duo versus spurios habet cod. Trev. **160.**
gaudete P₁. **162.** *meis* P. **163.** *Serpentemne igitur* Bentley. **165.**
repudi P, *pepuli* G s, Heinsius, Burmann, edd. recc., praeter Sedlmayerum.
repuli ω, edd. vett., *rapui* s, *domui* s. Ovidius primam syllabam in *repulit*
semper producit. **167.** *relincunt* P. **169.** *amor///* (sic) P. **170.**
Ita edidi: *Nec ten//rā mis⌣ero pectore somnus habet* P et ita G ω (*Nec
teneram misero*) *Nec tener ah miserae pectora somnus habet* vel *alit*
Heinsius. *Nec tener in misero p. s. adest* edd. vett. *Nec tener in*

Quae me non possum, potui sopire draconem :
    Utilior cuivis quam mihi cura mea est.
Quos ego servavi, paelex amplectitur artus
    Et nostri fructus illa laboris habet.
175 Forsitan et stultae dum te iactare maritae
    Quaeris et iniustis auribus apta loqui,
In faciem moresque meos nova crimina fingas :
    Rideat et vitiis laeta sit illa meis.
Rideat et Tyrio iaceat sublimis in ostro :
180   Flebit et ardores vincet adusta meos !
Dum ferrum flammaeque aderunt sucusque veneni,
    Hostis Medeae nullus inultus erit.
Quodsi forte preces praecordia ferrea tangunt,
    Nunc animis audi verba minora meis !
185 Tam tibi sum supplex, quam tu mihi saepe fuisti,
    Nec moror ante tuos procubuisse pedes.
Si tibi sum vilis, communis respice natos :
    Saeviet in partus dira noverca meos.
Et nimium similes tibi sunt, et imagine tangor,
190   Et quotiens video, lumina nostra madent.
Per superos oro, per avitae lumina flammae,
    Per meritum et natos, pignora nostra, duos,
Redde torum, pro quo tot res insana reliqui :
    Adde fidem dictis auxiliumque refer.
195 Non ego te imploro contra taurosque virosque,
    Utque tua serpens victa quiescat ope ;

---

misero p. s. habet Merkel. Ut nos Postgate nisi quod is *abest* mavult. Confer Trist. iv. 3, 22 'Lenis ab admonito pectore somnus abit.' Pont. iii. 3, 12 'Pulsus et e trepido pectore somnus abit.' Si Propertium corrigerem *Nec* non mutarem : nam apud Sextum *Nec tener somnus* idem valeret ac *et non tener somnus*: qua figura non utitur Ovidius quantum notavi.   **173.** *Quas ego seruabi* P₁.   *pelix* P₁.   **174.** *fractus* P₁. **176.** *iniustis* om. P₁.   **177.** *mortesque* P pr.   **181.** *succusque* P. **182.** *multus* P pr.   **185.** *Tam* cod. Dresdensis, **s.** *Nam* PG ω. *quam* P *d* ma. 2. supra scripto, *quod* GV ω.   **187.** *uiles* P pr. **188.** *meos*] *manus* P₁.   **199.** *si quaeras* Heinsius, *si quaeris*

Te peto, quem merui, quem nobis ipse dedisti,
    Cum quo sum pariter facta parente parens.
Dos ubi sit, quaeris? campo numeravimus illo,
200   Qui tibi laturo vellus arandus erat;
Aureus ille aries villo spectabilis alto
    Dos mea, quam, dicam si tibi ' redde,' neges.
Dos mea tu sospes, dos est mea Graia iuventus:
    I nunc, Sisyphias, improbe, confer opes!
205 Quod vivis, quod habes nuptam socerumque potentis,
    Hoc ipsum, ingratus quod potes esse, meum est.
Quos equidem actutum—sed quid praedicere poenam
    Attinet? ingentis parturit ira minas.
Quo feret ira, sequar! facti fortasse pigebit:
210   Et piget infido consuluisse viro.
Viderit ista deus, qui nunc mea pectora versat!
    Nescio quid certe mens mea maius agit.

XIII.

LAUDAMIA PROTESILAO.

Mittit et optat amans, quo mittitur, ire salutem
    Haemonis Haemonio Laudamia viro.
Aulide te fama est vento retinente morari:
    A me cum fugeres, hic ubi ventus erat?

Bentley. *numeramus in* G s, *memoremus in* s.   **201.** *alto* P₁ Ehwald,
qui citat Apollon. iv. 177, *auro* GP₂. Fortasse *arto.* *aureo* s edd. vett.
Merkel, *albo* s. Fortasse, *Arduus ille aries villo spectabilis aureo.*
202. *Dos tibi* G.   **203.** *grata* PV s. *iubentus* P₁.   **205.** *potentis* P₁, *potentem* P₂GV ω.   **207.** *acutum* P₁. *predice* P₁.   **209.**
Quod P. *fere* P *t* add. ma. 2. Fortasse *fert.*   **211.** *Videris* P₁.
deos P₁.   **212.** *Nescio qui* V. *maius* P₂ in marg. P₁ in ras.

XIII. Nullum intervallum inter XII et XIII in P. In marg. a ma.
antiquiore adscriptum est Incipit XIII. LAODAMIA PROTESILAO.
    2. *Laudomia* PV, *Laodamia* G ω. Primum distichon iure spurium
duxerunt Micyllus, Bentleius, alii.   **4.** *At* coni. Heinsius.   **7.** *pura* P.

5 Tum freta debuerant vestris obsistere remis ;
　Illud erat saevis utile tempus aquis.
Oscula plura viro mandataque plura dedissem,
　Et sunt quae volui dicere multa tibi.
Raptus es hinc praeceps, et qui tua vela vocaret,
10　Quem cuperent nautae, non ego, ventus erat.
Ventus erat nautis aptus, non aptus amanti :
　Solvor ab amplexu, Protesilae, tuo,
Linguaque mandantis verba imperfecta reliquit ;
　Vix illud potui dicere triste 'vale.'
15 Incubuit Boreas abreptaque vela tetendit,
　Iamque meus longe Protesilaus erat.
Dum potui spectare virum, spectare iuvabat,
　Sumque tuos oculos usque secuta meis ;
Ut te non poteram, poteram tua vela videre,
20　Vela diu vultus detinuere meos ;
At postquam nec te nec vela fugacia vidi,
　Et quod spectarem, nil nisi pontus erat,
Lux quoque tecum abiit, tenebrisque exanguis obortis
　Succiduo dicor procubuisse genu.
25 Vix socer Iphiclus, vix me grandaevus Acastus,
　Vix mater gelida maesta refecit aqua.
Officium fecere pium, sed inutile nobis :
　Indignor miserae non licuisse mori.
Ut rediit animus, pariter rediere dolores ;
30　Pectora legitimus casta momordit amor.
Nec mihi pectendos cura est praebere capillos,
　Nec libet aurata corpora veste tegi :

---

8. *plura tibi* V s Burmann.　　9–12 in P abscissi sunt; 9 post *hinc prae-*, 10 post *quem cuper-*, 11 post *erat*, 12 post *soluor*.　　13. *mandantis* s, *mandatis* PGV ω, *mandatrix* coni. Heinsius.　　14. *potuit* s, Burmann.　21. Ǔt P.　*uella* P pr.　　23. *habiit* P pr.　*tenebrasque* P pr.　*exaguis* P.　*abortis* V ω.　　26. *celida* P.　　27. *feccere* P.
29. *Utque animus rediit* G s.　　32. *tegit* P pr.　　34. *quo furor* s

Ut quas pampinea tetigisse Bicorniger hasta
Creditur, huc illuc, qua furor egit, eo.
35 Conveniunt matres Phylleides et mihi clamant:
' Indue regales, Laudamia, sinus ! '
Scilicet ipsa geram saturatas murice vestes,
Bella sub Iliacis moenibus ille gerat?
Ipsa comas pectar, galea caput ille prematur?
40 Ipsa novas vestes, dura vir arma ferat?
Qua possum, squalore tuos imitata labores
Dicar et haec belli tempora tristis agam.
Dyspari Priamide, damno formose tuorum,
Tam sis hostis iners, quam malus hospes eras!
45 Aut te Taenariae faciem culpasse maritae,
Aut illi vellem displicuisse tuam.
Tu, qui pro rapta nimium, Menelae, laboras,
Ei mihi! quam multis flebilis ultor eris.
Di, precor, a nobis omen removete sinistrum,
50 Et sua det reduci vir meus arma Iovi.
Sed timeo, quotiens subiit miserabile bellum:
More nivis lacrimae sole madentis eunt.
Ilion et Tenedos Simoisque et Xanthus et Ide
Nomina sunt ipso paene timenda sono.
55 Nec rapere ausurus, nisi se defendere posset,
Hospes erat: vires noverat ille suas.

Burmann.   **35.** *Phylleides* Heinsius, *phyleides* P ma. 1., *philaceides*
P ma. 2. ω, *Phylaceides* edd. vett. Merkel.   *et* om. V s.   **36.** *laudamina*
P.   **37** totus in P abscissus, praeter *vestes* et *S* in *Scilicet*: etiam hoc
cùm librum vidi iam in eo erat ut abscinderetur.   *feram* s.   *uestes*
PGV ω, *lanas* s.   **38, 39, 40** toti ex P abscissi.   **38.** *geret* G ω.
39. *pectar* VG₂ s, *pectam* ω.   **40.** *feret* GV s.   **41.** *Qua* P₁, *Quo*
P₂ ω ; *s* in *squalore* a ma. 2. P.   **43.** *Dux Pari* codices plerique,
Plan.   *Dyspari* Hubertinus, coll. Il. iii. 39, Δύσπαρι εἶδος ἄριστε.   Heinsius
in cod. Sarraviano *Dispari* invenit, laudatque Alcmanem 40: Δύσπαρι
καλόπαρι κακὸν Ἑλλάδι βωτιανείρῃ.   Ita in cod. Reg. pro var. lect. et in
duobus edd. Venn. deprehendit Burmannus, qui tamen de Ovidio male
meritus est certissimam et bellissimam lectionem cum Egnatio spernens.
50. *reducis* s Bentley.   *iobi* P pr.   **53.** *tenedous* P pr.   *xantusque*
PG.   **55.** *nisi si* maluit Burmann.   **57.** *lato spectabilis* Bentley.

Venerat, ut fama est, multo spectabilis auro
Quique suo Phrygias corpore ferret opes,
Classe virisque potens, per quae fera bella geruntur:
60　Et sequitur regni pars quota quemque sui?
His ego te victam, consors Ledaea gemellis,
Suspicor, haec Danais posse nocere puto.
[Hectora nescio quem timeo: Paris Hectora dixit
Ferrea sanguinea bella movere manu;]
65　Hectora, quisquis is est, si sum tibi cara, caveto:
Signatum memori pectore nomen habe.
Hunc ubi vitaris, alios vitare memento,
Et multos illic Hectoras esse puta,
Et facito dicas, quotiens pugnare parabis:
70　'Parcere me iussit Laudamia sibi.'
Si cadere Argolico fas est sub milite Troiam,
Te quoque non ullum vulnus habente cadat!
Pugnet et adversos tendat Menelaus in hostis:
76　Hostibus e mediis nupta petenda viro est.
Causa tua est dispar: tu tantum vivere pugna
Inque pios dominae posse redire sinus!
Parcite, Dardanidae, de tot, precor, hostibus uni,
80　Ne meus ex illo corpore sanguis eat!

---

60. *quota quemque* P₁, *quotacumque* P₂ Heinsius, Bentley, *quotaquae-que* G **s**, Burmann, Sedlmayer.　　61. *Illis te* Bentley.　*ledea* om. P₁, add. P₂.　*Ledaei* Heinsius, Bentley.　　63, 64, distichon aperte spurium seclusi: unde enim quae dixisset Paris scire Laodamia potuit? Libri saepe per epanalepsin interpolantur, ut hic *Hectora ... Hectora.* 65. *cura* coni. Burmann, Bentley.　　67. *bitaris* P₁.　　69. *facito* **s** (cod. Gronovianus), Heinsius, Burmann, *facito ut* PG ω, edd. plerique. Ovidius semper in hac formula *ut* omittit, nisi fallor. *tacite dicas* coni. Burmann.　*tacitus dicas* Bentley.　　71. *fatum est* Bentley. *limitǎ* P. 72. *Et* P₁.　*cadet* **s** Bentley, Madvig.　　73. *aduerso* P₁. Post h. v. in codicibus plerisque praeter PGV Trev. et Guelf. 3 sequuntur: *Ut rapiat Paridi quam Paris ante sibi Irruat et causa quem vincit, vincat et armis*: in Vind. 3 inverso ordine post vs. 78 scripti sunt: in Goth. 1, Goth. 2 hexameter interpolatus et vs. 76 desunt. Versus interpolatos Graece convertit Planudes: in edd. vett. omnibus et Burmannia leguntur. Sede movit Merkel, reposuit Ehwald.　　77. *Dispar causa tua est* **s** Bentley.　*uoluore* P₂ corr. ma. rec.　　78. *pius* P ma. 1., quod temere arripuit Ehwald.　*rediçere* P.　　79. *Pargite* P₁.　　80. *sagnis* P₁.

Non es, quem deceat nudo concurrere ferro:
    [Saevaque in oppositos pectora ferre viros;
Fortius ille potest multo, quam pugnat, amare:]
    Bella gerant alii, Protesilaus amet!
85 Nunc fateor: volui revocare, animusque ferebat;
    Substitit auspicii lingua timore mali.
Cum foribus velles ad Troiam exire paternis,
    Pes tuus offenso limine signa dedit.
Ut vidi, ingemui tacitoque in pectore dixi:
90   'Signa reversuri sint, precor, ista viri.'
Haec tibi nunc refero, ne sis animosus in armis:
    Fac meus in ventos hic timor omnis eat.
Sors quoque nescioquem fato designat iniquo,
    Qui primus Danaum Troada tangat humum.
95 Infelix, quae prima virum lugebit ademptum!
    Di faciant, ne tu strenuus esse velis.
Inter mille rates tua sit millensima puppis
    Iamque fatigatas ultima verset aquas.
Hoc quoque praemoneo: de nave novissimus exi:
100   Non est, quo properas, terra paterna tibi.
Cum venies, remoque move veloque carinam,
    Inque tuo celerem litore siste gradum!
Sive latet Phoebus seu terris altior exstat,
    Tu mihi luce dolor, tu mihi nocte venis;
105 Nocte tamen quam luce magis: nox grata puellis,
    Quarum subpositus colla lacertus habet.
Aucupor in lecto mendaces caelibe somnos;
    Dum careo veris, gaudia falsa iuvant.

---

81. *est* codices, *es* scripsi. Argumentum iam nihil pertinet ad Troas: Protesilaum ipsum adloquitur.   **82, 83** spurii videntur. Nam *fortiter amare* putidiusculum est: et inanis repetitio vocis *amet* in **84** non toleranda.   **85.** *revacare* P₁.   **86.** *Substitit: titit* a ma. 2. P. **87.** *laribus* Bentley, quod placet. *belles* P₁.   **88.** *offeris olimina* P₁. **90.** *sunt* P₁.   **94.** *humus* P pr.   **96.** *sorenuus* P₁.   **97.** *millensima* P.   **99.** *nabue* P pr. *puppe* V. *nobissimus* P₁.   **100.** *properas* Trev. Goth. 2, Dresd. Vind. 3, *properes* PGV ω vulgo. Loersius

Sed tua cur nobis pallens occurrit imago?
110   Cur venit a verbis multa querella *latens*?
Excutior somno simulacraque noctis adoro:
Nulla caret fumo Thessalis ara meo:
Tura damus lacrimamque super, qua sparsa relucet,
Ut solet adfuso surgere, flamma, mero.
115 Quando ego, te reducem cupidis amplexa lacertis,
Languida laetitia solvar ab ipsa mea?
Quando erit, ut lecto mecum bene iunctus in uno
Militiae referas splendida facta tuae?
Quae mihi dum referes, quamvis audire iuvabit,
120   Multa tamen rapies oscula, multa dabis:
Semper in his apte narrantia verba resistunt;
Promptior est dulci lingua refe*cta* mora.
Sed cum Troia subit, subeunt ventique fretumque,
Spes bona sollicito victa timore cadit.
125 Hoc quoque, quod venti prohibent exire carinas,
Me movet: invitis ire paratis aquis.
Quis velit in patriam vento prohibente reverti?
A patria pelago vela vetante datis?
Ipse suam non praebet iter Neptunus ad urbem:
130   Quo ruitis? vestras quisque redite domos.

---

primus vidit *properas* a sententia flagitari.   **108.** *iubant* **P.**   **110.**
querella latens edidi: *querellatens* **P,** *en* expuncto et *vi* superscripto ma. 2.
querela tuis **G** Plan. vulgo. *a* cum Madvigio ut exclamationem inter-
pretor: is vult, *ah! verbis multa querella tuis?* *a labris* Birt, Sedlmayer.
Olim edideram, *Cur venit, a verbis muta, querella latens?* vide Comm.
111. *Excitor e somno* **s.**   **112.** *arma* **P.**   **113.** *lacrimasque*
i (2.)
qua sparsa relucet N. Heinsius et ita Guelf. 3 et Helmstadiensis. *quae*
sarelucet **P** ara a ma. pr. in margine adscripto. *quae sparsa relucent* **G s.**
quae sparsa relucet **s.**   D. Heinsius maluit, *lacrimasque super, queis ara*
relucet. Fortasse ex vestigiis **P** reponendum *qua sacra relucet.*   **114.**
afuso **G,** *effuso* **s,** *a fuso* **s.**   **116.** *nequitia* Bentley.   **117.** *iunctos*
P₁.   **119.** *iubant* **P₁.**   **120.** *Multata merapites* **P₁** corr. in *Multa*
tamen rapies **P₂,** *capies* septem codd. Heinsii, Burmann, Ehwald.   *repetes*
Rappold.   **121.** *narrantis* **s,** *narranti* malim. *labra* Bentley.   **122.**
refecta Francius, *refere* **P,** *referre* **ω** Plan. vulgo.   **124.** *spes mea* **V s.**
solliciti **P,** *sollicitae* Riese.   **128.** *uel habitante* **P** pr.   *dabis* **V.**

Quo ruitis, Danai? ventos audite vetantis :
Non subiti casus, numinis ista mora est.
Quid petitur tanto nisi turpis adultera bello?
Dum licet, Inachiae vertite vela rates!
135 Sed quid ago? revoco? revocaminis omen abesto,
Blandaque compositas aura secundet aquas!
Troas*in* invideo, quae sic lacrimosa suorum
Funera conspicient, nec procul hostis erit.
Ipsa suis manibus forti nova nupta marito
140 Imponet galeam Dardanaque arma dabit ;
[Arma dabit, dumque arma dabit, simul oscula sumet
—Hoc genus officii dulce duobus erit—]
Producetque virum dabit et mandata reverti
Et dicet 'referas ista fac arma Iovi!'
145 Ille ferens dominae mandata recentia secum
Pugnabit caute respicietque domum ;
Exuet haec reduci clipeum galeamque resolvet
Excipietque suo corpora lassa sinu.
Nos sumus incertae, nos anxius omnia cogit,
150 Quae possunt fieri, facta putare timor.
Dum tamen arma geres diverso miles in orbe,
Quae referat vultus est mihi cera tuos :
Illi blanditias, illi tibi debita verba
Dicimus, amplexus accipit illa meos.

---

130. *tonantes* s, *sonantes* s. 135. Ita Merkel. *Sed* (vel *Si*) *quid ego reuoco* quattuor ultimis litteris inculcatis : tum ras. supra quam scriptum est *reuocantis et* a ma. sec. P, *Sed quid ago reuocans? omen reuocantis abesto* G. In s varie interpolatum est. *Sed quid ego revoco haec* s, edd. vett. Burmann. *Sed quid ego hos revoco? revocaminis omen abesto* Heinsius, et ita Bentley nisi quod *has* pro *hos* voluit. *Sed quid ego haec revoco* s, ed. Burmann. 136. *cura* P₁. 137. *Troasin* Salmasius, *Troas* P, *Troadas* G ω. *qui sic* PV, *quae sic* G ω. *quae si* falso citatum est ex P ab Heinsio, et ita male ediderunt Burmann et Ehwald. *quamvis* Bentley, Lehrs, quod sententiam pessumdat. 139. *noba* P₁. 140. *Imponit* P. *dardanaque* P Bentley : *barbaraque* codices reliqui, vulgo ante Sedlmayerum. 141–142. Ineptum distichon seclusi. 143. *et* add. ma. 2. P. 144. *dices* P₁. *face* s, edd. vett. Heinsius. *arma fac ista* G V ω edd. vett. nonnullae (*face*). 147. *et reduci* G ω, *et reducem* V nimis docte. 151. *geris* ω, edd. multi. *geres* P s Heinsius, *geras* G V s. 153. *certa* P₁ G₁, *dedita* s. 154. *illa*

155 Crede mihi, plus est, quam quod videatur, imago :
    Adde sonum cerae, Protesilaus erit.
Hanc specto teneoque sinu pro coniuge vero,
    Et, tamquam possit verba referre queror.
Per reditus corpusque tuum, mea numina, iuro,
160   Perque pares animi coniugiique faces,
    [Perque, quod ut videam canis albere capillis,
    Quod tecum possis ipse referre, caput,]
Me tibi venturam comitem, quocumque vocaris,
    Sive—quod heu ! timeo—sive superstes eris.
165 Ultima mandato claudetur epistula parvo :
    Si tibi cura mei, sit tibi cura tui !

XIV.

HYPERMESTRA LYNCEO.

Mittit Hypermestra de tot modo fratribus uni :
    Cetera nuptarum crimine turba iacet.
Clausa domo teneor gravibusque coercita vinclis ;
    Est mihi supplicii causa, fuisse piam.
5 Quod manus extimuit iugulo demittere ferrum,
    Sum rea : laudarer, si scelus ausa forem.

---

tuos **V s** quod per se arridet.   **159.** *tuos* Bentley.   **161, 162.** Hi
versus furca expellendi sunt. Ovidius *ut* pro *utinam* non ponit : sed
hoc parvum est prae sequentis versus absurditate. Sane si Protesilaus
sine capite rediret, miserabilis eius aspectus foret : sed non tam miserabilis quam mirabilis.   **161.** *Ut* om. P₁V₁.   *Perque quod o* Heinsius.
162. *O tecum* vel *Huc tecum* Heinsius, *Tu tecum* Bentley, *Integrum*
Birt, *Protectum* Housman. Verum ineptum est ineptissimo interpolatori
patrocinari.   **166** *Si … si* P (secundum Heinsium et Keil) *t* supra
alterum *si* scripto. *Si … sit* **s**, Naugerius, Heinsius. *Sit … sit* **G V** ω,
vulgo. Verum totum distichon spurium videtur. Quanto melius in vs.
164 desineret epistola !

XIV. Explicit. XII, Incipit. XIII. Hypermestra Lyno (nom. a m.
2.) P.
1, 2. Sedlmayero suspecti.   **4.** *piae* Bentley.   **5.** *demittere* **s**,

Esse ream praestat, quam sic placuisse parenti ;
Non piget inmunes caedis habere manus.

Me pater igne licet, quem non violavimus, urat,
10   Quaeque aderant sacris, tendat in ora faces,
Aut illo iugulet, quem non bene tradidit, ense,
Ut, qua non cecidit vir nece, nupta cadam :
Non tamen, ut dicant morientia 'paenitet' ora,
Efficiet : non est, quam piget esse piam.

15 Paeniteat sceleris Danaum saevasque sorores :
Hic solet eventus facta nefanda sequi.
Cor pavet admonitu temeratae sanguine noctis,
Et subitus dextrae praepedit ossa tremor.
Quam tu caede putes fungi potuisse mariti,
20   Scribere de facta non sibi caede timet.

Sed tamen experiar. Modo facta crepuscula terris,
Ultima pars lucis primaque noctis erat :
Ducimur Inachides magni sub tecta Pelasgi,
Et socer armatas accipit ipse nurus.

25 Undique conlucent praecinctae lampades auro ;
Dantur in invitos impia tura focos ;
Vulgus 'Hymen, Hymenaee' vocant ; fugit ille vocantis ;
Ipsa Iovis coniunx cessit ab urbe sua.

Ecce, mero dubii, comitum clamore frequentes,
30   Flore novo madidas impediente comas,
In thalamos laeti—thalamos, sua busta !—feruntur
Strataque corporibus funere digna premunt.
Iamque cibo vinoque graves somnoque iacebant,
Securumque quies alta per Argos erat ;

---

dimittere **PGV** ω.   **10.** *mora* **P** pr.   **11.** *ense* ω Burmann, *ensem*
PG Merkel.   **14.** *non sum* s, *non es* coni. Heinsius.   *pia* Bentley,
Madvig.   **17.** *teneratae* **P** pr.   **18.** *dexterae* **P**. *ossa* libri, *orsa* Naugerius.
19. *marito* **P** pr.   **22.** *Ultima pars noctis primaque lucis* **P**.   **23.**
sub templa Bentley.   *tyranni* Heinsius.   **24.** *Nec socer* coni. Birt.
25. *praelucent* **V₁** s, *perlucent* s.   **27.** *hymenea*, sed *a a* ma. 2. **P**,
himinea **G**, *himenea* **V**, *hymenea* s.   *uocant* **PV** ω, *uocat* **G** s.   **32.**
funera cod. Moreti, *funeribus corpore digna* Basil.   **34.** *per agmen*

35 Circum me gemitus morientum audire videbar ;
Et tamen audieram, quodque verebar, erat.
Sanguis abit, mentemque calor corpusque relinquit,
Inque novo iacui frigida facta toro.
Ut leni Zephyro graciles vibrantur aristae,
40 Frigida populeas ut quatit aura comas,
Aut sic, aut etiam tremui magis ; ipse iacebas,
Quaeque tibi dederam, *pl*ena soporis erant.
Excussere metum violenti iussa parentis :
Erigor et capio tela tremente manu ;
45 Non ego falsa loquar : ter acutum sustulit ensem,
Ter male sublato reccidit ense manus ;
Admovi iugulo—sine me tibi vera fateri—
Admovi iugulo tela paterna tuo.
Sed timor et pietas crudelibus obstitit ausis,
50 Castaque mandatum dextra refugit opus.
Purpureos laniata sinus, laniata capillos
Exiguo dixi talia verba sono :

V s.   36. *audieram* s G ? *audibam* P, Burmann.   Verum hac antiqua
forma Ovidius non utitur. *auditum* s.   37. *reliquit* s, *reliquid* V.
42. *dederant* V s.   *plena* scripsi : *uina* PGV ω.   nulla autem vina dederant nuptae maritis qui semet ipsos in cena nuptiali invitavissent, et
recepta lectio *vina soporis erant* cuius linguae sit nescio.   Nam *cetera
lactis erant* A. A. i. 292, ad quod provocat Ehwald non simile est.   Ibi
lactis genitivus materialis, qui dicitur, est : ' cetera tam alba erant ut ex
lacte facta viderentur :' quae syntaxis huic loco non convenit.   Sed fac
convenire.   Anne vina medicata soporiferis sucis dederat Hypermnestra
Lynceo ? Minime.   Nam sorores quoque idem suis maritis fecissent, neque
hoc ut Hypermnestrae solius opus commemoratum fuisset.   Non possum
quin proferam id quod verum esse perspexi.   De sopore qui coitu efficitur
loquitur Hypermnestra.   Confer Schol. Eurip. ad Hec. 869 ab Orellio ad
Hor. Carm. iii. 11, 37 laudatum : ἐφείσατο τοῦ Λυγκέως ἀπὸ τῆς μίξεως
διάθεσιν ἐσχηκυῖα πρὸς αὐτόν.   Cf. Aesch. Prom. 891, Μίαν δὲ παίδων
ἵμερος θέλξει τὸ μὴ κτεῖναι σύνευνον.   Vocum *sopore* et *dare* in re venerea
suggerere exempla supersedeo.   *saporis* P₁ s.   43. *uiolencia* P,
uiolentia V s.   *caussa* P₁.   46. *recidit* V s Heinsius : *reccidit*
Merkel. /// *etendit* P.   *decidit* P₂G₂ multi libri et codd. /// *decidit* G₁ :
Sedlmayer dicit fuisse *redcidit : concidit* s, *cecidit* s.   47. *At rursus
monitis iussuque coacta parentis* ω.   *Tandem victa mei saeua formidine
patris* s : librarii quidam videntur verum hexametrum omisisse : causa
patet.   51. *simus* P.   alterum *laniata* in marg. ma. 2. P.   53.

'Saevus, Hypermestra, pater est tibi : iussa parentis
Effice ; germanis sit comes iste suis.

55 Femina sum et virgo, natura mitis et annis :
Non faciunt molles ad fera tela manus.

Quin age, dumque iacet, fortis imitare sorores.
Credibile est caesos omnibus esse viros.

Si manus haec aliquam posset committere caedem,
60 Morte foret dominae sanguinulenta suae.

At meruere necem patruelia regna *petendo* :
Quae tamen externis *praedia* danda forent !

Finge viros meruisse mori : quid fecimus ipsae ?
Quo mihi commisso non licet esse piae ?

65 Quid mihi cum ferro ? quo bellica tela puellae ?
Aptior est digitis lana colusque meis.'

Haec ego ; dumque queror, lacrimae sua verba sequuntur,
Deque meis oculis in tua membra cadunt.

Dum petis amplexus sopitaque bracchia iactas,
70 Paene manus telo saucia facta tua est.

Iamque patrem famulosque patris lucemque timebam :
Expulerunt somnos haec mea dicta tuos :

'Surge age, Belide, de tot modo fratribus unus !
Nox tibi, ni properas, ista perennis erit.'

75 Territus exsurgis ; fugit omnis inertia somni ;
Aspicis in timida fortia tela manu.

Quaerenti causam 'dum nox sinit, effuge !' dixi ;
'Dum nox atra sinit' ; tu fugis, ipsa moror.

---

ibi P$_1$.   **60.** *feret* P pr.   **61.** *At* Riese, *Aut* P$_1$, *Haud* P$_2$, *Non* G$_2$
in ras., *I* G$_1$, *An* s. *petendo* scripsi. *tenendo* vulgo P$_2$, *tinendo* P$_1$, *timdo* GV.
62. Versus genuinus in P erasus est : in marg. a ma. 2. est : *quae tamen*
externis ///// *adan* ////// unde scripsi quod vides. *Quae tamen externis*
danda forent generis ω Burmann, vulgo ; ita G quoque, sed vs. **114** *Cum sene*
cet. hic interposito. 'in V vss. **61–64** post vs. **60** omissi excepto v. **62**
leguntur post v. **118.**' SEDLMAYER. *Quae tamen externis regna tenenda*
forent s, *Quae tamen externis accipienda forent* s.   **64.** *piam* GV ω.   **65.**
quid G ω Merkel.   **72.** *Expulerunt* P$_1$, *Expulerant* P$_2$GV ω.   *data* P$_1$.

73. *do tot* P.   **74.** &*ris* P.   **77.** *sinire* P pr. *effugi* P$_1$.   **80.** *habes*

Mane erat, et Danaus generos ex caede iacentis
80   Dinumerat : summae criminis unus abes.
Fert male cognatae iacturam mortis in uno
Et queritur facti sanguinis esse parum.
Abstrahor a patriis pedibus, raptamque capillis
—Haec meruit pietas praemia—carcer habet.
85 Scilicet ex illo Iunonia permanet ira,
Quo bos ex homine est, ex bove facta dea.
At satis est poenae teneram mugisse puellam
Nec, modo formosam, posse placere Iovi.
Adstitit in ripa liquidi nova vacca parentis,
90   Cornuaque in patriis non sua vidit aquis,
Conatoque queri mugitus edidit ore
Territaque est forma, territa voce sua.
Quid furis, infelix ? quid te miraris in umbra ?
Quid numeras factos ad nova membra pedes ?
95 Illa Iovis magni paelex metuenda sorori
Fronde levas nimiam cespitibusque famem.
Fonte bibis spectasque tuam stupefacta figuram,
Et, te ne feriant, quae geris, arma, times :
Quaeque modo, ut posses etiam Iove digna videri,
100   Dives eras, nuda nuda recumbis humo.
Per mare, per terras cognataque flumina curris :
Dat mare, dant amnes, dat tibi terra viam.

P, *abest* **s**, *abis* **s**.   **81.** *Fer* P₁.   **82.** *factum* **s**, *fusi* G.   **83.** *patris*
s.   **85-118** spurios duxerunt Ios. Scaliger, D. Heinsius, I. Ulitius.
Scaligerum sequitur Sedlmayer, versusque minusculis litteris impressos
edidit.   **86.** *Quo* libri : *Quom* Madvigius Adv. ii. p. 77 qui scribit :
' non sic omittitur *tempore (quo)*.' Caret exemplis fortasse : carere ratione
nego : nam si recte dicuntur et 'ex illo' et 'ex quo,' recte dici potuisse
' ex illo, quo ' negare non audeo.   *dea est* **s**.   **87.** *iuuencam* **V**.
88. *formonsam* P pr.   **91.** *Conatoque queri* **s** Heinsius : *Conato* in
Conata a ma. 2. (?) correctum tum *q* in ras. et *loqui* in ras. P. in marg.
Et P : voluit *Et conata* corrector ut habent **V** ω.   *queri* G**V** **s**.   *Et conata*
queri vel *Et conata loqui* edd. vett. *Conatoque loqui* Sedlmayer. Cf.
Met. i. 637.   **93.** *fugis* **s** edd. Naug. et Burm.   *umbra* P **s** Burmann,
Merkel, Sedlmayer, Ehwald : *unda* G**V** **s** Jahn, Loers, fortasse rectius.
95. *Ipsa* ω.   **96.** *Fonte leuas sitim* **V**.   **99.** *possis* P Burmann,
posses G **s**.   **100.** *uda nuda* G **s**.   **101.** *Permanere* P pr.   **102.**

Quae tibi causa fugae? *frustra* freta longa pererras:
Non poteris vultus effugere ipsa tuos.

105 Inachi, quo properas? eadem sequerisque fugisque:
Tu tibi dux comiti, tu comes ipsa duci.

Per septem Nilus portus emissus in aequor
Exuit insana paelicis ora bove.

Ultima quid referam, quorum mihi cana senectus
110 Auctor? dant anni, quod querar, ecce, mei.

Bella pater patruusque gerunt; regnoque domoque
Pellimur: eiectos ultimus orbis habet.

[Ille ferox solus solio sceptroque potitur:
Cum sene nos inopi turba vagamur inops.]

115 De fratrum populo pars exiguissima restat:
Quique dati leto, quaeque dedere, fleo;

Nam mihi quot fratres, totidem periere sorores:
Accipiat lacrimas utraque turba meas!

En, ego, quod vivis, poenae cruciaga reservor:
120 Quid fiet sonti, cum rea laudis agar,

Et consanguineae quondam centensima turbae
Infelix uno fratre manente cadam?

---

dant et aquae **V.**   **103.** *uiae* G₁**V.**   *frustra* scripsi.   *quid Io* vulgo et
ita libri (*quid o* **P**).   *uel quid* Lovaniensis.   *quae dic* liber Moreti.   *quid
iam* Riese.   *quid tu* Ewhald.   Nempe exciderat *frustra* ante *freta*, mox
scriba aliquis voce *quid* lacunam ex parte supplebat: corrector recentior
addidit *Io*.   Sed Ovidius nusquam corripit primam in *Io* syllabam: nam
locus Ibidis 624, 'Quem memor a sacris nunc quoque pellit Io' ob-
scurior est quam qui regulam subvertat: et ibi Heinsius legit *Ion*, i.e.
Ionicus.   Vide Ellisium ad loc.   *longo* P₁.   **107.** *portas* **s** Bentley.
108. *insanae ... bovis* PG ω, *insanae boui* cod. Lov., Burmann; *insana
... boue* Auct. Elect., Eton., Ewhald.   *insanam ... bovem* idem Auctor et
N. Madvig in notis marginalibus secundum Ewhald.   Cf. Met. iv. 591 in
Comm. citatum.   **109.** *vetustas* Bentley qui tamen distichon cum
Heinsio improbat.   **110.** *quo* **P.**   **112.** *eiectos* **V s.**   **113, 114.**
Hoc distichon in **P** ma. sec. in margine tantum scriptum Lachmanno
ansam praebuit totius epistolae improbandae propter *potitur* cuius mediam
syllabam Ovidius semper corripit.   'Hunc v. cum proximo hoc loco óm.
V.' SEDLMAYER.   *solus solio* P ω.   *sceptrisque* **s.**   **115.** *restas* **s.**
117. *quod* P₁.   'Post h. v. sequuntur in **V**: 61, 114, 63, 64.' SEDLMAYER.
121. *centensima* **P** pr.   **123.** *Lynceu* Heinsius: 'In Puteaneo *remanet* a

At tu, siqua piae, Lynceu, tibi cura sororis,
Quaeque tibi tribui munera, dignus habes,
125 Vel fer opem, vel dede neci, defunctaque vita
Corpora furtivis insuper adde rogis,
Et sepeli lacrimis perfusa fidelibus ossa,
Sculptaque sint titulo nostra sepulcra brevi:
EXVL HYPERMESTRA, PRETIVM PIETATIS INIQVVM
130 QVAM MORTEM FRATRI DEPVLIT, IPSA TVLIT.
Scribere plura libet, sed pondere lassa catenae
Est manus, et vires subtrahit ipse timor.

XV.

SAPPHO PHAONI.

Ecquid, ut aspecta est studiosae littera dextrae,
Protinus est oculis cognita nostra tuis?

---

manu secunda, nullo priscae lectionis apparente vestigio,' HEINSIUS. Ita
Ehwald quoque: *teneant* P ma. 2. secundum Sedlmayerum. *line est*
G V ω, editiones primae.   **126.** *fortiuus* P., *fraternis* Burmann. *i super-
adde* Heinsius.   **128.** *Scriptaque* ed. Naugeriana.   **131.** *pondera* P.
lassa P₂ G₂, *lapsa* P₁, *pressa* G₁.

XV. Epistola SAPPHUS AD PHAONEM nec in P nec G nec in ullo codice
antiquiore continetur, neque a Planude conversa est.   In codicibus omnibus Heroidibus aut postponitur aut praeponitur, aut cum aliorum auctorum
scriptis coniuncta traditur saepissime Tibulli.   Primus in quindecimum
locum movit D. Heinsius anno 1629, quam sedem usque ad Merkelium
tenuit.   Nec sine causa, ut diu credebant, D. Heinsius eum locum huic epistolae assignavit.   Nam excerpta quae in duobus codicibus Parisinis reperta
sunt aliquot versus ex hac epistola desumptos inter versus ex epistola xiv
et xvi scriptos habent.   Eorum codicum notitiam debemus, alterius (17903
Notre Dame 188, saec. xiii) Schneidewino Duebneroque (Mus. Rhen. N. S.
iii. p. 144, anno 1843), alterius (7647, saec. xiii) Meinckio (Mus. Rhen. xxv.
p. 371), et Domenico Comparettio anno 1876 in libello 'sull' autenticità
della epistola Ovidiana di Saffo a Faone' (Publicazzioni del R. Istituto di
studi superiori in Firenze).   Excerpta illa, ut scribit S. G. de Vries, cuius
consummato libro de hac epistola gratias dignas referre non possum, ex

An, nisi legisses auctoris nomina Sapphus,
　　Hoc breve nescires unde veniret opus?
5 Forsitan et quare mea sint alterna requiras
　　Carmina, cum lyricis sim magis apta modis.
Flendus amor meus est: elegiae flebile carmen;
　　Non facit ad lacrimas barbitos ulla meas.
Uror, ut indomitis ignem exercentibus Euris
10　　Fertilis accensis messibus ardet ager.
Arva Phaon celebrat diversa Typhoidos Aetnae:
　　Me calor Aetnaeo non minor igne tenet.
Nec mihi, dispositis quae iungam carmina nervis,
　　Proveniunt; vacuae carmina mentis opus.

---

uno eodemque archetypo originem ducunt, primumque a viro nescio quo
collecta sunt saec. ix vel saltem x: unde apparet iam ante seculum
decimum codicem quendam fuisse carminum Ovidii, in quo haec nostra
epistola Sapphus ut genuinum opus inter Her. xiv et xvi habuit locum.
Excerpta illa nota D. Heinsio fuisse possunt: nec casui tribuendum
est quod Sapphus epistolam in sede quindecima posuit. Magna lis inter
doctos iam inde ab litteris renatis fuit, num haec epistola Ovidio necne
tribuenda sit. Profligasse adversarios videbantur ei qui epistolam ut
spuriam damnabant, inter quos numerabantur Lachmannus, Merkelius,
necnon H. A. I. Munro donec his annis extarent acerrimi pro ea propugna-
tores, Comparetti, Baehrensius, ante omnes De Vries (pp. 2, 3), qui unus
me argumentis movit, non certe ut cum eo epistolam totam pro Ovidii
opere agnoscam, attamen ut credam epistolam multa ex genuina quae
deperiit continere, magnam partem ab imitatore scriptam. Cur ita credam
in Commentarium Anglicum, hic brevitati studens, differam. Inter
codices qui epistolam habent optimus ut antiquissimus est F, Francofurtanus, olim ut videtur Naugerianus, saec. xiii. Hunc codicem fere duobus
saeculis alio quovis antiquiorem ducem mihi sumpsi, neque umquam nisi
coactus deserui, Sedlmayeri et Riesii collationibus usus, hac in usum
De Vries facta. Harleianum 2499 (H) saec. xv in usum De Vries ab I.
Kemkio collatum, ipse inspexi et subinde nominavi. Ceteros codices
aut omnes aut plurimos signo ω, paucos signo s indicavi, sed raro
nominatim, nisi cum veram lectionem ab aliquo eorum traditam contra
F crederem. Inscriptione caret F, variant ω, plerisque Ovidii nomen non
habentibus: multis inscriptione carentibus.

1. *Numquid* s. *ubi* s. 　3. *saphos* F. 　　4. *ueniret* F, Sarra-
vianus: *movetur* reliqui omnes: hoc iniuria vulgo legitur. 　5. *requires*
s, *requiris* s. 　　6. *sint* F corr. ceteri. 　　7. *elegiae* scripsi: *elegi*
quoque F s, *elegi* codd. plurimi. *elegia* vel *elegeia* s, vulgo. *elegi sunt*
Baehrens: *elegis*: *hoc* De Vries. 　　11. *celebras* Bentleius. 　*ethne*
F. 　12. *ethneo* F. 　*premit* s, *coquit* s, Heinsius. 　　15. ita F solus

15 Nec me Pyrrhiades Methymniadesve puellae,
  Nec me Lesbiadum cetera turba iuvant;
Vilis Anactorie, vilis mihi candida Cydro,
  Non oculis grata est Atthis, ut ante, meis,
Atque aliae centum, quas non sine crimine amavi:
20 Improbe, multarum quod fuit, unus habes.
Est in te facies, sunt apti lusibus anni:
  O facies oculis insidiosa meis!
Sume fidem et pharetram: fies manifestus Apollo;
  Accedant capiti cornua: Bacchus eris.
25 Et Phoebus Daphnen, et Gnosida Bacchus amavit,
  Nec norat lyricos illa vel illa modos.
At mihi Pegasides blandissima carmina dictant:
  Iam canitur toto nomen in orbe meum,
Nec plus Alcaeus, consors patriaeque lyraeque,
30 Laudis habet, quamvis grandius ille sonet.
Si mihi difficilis formam natura negavit,
  Ingenio formae damna rependo meo.
Sum brevis, at nomen, quod terras impleat omnes,
  Est mihi; mensuram nominis ipsa fero.
35 Candida si non sum, placuit Cepheia Perseo
  Andromede, patriae fusca colore suae;
Et variis albae iunguntur saepe columbae,
  Et niger a viridi turtur amatur ave.
Si, nisi quae facie poterit te digna videri,
40 Nulla futura tua est, nulla futura tua est.

(*Pyrriades methynniadesue puella*), ceteri *pierides subeunt naiadesque puellae*, vel monstrum simile quid nobis obtrudunt. **16.** *iuuat* multi codd. **17.** *cydro* F s, *cidno* s, *clio* s: *Cydno* in nullo codice legitur. Sedlmayer recte revocavit *Cydro*. *vilis mihi crede Gyrinno* Bentleius. **18.** *atthys* F. **19.** *non* F s: *hic* codd. plurimi; *nec* Burmannus, Bentleius, quod valde arridet. **23.** *pharetras* F. **32.** *repende* Bentleius, *rependo* libri. *meo* Baehrensius, *mea* F, *meae* ω, vulgo. **33.** *sim brevis* Bentleius coll. xvii. 13. Loco versuum **33, 34** omnes codd., F excepto, legunt *Nec me despicias si sum* (vel *sim*) *tibi corpore parva Mensuramque brevis* (vel *Mensuram parvi*) *nominis ipsa fero* nisi quod Harleianus solus utrumque distichon servat. **36.** *calore* s, Francius. **40.** *ulla* pro altero *nulla* s: *ulla futura tua est?* De Vries.

At mea cum legeres, etiam formosa videbar :
    Unam iurabas usque decere loqui ;
Cantabam, memini—meminerunt omnia amantes—
    Oscula cantanti tu mihi rapta dabas ;
45 Haec quoque laudabas, omnique a parte placebam,
    Sed tunc praecipue, cum fit amoris opus.
Tunc te plus solito lascivia nostra iuvabat
    Crebraque mobilitas aptaque verba ioco,
Et quod, ubi amborum fuerat confusa voluptas,
50   Plurimus in lasso corpore languor erat.
Nunc tibi Sicelides veniunt nova praeda puellae :
    Quid mihi cum Lesbo? Sicelis esse volo.
Aut vos erronem tellure remittite vestra,
    Nisiades matres Nisiadesque nurus,
55 Nec vos decipiant blandae mendacia linguae :
    Quae vobis dicit, dixerat ante mihi.
Tu quoque, quae montes celebras, Erycina, Sicanos,
    —Nam tua sum—vati consule, diva, tuae.
An gravis inceptum peragit fortuna tenorem
60   Et manet in cursu semper acerba suo?
Sex mihi natales ierant, cum lecta parentis
    Ante diem lacrimas ossa bibere meas.
Arsit iners frater meretricis captus amore
    Mixtaque cum turpi damna pudore tulit :
65 Factus inops agili peragit freta caerula remo,
    Quasque male amisit, nunc male quaerit opes ;
Me quoque, quod monui bene multa fideliter, odit :
    Hoc mihi libertas, hoc pia lingua dedit.

---

41. *at me* ω. *legeres* libri, quod cur offendat non video. *legerem* Wakker cum hiatu. *legerem ore* Baehrensius. *legerem, tibi iam* De Vries. **45.** ħ F, *hoc* s.   **48.** *sono* F.   **49.** *Et quod* Naugerius, *Ecquid* F. *consumpta* Palatinus, Burmannus.   **51.** *sycilides* F.   **52.** *sycilis* F. **53.** *Aut vos* Bentleius, *o vos* F s, *nec vos* s, *neu vos* s, *ne vos* s, *at vos* s. *errorem admittite* s.   *vestra* unus cod. Guelf. pro var. lect., Micyllus: *nostrum* F ω.   **54.** *Nesiades* s (bis), Domitius Calderinus, *Nasiades* quod idem est Ellisius ex codice Corsiniano.   **56.** *dicit vobis* ω. **63.** *iners* Oudendorpius: *inops* libri: oculi scribae ad *inops* in eadem

Et tamquam desit quae me hac sine cura fatiget,
70   Accumulat curas filia parva meas.
Ultima tu nostris accedis causa querelis:
   Non agitur vento nostra carina suo.
Ecce, iacent collo sparsi sine lege capilli,
   Nec premit articulos lucida gemma meos;
75 Veste tegor vili, nullum est in crinibus aurum,
   Non Arabum noster dona capillus habet.
Cui colar infelix, aut cui placuisse laborem?
   Ille mei cultus unicus auctor abest.
Molle meum levibusque est cor violabile telis,
80   Et semper causa est, cur ego semper amem.
Sive ita nascenti legem dixere Sorores,
   Nec data sunt vitae fila severa meae,
Sive abeunt studia in mores, artisque magistra
   Ingenium nobis molle Thalia facit.
85 Quid mirum, si me primae lanuginis aetas
   Abstulit atque anni, quos vir amare potest?
Hunc ne pro Cephalo raperes, Aurora, timebam;
   Et faceres; sed te prima rapina tenet.
Hunc si conspiciat, quae conspicit omnia, Phoebe,
90   Iussus erit somnos continuare Phaon.
Hunc Venus in caelum curru vexisset eburno,
   Sed videt et Marti posse placere suo.
O nec adhuc iuvenis, nec iam puer, utilis aetas,
   O decus atque aevi gloria magna tui,

---

sede **65** ab *iners* aberraverant. *post* Baehrensius. *mox* De Vries. *Carpsit opes* Bentleius.   **69.** Ita **F** solus: quae lectio paullo difficilior ansam immutandi librariis dedit. *desint quae me sine fine fatigent* ω, vulgo. **75.** *cruribus* Heinsius, Bentleius.   **76.** Ita **F** solus: *Arabo noster rore capillus olet* ceteri omnes, hic ut alias nudam codicis **F** simplicitatem ornamentis corrumpentes.   **79.** Ita versum scripsi, *cor*, quod **F** omittit, post *est* posito. *levibusque est* **F** solus: plurimi libri: *levibus cor est* contra metrum: *levibusque cor est* H **s**, quod vulgo scribitur, nescio quid scabri habet.   **82.** *Et data* ω pessime.   **83.** *artisque magistra* Heinsius, *artesque magistras* **F**, *artesque magistrae* **s**.   **84.** *facit* **F**, *dedit* ω. *talia molle dedit* ω.   **85.** *miseram* **F**.   **96.** *verum ut* **F s**, *sed quod* **s**,

95 Huc ades inque sinus, formose, relabere nostros;
　　Non ut ames oro, verum ut am*e*re sinas.

Scribimus, et lacrimis oculi rorantur obortis :
　　Aspice, quam sit in hoc multa litura loco!

Si tam certus eras hinc ire, modestius isses,
100　Si mihi dixisses 'Lesbi puella, vale!'

Non tecum lacrimas, non oscula nostra tulisti :
　　Denique non timui, quod dolitura fui.

Nil de te mecum est nisi tantum iniuria, nec tu,
　　Admoneat quod te, pignus amantis habes.

105 Non mandata dedi : neque enim mandata dedissem
　　Ulla, nisi ut nolles inmemor esse mei.

Per tibi, qui numquam longe discedit, Amorem,
　　Perque novem iuro, numina nostra, deas,

Cum mihi nescioquis 'fugiunt tua gaudia' dixit,
110　Nec me flere diu, nec potuisse loqui.

Et lacrimae deerant oculis et verba palato ;
　　Adstrictum gelido frigore pectus erat.

Postquam se dolor invenit, nec pectora plangi
　　Nec puduit scissis exululare comis,

115 Non aliter, quam si nati pia mater adempti
　　Portet ad exstructos corpus inane rogos.

Gaudet et e nostro crescit maerore Charaxus
　　Frater et ante oculos itque reditque meos,

---

sed ut **s**, *me sed* Heinsius, *nos sed* Baehrensius : *oro, serus, amere sinas*
De Vries. Peccata incerti auctoris quibus leges subtiliores metricae
violantur corrigere fortasse non prodest : nec ipse corrigere tentarem nisi
mira codicum dissensio corruptelam aliquam indicare videretur. Si
scriptor possuisset : DES, *ut amere sinas* casu potuit *des* in *sed* mutari :
deinde correctori pro *sed* ponere *verum* in promptu fuisset. **100.** *Et
michi* **F** solus : *Et modo* **ω**, *Si modo* **s** Naugerius. **101.** *nostra* **F**,
summa **ω**. **103.** *nec tu* Burmannus, *nec te* libri. **104.** *te* Burmannus, *tu* libri. *pignus* **s**. **105.** *neque*] *nec* **F s**. **106.** *isse* **F**.
111. *lingua palato* **ω**. **113.** *imminuit* **s**. Claudicat caesura versus.
inmisit Baehrensius, quo nihil proficimus. *Postquam se torpor minuit*
De Vries. Sed minime eicienda est locutio *dolor se invenit* qua scripta
auctor epistolae magnus poeta sine dubio sibi demum visus est. Si quid
mutandum levissimum remedium erit ordine mutato scribere *Se dolor
invenit postquam*. **117.** *caraxes* **F**. **124.** *formosum* malim :

Utque pudenda mei videatur causa doloris,
120 'Quid dolet haec? certe filia vivit' ait.
Non veniunt in idem pudor atque amor: omne videbat
Vulgus; eram lacero pectus aperta sinu.
Tu mihi cura, Phaon! te somnia nostra reducunt,
Somnia formoso candidiora die.
125 Illic te invenio, quamvis regionibus absis;
Sed non longa satis gaudia somnus habet.
Saepe tuos nostra cervice onerare lacertos,
Saepe tuae videor supposuisse meos;
Oscula cognosco, quae tu committere linguae
130 Aptaque consueras accipere, apta dare.
Blandior interdum verisque simillima verba
Eloquor, et vigilant sensibus ora meis.
Ulteriora pudet narrare, sed omnia fiunt,
Et iuvat, et siccae non licet esse mihi.
135 At cum se Titan ostendit et omnia secum,
Tam cito me somnos destituisse queror;
Antra nemusque peto, tamquam nemus antraque prosint:
Conscia deliciis illa fuere meis.
Illuc mentis inops, ut quam furialis Enyo
140 Attigit, in collo crine iacente feror.
Antra vident oculi scabro pendentia tofo,
Quae mihi Mygdonii marmoris instar erant;
Invenio silvam, quae saepe cubilia nobis
Praebuit et multa texit opaca coma.
145 Sed non invenio dominum silvaeque meumque;
Vile solum locus est: dos erat ille loci.
Cognovi pressas noti mihi caespitis herbas:
De nostro curvum pondere gramen erat;

---

nam *formosus dies* nusquam dicitur. *nimboso* Baehrens. **125.** *absit*
F pr. **129.** *lingua* F. **132.** *Eloquar* F. **133.** *Ulterius*
pudet hic ω. **134.** *siccae* F, Burmann: spurca, sed certa, lectio.
sine te ω. *libet* s. **138.** *meis* ω, *tuis* F s. **139.** *Enyo* F solus,
quo recepto grave Lachmanni contra epistolam argumentum statim cadit.
erictho s, *ericto* s, *eritho* s, *hericto* s, *enio* s, *en o* s, *erinnis* s. **140.**

Incubui tetigique locum, qua parte fuisti:
150   Grata prius lacrimas conbibit herba meas.
Quin etiam rami positis lugere videntur
   Frondibus, et nullae dulce queruntur aves.
Sola virum non ulta pie maestissima mater
   Concinit Ismarium Daulias ales Ityn:
155 Ales Ityn, Sappho desertos cantat amores;
   Hactenus; ut media cetera nocte silent.
Est nitidus vitroque magis perlucidus *omni*
   Fons sacer—hunc multi numen habere putant,—
Quem supra ramos expandit aquatica lotos,
160   Una nemus; tenero caespite terra viret.
Hic ego cum lassos posuissem flebilis artus,
   Constitit ante oculos Naias una meos;
Constitit et dixit 'quoniam non ignibus aequis
   Ureris, Ambracia est terra petenda tibi.
165 Phoebus ab excelso, quantum patet, aspicit aequor
   —Actiacum populi Leucadiumque vocant:—
Hinc se Deucalion Pyrrhae succensus amore
   Misit et inlaeso corpore pressit aquas;
Nec mora, versus amor fugit lentissima mersi
170   Pectora; Deucalion igne levatus erat.
Hanc legem locus ille tenet. pete protinus altam
   Leucada nec saxo desiluisse time!'
Ut monuit, cum voce abiit; ego territa surgo,
   Nec lacrimas oculi continuere mei.

Attigit F, *Impulit* ω, *Attulit* s, *Abstulit* Heinsius.   **153.** *pie* F s, *prius* ω.   **155.** *saphon* F.   **156.** Interpunxi et ante et post *hactenus. ut* ω, *in* F s.   **157.** *vitroque ... omni* Heinsius, Bentley. *vitreoque amne* libri plurimi. *amni* F s, *uitroque* s, *vitroque amnis* Naugerius.   **159.** *extendit* s.   **161.** *fletibus* s.   **162.** Ita F solus: reliqui codices inepte: *Formosus puer est visus adesse mihi*. Pro *una* Heinsius et Bentleius maluerunt *uda*, non recte.   **164.** *Ambracias* Heinsius.   **165.** *quando* F.   **169.** *fugit* F s, *tetigit* ω Heinsius, *figit* s De Vries. *mersi* F s, *pyrrhae* ω. Editiones aut *tetigit* (vel *figit*) *lentissima Pyrrhae* aut *fugit lentissima mersi* legunt: ego F non deseram. **170.** *erat* F ω. *abit* Harleianus.   **174.** Ita F solus: ceteri *Nec gravidae lacrimas continuere genae* simplices munditias codicis antiquis-

175 Ibimus, o nymphe, monstrataque saxa petemus:
　　Sit procul insano victus amore timor!
Quidquid erit, melius quam nunc erit: aura, subito:
　　Et mea non magnum corpora pondus habent.
Tu quoque, mollis Amor, pennas suppone cadenti,
180　Ne sim Leucadiae mortua crimen aquae!
Inde chelyn Phoebo, communia munera, ponam,
　　Et sub ea versus unus et alter erunt;
'Grata lyram posui tibi, Phoebe, poetria Sappho:
　　Convenit illa mihi, convenit illa tibi.'
185 Cur tamen Actiacas miseram me mittis ad oras,
　　Cum profugum possis ipse referre pedem?
Tu mihi Leucadia potes esse salubrior unda:
　　Et forma et meritis tu mihi Phoebus eris.
An potes, o scopulis undaque ferocior omni,
190　Si moriar, titulum mortis habere meae?
A quanto melius iungi mea pectora tecum
　　Quam saxis poterant praecipitanda dari!
Haec sunt illa, Phaon, quae tu laudare solebas,
　　Visaque sunt totiens ingeniosa tibi.
195 Nunc vellem facunda forem; dolor artibus obstat
　　Ingeniumque meis substitit omne malis;
Non mihi respondent veteres in carmina vires:
　　Plectra dolore tacent, muta dolore lyra est.
[Lesbides aequoreae, nupturaque nuptaque proles,
200　Lesbides, Aeolia nomina dicta lyra,]
Lesbides, infamem quae me fecistis amatae,
　　Desinite ad citharas turba venire meas:

---

simi interpolantes.　　175. *nymphae* s, edd. vett. pleraeque.　　183.
Graia F. *posuit* ω. *poetria* s, Egnatius: *poetica* F ω.　　185. *mittit*
s Bentley, quod non displicet.　　188. *Et formae meritis* libri:
correxit Heinsius.　　189. *omni* F solus. *illa* s De Vries. *ulla* s.
191. *A* (*ah*) s Bentley: *At* F ω. *o* s.　　194. *sum* s.　　195.
forent s.　　197. *carmine* s.　　199, 200 uncis inclusi pro inani
interpolatione. *aequales* Baehrens. *aequaevae* De Vries. *nupturaque nuptaque* F s, *nupturae nuptaque* ω, *nuptae nupturaque* s.
201. *amatae* F solus: *amare* ceteri libri inepte. *amore* Baehrens.

Abstulit omne Phaon, quod vobis ante placebat,
  Me miseram! dixi quam modo paene 'meus'!
205 Efficite, ut redeat: vates quoque vestra redibit;
  Ingenio vires ille dat, ille rapit.
Ecquid ago precibus, pectusque agreste movetur?
  An riget, et Zephyri verba caduca ferunt?
Qui mea verba ferunt, vellem tua vela referrent:
210 Hoc te, si saperes, lente, decebat opus.
Sive redis, puppique tuae votiva parantur
  Munera, quid crucias pectora nostra mora?
Solve ratem: Venus orta mari mare praestat amanti,
  Aura dabit cursum, tu modo solve ratem;
215 Ipse gubernabit residens in puppe Cupido,
  Ipse dabit tenera vela legetque manu.
Sive iuvat longe fugisse Pelasgida Sapphon,
  —Nec tamen invenies, cur ego digna fugi—
Hoc saltem miserae crudelis epistula dicat,
220 Ut mihi Leucadiae fata petantur aquae!

XVI.

PARIS HELENAE.

Hanc tibi Priamides mitto, Ledaea, salutem,
  Quae tribui sola te mihi dante potest.
Eloquar, an flammae non est opus indice notae,
  Et plus quam vellem, iam meus extat amor?

---

208. *A! riget* Baehrens. *piget* F.   211. *pupesque* F. *parantur* s,
vulgo et recte, ut puto. *paramus* F ω. Fortasse *paratis* (scil. tu nautae-
que tui).   212. *cruciat* F, *laceras* ω. *mora* ω. *tuis* F.   vss. 211,
212 damnat Baehrens.   213. *sternet* s, male. *eunti* ω.   215.
gubernator F, *gubernabit* reliqui.   217. *iuuet* F. *pelagida saphon* F.
218. *Nec* F, *Non* reliqui. *fugi* De Vries, *fuga* libri.

XVI. Explic. XIII. Incipit XIIII. PARIS HELENAE P. 1. *Ledaei*

5 Ille quidem lateat malim, dum tempora dentur
   Laetitiae mixtos non habitura metus.
Sed male dissimulo : quis enim celaverit ignem,
   Lumine qui semper proditur ipse suo ?
Si tamen expectas, vocem quoque rebus ut addam,
10   Uror : habes animi nuntia verba mei.
Parce, precor, fasso nec vultu cetera duro
   Perlege sed formae conveniente tuae !
Iamdudum gratum est, quod epistula nostra recepta
   Spem facit, hoc recipi me quoque posse modo ;
15 Quae rata sit, nec te frustra promiserit, opto,
   Hoc mihi quae suasit, mater Amoris, iter.
Namque ego divino monitu, ne nescia pecces,
   Advehor, et coepto non leve numen adest.
Praemia magna quidem sed non indebita posco :
20   Pollicita est thalamo te Cytherea meo.
Hac duce Sigeo dubias a litore feci
   Longa Phereclea per freta puppe vias.
Illa dedit faciles auras ventosque secundos :
   In mare nimirum ius habet orta mari.
25 Perstet et ut pelagi, sic pectoris adiuvet aestum
   Deferat in portus et mea vota suos.
Attulimus flammas, non hic invenimus, illas :
   Hae mihi tam longae causa fuere viae.
Nam neque tristis hiemps neque nos huc appulit error :
30   Taenaris est classi terra petita meae.
Nec me crede fretum merces portante carina
   Findere : quas habeo, di tueantur opes.
Nec venio Graias veluti spectator ad urbes :
   Oppida sunt regni divitiora mei.
35 Te peto, quam pepigit lecto Venus aurea nostro ;
   Te prius optavi, quam mihi nota fores ;

Heinsius, Bentley.   **13.** *recepta est* G V ω.   **15.** *sint* P pr. s.
16. *iter*] *erat* P ma. 2. in marg.   **18.** *nomen* P.   **22.** *feraclea*
P G, *Phalacraea* coni. Heinsius.   **33.** *lentus* pro *veluti* Bentley.

Ante tuos animo vidi quam lumine vultus:
38 Prima mihi vul*n*us nuntia fama tu*li*t.
[Nec tamen est mirum, si, sicut oport*ui*t, arcu
40 Missilibus telis eminus ictus amo.
Sic placuit fatis: quae ne convellere temptes,
Accipe cum vera dicta relata fide.
Matris adhuc utero partu remorante tenebar;
Iam gravidus iusto pondere venter erat:
45 Illa sibi *urgentis* visa est sub imagine somni
Flammiferam pleno reddere ventre facem.
Territa consurgit metuendaque noctis opacae
Visa seni Priamo, vatibus ille refert.
Arsurum Paridis vates canit Ilion igni:
50 Pectoris, ut nunc est, fax fuit illa mei.
Forma vigorque animi, quamvis de plebe videbar,
Indicium tectae nobilitatis erat.
Est locus in mediis nemorosae vallibus Idae
Devius et piceis ilicibusque frequens,
55 Qui nec ovis placidae nec amantis saxa capellae
Nec patulo tardae carpitur ore bovis;
Hinc ego Dardaniae muros excelsaque tecta
Et freta prospiciens arbore nixus eram:
Ecce, pedum pulsu visa est mihi terra moveri:
60 —Vera loquar veri vix habitura fidem;—

---

non *tentus. tamquam* ς.   **38.** *vulnus . . . tulit* scripsi, duce V,
qui *mihi vultus* exhibet. *fuit vultus* P ω. *tulit*] *tui* codices omnes.
39–142. 'Hos civ versus Aldus primus edidit' (ed. anni 1502) 'quem
deinceps editores secuti sunt. Leguntur in cod. Palatino qui tamen
recens est, et in fragmento Paulino. In reliquis libris omnibus et in
Planudis versione Graeca desunt.' JAHN.   Fragmentum Paulinum frustra
in bibliotheca Lipsiensi Sedlmayeri rogatu quaesivit G. Goetz. 'De
fragmento Paulini J. Ch. Jahnii nihil iam constat.' EHWALD.   Cod.
Palatini et Fragmenti Paulini ut ab Jahnio referuntur lectionibus ad-
pingit Sedlmayer lectiones ed. Parmensis 1477 et Vicentinae 1480.
39. *oportuit* Micyllus, *oporteat* libri, *oportet ab* Heinsius, *Apollinis*
Bentley.   **45.** *urgentis* ego, *ingentem* codd.   **49.** *arsuram* N.
Heinsius.   **50.** Lacunam indicavit Scaliger.   **57.** *Dardanide*
libri.   **60.** *veri* N. Heinsius, *vero* libri.   **75.** *querebar* N. Heinsius,

Constitit ante oculos actus velocibus alis
　　Atlantis magni Pleionesque nepos,
—Fas vidisse fuit, fas sit mihi visa referre!—
　　Inque dei digitis aurea virga fuit;
65 Tresque simul divae, Venus et cum Pallade Iuno,
　　Graminibus teneros inposuere pedes.
Obstupui, gelidusque comas erexerat horror;
　　Cum mihi 'pone metum!' nuntius ales ait:
'Arbiter es formae: certamina siste dearum,
70　　Vincere quae forma digna sit una duas!'
Neve recusarem, verbis Iovis imperat et se
　　Protinus aetherea tollit in astra via.
Mens mea convaluit, subitoque audacia venit,
　　Nec timui vultu quamque notare meo.
75 Vincere erant omnes dignae iudexque querebar
　　Non omnes causam vincere posse suam;
Sed tamen ex illis iam tunc magis una placebat,
　　Hanc esse ut scires, unde movetur amor.
Tantaque vincendi cura est; ingentibus ardent
80　　Iudicium donis sollicitare meum.
Regna Iovis coniunx, virtutem filia iactat;
　　Ipse potens dubito fortis an esse velim:
Dulce Venus risit; 'ne te, Pari, munera tangant
　　Utraque suspensi plena timoris,' ait,
85 'Nos dabimus, quod ames, et pulchrae filia Ledae
　　Ibit in amplexus pulchrior ipsa tuos.'
Dixit, et ex aequo donis formaque probata
　　Victorem caelo rettulit illa pedem.
Interea, credo versis ad prospera fatis,
90　　Regius adgnoscor per rata signa puer:

Bentley: *uerebar* libri.　　**76.** *posse tenere* Bentley.　　**83.** *ne*
Bentley, *nec* libri.　　**85.** *Dos* libri.　　**86.** *illa* libri ap. Jahnium.
87. *probatis* N. Heinsius, Bentley.　　**89.** *sero* Medenbach.　　**91.**

Laeta domus nato p*ost* tempora longa recepto est,
  Addit et ad festos hunc quoque Troia diem;
Utque ego te cupio, sic me cupiere puellae:
  Multarum votum sola tenere potes.
95 Nec tantum regum natae petiere ducumque,
  Sed nymphis etiam curaque amorque fui.
Qua*m* super Oenone*s* facie*m* m*i*rarer? in orbe
  Nec Priamo est a te dignior ulla nurus.
Sed mihi cunctarum subeunt fastidia, postquam
100   Coniugii spes est, Tyndari, facta tui.
Te vigilans oculis, animo te nocte videbam,
  Lumina cum placido victa sopore iacent.   100
Quid facies praesens, quae nondum visa placebas?
  Ardebam, quamvis hic procul ignis erat.
105 Nec potui debere mihi spem longius istam,
  Caerulea peterem quin mea vota via.
Troia caeduntur Phrygia pineta securi   105
  Quaeque erat aequoreis utilis arbor aquis.
Ardua proceris spoliantur Gargara silvis,
110   Innumerasque mihi longa dat Ida trabes;
Fundatura citas flectuntur robora naves,
  Texitur et costis panda carina suis;   110
Addimus antennas et vela sequentia mal*o*,
  Accipit et pictos puppis adunca deos.
115 Qua tamen ipse vehor, comitata Cupidine parvo
  Sponsor coniugii stat dea picta *t*ui.

---

post Heinsius, Bentley, recte ut videtur: *per* libri quod ex *per* desuper in hunc quoque versum descendit. *recepta est* Frag. Paul. **92.** *festas* Pal. **95.** *natum* Pal. *me petiere* Frag. Paul. **96.** *cura dolorque* vel *cura laborque* Bentley. **97, 98.** Locus desperatus. *Quam* scripsi: *Quas* libri. *Oenones faciem* scripsi: *Oenonen facies* libri. *mirarer* scripsi cum Jahnio. *mutarer* Pal. *imitarer* Frag. Paul. Distichon propter difficultatem Aldus (ed. 1502) et edd. vett. omittunt. Primus revocavit C. Heusinger. *Quas super Oenones faciem mirabar, in orbe* Ehwaldus dubitanter. **98.** *ad* Pal. **101.** *oculis animi* Bentley. **103.** *faceres* N. Heinsius, Bentley. **104.** *hic* libri, secundum Jahnium. *hinc* vulgo. **107.** *Troiaque* libri. **113.** *malo* scripsi, *malos* libri, *malis* Ehwald. **116.** *tui* Naugerius,

Inposita est factae postquam manus ultima classi,   115
Protinus Aegaeis ire *l*ubebat aquis:
At pater et genetrix inhibent mea vota rogando
120 Propositumque *p*ia voce morantur iter:
Et soror, effusis ut erat, Cassandra, capillis,
    Cum vellent nostrae iam dare vela rates,   120
'Quo ruis?' exclamat, 'referes incendia tecum:
Quanta per has nescis flamma petatur aquas!'
125 Vera fuit vates: dictos invenimus ignes,
    Et ferus in molli pectore flagrat amor.
Portubus egredior ventisque ferentibus usus   125
    Applicor in terras, Oebali nympha, tuas;
Excipit hospitio vir me tuus: hoc quoque factum
130 Non sine consilio numinibusque deum.
Ille quidem ostendit, quidquid Lacedaemone tota
    Ostendi dignum conspicuumque fuit,   130
Sed mihi laudatam cupienti cernere formam
    Lumina nil aliud quo caperentur erat.
135 Ut vidi, obstupui praecordiaque intima sensi
    Attonitus curis incaluisse novis.
His similes vultus, quantum reminiscor, habebat   135
    Venit in arbitrium cum Cytherea meum.
Si tu venisses pariter certamen in illud,
140 In dubium Veneris palma futura fuit.
Magna quidem de te rumor praeconia fecit,
    Nullaque de facie nescia terra tua est: 140
Nec tibi par usquam Phrygia nec solis ab ortu
Inter formosas altera nomen habet.]
145 Credis et hoc nobis? minor est tua gloria vero,
    Famaque de forma paene maligna tua est:

Bentley: *sui* libri.   **118.** *lubebat* N. Heinsius, *iubebat* Frag. Paul.,
iubebar, Pal.   **120.** *pia* N. Heinsius, *uiae* libri.   **132.** *per-*
spicuumque Frag. Paul. a prima manu.   **134.** *raperentur* Frag. Paul.
135. *Ut vidi ut stupui* Francius.   **136.** *incaluisse* Frag. Paul.,
intonuisse, Pal., *intumuisse* Micyllus.   **140.** *In dubio* marg. ed.
Bersmann.   **143.** *Phrygiae* Naugerius: *Phrygia* Frag. Paul., *Phrygiam*
Pal.   **145.** *crede sed hoc* s, D. Heinsius, Gruter.   **146.** ita P corr.

Plus hic invenio, quam quod promiserat illa,   145
   Et tua materia gloria victa sua est.
Ergo arsit merito, qui noverat omnia, Theseus,
150   Et visa es tanto digna rapina viro,
   More tuae gentis nitida dum nuda palaestra
     Ludis et es nudis femina mixta viris.   150
  Quod rapuit, laudo; miror, quod reddidit umquam:
   Tam bona constanter praeda tenenda fuit;
155 Ante recessisset caput hoc cervice cruenta,
   Quam tu de thalamis abstraherere meis.
  Tene manus umquam nostrae dimittere vellent?   155
   Tene meo paterer vivus abire sinu?
  Si reddenda fores, aliquid tamen ante tulissem,
160   Nec Venus ex toto nostra fuisset iners:
  Vel mihi virginitas esset libata vel illud,
   Quod poterat salva virginitate rapi.   160
  Da modo te, quae sit Paridis constantia, nosces;
   Flamma rogi flammas finiet una meas.
165 Praeposui regnis ego te, quae maxima quondam
   Pollicita est nobis nupta sororque Iovis.
  Dumque tuo possem circumdare bracchia collo,   165
   Contempta est virtus Pallade dante mihi.
  Nec piget, aut umquam stulte legisse videbor:
170   Permanet in voto mens mea firma suo.
  Spem modo ne nostram fieri patiare caducam,
   Deprecor, o tanto digna labore peti!   170
  Non ego coniugium generosae degener opto,
   Nec mea, crede mihi, turpiter uxor eris.

---

ma. 2. *maligna fuit* G, P in marg. ma. 2. *malignatum est* P ma. I.   **150.**
est V s.   **154.** *tetenda* P.   **163.** *paridis* PG ω, *paridi* s.   **166.** Post
hunc versum unus et alter, post **168** multi codices recentiores et edd. vett.
exhibent distichon interpolatum: Cum Venus et Juno, Pallasque in vallibus Idae Corpora iudicio supposuere meo: variaeque interpolationes
superstruuntur quibus hunc apparatum onerare nolo.   **169.** *elegisse*
GV ω.   *fatebor* s Heinsius, Bentley.   **170.** *fixa* V.   **175.** *quaeris*

175 Pliada, si quaeres, in nostra gente Iovemque
    Invenies, medios ut taceamus avos.
    Sceptra parens Asiae, qua nulla beatior ora est,   175
    Finibus inmensis vix obeunda, tenet.
    Innumeras urbes atque aurea tecta videbis,
180   Quaeque suos dicas templa decere deos;
    Ilion adspicies firmataque turribus altis
    Moenia, Phoebeae structa canore lyrae.   180
    Quid tibi de turba narrem numeroque virorum?
    Vix populum tellus sustinet illa suum.
185 Occurrent denso tibi Troades agmine matres,
    Nec capient Phrygias atria nostra nurus.
    O quotiens dices 'quam pauper Achaia nostra est!'
    Una domus quaevis urbis habebit opes.   186
    Nec mihi fas fuerit Sparten contemnere vestram:
190   In qua tu nata es, terra beata mihi est;
    Parca sed est Sparte, tu cultu divite digna:
    Ad talem formam non facit iste locus.   190
    Hanc faciem largis sine fine paratibus uti
    Deliciisque decet luxuriare novis.
195 Cum videas cultus nostra de gente virorum,
    Qualem Dardanias credis habere nurus?
    Da modo te facilem nec dedignare maritum,   195
    Rure Therapnaeo nata puella, Phrygem.
    Phryx erat et nostro genitus de sanguine, qui nunc
200   Cum dis potando nectare miscet aquas;
    Phryx erat Aurorae coniunx, tamen abstulit illum
    Extremum Noctis quae dea finit iter;   200
    Phryx etiam Anchises, volucrum cui mater Amorum
    Gaudet in Idaeis concubuisse iugis.

ı, *quaeras* ı.   **177.** *Regna* Bentley, Housman.   **180.** *dicare* P
prima manu.   **193.** *parentibus* P ma. 1.   **196.** *Qualem* PG,
Quales ω.   **200.** *potandas* G ı N. Heinsius: fuit in P *disputando*,
sed *dis* in *diis*, *-u* in *-o* mutatum est.   **205.** *collatus* ı.   *annis* P,

205 Nec, puto, conlatis forma Menelaus et annis
    Iudice te nobis anteferendus erit:
    Non dabimus certe socerum tibi clara fugantem   205
    Lumina, qui trepidos a dape vertat equos,
    Nec Priamo pater est soceri de caede cruentus
210   Et qui Myrtoas crimine signat aquas,
    Nec proavo Stygia nostro captantur in unda
    Poma, nec in mediis quaeritur umor aquis.   210
    Quid tamen hoc refert, si te tenet ortus ab illis?
    Cogitur huic domui Iuppiter esse socer.
215 Heu facinus! totis indignus noctibus ille
    Te tenet amplexu perfruiturque tuo.
    At mihi conspiceris posita vix denique mensa,   215
    Multaque, quae laedant, hoc quoque tempus habet.
    Hostibus eveniant convivia talia nostris,
220   Experior posito qualia saepe mero.
    Paenitet hospitii, cum me spectante lacertos
    Imponit collo rusticus iste tuo.   220
    Rumpor et invideo,—quidni tamen omnia narrem?—
    Membra superiecta cum tua veste fovet.
225 Oscula cum vero coram non dura daretis,
    Ante oculos posui pocula sumpta meos.
    Lumina demitto, cum te tenet artius ille,   225
    Crescit et invito lentus in ore cibus.
    Saepe dedi gemitus et te, lasciva, notavi
230   In gemitu risum non tenuisse meo;
    Saepe mero volui flammam conpescere, at illa
    Crevit, et ebrietas ignis in igne fuit.   230
    Multaque ne videam, versa cervice recumbo,
    Sed revocas oculos protinus ipsa meos.

---

armis G ω : sollemnis inter has voces confusio.   **207.** *Titana fugantem Numina qui trepidis a dape vertit equis* Bentley.   **208.** *cui trepidos Sol dape* N. Heinsius.   **219.** *conuia* P.   **222.** *ille* G V ω.   **223.** *quid ni tamen* V Sedlmayer, quod N. Heinsio quoque placebat, *quidnam tamen* P (sed *nam* in ras.), *quid ne* G s, *quid enim non* s N. Heinsius, *quid non tamen* s, *quid nunc tamen* s.   **224.** *uestra* P ma. 1.   **227.** *ille&* //// P.   **231.** *mero* edd. vett., *meo* P,

235 Quid faciam, dubito: dolor est meus illa videre,
     Sed dolor a facie maior abesse tua.
     Qua licet et possum, luctor celare furorem,   235
     Sed tamen apparet dissimulatus amor.
     Nec tibi verba damus: sentis mea vulnera, sentis;
240   Atque utinam soli sint ea nota tibi!
     A! quotiens lacrimis venientibus ora reflexi,
     Ne causam fletus quaereret ille mei;   240
     A! quotiens aliquem narravi potus amorem,
     Ad vultus referens singula verba tuos,
245 Indiciumque mei ficto sub nomine feci!
     Ille ego, si nescis, verus amator eram.
     Quin etiam, ut possem verbis petulantius uti,   245
     Non semel ebrietas est simulata mihi.
     Prodita sunt, memini, tunica tua pectora laxa
250 Atque oculis aditum nuda dedere meis,
     Pectora vel puris nivibus vel lacte tuamque
     Complexo matrem candidiora Iove: 250
     Dum stupeo visis—nam pocula forte tenebam,—·
     Tortilis a digitis excidit ansa meis.
255 Oscula si natae dederas, ego protinus illa
     Hermiones tenero laetus ab ore tuli.
     Et modo cantabam veteres resupinus amores,   255
     Et modo per nutum signa tegenda dabam;
     Et comitum primas, Clymenen Aethramque, tuarum
260 Ausus sum blandis nuper adire sonis,
     Quae mihi non aliud, quam formidare, locutae
     Orantis medias deseruere preces.   260
     Di facerent, pretium magni certaminis esses,
     Teque suo posset victor habere toro:
265 Ut tulit Hippomenes Schoeneida praemia cursus,
     Venit ut in Phrygios Hippodamia sinus,

---

meam G·V ω.   **235.** *meos* P ma. I. *uideri* P ma. I.   **242.** *flexus*
P ma. pr.   **243.** *aliquem* P Plan. *iuuenum* P ma. I. in marg. V s.
aliquid latere videtur: an *vanum. amores* s.   **254.** *a* om. P.
e N. Heinsius.   **260.** *cum* PG·V ω.   **265.** Interpolantur in s

Ut ferus Alcides Acheloia cornua fregit, 265
    Dum petit amplexus, Deianira, tuos:
Nostra per has leges audacia fortiter isset,
270   Teque mei scires esse laboris opus.
Nunc mihi nil superest, nisi te, formosa, precari
    Amplectique tuos, si patiare, pedes. 270
O decus, o praesens geminorum gloria fratrum,
    O Iove digna viro, ni Iove nata fores,
275 Aut ego Sigeos repetam te coniuge portus,
    Aut hic Taenaria contegar exul humo!
Non mea sunt summa leviter districta sagitta 275
    Pectora; descendit vulnus ad ossa meum.
Hoc mihi, nam repeto, fore, ut a caeleste sagitta
280   Figar, erat verax vaticinata soror.
Parce datum fatis, Helene, contemnere amorem!
    Sic habeas faciles in tua vota deos! 280
Multa quidem subeunt, sed coram ut plura loquamur,
    Excipe me lecto nocte silente tuo!
285 An pudet et metuis Venerem temerare maritam
    Castaque legitimi fallere iura tori?
A! nimium simplex Helene, ne rustica dicam, 285
    Hanc faciem culpa posse carere putas?
Aut faciem mutes aut sis non dura, necesse est:
290   Lis est cum forma magna pudicitiae.
Iuppiter his gaudet, gaudet Venus aurea furtis:
    Haec tibi nempe patrem furta dedere Iovem. 290
Vix fieri, si sunt vires in semine *m*orum,
    Et Iovis et Ledae filia, casta potes.
295 Casta tamen tum sis, cum te mea Troia tenebit,
    Et tua sim, quaeso, crimina solus ego;

--- --- ---

versus duo: Quae propero cursu vicerat ante procos Sic et tu Phrygias
venies regina per urbes. **269.** *esset* P. **279.** *recolo* G₂ s,
Bentley. **285.** *putet* P pr. **293.** *sint* G V ω. *morum* Merkel, *amorum* PGV Plan., *auorum* s N. Heinsius, vulgo ante Merkelium.
294. *putes* P pr. **299.** *et* om. P s: fortasse *idem suadet.* **303.**

Nunc ea peccemus, quae corriget hora iugalis,   295
   Si modo promisit non mihi vana Venus!
Sed tibi et hoc suadet rebus, non voce maritus,
300 Neve sui furtis hospitis obstet, abest.
Non habuit tempus, quo Cresia regna videret,
   Aptius: o mira calliditate virum!   300
Is 'sed et Idaei mando tibi' dixit iturus
   'Curam pro nobis hospitis, uxor, agas.'
305 Neclegis absentis, testor, mandata mariti:
   Cura tibi non est hospitis ulla tui.
Huncine tu speras hominem sine pectore dotes   305
   Posse satis formae, Tyndari, nosse tuae?
Falleris: ignorat, nec, si bona magna putaret,
310 Quae tenet, externo crederet illa viro.
Ut te nec mea vox nec te meus incitet ardor,
   Cogimur ipsius commoditate frui;   310
Aut erimus stulti, sic ut superemus et ipsum,
   Si tam securum tempus abibit iners.
315 Paene suis ad te manibus deducit amantem:
   Utere mandatis simplicitate viri!
Sola iaces viduo tam longa nocte cubili,   315
   In viduo iaceo solus et ipse toro:
Te mihi meque tibi communia gaudia iungant!
320 Candidior medio nox erit illa die.
Tunc ego iurabo quaevis tibi numina meque
   Adstringam verbis in sacra vestra meis;   320

Locus depositus, cui tamen, ut potui, remedium attuli *Is sed* scribens pro
Esset quod exhibent **PGV**: Planudes vertit ἐκεῖνος καὶ ἀπαίρων (iturus). *Esset
ut* **G**, *Ivit et* **s**, *Exit et* **s**, *Ipse* vel *Ille abit* **s**, *Cessit et* Riesius: *Haesit* **s**
N. Heinsius. *mandās* P₂. *Restat ut—mandem* Merkel, *Risit et* Bent-
ley. *Res et ut Idaei mando* Ehwald ex Madvigii nota marginali. *Excidit?* ego olim.   **316.** *mandātis* **P**: linea supra scripta non mihi
videtur pro *n* scripta, sed marginalem lectionem indicat, ut saepius in hoc
dodice: hic in margine ma. pr. adscriptum est *non vafri* quod in multis
edd. legitur. *mandatis* multi codices; et hoc iam verum iudico: nam
non vafri idem dicit quod *simplicitate*, et *mandantis* absolute positum
offendit. Contra *mandatis* facilem planumque sensum praebet 'utere iis
quae per simplicitatem viri tibi mandata sunt.'   **320.** *uiae* **P** pr.
322. *in sacra vestra* scripsi: *in sacra iura* ω *vulgo:* 'in **P** pentametri

Tunc ego, si non est fallax fiducia nostra,
Efficiam praesens, ut mea regna petas.
325 Si pudet et metuis, ne me videare secuta,
Ipse reus sine te criminis huius ero.
Nam sequar Aegidae factum fratrumque tuorum ; 325
Exemplo tangi non propiore potes :
Te rapuit Theseus, geminas Leucippidas illi ;
330 Quartus in exemplis adnumerabor ego.
Troia classis adest armis instructa virisque :
Iam facient celeres remus et aura vias.   330
Ibis Dardanias ingens regina per urbes,
Teque novam credet vulgus adesse deam, ·
335 Quaque feres gressus, adolebunt cinnama flammae,
Caesaque sanguineam victima planget humum.
Dona pater fratresque et cum genetrice sorores   335
Iliadesque omnes totaque Troia dabit.
Ei mihi! pars a me vix dicitur ulla futuri :
340 Plura feres, quam quae littera nostra refert.
Nec tu rapta time, ne nos fera bella sequantur,
Concitet et vires Graecia magna suas :   340
Tot prius abductis ecqua est repetita per arma ?
Crede mihi, vanos res habet ista metus !
345 Nomine ceperunt Aquilonis Erechthida Thraces,
Et tuta a bello Bistonis ora fuit ;
Phasida puppe nova vexit Pagasaeus Iason,   345
Laesa neque est Colcha Thessala terra manu ;
Te quoque qui rapuit, rapuit Minoida Theseus ;
350 Nulla tamen Minos Cretas ad arma vocat.

---

pars posterior a ma. pr. non extat: addidit ma. 2. *in sacra iura meis :'*
ita Ehwald, qui edidit *in tua iura meis*, et ita **s**. *in tua iussa meis* **G**, *in
tua uerba* **s**, *in rata iura* N. Heinsius, *in stata iura* Bentley.   **323.**
nostri multi codd. et edd.   **328.** *propiore* multi libri: *propriore*
multi, Merkelius, Sedlmayer. De **P** incertus sum.   **331.** *Troica* **G s**.
342. *tota* **s**, edd. vett. complures.   **343.** *& qua est* **P**.   **347.** *pa-*

Terror in his ipso maior solet esse periclo :
Quaque timere libet, pertimuisse pudet.   350
Finge tamen, si vis, ingens consurgere bellum :
Et mihi sunt vires, et mea tela nocent.
355 Nec minor est Asiae quam vestrae copia terrae :
Illa viris dives, dives abundat equis.
Nec plus Atrides animi Menelaus habebit   355
Quam Paris aut armis anteferendus erit.
Paene puer caesis abducta armenta recepi
360 Hostibus et causam nominis inde tuli ;
Paene puer iuvenes. vario certamine vici,
In quibus Ilioneus Deiphobusque fuit.   360
Neve putes, non me nisi comminus esse timendum,
Figitur in iusso nostra sagitta loco.
365 Num potes haec illi primae dare facta iuventae,
Instruere Atriden num potes arte mea ?
Omnia si dederis, numquid dabis Hectora fratrem? 365
Unus is innumeri militis instar erit.
Quid valeam nescis, et te mea robora fallunt ;
370 Ignoras, cui sis nupta futura viro.
Aut igitur nullo belli repetere tumultu,
Aut cedent Marti Dorica castra meo.   370
Nec tamen indigner pro tanta sumere ferrum
Coniuge : certamen praemia magna movent.
375 Tu quoque, si de te totus contenderit orbis,
Nomen ab aeterna posteritate feres.
Spe modo non timida dis hinc egressa secundis   375
Exige cum plena munera pacta fide !

---

gaseius P ap. Keilium, *pagasius* ap. Sedlmayerum, *pagaseus* G.   **349.**
Terror habet quod displiceat : *Ardor* vel *Fervor* si poeta scripsisset,
sententia debita evaderet.   **350.** *Quaeque* ω.   **364.** *in*
iussu P pr.   **365.** *Num* s, *No//* P, *Non* ω.   **366.** *num* s, P pro
var. lect. ma. pr.   *non* P ω.   **367.** *numquam* G s.   **368.** *erit* P,
habet G s.   **373.** *ferrum* PG, *bellum* G₂ s.   **374.** *manent* G ma. I.
fortasse *merent.*   **375.** *contenderet* PV.   **378.** *tum* P.

XVII.

HELENE PARIDI.

Nunc oculos tua cum violarit epistula nostros,
    Non rescribendi gloria visa levis.
Ausus es hospitii temeratis, advena, sacris
    Legitimam nuptae sollicitare fidem!
5 Scilicet idcirco ventosa per aequora vectum
    Excepit portu Taenaris ora suo,
Nec tibi, diversa quamvis e gente venires,
    Oppositas habuit regia nostra fores,
Esset ut officii merces iniuria tanta?
10   Qui sic intrabas, hospes an hostis eras?
Nec dubito, quin haec, cum sit tam iusta, vocetur
    Rustica iudicio nostra querela tuo.
Rustica sim sane, dum non oblita pudoris,
    Dumque tenor vitae sit sine labe meae!
15 Si non est ficto tristis mihi vultus in ore,
    Nec sedeo duris torva superciliis,
Fama tamen clara est, et adhuc sine crimine vixi,
    Et laudem de me nullus adulter habet.
Quo magis admiror, quae sit fiducia coepti,
20   Spemque tori dederit quae tibi causa mei.
An, quia vim nobis Neptunius attulit heros,
    Rapta semel videor bis quoque digna rapi?
Crimen erat nostrum, si delinita fuissem:
    Cum sim rapta, meum quid nisi nolle fuit?

XVII. Explic. XIIII. Incipit XV. HELENA PARIDI nom. ma. rec. **P.**
1. *epistola* **P.**   **7.** *a* **G**, *de* **s.**   **9.** *tanta* scripsi, *tunti* libri.
Officium non ita magnum fuit: iniuria vero maxima.   **15.** *facto*
P pr. **V.**   **16.** *uideor* marg. lect. in **P** a prima manu, **s.**   **17.** *lusi,*
l. *uixi* **P**; hoc verum videtur. *uixi* **G ω**, *lusi* multi codices.   **19.** *coepti*

25 Non tamen e facto fructum tulit ille petitum :
   Excepto redii passa timore nihil.
   Oscula luctanti tantummodo pauca protervus
   Abstulit : ulterius nil habet ille mei.
   Quae tua nequitia est, non his contenta fuisset :
30   Di melius ! similis˜ non fuit ille tui.
   Reddidit intactam, minuitque modestia crimen,
   Et iuvenem facti paenituisse patet.
   Thesea paenituit, Paris ut succederet illi,
   Ne quando nomen non sit in ore meum ?
35 Nec tamen irascor,—quis enim succenset amanti?—
   Si modo, quem praefers, non simulatur amor.
   Hoc quoque enim dubito, non quo fiducia desit,
   Aut mea sit facies non bene nota mihi,
   Sed quia credulitas damno solet esse puellis,
40   Verbaque dicuntur vestra carere fide.
   ' At peccant aliae, matronaque rara pudica est.'
   Quis prohibet raris nomen inesse meum ?
   Nam mea quod visa est tibi mater idonea, cuius
   Exemplo flecti me quoque posse putes,
45 Matris in admisso falsa sub imagine lusae
   Error inest : pluma tectus adulter erat.
   Nil ego, si peccem, possum nescisse, nec ullus
   Error, qui facti crimen obumbret, erit.
   Illa bene erravit vitiumque auctore redemit :
50   Felix in culpa quo Iove dicar ego ?
   Quod genus et proavos et regia nomina iactas ;
   Clara satis domus haec nobilitate sua est.
   Iuppiter ut soceri proavus taceatur et omne
   Tantalidae Pelopis Tyndareique genus,

P ma. I. G, *coepto* P ma. 2. **s**, Bentley.   30. *tui* 1. *tibi* P, *tibi* **s**
Bentleius.   36. *simulator* P pr. Merkel.   37. *non quo* V **s**,
non quod PG vulgo.   42. *Qui* P a manu prima.   43. *tibi* om. P
primo.   44. *putas* V ω.   47. *possim* **s**, *possum* PG ω.   50.
iuue P ma. pri.   51. *Quod* **s**, *Ea* P, *Et* vulgo.   54. *decus* P pro

55 Dat mihi Leda Iovem cygno decepta parentem,
 Quae falsam gremio credula fovit avem.
I nunc et Phrygiae late primordia gentis
 Cumque suo Priamum Laumedonte refer!
Quos ego suspicio; sed qui tibi gloria magna est
60 Quintus, is a nostro nomine primus erit.
Sceptra tuae quamvis rear esse potentia terrae,
 Non tamen haec illis esse minora puto.
Si iam divitiis locus hic numeroque virorum
 Vincitur, at certe barbara terra tua est.
65 Munera tanta quidem promittit epistula dives,
 Ut possint ipsas illa movere deas.
Sed si iam vellem fines transire pudoris,
 Tu melior culpae causa futurus eras.
Aut ego perpetuo famam sine labe tenebo,
70 Aut ego te potius quam tua dona sequar.
Utque ea non sperno, sic acceptissima semper
 Munera sunt, auctor quae pretiosa facit.
Plus multo est, quod amas, quod sum tibi causa laboris,
 Quod tam per longas spes tua venit aquas.
75 Illa quoque, adposita quae nunc facis, improbe, mensa,
 Quamvis experiar dissimulare, noto:
Cum modo me spectas oculis, lascive, protervis,
 Quos vix instantes lumina nostra ferunt,
Et modo suspiras, modo pocula proxima nobis
80 Sumis, quaque bibi, tu quoque parte bibis.
A! quotiens digitis, quotiens ego tecta notavi
 Signa supercilio paene loquente dari!
Et saepe extimui, ne vir meus illa videret,
 Non satis occultis erubuique notis.

---

v. l. manu prima. *genus* G V ω.   **58.** *laomedonte* G ω, *Priamo Lao-*
medonta multi codices.   **61.** *troiae* P pro var. lect. ma. I., *terrae* P G
pr.   **62.** *No* P.   **66.** *possent* s Bentley.   **68.** *pudoris*
P marg. ma. I.   **73.** *laboris* P, sed *la* ma 2. *doloris* V s Bentley: *caloris* suspiceris in archetypo fuisse.   **79.** *nostris* P pro
var. lect. ma. I.; G Bentley.   **80.** *bibo* G s. *parce* P. *bilis* P pr.

85 Saepe vel exiguo vel nullo murmure dixi:
　　'Nil pudet hunc,' nec vox haec mea falsa fuit.
Orbe quoque in mensae legi sub nomine nostro,
　　Quod deducta mero littera fecit, AMO.
Credere me tamen hoc oculo renuente negavi:
90　Ei mihi! iam didici sic ego posse loqui!
His ego blanditiis, si peccatura fuissem,
　　Flecterer, his poterant pectora nostra capi.
Est quoque, confiteor, facies tibi rara, potestque
　　Velle sub amplexus ire puella tuos.
95 Altera vel potius felix sine crimine fiat,
　　Quam cadat externo noster amore pudor!
Disce meo exemplo formosis posse carere:
　　Est virtus placitis abstinuisse bonis.
Quam multos credis iuvenes optare, quod optas?
100　Qui sapiant, oculos an Paris unus habes?
Non tu plus cernis sed plus temerarius audes,
　　Nec tibi plus cordis sed minus oris adest.
Tunc ego te vellem celeri venisse carina,
　　Cum mea virginitas mille petita procis:
105 Si te vidissem, primus de mille fuisses!
　　Iudicio veniam vir dabit ipse meo.
Ad possessa venis praeceptaque gaudia serus:
　　Spes tua lenta fuit; quod petis, alter habet.
Ut tamen optarem fieri tua Troica coniunx,
110　Invitam sic me nec Menelaus habet.
Desine molle, precor, verbis convellere pectus,
　　Neve mihi, quam te dicis amare, noce,

---

89. *me* om. P ma. pr.　　95. *uel potius* P, Merkel.　*sed potius* libri
plurimi.　97. Elisio vocis iambicae *meo* suspicionem movet.　Anne *ex
exemplo* legendum?　*formonsis* P.　100. *sapiunt* ω.　Ehwald notam
interrogationis post *sapiant* delet, post *optas* ponit, ita ut *qui* ad *oculos*
referatur, cui structurae favet Planudes.　102. *minus* PG ω, *magis* s.
Bonorum codicum lectionem *minus* in commentario Anglico veram esse
demonstrare conatus sum.　107. *praereptaque* G s.　109. *tu
troica* P a m. 1.　110. *n//* P, *nec* s, *non* ω.　113. *natura* P pro

Sed sine, quam tribuit sortem fortuna, tueri
   Nec spolium nostri turpe pudoris *ave*.'
115 At Venus hoc pacta est, et in altae vallibus Idae
   Tres tibi se nudas exhibuere deae,
Unaque cum regnum, belli daret altera laudem,
   ' Tyndaridis coniunx ' tertia dixit ' eris ' !
Credere vix equidem caelestia corpora possum
120   Arbitrio formam supposuisse tuo.
Utque sit hoc verum, certe pars altera ficta est,
   Iudicii pretium qua data dicor ego :
Non est tanta mihi fiducia corporis, ut me
   Maxima teste dea dona fuisse putem.
125 Contenta est oculis hominum mea forma probari :
   Laudatrix Venus est invidiosa mihi.
Sed nihil infirmo : faveo quoque laudibus istis :
   Nam mea vox quare, quod cupit, esse neget ?
Nec tu succense, nimium mihi creditus aegre :
130   Tarda solet magnis rebus inesse fides.
Prima mea est igitur Veneri placuisse voluptas,
   Proxima, me visam praemia summa tibi,
Nec te Palladios nec te Iunonis honores
   Auditis Helenae praeposuisse bonis.
135 Ergo ego sum virtus, ego sum tibi nobile regnum !
   Ferrea sim, si non hoc ego pectus amem.
Ferrea, crede mihi, non sum, sed amare repugno
   Illum, quem fieri vix puto posse meum.
Quid bibulum curvo proscindere litus aratro
140   Spemque sequi coner, quam locus ipse negat ?
Sum rudis ad Veneris furtum, nullaque fidelem
   —Di mihi sunt testes—lusimus arte virum ;

---

marg. lect. ma. 1. **s** Bent'ey.   **114.** *ave* scripsi pro eo quod omnes libri exhibent *habe* : nam passim in libris manu scriptis confunduntur *habere* et *avere* : et, quod ad sensum attinet, illud *habe*, me iudice, vitium sonat. Planudes potest *aue* legisse, sed hoc non pro certo affirmandum. **119.** *pectora* Bentley.   **123.** *mei* **s**.   **127.** *infirmor* **s**, *inficior* **s**. **137.** *recuso* **s**.   **151.** *nisi si* **P**, *nisi* **G** (ap. Jahnium), *nisi tu* **s**. Confer

Nunc quoque, quod tacito mando mea verba libello,
　　Fungitur officio littera nostra novo.
145 Felices, quibus usus adest! ego nescia rerum
　　Difficilem culpae suspicor esse viam.
Ipse malo metus est: iam nunc confundor et omnes
　　In nostris oculos vultibus esse reor.
Nec reor hoc falso: sensi mala murmura vulgi,
150 　Et quasdam voces rettulit Aethra mihi.
At tu dissimula, nisi si desistere mavis:
　　Sed cur desistas? dissimulare potes.
Lude, sed occulte: maior, non maxima, nobis
　　Est data libertas, quod Menelaus abest.
155 Ille quidem procul est, ita re cogente, profectus:
　　Magna fuit subitae iustaque causa viae.
Aut mihi sic visum est: ego, cum dubitaret, an iret,
　　'Quam primum' dixi 'fac rediturus eas!'
Omine laetatus dedit oscula, 'res'que 'domusque
160 　Et tibi sit curae Troicus hospes' ait.
Vix tenui risum, quem dum compescere luctor,
　　Nil illi potui dicere praeter 'erit.'
Vela quidem Creten ventis dedit ille secundis;
　　Sed tu non adeo cuncta licere puta!
165 Sic meus hinc vir abest, ut me custodiat absens.
　　An nescis longas regibus esse manus?
Fama quoque est oneri: nam quo constantius ore
　　Laudamur vestro, iustius ille timet.
Quae iuvat, ut nunc est, eadem mihi gloria damno est,
170 　Et melius famae verba dedisse fuit.
Nec quod abest hic me tecum mirare relictam:
　　Moribus et vitae credidit ille meae.
De facie metuit, vitae confidit, et illum
　　Securum probitas, forma timere facit.

---

iv. III.　　　**155.** *at* G ω.　　　**160.** *Troicus* hic, ut videtur, codices
omnes.　　　**164.** *adeo* PG, Merkel, Sedlmayer: *ideo* s, editores
plurimi, Ehwald.　　　**171.** *relicta* P ed. Naugeriana.　　　**177.** *uoluptas*

175 Tempora ne pereant ultro data, praecipis, utque
    Simplicis utamur commoditate viri.
Et libet et timeo, nec adhuc exacta voluntas
    Est satis : in dubio pectora nostra labant.
Et vir abest nobis, et tu sine coniuge dormis,
180   Inque vicem tua me, te mea forma capit ;
Et longae noctes, et iam sermone coimus,
    Et tu, me miseram ! blandus, et una domus :
Et peream, si non invitant omnia culpam ;
    Nescio quo tardor sed tamen ipsa metu.
185 Quod male persuades, utinam bene cogere posses !
    Vi mea rusticitas excutienda fuit.
Utilis interdum est ipsis iniuria passis :
    Sic certe felix esse coacta forem.
Dum novus est, potius coepto pugnemus amori :
190   Flamma recens parva sparsa resedit aqua.
Certus in hospitibus non est amor : errat, ut ipsi,
    Cumque nihil speres firmius esse, fuit.
Hypsipyle testis, testis Minoia virgo est,
    In non exhibitis utraque *lu*sa toris.
195 Tu quoque dilectam multos, infide, per annos
    Diceris Oenonen destituisse tuam.
Nec tamen ipse negas, et nobis omnia de te
    Quaerere, si nescis, maxima cura fuit.
Adde, quod, ut cupias constans in amore manere,
200   Non potes : expediunt iam tua vela Phryges.
Dum loqueris mecum, dum nox sperata paratur,
    Qui ferat in patriam, iam tibi ventus erit.
Cursibus in mediis novitatis plena relinquis
    Gaudia ; cum ventis noster abibit amor.

PV ω.   **186.** *Ut . . . foret* GV ω.
resedit libri, *residit* Heinsius, *recedit* s.
plurimi.   **193.** *est* om. s Bentley.
questa Heinsius ; hoc edidit Ehwald.
manu, *destituisse* GV, *deseruisse* s.
203. *prima* P in marg. ma. 2.   *relinquis* PGV s Merkel.   *relinques* ω.

190. *redens paua* P ma. I.
192. *fuit* P s : *fugit* codices
194. *lusa* s, *iusta* PGV,
196. *destiticisse* P a prima
200. *expedient* V s.   *friges* P.

205 An sequar, ut suades, laudataque Pergama visam
 Pronurus et magni Laumedontis ero?
Non ita contemno volucris praeconia famae,
 Ut probris terras impleat illa meis.
Quid de me poterit Sparte, quid Achaia tota,
210 Quid gentes Asiae, quid tua Troia loqui?
Quid Priamus de me, Priami quid sentiet uxor,
 Totque tui fratres Dardanidesque nurus?
Tu quoque qui poteris fore me sperare fidelem
 Et non exemplis anxius esse tuis?
215 Quicumque Iliacos intraverit advena portus,
 Is tibi solliciti causa timoris erit.
Ipse mihi quotiens iratus 'adultera' dices,
 Oblitus nostro crimen inesse tuum!
Delicti fies idem reprehensor et auctor.
220 Terra, precor, vultus obruat ante meos!
At fruar Iliacis opibus cultuque beato
 Donaque promissis uberiora feram:
Purpura nempe mihi pretiosaque texta dabuntur,
 Congestoque auri pondere dives ero!
225 Da veniam fassae! non sunt tua munera tanti;
 Nescio quo tellus me tenet ipsa modo.
Quis mihi, si laedar, Phrygiis succurret in oris?
 Unde petam fratres, unde parentis opem?
Omnia Medeae fallax promisit Iason:
230 Pulsa est Aesonia num minus illa domo?
Non erat Aeetes, ad quem despecta rediret,
 Non Idyia parens Chalciopeque soror.
Tale nihil timeo, sed nec Medea timebat:
 Fallitur augurio spes bona saepe suo.

---

206. *laomedontis* G·V ω.   **210.** *Asiae* multi codd. et edd. *aliae* P ς,
212. *dardaniaeque* ς.   **214.** *non*] *nox* in *mox* corr. ma. 2. P.   **220.**
procul PV ς.   **226.** *ipsa* PG, *ista* ω.   **228.** *fratris* ς.   **230.**
non ς. *ipsa* G.   **232.** *Idyia* Delrius: *idiia* P ut videtur sub ras. in
ipsea ma. 2. mutatum. *ipsa* G ma. 1. *ipsea* G corr. ma. 2. cum glossa
'Ipsea proprium nomen matris Medeae.' Immanis varietas in ς ut in raris

235 Omnibus invenies, quae nunc iactantur in alto,
　　Navibus a portu lene fuisse fretum.

Fax quoque me terret, quam se peperisse cruentam
　　Ante diem partus est tua visa parens,

Et vatum timeo monitus, quos igne Pelasgo
240　Ilion arsurum praemonuisse ferunt.

Utque favet Cytherea tibi, quia vicit, habetque
　　Parta per arbitrium bina tropaea tuum,

Sic illas vereor, quae, si tua gloria vera est,
　　Iudice te causam non tenuere duae.

245 Nec dubito, quin, te si prosequar, arma parentur:
　　Ibit per gladios, ei mihi! noster amor.

An fera Centauris indicere bella coegit
　　Atracis Haemonios Hippodamia viros:

Tu fore tam iusta lentum Menelaon in ira
250　Et geminos fratres Tyndareumque putas?

Quod bene te iactes et fortia facta loquaris,
　　A verbis facies dissidet ista suis.

Apta magis Veneri, quam sunt tua corpora Marti:
　　Bella gerant fortes, tu, Pari, semper ama.

255 Hectora, quem laudas, pro te pugnare iubeto:
　　Militia est operis altera digna tuis.

His ego, si saperem pauloque audacior essem,
　　Uterer; utetur, siqua puella sapit.

Aut ego deposito sapiam fortasse pudore
260　Et dabo cunctatas tempore victa manus.

Quod petis, ut furtim praesentes ista loquamur,
　　Scimus, quid captes conloquiumque voces;

---

nominibus propriis fieri solet. *Hypsaea* Scaliger.　　**240.** *arsuram* s,
Heinsius (?).　　**241.** *quae* G ap. Jahnium. s.　　**244.** *deae* multi
codices.　　**245.** *dubito* codd. praeter P, *dubite* P unde *dubitem* Merkelius: malim *dubites* vel *dubita*.　　*persequar* GV s.　　**249.** *in ulta* P
ma. prima.　　**251.** *iactes* G s, P ap. Jahnium, *iactas* P ap. Sedlmayerum,
V s.　　*recenses* multi codices pro *loquaris*.　　**252.** *ipsa* s.　　*tuis* GV ω.
256. *operis . . . tui* s, edd. vett.　　*danda* Bentley.　　**259.** *sapiam* s
Bentley.　　*faituam* P ut mihi quidem visum, *i* punctis notato, et *u*
parum lucido.　　*sautiam* P, a ma. 2. in *faciam* mutato ap. Ehwaldium.

Sed nimium properas, et adhuc tua messis in herba est :
Haec mora sit voto forsan amica tuo.
265 Hactenus ; arcanum furtivae conscia mentis
Littera iam lasso pollice sistat opus,
Cetera per socias Clymenen Aethramque loquamur,
Quae mihi sunt comites consiliumque duae.

XVIII.

LEANDER HERONI.

Mittit Abydenus, quam mallet ferre, salutem,
Si cadat unda maris, Sesti puella, tibi.
Si mihi di faciles, *si* sunt in amore secundi,
Invitis oculis haec mea verba leges.
5 Sed non sunt faciles: nam cur mea vota morantur
Currere me nota nec patiuntur aqua?
Ipsa vides caelum pice nigrius et freta ventis
Turbida perque cavas vix adeunda rates.
Unus, et hic audax, a quo tibi littera nostra
10   Redditur, e portu navita movit iter.

---

faciam P ap. Sedlmayerum, qui haud dubie fallitur. *faciam* G V ω. *pudorem*
P.   Haec quoque mihi occurrebant: *deposito fatuae* (vel *fatuo*) *fortasse
pudore* (scil. utar): et, *depositum faciam fortasse pudorem*, hoc est
missum faciam pudorem. Vera lectio nondum reperta videtur.   **260.**
cunctatas scripsi, *cunctas* P ma. prima, *ta* ante *ta* omisso, more suo.
coniunctas P ma. 2. ω, Plan. ut videtur.   *conuictas* V s.   *cunctantes*
Birtius.   *confessas* Sedlmayer coniecit, collato Met. v. 215.   **264.** *Et
mpra* Riesius.   *fit* s Bentley.

XVIII. Explicit XV, Incipit XVI, LEANDER HERO (nomina a ma.
2.) P.
1, 2 om. P, addidit alia manus, non tamen in margine, et spatium
solitum inter epistolas hic quoque vacat.   Spurium distichon duxit Bentley.
In V deest.   **2.** *Sesti* Heinsius, Bentley.   **3.** *si ego, et* P, *tibi*
G V, *uel* s, *ut* s, *qui* s.   Nempe *si* in archetypo ante sunt omissum varietatem lectionis peperit. *sint* G s.   **6.** *mota* s. *non* s.   **8.** *obeunda* s.
10. *a* s.   *soluit* vel *fecit* s.   **16.** *formonsam* P.   **17.** *etiam*]

Ascensurus eram, nisi quod, cum vincula prorae
    Solveret, in speculis omnis Abydos erat.
Non poteram celare meos, velut ante, parentes,
    Quemque tegi volumus, non latuisset amor.
15 Protinus haec scribens 'felix, i, littera!' dixi,
    'Iam tibi formosam porriget illa manum.
Forsitan admotis etiam tangere labellis,
    Rumpere dum niveo vincula dente volet.'
Talibus exiguo dictis mihi murmure verbis
20   Cetera cum charta dextra locuta mea est.
At quanto mallem, quam scriberet, illa nataret,
    Meque per adsuetas sedula ferret aquas!
Aptior illa quidem placido dare verbera ponto :
    Est tamen et sensus apta ministra mei.
25 Septima nox agitur, spatium mihi longius anno,
    Sollicitum raucis ut mare fervet aquis :
His ego si vidi mulcentem pectora somnum
    Noctibus, insani sit mora longa freti!
Rupe sedens aliqua specto tua litora tristis
30   Et, quo non possum corpore, mente feror ;
Lumina quin etiam summa vigilantia turre
    Aut videt aut acies nostra videre putat.
Ter mihi deposita est in sicca vestis harena,
    Ter grave temptavi carpere nudus iter ;
35 Obstitit inceptis tumidum iuvenalibus aequor
    Mersit et inversis ora natantis aquis.
At tu, de rapidis inmansuetissime ventis,
    Quid mecum certa proelia mente geris?
In me, si nescis, Borea, non aequora, saevis!
40   Quid faceres, esset ni tibi notus amor?

---

dominae s.   **21.** *Ah* vel *Ha* G s.   **23, 24** om. P pr. seclusit Lehrs ;
ante **21** ponit Peters s.   **26.** *ut*] *quod* ω, *quo* s.   **36.** *et ad inuersis*
P, *et aduersis* ω.   **38.** *taetra* Housman coll. Catull. lx. 3 'tam mente
dura procreavit et taetra.' *caeca* quoque in promptu est : sed nihil muta-

Tam gelidus quod sis, num te tamen, improbe, quondam
Ignibus Actaeis incaluisse negas?
Gaudia rapturo siquis tibi claudere vellet
Aerios aditus, quo paterere modo?
45 Parce, precor, facilemque move moderatius auram;
Imperet Hippotades sic tibi triste nihil.
Vana peto, precibusque meis obmurmurat ipse,
Quasque quatit, nulla parte coercet aquas.
Nunc daret audaces utinam mihi Daedalus alas,
50 Icarium quamvis hinc prope litus abest!
Quidquid erit, patiar, liceat modo corpus in auras
Tollere, quod dubia saepe pependit aqua.
Interea, dum cuncta negant ventique fretumque,
Mente agito furti tempora prima mei.
55 Nox erat incipiens—namque est meminisse voluptas—
Cum foribus patriis egrediebar amans;
Nec mora, deposito pariter cum veste timore
Iactabam liquido bracchia lenta mari.
Luna fere tremulum praebebat lumen eunti
60 Ut comes in nostras officiosa vias.
Hanc ego suspiciens 'faveas, dea candida,' dixi,
'Et subeant animo Latmia saxa tuo!
Non sinit Endymion te pectoris esse severi;
Flecte, precor, vultus ad mea furta tuos!
65 Tu, dea, mortalem caelo delapsa petebas:
—Vera loqui liceat—quam sequor ipsa dea est;
Neu referam mores caelesti pectore dignos,
Forma nisi in veras non cadit illa deas.

---

verim. *infesta* Riese.   41. *quod*] *cum* P₂G ω. *quom* Riese, haud
recte. *num* P.   45. *facilisque* malim. *moderantius* ω.   49. *paret*
malim; praesens voci *nunc* magis convenire sentis.   50. *hinc* s,
hic PG.   *adest* P₂G ω edd. vett.   53. *uera negant* Bentley.   54.
gaudia Bentley sine ulla causa.   56. *laribus* Heinsius, Bentley.   59.
fere PG, quod vix sanum est.   *mihi* Plan. ω, scribis ineptae vulgatae
haud patientibus. An *ferens*?   63. *sinat* s.   64. *ucta* s.   66. *ipse*

A Veneris facie non est prior ulla tuaque ;
70 Neve meis credas vocibus, ipsa vide!
Quantum, cum fulges radiis argentea puris,
Concedunt flammis sidera cuncta tuis,
Tanto formosis formosior omnibus illa est :
Si dubitas, caecum, Cynthia, *n*umen habes.'
75 Haec ego, vel certe non his diversa, locutus
Per mihi cedentes nocte ferebar aquas.
Unda repercussae radiabat imagine lunae,
Et nitor in tacita nocte diurnus erat ;
Nullaque vox usquam, nullum veniebat ad aures
80 Praeter dimotae corpore murmur aquae ;
Alcyones solae, memores Ceycis amati,
Nescioquid visae sunt mihi dulce queri.
Iamque fatigatis umero sub utroque lacertis
Fortiter in summas erigor altus aquas ;
85 Ut procul aspexi lumen, 'meus ignis in illo est :
Illa meum' dixi 'litora lumen habent.'
Et subito lassis vires rediere lacertis,
Visaque, quam fuerat, mollior unda mihi.
Frigora ne possim gelidi sentire profundi,
90 Qui calet in cupido pectore, praestat amor.
Quo magis accedo, propioraque litora fiunt,
Quoque minus restat, plus libet ire mihi ;
Cum vero possum cerni quoque, protinus addis
Spectatrix animos, ut valeamque facis :
95 Nunc etiam nando dominae placuisse laboro
Atque oculis iacto bracchia nostra tuis.
Te tua vix prohibet nutrix descendere in altum
—Hoc quoque enim vidi, nec mihi verba dabas—

P₁ Werfer, Ehwald.   **71.** *Quanto* ς Burmann, haud recte.   **74.** *numen*
ego, *lumen* codices.   **76.** *sponte* Francius, Bentley. *nocte* valde
friget. Noli tamen suspicari Ovidium potuisse scribere *macte*, licet
hanc coniecturam ediderit Merkel A. A. ii. 138 ubi libri scripti *nocte*
revectus exhibent. Fortasse *ecce* reponendum.   **79.** *nostras ueniebat* ω.
84. *Fortior* ς Bentley.   **86.** *lument* P, *numen* ς.   **93.** *possim* ς.
98. *dabam* Nodellius.   **102.** *diis magnis* ω.   **103.** *De* ς edd.

Nec tamen effecit, quamvis retinebat euntem,
100   Ne fieret prima pes tuus udus aqua.
Excipis amplexu feliciaque oscula iungis,
   Oscula, di magni! trans mare digna peti,
Eque tuis demptos umeris mihi tradis amictus
   Et madidam siccas aequoris imbre comam.
105 Cetera nox et nos et turris conscia novit,
   Quodque mihi lumen per vada monstrat iter.
Non magis illius numerari gaudia noctis
   Hellespontiaci quam maris alga potest;
Quo brevius spatium nobis ad furta dabatur,
110   Hoc magis est cautum, ne foret illud iners.
Iamque fugatura Tithoni coniuge noctem
   Praevius Aurorae Lucifer ortus erat:
Oscula congerimus properata sine ordine raptim
   Et querimur parvas noctibus esse moras;
115 Atque ita cunctatus monitu nutricis amaro
   Frigida deserta litora turre peto.
Digredimur flentes, repetoque ego virginis aequor
   Respiciens dominam, dum licet, usque meam.
Siqua fides vero est, veniens hinc esse natator,
120   Cum redeo, videor naufragus esse mihi.
Hoc quoque, si credes: ad te via prona videtur;
   A te cum redeo, clivus inertis aquae.
Invitus repeto patriam—quis credere possit?—
   Invitus certe nunc moror urbe mea.
125 Ei mihi! cur animis iuncti secernimur undis,
   Unaque mens, tellus non habet una duos?
[Vel tua me Sestus, vel te mea sumat Abydos:
   Tam tua terra mihi, quam tibi nostra placet.]
Cur ego confundor, quotiens confunditur aequor?
130   Cur mihi causa levis, ventus, obesse potest?

---

vett.   **119.** *hinc* Ehwald, *huc* codd.   **121.** *credes* ego, *credis* **P ω** Plan.,
credas **s** (**G** ?).   **123.** *posset* **s.**   **125.** *seiungimur* **G**₁.   **127, 128**

Iam nostros curvi norunt delphines amores,
    Ignotum nec me piscibus esse reor ;
Iam patet attritus solitarum limes aquarum,
    Non aliter multa quam via pressa rota.
135 Quod mihi non esset nisi sic iter, ante querebar ;
    At nunc per ventos hoc quoque deesse queror.
Fluctibus immodicis Athamantidos aequora canent,
    Vixque manet portu tuta carina suo.
Hoc mare, cum primum de virgine nomina mersa,
140   Quae tenet, est nanctum, tale fuisse puto ;
Et satis amissa locus hic infamis ab Helle est,
    Utque mihi parcat, nomine crimen habet.
Invideo Phrixo, quem per freta tristia tutum
    Aurea lanigero vellere vexit ovis.
145 Nec tamen officium pecoris navisve requiro,
    Dummodo, quas findam corpore, dentur aquae.
Arte egeo nulla : fiat modo copia nandi,
    Idem navigium, navita, vector ero.
Nec sequor aut Helicen, aut, qua Tyros utitur, Arcton :
150   Publica non curat sidera noster amor.
Andromedan alius spectet claramque Coronam,
    Quaeque micat gelido Parrhasis Ursa polo ;
At mihi, quod Perseus et cum Iove Liber amarunt,
    Indicium dubiae non placet esse viae.
155 Est aliud lumen, multo mihi certius istis,
    Non errat tenebris quo duce noster amor.
Hoc ego dum spectem, Colchos et in ultima Ponti,
    Quaque viam fecit Thessala pinus, eam.
Et iuvenem possim superare Palaemona nando,
160   Miraque quem subito reddidit herba deum.

---

seclusit Dilthey.   **131.** *delfines* P G.   **133.** *uttritus* P₁.   *miles* P₁.   **135.**
iter ante s, *iterare* P (*-re* ma. 2.) G ω.   **147.** *Parte* Plan. s, *Parce* s, *Arce* s.
Argo . . . nulla Withhof.   *Parte queror nulla* s Bentley.   **148.** *rector* s.
156. Ita s Bentley.   *erat* P₁, *erit in* P₂G ω.   **159.** *possum* ω.
160. *Morsaque* Jortinus, Bentley.   **157.** *amores*] *omnes* P₁.   **169.**

Saepe per adsiduos languent mea bracchia motus
Vixque per inmensas fessa trahuntur aquas ;
His ego cum dixi 'pretium non vile laboris,
Iam dominae vobis colla tenenda dabo,'
165 Protinus illa valent atque ad sua praemia tendunt,
Ut celer Eleo carcere missus equus.
Ipse meos igitur servo, quibus uror, amores
Teque, magis caelo digna puella, sequor :
Digna quidem caelo es, sed *nunc* tellure morare ;
170 Aut dic, ad superos et mihi qua sit iter.
Hic es, et exigue misero contingis amanti,
Cumque mea fiunt turbida mente freta.
Quid mihi, quod lato non separor aequore, prodest ?
Num minus haec nobis tam brevis obstat aqua ?
175 An malim, dubito, toto procul orbe remotus
Cum domina longe spem quoque habere meam.
Quo propius nunc es, flamma propiore calesco,
Et res non semper, spes mihi semper adest ;
Paene manu, quod amo, tanta est vicinia, tango,
180 Saepe sed heu! lacrimas hoc mihi 'paene' movet.
Velle quid est aliud fugientia prendere poma
Spemque suo refugi fluminis ore sequi ?
Ergo ego te numquam, nisi cum volet unda, tenebo,
Et me felicem nulla videbit hiemps ?
185 Cumque minus firmum nil sit quam ventus et unda,
In ventis et aqua spes mea semper erit ?
Aestus adhuc tamen est : quid, cum mihi laeserit aequor
Plias et Arctophylax Oleniumque pecus ?

---

caelo es Merkel, *nunc* ego; *caes adhuc* P₁, *caelo sed huc* P₂, *caelo sed adhuc* G ω, vulgo : sed *adhuc* cum imperativo ut *morare* tantum non soloecum est. *moraris* P₁, *moreris* s. **170.** *et*] *hinc* P₂ ω. **171.** *Hic ... exigue* P₁, *namque minus raro* P₂, *Hic es et exiguum* vel *exiguo* ω (*exiguo* V, *exigum* G). *Hinc est quod raro* ω Bentley, qui *Hic es at exiguum* quoque commendat, quod proposuerat Burmann. **174.** *Non* ω. **175.** *An* s, *Num* PG ω ex praecedenti versu repetitum ut videtur. **177.** *propius* PG, *propior* ω. **187.** *clauserit* coni. Burmann. **190.**

Aut ego non novi, quam sim temerarius, aut me
190   In freta non cautus tum quoque mittet Amor.
Neve putes id me, quod abest, promittere, tempus,
  Pignora polliciti non tibi tarda dabo.
Sit tumidum paucis etiamnunc noctibus aequor,
  Ire per invitas experiemur aquas;
195 Aut mihi continget felix audacia salvo,
  Aut mors solliciti finis amoris erit.
Optabo tamen, ut partis expellar in illas,
  Et teneant portus naufraga membra tuos.
Flebis enim tactuque meum dignabere corpus,
200   Et 'mortis' dices 'huic ego causa fui.'
Scilicet interitus offenderis omine nostri,
  Litteraque invisa est hac mea parte tibi?
Desino: parce queri! sed uti mare finiat iram,
  Accedant, quaeso, fac tua vota meis.
205 Pace brevi nobis opus est, dum transferor isto;
  Cum tua contigero litora, perstet hiemps.
Istic est aptum nostrae navale carinae,
  Et melius nulla stat mea puppis aqua.
Illic me claudat Boreas, ubi dulce morari est;
210   Tunc piger ad nandum, tunc ego cautus ero:
Nec faciam surdis convicia fluctibus ulla
  Triste nataturo nec querar esse fretum.
Me pariter venti teneant tenerique lacerti,
  Per causas istic inpediarque duas.
215 Cum patietur hiemps, remis ego corporis utar,
  Lumen in adspectu tu modo semper habe.
Interea pro me pernoctet epistula tecum,
  Quam precor ut minima prosequar ipse mora.

---

cautum ω.   **191.** *in* Dilthey, Ehwald.   Post *promittere* interpunxi.
197. *tantum* (*ut* om.) ς. *in istas* Douza.   **203.** *Desino* PG, *Desine*
G₂V ς, Plan. *parte* ⚡ ω. *uti* ego, *et ut* P (aut *ut et?*), *ut hanc* V, *ut*
hoc G (?).   **205.** *istic* vel *istuc* vel *illuc* ς.   **211.** *flatibus* Burmann.   **213.** *teneant venti pariter* V ς. *pariterque lacerti* ς, *uestrique*
lacerti ς Bentley.   **215.** *hiems* hic P.   218. *persequar* ς.

XIX.

HERO LEANDRO.

Quam mihi misisti verbis, Leandre, salutem
  Ut possim missam rebus habere, veni.
Longa mora est nobis omnis, quae gaudia differt;
  Da veniam fassae: non patienter amo.
5 Urimur igne pari, sed sum tibi viribus inpar:
  Fortius ingenium suspicor esse viris.
Ut corpus, teneris ita mens infirma puellis:
  Deficiam, parvi temporis adde moram.
Vos modo venando, modo rus geniale colendo
10 Ponitis in varia tempora longa mora.
Aut fora vos retinent aut unctae dona palestrae,
  Flectitis aut freno colla sequacis equi;
Nunc volucrem laqueo, nunc piscem ducitis hamo;
  Diluitur posito serior hora mero.
15 His mihi summotae, vel si minus acriter urar,
  Quod faciam, superest praeter amare nihil.
Quod superest facio, teque, o mea sola voluptas,
  Plus quoque, quam reddi quod mihi possit, amo.
Aut ego cum cara de te nutrice susurro,
20 Quaeque tuum, miror, causa moretur iter,
Aut mare prospiciens odioso concita vento
  Corripio verbis aequora paene tuis,
Aut, ubi saevitiae paulum gravis unda remisit,
  Posse quidem, sed te nolle venire, queror.

XIX. HERO LEANDRO a ma. 2. P.
3. *omnis nobis* V.   *defert* P.   5. *Urimor* P.   7. *sic mens*
V ω.   11. *mane palaestrae* Bentley.   12. *fugacis* ω.   13. *amo* P
Sedlmayer.   15. *summotis* ω.   16. *Quid* G ω.   17. *o mi* V ς,
omni G, *omnis* G₂.   18. *credi* ω Bentley.   21. *freta* ς Bentley.
23. *Ast ubi* ς.   29. *Utue* ς Bentley.   29, 30 eiecit Bentley.

25 Dumque queror, lacrimae per amantia lumina manant,
    Pollice quas tremulo conscia siccat anus.
Saepe tui, specto, si sint in litore passus,
    Impositas tamquam servet harena notas:
Utque rogem de te et scribam tibi, siquis Abydo
30   Venerit, aut, quaero, siquis Abydon eat.
Quid referam, quotiens dem vestibus oscula, quas tu
    Hellespontiaca ponis iturus aqua?
Sic ubi lux acta est et noctis amicior hora
    Exhibuit pulso sidera clara die,
35 Protinus in summo vigilantia lumina tecto
    Ponimus, adsuetae signa notamque viae,
Tortaque versato ducentes stamina fuso
    Feminea tardas fallimus arte moras.
Quid loquar interea tam longo tempore, quaeris:
40   Nil nisi Leandri nomen in ore meo est.
'Iamne putas exisse domo mea gaudia, nutrix,
    An vigilant omnes, et timet ille suos?
Iamne suas umeris illum deponere vestes,
    Pallade iam pingui tinguere membra putas?'
45 Adnuit illa fere, non nostra quod oscula curet,
    Sed movet obrepens somnus anile caput;
Postque morae minimum 'iam certe navigat' inquam
    'Lentaque dimotis bracchia iactat aquis.'
Paucaque cum tacta perfeci stamina terra,
50   An medio possis, quaerimus, esse freto.
Et modo prospicimus, timida modo voce precamur,
    Ut tibi det faciles utilis aura vias.
Auribus incertas voces captamus et omnem
    Adventus strepitum credimus esse tui.

---

31. *do* corr. ex *de* P, *do* ω.   34. *pulsa* V s.   35. *summa . . . turre*
P₂GV s (*turri* V).   42. *homines* Bentley, quod placet.   44. *putes*
G s.   45. *fore* PV ω.   47. *nimium* P s.   49. *terra* P recte,
tela G s, male: Hero net, non texit.   53. *incertas* P ex *incertus*
mutatum: *incertas* Sedlmayer, *incertis* Merkel; *interdum* GV ω Burmann.

55 Sic ubi deceptae pars est mihi maxima noctis
　　Acta, subit furtim lumina fessa sopor.
　Forsitan invitus mecum tamen, improbe, dormis
　　Et, quamquam non vis ipse venire, venis:
　Nam modo te videor prope iam spectare natantem,
60　　Bracchia nunc umeris umida ferre meis,
　Nunc dare, quae soleo, madidis velamina membris,
　　Pectora nunc iuncto *tos*ta fovere sinu.
　Multaque praeterea linguae reticenda modestae,
　　Quae fecisse iuvat, facta referre pudet.
65 Me miseram! brevis est haec et non vera voluptas;
　　Nam tu cum somno semper abire soles.
　Firmius o! cupidi tandem coeamus amantes,
　　Nec careant vera gaudia nostra fide.
　Cur ego tot viduas exegi frigida noctes?
70　　Cur totiens a me, lente morator, abes?
　Est mare, confiteor, nondum tractabile nanti;
　　Nocte sed hesterna lenior aura fuit.
　Cur ea praeterita est? cur non ventura timebas?
　　Tam bona cur periit, nec tibi rapta via est?
75 Protinus ut similis detur tibi copia cursus,
　　Hoc melior certe, quo prior, illa fuit.
　At cito mutata est iactati forma profundi;
　　Tempore, cum properas, saepe minore venis.
　Hic, puto, deprensus nil, quod querereris, haberes,
80　　Meque tibi amplexo nulla noceret hiemps.

---

58. *quamuis* ω.　　**62.** Ita ego: *iuncto nostra* PG, *iuncto vestra* s Heinsius, Burmann.　Sed *vester* pro *tuus* Ovidio eiusque imitatoribus prorsus inusitatum erat.　*nostro iuncta* Merkel.　　**63.** *praetereo* s.　*linguae...modestae* V s, Burmann, Merkel, Ehwald, *lingua ... modeste* P, *lingua ... modesta* ω Sedlmayer.　　**65, 66.** 'Distichon hoc suspectum est,' N. HEINSIUS: quare suspectum non dicit.　　**68.** *Ne* s.　　**70.** *morator* VP₁ s, Bentley, *natator* ω P₂.　Cf. Prop. iii. 23, 12.　　**71.** *nondum* in ras. P₁,
　　　　　　　　　　　　　　　　　　　　　　　　　　　n
non nunc Bentley.　*tractabile* P ma₁, in marg.　*nati* P, *nautis* G.　　**74.** *capta* V s.　　**75.** *cursus*] *nandi* s, ex glossa ortum.　　**77.** *pacati* Bentley.

Certe ego tum ventos audirem laeta sonantis
    Et numquam placidas esse precarer aquas.
Quid tamen evenit, cur sis metuentior undae
    Contemptumque prius nunc vereare fretum?
85 Nam memini, cum te saevum veniente minaxque
    Non minus, aut multo non minus, aequor erat,
Cum tibi clamabam 'sic tu temerarius esto,
    Ne miserae virtus sit tua flenda mihi.'
Unde novus timor hic, quoque illa audacia fugit?
90   Magnus ubi est spretis ille natator aquis?
Sis tamen hoc potius, quam quod prius esse solebas,
    Et facias placidum per mare tutus iter,
Dummodo sis idem, dum sic, ut scribis, amemur,
    Flammaque non fiat frigidus illa cinis!
95 Non ego tam ventos timeo mea vota morantes,
    Quam similis vento ne tuus erret amor,
Ne non sim tanti, superentque pericula causam,
    Et videar merces esse labore minor.
Interdum metuo, patria ne laedar et inpar
100   Dicar Abydeno Thressa puella toro.
Ferre tamen possum patientius omnia, quam si
    Otia nescioqua paelice captus agis,
In tua si veniunt alieni colla lacerti,
    Fitque novus nostri finis amoris amor.
105 A! potius peream, quam crimine vulnerer isto,
    Fataque sint culpa nostra priora tua.
Nec, quia venturi dederis mihi signa doloris,
    Haec loquor aut fama sollicitata nova.
Omnia sed vereor; quis enim securus amavit?
110   Cogit et absentes plura timere locus.

---

81. *laeta* (l&a) P, non *leta, lenta* s Burmann, Merkel, quod per se aeque bonum est.   **82.** *stare* Bentley.   **89.** *quoue* Bentley.   **90.** *illa* P. **92.** *totus* P_1, *cautus* Francius, Bentley.   **96.** *nec* P.   **100.** *sesta* P_2V ω. *uiro* s.   **102.** *agas* GVP_2 ω.   **103.** *ueniant* s.   **104.**

Felices illas, sua quas praesentia nosse
Crimina vera iubet, falsa timere vetat.
Nos tam vana movet, quam facta iniuria fallit,
Incitat et morsus error uterque pares.
115 O! utinam venias, aut ut ventusve paterve
Causaque sit certe femina nulla morae.
Quodsi quam sciero, moriar, mihi crede, dolendo:
Iamdudum pecca, si mea fata petis.
Sed neque peccabis, frustraque ego terreor istis,
120 Quoque minus venias, invida pugnat hiemps.
Me miseram! quanto planguntur litora fluctu,
Et latet obscura condita nube dies!
Forsitan ad pontum mater pia venerit Helles,
Mersaque roratis nata fleatur aquis;
125 An mare ab inviso privignae nomine dictum
Vexat in aequoream versa noverca deam?
Non favet, ut nunc est, teneris locus iste puellis:
Hac Helle periit, hac ego laedor aqua.
At tibi flammarum memori, Neptune, tuarum
130 Nullus erat ventis inpediendus amor,
Si neque Amymone nec, laudatissima forma,
Criminis est Tyro fabula vana tui,
Lucidaque Alcyone Calyceque Hecataeone nata
Et nondum nexis angue Medusa comis,

Sitque V s.   112. *iubet* ω, vulgo, *iuuat* P, *facit* s. Verum *iubet* non
nihil ingratum est.   115. *ut* PG, *hic* ω. Non credo *ut* pro *utinam* auctorem
scripturum fuisse nisi *utinam* ipsum praecessisset.   117. *resciero* P₂.
118. *pecca* Heusinger, Bentley, *peccas* libri.   123. *portum* s probante
Heinsio, qui *porthmum* quoque coniecit.   125. *Aut* P₂GV ω.   127.
utcumque est Dilthey, Ehwald.   131. Difficile est dictu utrum *Si* an
Set P exhibeat.   133. *ceuceque* (non *ceace*) *et aueone* P, *celiceque et*
aueone G, *ceyce et aueone* V, *Calyceque Ecatheone* (Hecataeone) Heinsius,
coll. Hygino (p. 14, 6 Schmidt), ubi inter filios Neptuni: 'Cycnus ex Calyce
Hecatonis filia' commemoratur: ibi N. Heinsius *Hecataeonis*, Bursian
Hicetaeonis, corrigit. *Circeque et Alymone* edd. Micylli et Burmanni.
Sedlmayer citat Antonium Volscum in ed. Ven. 1486, 'Iphimediam
significat Cices et Alimonis filiam quae a loco nupsit, ut in Odissea
scribit Homerus.' Sed Homerus nihil tradit de parentibus Iphimediae
(Odyss. xi. 305) ἣ δὴ φάσκε Ποσειδάωνι μιγῆναι peperitque Otum et
Ephialten: filia Triopis ab aliis dicitur. s fere exhibent *ceyce* vel

135 Flavaque Laudice caeloque recepta Celaeno,
 Et quarum memini nomina lecta mihi:
 Has certe pluresque canunt, Neptune, poetae
  Molle latus lateri composuisse tuo.
 Cur igitur, totiens vires expertus amoris,
140 Adsuetum nobis turbine claudis iter?
 Parce, ferox, latoque mari tua proelia misce;
  Seducit terras haec brevis unda duas.
 Te decet aut magnas magnum iactare carinas
  Aut etiam totis classibus esse trucem;
145 Turpe deo pelagi iuvenem terrere natantem,
  Gloriaque est stagno quolibet ista minor.
 Nobilis ille quidem est et clarus origine, sed non
  A tibi suspecto ducit Ulixe genus.
 Da veniam servaque duos; natat ille, sed isdem
150 Corpus Leandri, spes mea pendet aquis.
 Sternuit en lumen! posito nam scribimus illo—
  Sternuit et nobis prospera signa dedit.
 Ecce, merum nutrix faustos instillat in ignes,
  'Cras'que 'erimus plures' inquit et ipsa bibit.
155 Effice nos plures, evicta per aequora lapsus,
  O penitus toto corde recepte mihi!
 In tua castra redi, socii desertor amoris.
  Ponuntur medio cur mea membra toro?
 Quod timeas, non est: auso Venus ipsa favebit
160 Sternet et aequoreas aequore nata vias.
 Ire libet medias ipsi mihi saepe per undas,
  Sed solet hoc maribus tutius esse fretum.
 Nam cur hac vectis Phrixo Phrixique sorore
  Sola dedit vastis femina nomen aquis?

---

ceice, pro *aueone* dant *aminone, arminone, ameone, neone, antone,*
athenone, enone, alimone, aueone, abuene; Hubertinus *Euemone* probat.
138. *conseruisse* **G V s.**   **139.** *ueros* **P₂,** *amores* **P.**   **147.** *clarus*
in ordine si non **V.**   **147, 148** Bentleius eiecit.   **151.** *Stertuit*
G V P₂. *en* Heinsius, Bentley, *et* codices.   **153.** *Ecce*] *Eae* **P₁,** *Et* **P₂.**
154. *Cras* ω.   **155.** *deuicta* **V s.**   **163.** *hoc* **V** ω, *huc* **G.**   **165.**

165 Forsitan ad reditum metuas ne tempora desint,
     Aut gemini nequeas ferre laboris onus.
    At nos diversi medium coeamus in aequor
     Obviaque in summis oscula demus aquis,
    Atque ita quisque suas iterum redeamus ad urbes:
170 Exiguum, sed plus quam nihil illud erit.
    Vel pudor hic utinam, qui nos clam cogit amare,
     Vel timidus famae cedere vellet amor!
    Nunc male res iunctae, calor et reverentia, pugnant:
     Quid sequar, in dubio est; haec decet, ille iuvat.
175 Ut semel intravit Colchos Pagasaeus Iason,
     Impositam celeri Phasida puppe tulit;
    Ut semel Idaeus Lacedaemona venit adulter,
     Cum praeda rediit protinus ille sua.
    Tu quam saepe petis, quod amas, tam saepe relinquis,
180 Et quotiens grave fit puppibus ire, natas.
    Sic tamen, o iuvenis tumidarum victor aquarum,
     Sic facito spernas, ut vereare, fretum!
    Arte laboratae merguntur ab aequore naves:
     Tu tua plus remis bracchia posse putas?
185 Quod cupis, hoc nautae metuunt, Leandre, natare:
     Exitus hic fractis puppibus esse solet.
    Me miseram! cupio non persuadere, quod hortor,
     Sisque, precor, monitis fortior ipse meis,
    Dummodo pervenias excussaque saepe per undas
190 Inicias umeris bracchia lassa meis.
    Sed mihi, caeruleas quotiens obvertor ad undas,
     Nescio quae pavidum frigora pectus habent.

---

metuis **VP₂** ω. *robora* ω.   **167.** *Ad* **P,** *Aut* **s.**   **169.** *ita uterque*
Bentley: sed confer xx. 124.   **171, 172.** *Aut … Aut* malim. Et **V**
codex bonae notae habet *Ut … Ut.*   *amore* Bentley. An *amori* legendum?   **175.** *pagareos* **P,** *pegaseus* **GV.**   **180.** *sit* **V s** Bentley.
passibus Bentley.   **183.** *in aequore* **s,** *aequora* **P** pr.   **189.** *excusa-*
que **P.**   **192.** Ita edidit Burmannus.   *quod* **P** (*qđ*), *quae* **VG** (*que*),
quid **G₂.** *frigora* **V,** *frigore* **PG.**   *habent* **s,** *ha///* **V,** *habet* **PG.**
Nescio quod pavidum pectora frigus habet Naugerius, cum aliis.   *N. quae*
p. frigora p. habet Merkel.   *N. quid p. frigore pectus habet* Sedlmayer,

Nec minus hesternae confundor imagine noctis,
Quamvis est sacris illa piata meis.
195 Namque sub auroram, iam dormitante lucerna,
Somnia quo cerni tempore vera solent,
Stamina de digitis cecidere sopore remissis,
Collaque pulvino nostra ferenda dedi;
Hic ego ventosas nantem delphina per undas
200 Cernere non dubia sum mihi visa fide,
Quem postquam bibulis inlisit fluctus harenis,
Unda simul miserum vitaque deseruit.
Quidquid id est, timeo; nec tu mea somnia ride
Nec nisi tranquillo bracchia crede mari.
205 Si tibi non parcis, dilectae parce puellae,
Quae numquam nisi te sospite sospes ero.
Spes tamen est fractis vicinae pacis in undis:
Tum placidas toto pectore finde vias.
Interea, quoniam nanti freta pervia non sunt,
210 Leniat invisas littera missa moras.

XX.

ACONTIUS CYDIPPAE.

Pone metum! nihil hic iterum iurabis amanti:
Promissam satis est te semel esse mihi.
Perlege! discedat sic corpore languor ab isto,
Quod meus est ulla parte dolere dolor.

Ehwald. *hebet* coni. Burmann. **194.** *sit* V. *placata* P **s.** **195.**
auroram Heinsius: *aurora* libri. **198.** *nostra* suspectum. Fortasse
sera. **201.** *illusit* V **s.** **206.** *erit* V ω. **207.** *stratis* Bentley,
coll. vii. 49. **208.** *Tu* PG ω. *toto* PV ω, Merkel, *tuto* G₁ **s,** Burmann,
Sedlmayer, Ehwald. **209.** *nanti* **s,** *nandi* PG₁ (q. n.). **210.**
inmensas **s.**

XX. Explicit, XVI. Incipit. VII. ACONTIUS CYDIPPAE, nomina a
ma. rec. P. In **s** praemittitur distichon: *Accipe Cydippe despecti nomen
Aconti Illius in pomo qui tibi uerba dedit*: receperunt Lindemann, Ehwald.
4. *Quod* Dilthey, *qui* P, post ras. et *q* minusculo, G ω. *dolore* P,

5 Quid pudor ora subit? nam, sicut in aede Dianae,
　　Suspicor ingenuas erubuisse genas.
Coniugium pactamque fidem, non crimina posco:
　　Debitus ut coniunx, non ut adulter amo.
Verba licet repetas, quae demptus ab arbore fetus
10　　Pertulit ad castas me iaciente manus:
Invenies illic, id te spondere, quod opto
　　Te potius, virgo, quam meminisse deam.
Nunc quoque idem *studeo: studium* tamen acrius illud
　　Adsumpsit vires auctaque flamma mora est,
15 Quique fuit numquam parvus, nunc tempore longo
　　Et spe, quam dederas tu mihi, crevit amor.
Spem mihi tu dederas, meus hic tibi credidit ardor:
　　Non potes hoc factum teste negare dea.
Adfuit et, praesens ut erat, tua verba notavit
20　　Et visa est mota dicta tulisse coma.
Deceptam dicas nostra te fraude licebit,
　　Dum fraudis nostrae causa feratur amor.
Fraus mea quid petiit, nisi uti tibi iungerer unum?
　　Id me, quod quereris, conciliare potest.
25 Non ego natura nec sum tam callidus usu:
　　Sollertem tu me, crede, puella, facis.

---

sed *dolere* corr. ma. pr., *dolente* s. *Quo ... dolente* Dilthey, Obs. in Ep.
Her. 1884. *Qui ... dolente* vulgo ante Diltheium. *Qui ... dolere* edd.
vett. *Qui m. e. ulla parte dolente tui* s, ambo Heinsii. 5. *ora*
F s, Burmann, Merkel, Sedlmayer. *ante* PG ω Plan., Jahn, Ehwald. 11.
Post hunc versum in Antonii Volsci exemplari quod ipse vetustissimum
dicit sequitur distichon: 'Ni tibi cum uerbis excidit illa fides Id metui,
diuae diffusa est ira decebat' quod distichon patet fictum esse ut *timeo*
in vs. 13 quo referretur haberet. 13. *idem timeo sed idem* libri, quod nemo
intelligere potest. *idem studeo, studium* scripsi. *cupio s. i.* Bentley. *teneo*
s. i. Oudendorp. Ehwald, librorum lectione servata post *illud* interpungit.
15. *nunc* s, *nec* PG ω, Plan., Bentley, *tam* s, *sed* V? *non* s. 16. *Ex*
spe G ω. *crescit* P₂ ω. 19. *utera, tua* P₁, *ut erant tua* P₂ s, *iurantia*
Baehrens. 20. *tulisse* PG ω, Merkel, Sedlmayer, Plan. ut videtur;
προσδεδέχθαι. *probasse* ω Burmann, Jahn, Loers, Ehwald. *notasse* s.
probare coni. Dilthey. *signa dedisse* Slichtenhorst. *motu signa dedisse*
bona Dilthey. 23. *nisi ut* P, *nisi quod* GP₂, *nisi quo* s, Burmann,
Jahn, Loers. *tibi iungerer unum?* ego. *uni* codices. *tibi iungerer?*
unum Id Burmann. 24. *te* Bentley. 23, 24 Heinsio Diltheioque
suspecti. 25. *non sum* s. 26. *solertum* P₁. 27. *Te modo*

Te mihi compositis, siquid tamen egimus, a me
  Adstrinxit verbis ingeniosus Amor:
Dictatis ab eo feci sponsalia verbis
30 Consultoque fui iuris Amore vafer.
Sit fraus huic facto nomen, dicarque dolosus,
  Si tamen est, quod ames, velle tenere dolus!
En, iterum scribo mittoque rogantia verba:
  Altera fraus haec est, quodque queraris, habes.
35 Si noceo, quod amo, fateor, sine fine nocebo,
  Teque, peti caveas tu licet, usque petam.
Per gladios alii placitas rapuere puellas:
  Scripta mihi caute littera crimen erit?
Di faciant, possim plures inponere nodos,
40 Ut tua sit nulla libera parte fides!
Mille doli restant: clivo sudamus in imo;
  Ardor inexpertum nil sinet esse meus.
[Sit dubium, possisne capi, captabere certe:
  Exitus in dis est, sed capiere tamen.]
45 Ut partem effugias, non omnia retia falles,
  Quae tibi, quam credis, plura tetendit Amor;
Si nil proficient artes, veniemus ad arma,
  *Vi*que tui cupido rapta ferere sinu.
Non sum, qui soleam Paridis reprehendere factum,
50 Nec quemquam, qui vir, posset ut esse, fuit.

Dilthey, *Te male* Birt. *a me* **P s**, Burmann, Merkel, Ehwald, *arte*
G ω, Plan., Jahn, Loers, Dilthey, Sedlmayer, *ante* **s**.   30. Omittit
Planudes. *Consumptoque* **P₁**, *Consumtoque* **G**.   32. *amas* **s**.   33.
precantia **s**, Dilthey, Obs. p. 14.   36. *peti* **s**, Heinsius, *petam* **PVG ω**.
usque **s** Heinsius, *ipse* **P ω**, *ipsa* **G V s**.   *petam; c. t. l. ipsa peti* Burmann; *peti c. t. l. ipsa, petam* Merkel. Loers et Ehwald ut in **P**, inter-
punctione diversa. Jahn *usque* legit, cetera cum **P**.   37. *placidas*
PG ω, corr. **s**.   38. *astute* Bentley.   39. *possem* **P s**.   41. *modi* **ω**.
42. *sinit* **GV s**.   43, 44 ineptos versus circumscripsit Dilthey.   46.
credas Heinsius coll. xix. 18.   47. *nil* Plan., *non* codices, cf. v. 116.
proficiunt **G**, *proficiant* **s**.   48. *Vique ego, Inque* libri. *tui cupidus* **P₁**,
meo cupido **P₂** in marg. *Inque mei cupido* **G₂ ω**. *Inque meo cupido* **s**, Plan.,
Loers. *Inque tui cupidos ... sinus* **V**, Francius, Sedlmayer. *Inque tui
cupido ... sinu* **G** pr. edd. vulgo. *Inque meo cupidi ... sinu* Heinsius
eleganter.   49. *dependere* **G**, in *deprendere* tum in *reprendere* correctum, *reprendere* **s**.   50. *posse* **P₁**, *possit* **s**, Burmann.   53. *O esses* **s**,

Nos quoque—sed taceo. mors huius poena rapinae
Ut sit, erit, quam te non habuisse, minor.
Aut esses formosa minus; peterere modeste:
Audaces facie cogimur esse tua.
55 Tu facis hoc oculique tui, quibus ignea cedunt
Sidera, qui flammae causa fuere meae;
Hoc faciunt flavi crines et eburnea cervix,
Quaeque, precor, veniant in mea colla manus,
Et decor et vultus sine rusticitate pudentes,
60   Et, Thetidis qualis vix rear esse, pedes.
Cetera si possem laudare, beatior essem,
Nec dubito, totum quin *sibi* par sit opus.
Hac ego compulsus, non est mirabile, forma
Si pignus volui vocis habere tuae;
65 Denique, dum captam tu te cogare fateri,
Insidiis esto capta puella meis.
Invidiam patiar; passo sua praemia dentur:
Cur suus a tanto crimine fructus abest?
Hesionen Telamon, Briseida cepit Achilles;
70   Utraque victorem nempe secuta virum.
Quamlibet accuses et sis irata licebit,
Irata liceat dum mihi posse frui!
Idem, qui facimus, factam tenuabimus iram,
Copia placandi sit modo parva tui:
75 Ante tuos liceat flentem consistere vultus,
Et liceat lacrimis addere verba su*a*,
Utque solent famuli, cum verbera saeva verentur,
Tendere submissas ad tua crura manus.

Aut si esses s, *Si esses tu* s.   **55.** *Tuque facis* P₂. *hoc* om. P.   **57.**
flaui faciunt G.   **59.** *motus* Dilthey, Obs. p. 18.   **60.** *reor* G s.
62. *sibi par sit opus* s, *tua pars sit opus* P₂ ω Plan. (*tu* P₁).   **66.** *nescia
capta* Dilthey ex A. A. i. 458.   **67.** *patior* s.   **68.** *fractus* P₁.
69, 70 circumscripsit Dilthey.   **72.** *dum modo* s.   **74.** *Sit modo
placandae copia* s.   **75.** *flentem* VG s, Plan., *flentes* P₁ Sedlmayer,
Ehwald. *flentem liceat* ω.   **76.** *sua* ego, *sui* P, *suis* G, *meis* ω,
tuis s: om. Plan. cf. xiv. 67; Consol. ad Liv. 65.   **78.** *sed tua*

Ignoras tua iura: voca: cur arguor absens?

80 Iamdudum dominae more venire iube.

Ipsa meos scindas licet imperiosa capillos,
Oraque sint digitis livida nostra tuis.

Omnia perpetiar: tantum fortasse timebo,
Corpore laedatur ne manus ista meo.

85 Sed neque compedibus nec me conpesce catenis:
Servabor firmo vinctus amore tui.

Cum bene se quantumque volet satiaverit ira,
Ipsa tibi dices 'quam patienter amat!'

Ipsa tibi dices, ubi videris omnia ferri:

90 'Tam bene qui servit, serviat iste mihi!'

Nunc reus infelix absens agor, et mea, cum sit
Optima, non ullo causa tuente perit.

Hoc quoque; quantumvis sit scriptum iniuria nostrum,
Quod de me solo nempe quereris, habes.

95 Non meruit falli mecum quoque Delia; si non
Vis mihi promissum reddere, redde deae.

Adfuit et vidit, cum tu decepta rubebas,
Et vocem memori condidit aure tuam.

Omina re careant: nihil est violentius illa,

100 Cum sua, quod nolim, numina laesa videt.

Testis erit Calydonis aper sic saevus, ut illo
Sit magis in natum saeva reperta parens;

P_1, *sub tua iura* V s. **82.** *aspera* G. *facta tuis* s. **87.** *voles*
Heinsius. **89.** *ferri* Dilthey, *ferre* codices. **93.** *Hoc quoque :*
quantumvis sit scripsi. *Hoc quoque quod* ||||| *iussit,* in ras. spatium
circiter trium litterarum **P.** *hoc quoque quod iussit scriptum est iniuria*
nostri s, *Hoc quoque quod tu uis sit* G, *sit* ma. 2. et *tu uis* post ras., Plan. s.
Hoc quoque quod iussit scriptum est s Plan., *Hoc quod amor iussit scrip-*
tum est et similia s. *nostrum* P, *nostri* s, *nostra* G Plan. s. *Hoc quoque,*
quod ius est, sit s. i. nostrum edidit Burmann : *cum ius sit* coni. Heinsius.
quod quereris Dilthey. **96.** *reddere* primo omissum post in marg.
additum **P.** **97, 98** circumscripsit Dilthey; repetitos ex **19, 20**
credens. **99.** *Omnia* P pr. Plan. *quia nil* V. **101.** *sic saeuus* P_2,
in marg. sec. Ehwaldium, s, sententia bellissima. P_1 in ras. *nam scimus*
G ω, inepte: ita Burmann et editores usque ad Sedlmayerum qui me
hortante *sic saeuus* primus edidit, secuto Ehwaldio. **101–106** circumscripsit Dilthey, **101, 102** Heinsius : sed iniuria uterque. **102.** *Vix*

Testis et Actaeon, quondam fera creditus illis,
   Ipse dedit leto cum quibus ante feras.
105 Quaeque superba parens saxo per corpus oborto
   Nunc quoque Mygdonia flebilis adstat humo.
Ei mihi! Cydippe, timeo tibi dicere verum,
   Ne videar causa falsa monere mea;
Dicendum tamen est: hoc est, mihi crede, quod aegra
110   Ipso nubendi tempore saepe iaces.
Consulit ipsa tibi, neu sis periura, laborat
   Et salvam salva te cupit esse fide:
Inde fit, ut, quotiens existere perfida temptas,
   Peccatum totiens corrigat illa tuum.
115 Parce movere feros animosae virginis arcus:
   Mitis adhuc fieri, si patiare, potest.
Parce, precor, teneros corrumpere febribus artus:
   Servetur facies ista fruenda mihi;
Serventur vultus ad nostra incendia nati,
120   Quique subest niveo levis in ore rubor.
Hostibus et siquis, ne fias nostra, repugnat,
   Sic sit, ut invalida te solet esse mihi!
Torqueor ex aequo vel te nubente vel aegra,
   Dicere nec possum, quid minus ipse velim.
125 Maceror interdum, quod sim tibi causa dolendi,
   Teque mea laedi calliditate puto:
In caput *ut* nostrum dominae periuria quaeso
   Eveniant, poena tuta sit illa mea!
Ne tamen ignorem, quid agas, ad limina crebro
130   Anxius huc illuc dissimulanter eo;

Withof, non recte.   **103.** *canibus* pro *quondam* desidero. *creditur* P₁.
106. *Num* P₁.   **107.** *uerbum* P post ras. in tribus ultimis litteris,
Merkel.   **108.** *mouere* G.   **109.** 'In repetito *est* fortasse vitium
latet.' DILTHEY.   Recte, si quid video: et libenter scripserim *Dicendum*
tamen. Hoc, hoc est. hoc tu Ehwald.   **115.** *ferox* ς. *artus* P₁.
116. *paciere* G.   **120.** *leuis* ω, *lenis* P ς, edd. plurimi, *laetus* ς Burmann.   **124.** *esse* P₂ ω.   **125.** *sum* ς. *doloris* ς.   **127.** *Inque caput*
G ω.   *In caput hoc* vel *haec* vel *it* ς.   *In caput o* Heinsius; *a* L.
Mueller, Dilthey.   Quantum turbae librorum P praestet hic locus clare
ostendit.   *ut* om. P, addidit Ehwald.   **130.** *hoc illud,* P, quod retineri

Subsequor ancillam furtim famulumque requirens,
    Profuerint somni quid tibi quidve cibi.
Me miserum, quod non medicorum iussa ministro
    Effingoque manus insideoque toro!
135 Et rursus miserum, quod me procul inde remoto,
    Quem minime vellem, forsitan alter adest!
Ille manus istas effingit et adsidet aegrae
    Invisus superis cum superisque mihi,
Dumque suo temptat salientem pollice venam,
140   Candida per causam bracchia saepe tenet,
Contrectatque sinus et forsitan oscula iungit:
    Officio merces plenior ista suo est.
Quis tibi permisit nostras praecerpere messes?
    Ad sepem alterius quis tibi fecit iter?
145 Iste sinus meus est! mea turpiter oscula sumis!
    A mihi promisso corpore tolle manus!
Improbe, tolle manus! quam tangis, nostra futura est:
    Postmodo si facies istud, adulter eris.
Elige de vacuis, quam non sibi vindicet alter:
150   Si nescis, dominum res habet ista suum.
Nec mihi credideris: recitetur formula pacti;
    Neu falsam dicas esse, fac ipsa legat.
Alterius thalamo—tibi nos, tibi dicimus—exi!
    Quid facis hic? exi! non vacat iste torus.
155 Nam quod habes et tu gemini verba altera pacti,
    Non erit idcirco par tua causa meae.
Haec mihi se pepigit, pater hanc tibi, primus ab illa:
    Sed propior certe quam pater ipsa sibi est;

---

possit si *ago* pro *eo* legatur. *hac illac* P₂.   **134.** *efingoque* P, *insidioque doro* P₁, *adsideoque* malim.   **136.** *uelim* P₁. *obest* G.   **139.** *salientes ... uenas* s.   **144.** *sepem* s, ed. prima, Burmann, edd. vett. *spis* P₁, *spes* G ω, edd. recc., *spem* s.   147–155 circumscripsit Dilthey. **148** ultima in P pagina lectu difficillima hic incipit. **153.** *thalami* Francius, Bentley. Quid legendum sit valde incertum. *scripti* desidero.   **155.** *gemini* Merkel, *humani* s. Verba inter *tu* et *pacti* in P detrita sunt. In marg. a ma. 2. *humani* P : equidem legere non potui. *humani* Plan. **155, 156** in G desecti.   **158.** *proprior* P₁.   **161.** *Ille timet mendax* Dilthey,

Promisit pater hanc, haec et iuravit amanti :
160   Ille homines, haec est testificata deam.
Hic metuit mendax, haec et periura vocari :
  An dubitas, hic sit maior an ille metus?
Denique, ut amborum conferre pericula possis,
  Respice ad eventus ; haec cubat, ille valet.
165 Nos quoque dissimili certamina mente subimus,
  Nec spes par nobis nec timor aequus adest :
Tu petis ex tuto, gravior mihi morte repulsa est,
  Idque ego iam, quod tu forsan amabis, amo.
Si tibi iustitiae, si recti cura fuisset,
170   Cedere debueras ignibus ipse meis.
Nunc, quoniam ferus hic pro causa pugnat iniqua,
  Ad te, Cydippe, littera nostra redit.
Hic facit, ut iaceas et sis suspecta Dianae :
  Hunc tu, si sapias, limen adire vetes !
175 Hoc faciente subis tam saeva pericula vitae,
  Atque utinam pro te qui movet illa cadat !
Quem si reppuleris, nec, quem dea damnat, amaris,
  Et tu continuo certa salutis eris.
Siste metum, virgo : stabili potiere salute,
180   Fac modo polliciti conscia templa colas.
Non bove mactato caelestia numina gaudent,
  Sed, quae praestanda est et sine teste, fide.

P₁ in ras. *Hic metuit mendax* P₂ G·V ω. *haece periura* P, *timet haec periura* s, Burmann, Merkel, *haec et periura* s edd. vett., Sedlmayer, Ehwald. **162.** *An dubitas* P, *Non dubitas* s, *Num dubitas* ω, *Num dubites* s, Burmann, Merkel. **163, 164** circumscripsit Dilthey. **170.** *Credere* P. **172.** *Ad te* editio princeps Romana, cod. Dun., Bern. ma. 2. pro var. lect. *Ad quid* reliqui, vulgo ante Diltheium Obs. p. 18 (*Adq; /// ppe* P). **175.** Post h. v. P deest. **175–178.** Diltheio suspecti. **176.** *illa* s Plan., vulgo, *ille* V ω. **178.** *tu* om. add. in fine versus G ; *tunc* Bernensis, Ehwald. *certa salutis eris* scripsi duce Planude, qui absente P locum boni codicis obtinet. Is versum reddit : καὶ σὺ παραχρῆμα τῆς σωτηρίας σαυτῆς ἐπιλήψῃ, quae verba certe non expressa sunt ex codicum lectione *Et tu continuo, certe ego saluus ero*, quam elisio longae syllabae in hac parte pentametri damnat, nec minus sententia. Confer xxi. 31. *terque ego salvus ero* Gilbert, Sedlmayer. *Continuo per te tunc ego salvus ero* Housman. **181.** *Nec* ω. **182.** *fides* V s. **183.** *patiantur* s

Ut valeant aliae, ferrum patiuntur et ignes,
       Fert aliis tristem sucus amarus opem.
185 Nil opus est istis; tantum periuria vita,
       Teque simul serva meque datamque fidem!
Praeteritae veniam dabit ignorantia culpae:
       Exciderant animo foedera lecta tuo.
Admonita es modo voce mea modo casibus istis,
190   Quos, quotiens temptas fallere, ferre soles.
His quoque vitatis in partu nempe rogabis,
       Ut tibi luciferas adferat illa manus!
Audiet et repetens, quae sint audita, requiret,
       Iste tibi de quo coniuge partus eat.
195 Promittes votum: scit te promittere falso;
       Iurabis: scit te fallere posse deos.
Non agitur de me; cura maiore laboro:
       Anxia sunt vitae pectora nostra tuae.
Cur modo te dubiam pavidi flevere parentes,
200   Ignaros culpae quos facis esse tuae?
Et cur ignorent? matri licet omnia narres:
       Nil tua, Cydippe, facta ruboris habent.
Ordine fac referas, ut sis mihi cognita primum,
       Sacra pharetratae dum facit ipsa deae,
205 Ut te conspecta subito, si forte notasti,
       Restiterim fixis in tua membra genis,

Burmann.   **185, 186** circumscripsit Dilthey.   **188.** *pacta* Bentley.
189. Aut excidit aliquid ante hunc versum aut *Nunc monita es*
legendum: sententiam fortasse verba poetae expressit Planudes (νῦν
δέ σε τούτων ἀνέμνησαν).   *mea cum* G ω.   *cassibus* s, Heinsius,
Burmann: frigide.   **190.** *pergis* s.   **192.** *offerat* V s
Merkel.   **193.** *Audiet et* s ed. prima, Burmann. *Audiet haec* ω, edd.
recc. praeter Diltheium. *heu* Dilthey. *sunt* s, edd. vett.   **194.** *Iste*
Dilthey, *Ipse* codices.   **195.** ʻInde ab hoc v. in G exaravit ma. 2.
saec. xiii; vv. **195–205** toti, **206–213** ex parte desecti.ʼ SEDLMAYER.
195. *Promittis* V s.   *falsa* vel *falsum* s.   **197.** *Nil* s.   *maiore* V ω
Plan., *meliore* s.   **198.** *uitae . . . tuae* ω Burmann, vulgo. *uita . . .
tua* s Sedlmayer.   **201.** *ignorant* ω, Dilthey.   **202.** *pudoris* s
Dilthey, Obs. p. 14.   **204.** *facit* s, Burmann, Dilthey; *facis* ω

Et, te dum nimium miror, nota certa furoris,
　Deciderint umero pallia lapsa meo ;
Postmodo nescioqua venisse volubile malum,
210　Verba ferens doctis insidiosa notis,
Quod quia sit lectum sancta praesente Diana,
　Esse tuam vinctam numine teste fidem.
Ne tamen ignoret, scripti sententia quae sit,
　Lecta tibi quondam nunc quoque verba refer :
215 ' Nube, precor,' dicet ' cui te bona numina iungunt ;
　Quem fore iurasti, sit gener ille mihi.
Quisquis is est, placeat, quoniam placet ante Dianae !'
　Talis erit mater, si modo mater erit.
Sed tamen *ut* quaerat, quis sim qualisque, videto :
220　Inveniet vobis consuluisse deam.
Insula, Coryciis quondam celeberrima nymphis,
　Cingitur Aegaeo, nomine Cea, mari :
Illa mihi patria est, nec, si generosa probatis
　Nomina, despectis arguor ortus avis.
225 Sunt et opes nobis, sunt et sine crimine mores :
　Amplius utque nihil, me tibi iungit amor.
Appeteres talem vel non iurata maritum,
　Iuratae vel non talis habendus erat.
Haec tibi me in somnis iaculatrix scribere Phoebe,
230　Haec tibi me vigilem scribere iussit Amor,
E quibus alterius mihi iam nocuere sagittae,
　Alterius noceant ne tibi tela, cave !

---

vulgo.　　**208.** *humeris . . . meis* Plan. (?)　Merkel, Sedlmayer, Ehwald.
Sed nec Burmann nec Jahn nec Dilthey ullam mentionem huius lectionis
facit.　　**209.** *Post ego* G.　　**210.** *dictis* G.　　**213.** *Nec* **s.**
ignorent G **s.**　　　　**215.** an *proco ?*　Vocem om. Plan.　*nomina* G.
217. *placuit quoniam ante* coni. Dilthey.　　**219.** *Sed tamen* **s,** Merkel,
Sedlmayer, *Si tamen* **s** Dilthey, *Sic tamen* **s** Burmann. *ut quaerat*
s, ego, *et quaerat* ω, *inquirat* **s.** *qualisque* ω, *quantusque* **s** Burmann.
uideto ω, *iubeto* **s** Burmann, Bentley.　　**221.** *Coriciis* G-V **s,** *Corinthiis*
ω, *Carthaeis* Buttmann, van Lennep coll. Met. x. 109, vii. 368 : haud recte.
223. *probabis* ω Plan., *probaris* **s.**　　**224.** *auguror* G-V **s.** *aquis* G-V ω,
Plan.　　**228.** *habendus eram* Nodellius, Bentley.　　　**230.** *uigilem*

Iuncta salus nostra est: miserere meique tuique:
Quid dubitas unam ferre duobus opem?
235 Quod si contigerit, cum iam data signa sonabunt
Tinctaque votivo sanguine Delos erit,
Aurea ponetur mali felicis imago,
Causaque versiculis scripta duobus erit:
EFFIGIE POMI TESTATVR ACONTIVS HVIVS,
240 QVAE FVERINT IN EO SCRIPTA, FVISSE RATA.
[Longior infirmum ne lasset epistula corpus
Clausaque consueto sit *s*ibi fine, vale!]

XXI.

CYDIPPE ACONTIO.

Pertimui scriptumque tuum sine murmure legi,
Iuraret ne quos inscia lingua deos;
Et, puto, captasses iterum, nisi, ut ipse fateris,
Promissam scires me satis esse semel.
5 Nec lectura fui, sed, si tibi dura fuissem,
Aucta foret saevae forsitan ira deae.
Omnia cum faciam, cum dem pia tura Dianae,
Illa tamen iusta plus tibi parte favet,
Utque cupis credi, memori te vindicat ira:
10 Talis in Hippolyto vix fuit illa suo.
At melius virgo favisset virginis annis,
Quos vereor paucos ne velit esse mihi.

---

s, uigilans G ω.　　**235.** *tibi cum data* tres libri Heinsii, unde is
coniecit: *tuba cum data signa sonabit. rata* Cuper.　　**240.** *fuerant* **s**.
241, 242. circumscripsit Dilthey.　　**242.** *Clausula* **s**.　*sibi* Heinsius,
tibi libri.

XXI. In **s** praemittitur distichon: *Littera peruenit tua quo consueuit
Aconti Et paene est oculis insidiata meis.*
3. *Et* G vulgo, *Ut* **s** Merkel.　　**9, 10** circumscripsit Dilthey.　　**12.**
Post hunc versum omnes boni codices et Planudis versio desunt. 'Reli-
qui quidquid legitur adulterinum est.' ANT. VOLSCUS in Ed. Ven. 1487.
Idem dicit Naugerius. 'Codices omnes post hunc versum deficiunt,

[Languor enim causis non apparentibus haeret,
   Adiuvor et nulla fessa medentis ope.

15 Quam tibi nunc gracilem vix haec rescribere quamque
   Pallida vix cubito membra levare putas?

*H*uc timor accedit, ne quis nisi conscia nutrix
   Colloquii nobis sentiat esse vices.

Ante fores sedet haec, quid agamque rogantibus intus,
20   Ut possim tuto scribere, 'dormit' ait.

Mox, ubi, secreti longi causa optima, somnus
   Credibilis tarda desinit esse mora,

Iamque venire videt, quos non admittere durum est,
   Excreat et *p*acta dat mihi signa nota.

25 Sicut era*nt*, properans verba inperfecta relinquo,
   Et tegitur trepido littera *coep*ta sinu.

Inde meos digitos iterum repetita fatigat:
   Quantus sit nobis aspicis ipse labor.

Qu*o*, peream, si dignus eras, ut vera loquamur:
30   Sed melior iusto quamque mereris ego.

Ergo te propter totiens incerta salutis
   Commentis poenas doque dedique tuis?

Haec nobis formae te laudatore superbae
   Contingit merces? et placuisse nocet?

---

praeter Sarravianum, Mediceum et unum ex meis recentiorem, quem a
Luca Langemanno donum habui. Arondelianus quoque reliquos huius
Epistolae versus majori ex parte in calcem voluminis post Sapphus Epistolam reiecerat.' HEINSIUS. Ad partes vocavit Dilthey: (1) *Laurentianum*
(Heinsii *Mediceum*) (L) plut. xxxv. cod. 27, saec. xiv post xxi. 8 altera manu
saec. xv ut scribit Koehlerus scriptum: totam epistolam continet. (2)
Parisinum 7997 (Mazarineum) saec. xv recentis vel xvi, P₃ apud Diltheium,
hic **M.** Desinit in vs. **144.** (3) Editionem Romanam Principem (R)
1471, 1472. Desinit in vs. **144.** (4) Editionem Venetam 1486 (v). Continet
epistolam totam. His addidit Sedlmayer (1) Vindobonensem 3198 (v₆),
Guelferbytanum Gud. 297 (g₃), Cremifanensem 329 (c₂), et editionem Par-
mensem 1477 (π). **17.** *Nunc* libri, corr. Heinsius. **19.** *intus* **R**, *inter*
L, libri plerique. **21.** *longi* **L**, *longe* edd. vett.. **23.** *Cumque*
Gronovius, Bentley. **24.** *pacta* ego, *ficta* libri, *dicta* Burmann, *tecta*
Heinsius. **25.** *erant* Slichtenhorst, *eram* libri. **26.** *tepido* Bentley.
coepta Dilthey, *cauta* libri, *clausa* v₆. **27.** *meus digitus* **R** s. **28.**
iste **R.** **29.** *Quo* Heinsius, Bentley, *Quae* libri. *pereant* v. **38.**

35 Si tibi deformis, quod mallem, visa fuissem,
　　Culpatum nulla corpus egeret ope ;
　Nunc laudata gemo, nunc me certamine vestro
　　Perditis, et proprio vulneror ipsa bono.
　Dum neque tu cedis, nec se putat ille secundum,
40　　Tu votis obstas illius, ille tuis,
　Ipsa velut navis iactor, quam certus in altum
　　Propellit Boreas, aestus et unda refert.
　Cumque dies caris optata parentibus instat,
　　Inmodicus pariter corporis ardor adest.
45 Ei mihi! coniugii tempus crudelis ad ipsum
　　Persephone nostras pulsat acerba fores.
　Iam pudet, et timeo, quamvis mihi conscia non sim,
　　Offensos videar ne meruisse deos.
　Accidere haec aliquis casu contendit, et alter
50　　Acceptum superis hunc negat esse virum.
　Neve nihil credas in te quoque dicere famam,
　　Facta veneficiis pars putat ista tuis.
　Causa latet, mala nostra patent : vos pace movetis
　　Aspera submota proelia ; plector ego !
55 Dic a! nunc solitoque tibi ne decipe more :
　　Quid facies odio, sic ubi amore noces ?
　Si laedis, quod amas, hostem sapienter amabis :
　　Me, precor, ut serves, perdere velle velis !
　Aut tibi iam nulla est speratae cura puellae,
60　　Quam ferus indigna tabe perire sinis,
　Aut, dea si frustra pro me tibi saeva rogatur,
　　Qua mihi te iactes, gratia nulla tua est.
　Elige, quid fingas : non vis placare Dianam :
　　Inmemor es nostri ; non potes : illa tui est !

Perditis **M**₂, Bentley, *Proditis* vulgo.   **39.** *credis* **L.**   **40.** *optas*
libri plurimi.   **44.** *inest* **LR** v.   **45.** *Ei* Fr. Heusinger, *Et* **L**,
Nec vel *Nunc* ceteri.   **51.** *nihil* **R**, *mihi* libri plurimi.   **52.** *tuis*
R, *meis* libri plurimi.   **55.** *Dic a !* scripsi, *Dicam* libri, *Dic mihi*
Bentley, *Dic iam* Cuperius, *Dic age nunc* van Lennep.   *me* **MR** v.   **60.**
tabe Scipio Gentilis, *labe* libri.   **62.** *Qua* Dilthey, *iactes ego* : *Quid-*

65 Vel numquam mallem vel non mihi tempore in illo
    Esset in Aegaeis cognita Delos aquis.
  Tunc mea difficili deducta est aequore navis,
    Et fuit ad coeptas hora sinistra vias.
  Quo pede processi? quo me pede limine movi?
70   Picta citae tetigi quo pede texta ratis?
  Bis tamen adverso redierunt carbasa vento:
    Mentior a demens! ille secundus erat;
  Ille secundus erat, qui me referebat euntem
    Quique parum felix inpediebat iter.
75 Atque utinam constans contra mea vela fuisset!
    Sed stultum est venti de levitate queri.
  Mota loci fama properabam visere Delon
    Et facere ignava puppe videbar iter;
  Quam saepe ut tardis feci convicia remis
80   Questaque sum vento lintea parca dari!
  Et iam transieram Myconon, iam Tenon et Andron,
    Inque meis oculis candida Delos erat;
  Quam procul ut vidi, 'quid me fugis, insula,' dixi,
    'Laberis in magno numquid, ut ante, mari?'
85 Institeram terrae, cum iam prope luce peracta
    Demere purpureis Sol iuga vellet equis;
  Quos idem solitos postquam revocavit ad ortus,
    Comuntur nostrae matre iubente comae.
  Ipsa dedit gemmas digitis et crinibus aurum
90   Et vestes umeris induit ipsa meis.
  Protinus egressae superis, quibus insula sacra est,
    Flava salutatis tura merumque damus.
  Dumque parens aras votivo sanguine tingit
    Festaque fumosis ingerit exta focis,
95 Sedula me nutrix alias quoque ducit in aedes,
    Erramusque vago per loca sacra pede,

---

iactas libri.   **67.** *difficilis* **MR πvs.**   **77.** *Delum* **R πvs.**   **80.** *dare* **πvs.**
82. Delos] *phosphor* **R,** *bosphor* **s.**   **89.** *cruribus* **πvs.**   **91.** *grata est*
R s Bentley.   **94.** *Sectaque* Heinsius.   **95.** *altas* Wakefield.   **100.**

Et modo porticibus spatior, modo munera regum
　　Miror et in cunctis stantia signa locis.
Miror et innumeris structam de cornibus aram
100　Et de qua pariens arbore nixa dea est,
Et quae praeterea—neque enim meminive libetve,
　　Quidquid ibi vidi, dicere—Delos habet.
Forsitan haec spectans a te spectabar, Aconti,
　　Visaque simplicitas est mea posse capi.
105 In templum redeo gradibus sublime Dianae :—
　　Tutior hoc ecquis debuit esse locus ?—
Mittitur ante pedes malum cum carmine tali—
　　Ei mihi ! iuravi nunc quoque paene tibi !
Sustulit hoc nutrix mirataque ' perlege ' dixit :
110　Insidias legi, magne poeta, tuas.
Nomine coniugii dicto confusa pudore
　　Sensi me totis erubuisse genis,
Luminaque in gremio veluti defixa tenebam,
　　Lumina propositi facta ministra tui.
115 Improbe, quid gaudes, aut quae tibi gloria parta est,
　　Quidve vir elusa virgine laudis habes ?
Non ego constiteram sumpta peltata securi,
　　Qualis in Iliaco Penthesilea solo ;
Nullus Amazonio caelatus balteus auro,
120　Sicut ab Hippolyta, praeda relata tibi est.
Verba quid exultas tua si mihi verba dederunt,
　　Sumque parum prudens capta puella dolis ?
Cydippen pomum, pomum Schoeneida cepit :
　　Tu nunc Hippomenes scilicet alter eris ?
125 At fuerat melius, si te puer iste tenebat,
　　Quem tu nescioquas dicis habere faces,
More bonis solito spem non corrumpere fraude :
　　Exoranda tibi, non capienda fui.

---

de libri, *dea* Burmann. *nixa fuit* Burmann ; nihil mutandum. **125.**
Fortasse *fovebat.* **126.** *uices* Dilthey. **127.** *boni* R πυς, *proci*

Cur, me cum peteres, ea non profitenda putabas,
130   Propter quae nobis ipse petendus eras?
Cogere cur potius quam persuadere volebas,
    Si poteram audita condicione capi?
Quid tibi nunc prodest iurandi formula iuris
    Linguaque praesentem testificata deam?
135 Quae iurat, mens est: *sed* nil iuravimus illa;
    Illa fidem dictis addere sola potest.
[Consilium prudensque animi sententia iurat,
    Et nisi iudicii vincula nulla valent.]
Si tibi coniugium volui promittere nostrum,
140   Exige polliciti debita iura tori.
Sed si nil dedimus praeter sine pectore vocem,
    Verba suis frustra viribus orba tenes.
Non ego iuravi; legi iurantia verba:
    Vir mihi non isto more legendus eras.
145 Decipe sic alias; succedat epistula pomo;
    Si valet hoc, magnas di*tibus* aufer opes;
Fac iurent reges sua se tibi regna daturos,
    Sitque tuum, toto quidquid in orbe placet!
Maior es hoc ipsa multo, mihi crede, Diana,
150   Si tua tam praesens littera numen habet.
Cum tamen haec dixi, cum me tibi firma negavi,
    Cum bene promissi causa peracta mei est,
Confiteor, timeo saevae Latoidos iram
    Et corpus laedi suspicor inde meum.
155 Nam quare, quotiens socialia sacra parantur,
    Nupturae totiens languida membra cadunt?
Ter mihi iam veniens positas Hymenaeus ad aras
    Fugit et e thalami limine terga dedit,

Bentley. *corrumpere* suspectum: aut etiam gravius vitium latet.   **135.**
sed nil iuravimus scripsi, *nil coniuravimus* libri, *nil nos iuravimus*
Bentley.   **135, 136** circumscripsit Dilthey, **137, 138** Ehwald.   Post
vs. **144** omnes codd. praeter Laurentianum deesse dicuntur.   **143–150**
seclusit Dilthey.   **145.** *alios* L.   **146.** *ditibus* Heinsius, *diuitis*
libri.   **148.** *Fitque* coni. Dilthey.   **149.** *hoc* Francius, *haec* L,
ac π, *hac* ceteri.   **157.** *aures* libri. Corr. Slichtenhorst.   **158.**

Vixque manu pigra totiens infusa resurgunt
160 Lumina, vix moto corripit igne faces.
Saepe coronatis stillant unguenta capillis
Et trahitur multo splendida palla croco:
Cum tetigit limen, lacrimas mortisque timorem
Cernit et a cultu multa remota suo,
165 Proicit ipse sua deductas fronte coronas,
Spissaque de nitidis tergit amoma comis;
Et pudet in tristi laetum consurgere turba,
Quique erat in palla, transit in ora rubor.
At mihi vae! miserae torrentur febribus artus,
170 Et gravius iusto pallia pondus habent.
Nostraque plorantes video super ora parentes,
Et face pro thalami fax mihi mortis adest.
Parce laboranti, picta dea laeta pharetra,
Daque salutiferam iam mihi fratris opem.
175 Turpe tibi est, illum causas depellere leti,
Te contra titulum mortis habere meae.
Numquid, in umbroso cum velles fonte lavari,
Inprudens vultus ad tua labra tuli?
Praeteriine tuas de tot caelestibus aras,
180 Aque tua est nostra spreta parente parens?
Nil ego peccavi, nisi quod periuria legi
Inque parum fausto carmine docta fui.
Tu quoque pro nobis, si non mentiris amorem,
Tura feras: prosint, quae nocuere, manus!
185 Cur, quae succenset, quod adhuc tibi pacta puella
Non tua sit, fieri ne tua possit, agit?

---

a thalami Ehwald.   **159.** *infusa resurgunt* libri, *confusa resumit*
Dilthey, *taedis incussa resurgunt* Heinsius, *incensa resumit* Burmann,
inlusa resumit J. F. Heusinger, *infusa resumit* Ehwald, *infausta resumit*
etiam coni. Dilthey.   **160.** *vix motas concutit* Burmann.   **164.**
cuncta Francius.   **165.** *sua deductas* Francius, Cuper, Bentley, *suas
deducta* L πv, *suas de ducta* Withof, Ehwald.   **179.** *Praeteriive* v.
180. *Aque tua* ed. Bersmanni, *Atque tua ,*L, *Atque mea* πv.   **182.**
Iamque πv.   **185.** *succenses* v.   **186.** *fit* Heinsius, *sit* L πv.   **188.**

Omnia de viva tibi sunt speranda : quid aufert
　　Saeva mihi vitam, spem tibi diva mei?
Nec tu credideris illum, cui destinor uxor,
190　Aegra superposita membra fovere manu!
Adsidet ille quidem, quantum permittitur, ipse
　　Sed meminit, nostrum virginis esse torum.
Iam quoque nescioquid de se sensisse videtur :
　　Nam lacrimae causa saepe latente cadunt,
195 Et minus audacter blanditur et oscula rara
　　Appetit et timido me vocat ore suam.
Nec miror sensisse, notis cum prodar apertis :
　　In dextrum versor, cum venit ille, latus ;
Nec loquor, et tecto simulatur lumine somnus,
200　Captantem tactus reicioque manum.
Ingemit et tacito suspirat pectore, me quod
　　Offensam, quamvis non mereatur, habet.
Ei mihi, quod gaudes, et te iuvat ista voluptas!
　　Ei mihi, quod sensus sum tibi fassa meos!
205 Si mihi lingua foret, tu nostra iustius ira,
　　Qui mihi tendebas retia, dignus eras!
Scribis, ut invalidum liceat tibi visere corpus :
　　Es procul a nobis, et tamen inde noces.
Mirabar, quare tibi nomen Acontius esset :
210　Quod faciat longe vulnus, acumen habes ;
Certe ego convalui nondum de vulnere tali,
　　Ut iaculo scriptis eminus icta tuis.

---

diua] *saeua* Dilthey. 191. ita Dilthey, *permittitur ipsi* L, *per-
mittitis ipsi* πυ. 193. *Et quoque iam nescio quid de sensisse* πυ.
de me L, *de te* Heinsius, *de se* fortasse verius. 196. *Appetit* ego,
Accipit libri, *Admovet* coni. Dilthey, Ehwald, *Applicat* Housman.
198. *avertor* Heinsius, *vertor* Francius. 200. *eicioque* libri, corr.
Heinsius. 203. *Si* L, corr. Gronovius. *uoluntas* J. F. Heusinger,
ipsa voluptas coni. Dilthey. 204. *Si* libri, corr. Gronovius. 205.
Si mihi lingua foret L υ, *At mihi* π, *Si mens aequa foret* van Lennep, *Ei
mihi lingua labat* Ehwald, *Si me digna forem* Gronovius, *Ni mihi vincla
forent* vel *A nisi vincta foret* Dilthey, *Ni mea lingua foret* H. Boschius.
Si quid mutandum, *Ni* pro *si*, *iniqua* pro *lingua* scripserim. 210.
Quod faciet πυ, *faciens* malim. 213. *sane ut* Burmann, *anne ut*

Quid tamen huc venias? sane miserabile corpus,
  Ingenii videas *mag*na tropaea tui!
215 Concidimus macie, color est sine sanguine, qualem
  In pomo refero mente fuisse tuo.
Candida nec mixto sublucent ora rubore:
  Forma novi talis marmoris esse solet;
Argenti color est inter convivia talis,
220   Quod tactum gelidae frigore pallet aquae.
Si me nunc videas, visam prius esse negabis
  'Arte nec est' dices 'ista petenda mea,'
Promissique fidem, ne sim tibi iuncta, remittes
  Et cupies illud non meminisse deam.
225 Forsitan et facies, iurem ut contraria rursus,
  Quaeque legam mittes altera verba mihi.
[Sed tamen aspiceres vellem, prout ipse rogabas:
  Et discas sponsae languida membra tuae!]
Durius et ferro cum sit tibi pectus, Aconti,
230   Tu veniam nostris vocibus ipse petas.
Ne tamen ignores: ope qua revalescere possim,
  Quaeritur a Delphis fata canente deo.
Is quoque nescióquam, nunc ut vaga fama susurrat,
  Neglectam queritur testis habere fidem.
235 Hoc deus et vates, hoc et mea carmina dicunt:
  A! desunt voto carmina nulla tuo!
Unde tibi favor hic? nisi *si* nova forte reperta est
  Quae capiat magnos littera lecta deos.

Heinsius.　　214. *magna* Dilthey; *bina* cod. ex Ep. iv. 66, xvii. 242,
Rem. 158 inlatum credens; *digna* van Lennep.　　222. *petita* vel *petita
mihi* Dilthey.　　223. *uita* ʋ, *uincta* edd. Micylli et Bersmanni.
227, 228 seclusi, propter *prout* et malam syntaxin reos. *adspicias
vellem quod et ipse rogabas* Bentley.　　228. *Et discas*] *Adspiceres*
Ehwald, *Aspicias* Bentley.　　229. *Durius ut ferro iam sit* Heinsius,
si sit Burmann, *nisi si* Bentley.　　230. *Tum ... petes* Dilthey.　　231.
Ita interpunxit Ciofanus, Dilthey.　　233. *Et quoque nescio quantum
nunc* πʋ. *magna fama* ʋ.　　234. *uocis* Bentley.　　235. Ita libri;
somnia pro *carmina* reposuerim. *Hoc deus, hoc vates, hoc edita carmina*
Bentley, *Et deus hoc vates, hoc et mihi carmina* Burmann.　　236.
A! Crispinus, *At* libri. *carmina* libri, *numina* Dilthey.　　237. *nisi
forte noua reperta est* πʋ, *nisi quod noua forte reperta est* L: scripsi: *nisi*

Teque tenente deos numen sequar ipsa deorum
240 Doque libens victas in tua vota manus.
[Fassaque sum matri deceptae foedera linguae
Lumina fixa tenens plena pudoris humo.]
Cetera cura tua est: plus hoc quoque virgine factum,
Non timuit tecum quod mea charta loqui.
245 Iam satis invalidos calamo lassavimus artus,
Et manus officium longius aegra negat.
Quid, nisi *si* cupio me iam coniungere tecum,
Restat? ut adscribat littera nostra ' VALE.']

---

si nova forte reperta est.   **239, 241.** ante hos versus lacunas indicavit
Dilthey: ego **241, 242** seclusi.   **239.** *Deo* v.   *numen* marg. ed.
Bersm.   *nomen* L π v.   *pacis* 'vetus liber' Heinsii.   *partes* Heinsius,
Bentley.   *sequar* L, *sequor* πv.   **242.** *tenens* Heinsius, *tenet* libri.
humi Heinsius.   **244.** *carta* L π.   **247.** *nisi quod cupio me iam
contingere* L, quod paullo fortius est quam Cydippam deceat.   *nisi
cupio mihi iam contingere* v unde scripsi *nisi si cupio.*   Innuere non
aperte dicere, se iam matrimonium Acontii optare personae virginis
magis conueniebat.

CODICIS **K** IN XVI. **39–142,** XXI. **13** AD FIN. COLLATIO.

Sero inveni in Museo Britannico codicem qui versus **39–142** Ep. XVI,
et **13–248** Ep. XXI, contineret, Harleianum **2565,** saec. XV. forma oct.
min.   Continet Heroides, Remedia Amoris, De Pulice, poema barbarum
38 versuum, de philomēna (i.e. philomela) 70 versuum, hoc quoque
carmen barbarum, De Nuce.   Epistola Sapphus Cydippes sequitur.   In
margine ad xvi. **39** rubro scriptum est: 'Quidam codices non habent hec
carmina de rubro notata v. **106** ': et linea rubra margini adpicta est
usque ad v. **142.**   Cuius codicis (**K**) doctis viris, ut videtur, ignoti, in istis
partibus de quibus tam paucos testes habemus collationem non deside-
randam duxi, licet in ceteris indignus sit cuius testimonium pendatur.
Cum editione Parmensi tantus est codicis consensus, ut illam ex hoc
descriptam facile credas.   Nam in Italia codicem scriptum esse insignia
Avogadri Veneti ima pagina prima depicta probabile faciunt.   Circiter
1475 scriptum esse censet G. F. Warner.

XVI. 42. dum. fido.   **45.** ingentem. est *om.*   **51.** animi] mei.
52. Iudicium.   **54.** illicibusque.   **60.** vero.   **66.** imposuisse.   **67.**

exrexerat *vel* errexerat.   **69.** duarum.   **80.** solicitare.   **81.** Iuno
glossa. uirtute follia.   **83.** nec.   **85.** Dos. pulcrae.   **86.** pul-
crior.   **88.** retulit.   **90.** Regnis.   **91.** nata. recepto est.   **92.**

festas.　94. uocum.　96. nimphis.　97. Quas super oenonem facies mutarer in orbem.　98. Ad te.　100. tindari.　103. nundum.　104. hic.　107. Troiaque ceduntur. frigea.　113. malos.　114. pupis.　118. iubebat.　122. uella.　128. ebali nimpha.　136. intonuisse.　138. cytathrea.

XXI. 13. langor.　19. inter.　21. longe.　24. ficta.　25. eram.　26. cauta.　29. Quae. loquantur.　30. moreris ero. 38. Proditis.　39. credis.　40. optas.　43. obstat.　44. inest.　45. Nec.　46. acerbo.　51. mihi.　52. m̤e̤i̤s̤, tuis *in marg*.　55. Dicam. me.　63. Ellige.　67. difficilis.　70. m̤e̤a̤e̤,

citae *marg. ma. sec.*　71. garbasa.　72. ah.　74. foelix.　75. uella.　77. delum.　78. pupe.　80. dare.　81. Miconem. 89. crinibus, in *post. corr.*　92. salutaris.　103. expectans.　106. equis.　108. hei.　109. coniunx, nutrix *in marg. ma. sec.*　117. peltate secure.　118. pentasilea.　120. Ipolita.　122. facta. 123. Cidippem. ceneida coepit.　124. hipomenes si licet.　127. boni.　129. cum me—putabar. nil coniurauimus.　144. eris. 145. alios.　146. hic. diuitis.　147. regna] iura.　149. ac ipsa. multum.　153. latoydos.　154. dedi.　155. per antra.　157. aures.　158. talami. dedi.　165. sua deductas. 166. ammonia.　169. ue. artis.　171. uideor.　172. talami. 173. faretra.　174. iam tibi.　175. laeti.　179. praeteriine. caelestibus.　180. Atque mea est spreta nostra. Post. h. v. 134–137 linguaque—iurat *iterum leguntur.*　182. Iamque.　185. succenses. facta.　186. sed. agis.　189. Haec.　193. Et quoque iam nescioquid de sensisse.　196. Accipit.　197. perdat *aut* perdar. 199. Haec loquor.　200. eiicioque.　201. tacite.　203. Si mihi. uoluptas.　204. Si mihi.　205. At mihi.　210. faciat.　211. cum valui.　214. bina trofea.　217. ne.　223. uita.　229. sim.　232. delfis. dea.　233. Et quoque nescio quantum nunc (ut *om.*).　236. at.　237. nisi forte nova.　239. nomen.　240. fata.　242. tenet.　244. carta.　246. negat] tenet.　247. nisi cupio mihi iam contingere.

PARS II

MAXIMI PLANVDIS METAPHRASIS

———◆———

CODICES

A = AMBROSIANUS, 119 A, saec. xv, a Maximiliano Treu sedulo exscriptus pro Alfredo Gudeman : qui mihi codicem exscriptum benignissime transmisit. Codex difficilis lectu videtur esse ut vel compendia non expedita demonstrant, et multa omisi quae inutilia vel dubia viderentur : debui fortasse plura.

P = PARISINUS, 2848 saec. xv, beneficio administratoris Bibliothecae Parisinae a me domi collatus.

p = CODEX MUSEI BRITANNICI, xvi D ix, 2, anno 1615 ex P a Petro Goldmanno Deidonano, Scoto, descriptus, sed paucis locis correctus : contuli ipse, sed nihil ei auctoritatis tribuens raro nominavi.

MAXIMI PLANUDIS METAPHRASIS

—·—

'Οβιδίου 'Επιστολαὶ ἃς μετήνεγκεν ἐκ τῆς Λατίνων φωνῆς
εἰς τὴν 'Ελλάδα Μάξιμος μόναχος ὁ Πλανούδης **Α**. τοῦ αὐτοῦ
ἐπιστολαί **P**. τοῦ αὐτοῦ Μαξίμου τοῦ Πλανούδου μετάφρασις
τῶν Οὐιδίου ἡρωίδων ἐπιστολῶν **p**.

I.

Πηνελόπη 'Οδυσσεῖ.

Τόδε σοι τὸ χαίρειν ἡ σὴ Πηνελόπη βραδύνοντι πέμπει,
'Οδυσσεῦ· μηδὲν δέ μοι ἀντιγράψῃς, ἀλλὰ σὺ αὐτὸς ἴθι.
κεῖται μὲν ἡ Τροία, κεῖται δὲ σαφῶς εἰπεῖν ταῖς τῶν Δαναῶν
μισουμένη παρθένοις. καὶ δὴ μόλις ὁ Πρίαμος καὶ ἡ Τροία
σωζομένη τοσούτου παρ' ἡμῶν ἔτυχον μίσους. ὡς ὤφειλεν ὁ 5
μοιχὸς Πάρις ἡνίκα σὺν ναυσὶν ἔπλει πρὸς Λακεδαίμονα μαινο-
μένοις κύμασι καλυφθῆναι. οὐδὲ γὰρ ἂν ἔγωγε ψυχρὰ ἐπὶ
κενοῦ λέχους ἐκείμην, οὐδ' ἐγκαταλειφθεῖσα κατεμεμφόμην
τὰς ἡμέρας ὡς σχολαίτερον ἀπιούσας, οὐδέ μοι ζητούσῃ τὴν
μακρὰν παραλογίζεσθαι νύκτα ἱστὸς ἀπηρτημένος τὰς χήρας 10
χεῖρας ἀπέκναιε. πηνίκα τῶν ἀληθῶν χείρονας κινδύνους
οὐκ ἐφοβήθην; πλῆρες γὰρ ἐμμερίμνου φόβου χρῆμά τί ἐστιν

I. -ηνελόπη -δυσσεῖ P.   1. -όδε P.   4. tutaque. ἔτυχον μίσθου P.
8. καταλειφθεῖσα P. σχολαιότερον P.   10. ἀπηρτησμένος P.   13. ἀντὶ σοὶ

ὁ ἔρως. καὶ γοῦν ἀνέπλαττον ἐπὶ σοὶ τοὺς Τρῶας βιαίως
15 ἐπιόντας, καὶ τοῦ Ἕκτορος ὀνόματι ὠχρίων ἀεί. εἴτε γάρ
τις τὸν Ἀντίλοχον διεξήει νενικῆσθαι ὑφ' Ἕκτορος, αἰτία
τῆς ἡμετέρας ὀδύνης ἦν ὁ Ἀντίλοχος· εἴτε τὸν Μενοιτιάδην ἐν
ὅπλοις πεπτωκέναι ψευδομένοις τὸν Ἀχιλλέα, ἐθρήνουν ὡς τῶν
δόλων πεφυκότων διαμαρτάνειν. αἵματι τὸ τοῦ Λυκίου δόρυ
20 διεθέρμανεν ὁ Τριπτόλεμος, καὶ τῷ τοῦ Τριπτολέμου θανάτῳ
τὸ ἐμὸν ἄλγος ἀνεκαινίσθη. καὶ τέλος εἴ τις ποτὲ πρὸς τῷ
τῶν Ἀχαίων ἀνήρητο στρατοπέδῳ καὶ πάγου ψυχρότερον
τοὐμὸν τῆς ἐρώσης στέρνον ἐγίνετο. ἀλλ' ὁ δαίμων δίκαιος εὖ
τῷ σώφρονι διῆτησεν ἔρωτι· σῳζομένου γάρ μοι τοῦ ἀνδρὸς εἰς
25 τέφραν ἡ Τροία μετηνέχθη. ἐπανῆλθον τοίνυν οἱ τῶν Ἀχαίων
ἡγεμόνες· οἱ βωμοὶ κνίσης πεπλήρωνται· καὶ λεία βαρβαρικὴ
τοῖς πατρῴοις θεοῖς ἀνατίθεται· καὶ δῶρα κεχαρισμένα
ὑπὲρ τῶν ἀνδρῶν σωθέντων αἱ γυναῖκες προσφέρουσιν. οἱ δὲ
τοῖς οἰκείοις τὴν ἡττηθεῖσαν τύχην τῆς Τροίας ᾄδουσιν· ἐκ-
πλήττονται δ' οἵ τε δίκαιοι γέροντες καὶ αἱ περιδεεῖς κόραι.
30 καὶ ταῦτα διηγούμενος ἀνὴρ τῶν ὤτων ἐξαρτᾶται τὴν σύζυγον.
καὶ δή τις ἐπὶ τῆς τραπέζης προκειμένης τοὺς χαλεποὺς
δείκνυσι πολέμους, καὶ οἴνῳ βραχυτάτῳ ὅλα διαγράφει τὰ
Πέργαμα. Ἐνταῦθα μὲν ὁ Σιμόεις ἔρρει· ἐνταῦθα δ' ἐστὶ τὸ
Σίγειον· ὧδε τὰ τοῦ γεραιοῦ Πριάμου μετέωρα βασίλεια ἵστατο.
35 ἐκεῖ μὲν ὁ Αἰακίδης ἐκεῖ δ' Ὀδυσσεὺς ἐσκήνου· ὧδε γαῦρος
ὁ Ἕκτωρ τοὺς ἵππους ἔστρεφε. πάντα ταῦθ' ὁ γεραίτερος
Νέστωρ τῷ σῷ παιδὶ πρὸς ζήτησιν σὴν πεμφθέντι διηγήσατο,
ἐκεῖνος δ' ἐμοί. διηγήσατο καὶ ὡς Ῥῆσος καὶ Δόλων σιδήρῳ
40 πέσοιεν, καὶ ὡς οὗτος μὲν δόλῳ ἀπολωλὼς εἴη ἐκεῖνος δ' ὕπνῳ.
ἐτόλμησας, ὦ σφόδρα, σφόδρα τῶν σαυτοῦ ἐπιλῆσμον, τοῦ
Θρᾳκίου στρατοπέδου δόλῳ νυκτὸς ἅψασθαι, καὶ τοσούτους
ἄνδρας ὁμοῦ καταθῦσαι, ἕνα τὸν συναιρόμενον ἔχων· καίτοι
45 καλῶς ἠσφαλίζου τὸ πρόσθεν καὶ ἐμέμνησό μου. ἐμοῦ δὲ τηνι-

---

P. βιαίους P.   15. διεξήειν A.   23. δίκαιος ? P, δικαίων A.   εὖ om.
A.   24. verba σῳζομένου γάρ μοι τοῦ om. A.   29. αἱ om. Δ.   31.
τινος P.   35. ἠσκήνου P.   36. ὧδε δὲ Α.   40. ἀπολωλὸς P.   δὲ ὕπνῳ

καῦτα τὸ στέρνον ἐπὶ μακρὸν τῷ φόβῳ ἐπάλλετο, μέχρι σε
νικήσαντα πρὸς τὸ φίλον στρατόπεδον τοῖς Ἰσμαρικοῖς ἵπποις
ἐπανελθεῖν ἔφασαν. ἀλλ' ἐμοί γε εἰς τί ποτε γέγονεν ὄφελος
ταῖς ὑμετέραις χερσὶ κατασκαφῆναι τὴν Ἴλιον, καὶ ὃ τεῖχος
ἦν νῦν εἶναι δάπεδον, εἴ γε μένω ὁποία καὶ τῆς Τροίας ἀντ-
εχούσης ἔμενον, καί μοι ὁ ἀνὴρ ἄπεστι καὶ δίχα τέλους ἀπέσται; 50
ἀλλ' εἰ τὰ Πέργαμα πέπτωκεν, ἐμοὶ δ' ἔτι συμμένει, ἅπερ
ὁ νικήσας οἰκήσας βουσὶ ζωγρηθεῖσι γεωργεῖ. καὶ ἤδη γὰρ
λήιον ἔστιν ἔνθαπερ ἦν Τροία, καὶ δρεπάνῳ θεριζομένη σφριγᾷ
ἡ γῆ Φρυγίῳ αἵματι πιανθεῖσα. καὶ τὰ τῶν ἀνδρῶν ἡμιταφῆ 55
ὀστᾶ τοῖς καμπύλοις ἀρότροις πλήττεται καὶ καταπεσούσας τὰς
οἰκίας βοτάνη καλύπτει. σὺ δ' ὁ νικήσας ἄπει· καὶ οὐδὲ
γνῶναί μοι ἔξεστι τίς ᾖ τῆς βραδυτῆτος αἰτία ἢ ἐν τίνι, σιδήρεε,
κρύπτῃ τῇ οἰκουμένῃ. εἴ τις ποτὲ ξένος πρὸς τούσδε τοὺς αἰγιαλοὺς
τὴν ναῦν τρέπει, οὗτος πολλὰ περὶ σοῦ μοι ἐρωτηθεὶς ἄπεισιν. 60
καὶ ἦν ἂν ἀποδοίη σοι, εἴ σε που μόνον ὄψεται, ἐπιστολὴν αὐτῷ
παραδίδωμι τῷ ἐμῷ δακτύλῳ σφραγιζομένην. ἡμεῖς δὲ καὶ εἰς
Πύλον τὸ τοῦ παλαιοῦ Νέστορος Νηλήιον πεδίον ἐπέμψαμεν·
φήμη δέ τις ἀβέβαιος ἐπεφοίτα τῇ Πύλῳ. ἐπέμψαμεν καὶ 65
εἰς Σπάρτην· καὶ δὴ καὶ ἡ Σπάρτη τὸ ἀληθὲς ἠγνόει· τίνα
ποτὲ γῆν οἰκεῖς ἢ ποῦ ποτε, βραδύτατε, ἄπει; συμφορώτερον
ἦν μοι καὶ νῦν ἔτι τὰ τείχη τοῦ Φοίβου ἑστάναι. ὀργίζομαι
γὰρ αὐτῇ φεῦ ταῖς ἐμαυτῆς εὐκόλως εὐχαῖς. ὤφειλον ποῦ
ποτε μάχη γινώσκειν καὶ μόνους τοὺς πολέμους φοβεῖσθαι καὶ 70
τοὐμὸν ἄλγος πολλῶν ἂν ἄλγει συνήπτετο. τί δ' ἂν φοβοίμην
ἀγνοῶ· φοβοῦμαι μέντοι τὰ πάντα· καὶ πλατεῖα ταῖς ἐμαῖς
φροντίσιν ἄλως ἠνέῳκται. ὅσους γὰρ ἔχει κινδύνους ἡ θάλαττα καὶ ὅσους ἡ γῆ αἰτίας εἶναι τῆς οὕτω μακρᾶς διατριβῆς
ὑποπτεύω. ἐμοῦ δὲ καὶ ταῦτα ἀνοήτως μέντοι μελετώσης, 75

P. 49. τρωίας A. 53. τρωία A. δρέπανον P. 54. τῷ φρυγίῳ P.
55. πλήττηται A. 56. βοτανας P. 57. σὺ δὲ ὁ P. 58. σιδέρεε A.
59. ζῶος A. 60. ἄπεισι P. 61. verba που μόνον om. A. 62.
δακτυλίῳ P. 65. καὶ εἰς A, καὶ τὴν P. 67. συμφορότερον P, συμ-
φερότερον A. fortasse scribendum συμφερώτερον. στάναι A. 71. νῦν
ἀγνοῶ A. 72. ἄλως P. 76. θυραίῳ om. A ut descriptus est, spatio

τίς ποτέ ἐστιν ὁ ὑμέτερος ἔρως, ἔρωτι σύ γε θυραίῳ ἑαλω-
κέναι δύνῃ. τάχα δὲ καὶ διηγῇ ὡς ἀγροικοτάτη σοι ἔστι
σύζυγος ἡ μόνα τὰ ἔρια οὔκουν ἀτημέλητα τυγχάνειν ἐᾷ.
ἀλλὰ ψευδοίμην, καὶ τοῦτό μοι τὸ ἔγκλημα πρὸς τὰς λεπτὰς
80 ἀφανίζοιτο αὔρας· μή ποτε τῆς ὑποστροφῆς ἀπολυθεὶς ἐθέλοις
ἀπεῖναι. ἐμὲ ὁ πατὴρ Ἰκάριος τοῦ χήρου λέχους ἀποστῆναι
βιάζεται, ἐπὶ μήκιστον ἤδη ἐπιτίμᾳ. ἀλλ᾽ εἰ καὶ τὰ μάλιστα
πλεῖστον ὅσον ἐπιτίμᾳ, ἀνάγκη με σὴν εἶναι καὶ σὴν λέγεσθαι
85 καὶ τὴν Πηνελόπην ἀεὶ τοῦ Ὀδυσσέως σύζυγον εἶναι. ἐκεῖνος
μέντοι τῇ ἐμῇ φιλανδρίᾳ καὶ ταῖς ἐμαῖς σώφροσι δεήσεσιν ἐπι-
κλᾶται, καὶ τὴν οἰκείαν αὐστηρίαν μαλάσσει. οἵ γε μὴν
Δουλίχιοι καὶ Σάμιοι μνηστῆρες, καὶ οὓς ἡ ὑψηλὴ Ζάκυνθος
ἤνεγκε, δῆμος ἀκόλαστος εἰς ἐμὲ συρρέουσι. καὶ ἐπὶ τὴν σὴν
90 αὐλὴν μηδενὸς κωλύοντος ἄρχουσι, καὶ τὴν σὴν περιουσίαν
τὰ ἐμὰ σπλάγχνα διασπαράττουσι. τί ἄν σοι τὸν Πείσανδρον
Πόλυβόν τε καὶ τὸν δεινὸν Μέδοντα καὶ τὰς Εὐρυμάχου καὶ
Ἀντινόου χεῖρας τὰς ἀπλήστους, καὶ τοὺς λοιποὺς ἀπαγγέλλοιμι
οὓς πάντας ἀπὼν αὐτὸς τοῖς πράγμασι τρέφεις ἃ τῷ σαυτοῦ
95 ἐκέρδανας αἵματι; ὁ δὲ πτωχὸς Ἶρος καὶ ὁ τῶν κατεσθιομένων
θρεμμάτων ἡγεμὼν Μελάνθιος, ἐσχάτη πρὸς τὴν σὴν ζημίαν
αἰσχύνη πρόσεισι. τρεῖς τὸν ἀριθμὸν ἐσμὲν ἀπόλεμοι· ἐγώ
τε πάσης ἀλκῆς ἔρημος· καὶ Λαέρτης ὁ γέρων καὶ ὁ παῖς Τελέ-
100 μαχος. ὃν διὰ λόχου πρὸ μικροῦ μικροῦ δεῖν ἀφῃρέθην, ἡνίκα
παρὰ τὴν ἁπάντων γνώμην εἰς τὴν Πύλον ἐλθεῖν ἡτοιμάζετο.
οἱ θεοί, δέομαι, τοῦτο κελεύσαιεν, ὡς ἂν ἐν τάξει τῶν μοιρῶν
ἰουσῶν ἐκεῖνος τοὺς ἐμοὺς ὀφθαλμούς, ἐκεῖνος τοὺς σοὺς συγ-
κλείσῃ. ταῦτα ποιοῦσιν ὅ τε βουκόλος καὶ ἡ γηραιὰ τροφὸς
καὶ τρίτος Εὔμαιος, ἡ πιστὴ τοῦ τῶν συῶν ἀκαθάρτου σηκοῦ
105 ἐπιμέλεια. ἀλλ᾽ οὔθ᾽ ὁ Λαέρτης, ὡς ἄν τις τῷ χρόνῳ
ἀνόνητος, ἐν μέσοις τοῖς ἐχθροῖς τὴν βασιλείαν ἰσχύει κατέχειν.

relicto. 82. βιάζηται P. μήκεστον P. 83. ἀλλὰ καὶ P. μὴ συνεῖναι καὶ συλλέγεσθαι Α. 85. δεήσεσι Α. 87. ἤνεικε P. 89. σὴν
om. Α. τρέχουσι Α. 93. ἀπὼν om. Α. 94. πράγμασιν Α. 99.
λόχων Α. πρὸς Α. 100. περὶ Α. εἰς τὴν om. P. 101. τελεύσαιεν Α.
105. οὐδ᾽ Α. 106. ἰσχύει scripsi, ἴσχει ΡΑ. 107. ζῇ τε μόνον Α.

τῷ Τελεμάχῳ δ᾽ ἐλεύσεται, ζήτω μόνον, ἡλικία κραταιοτέρα·
νῦν γε μὴν αὐτὴ ταῖς τοῦ πατρὸς βοηθείαις ἦν φυλακτέα. οὔτ᾽
ἐμοὶ ἰσχὺς ἔστι τοὺς ἐχθροὺς τῶν οἴκων ἀπώσασθαι· σὺ θᾶττον 110
ἔλθοις αὖρα καὶ λιμὴν τοῖς οἰκείοις. ἔστι σοι καὶ εἴη, δέομαι,
παῖς, ὃς ἐν τοῖς ἁπαλοῖς ἔτεσι τὰς πατρῴας ὤφειλε τέχνας
παιδοτριβεῖσθαι. ἄθρει τὸν Λαέρτην, ὃς ὡς ἂν αὐτῷ τοὺς
ὀφθαλμοὺς κλείσαις τὴν ἐσχάτην τῆς μοίρας ἡμέραν ἐκδέχεται.
ἀληθῶς εἰπεῖν, ἔγωγε ἥτις σοῦ γε ἀποδημοῦντος μεῖραξ ἦν, 115
ὡς ἂν ἐπανέλθῃς, παντάπασι γραῦς δόξω.

II.

Φυλλὶς Δημοφῶντι.

Ἡ σὴ ξεναγός, Δημοφῶν, ἡ Ῥοδοπαία Φυλλὶς μέμφομαί
σοι ὡς περαιτέρω τῆς ἐπηγγελμένης ὥρας ἀποδημοῦντι. καὶ
γὰρ τῶν τῆς σελήνης κεράτων ἅπαξ εἰς πλήρη συνελθόντων
τὸν κύκλον, περὶ τὰς ἐμὰς ἠιόνας ὡμολόγησας βαλεῖν τὴν σὴν
ἄγκυραν. ἡ σελήνη δ᾽ ἤδη τετράκις μειωθεῖσα ἐκρύβη καὶ 5
τετράκις ὅλον τὸν κύκλον ἐπανεσώσατο· ἡ δὲ Σιθονὶς θάλαττα
τὰς Ἀκταίας ναῦς οὔκουν φέρει. εἰ τοίνυν καλῶς ἀριθμοίης
τὸν χρόνον, ὃν ἀριθμοῦμεν ἡμεῖς αἱ ἐρῶσαι, ἥκιστά σοι πρὸ
τῆς προσηκούσης ἡμέρας ἡ ⟨ἡμετέρα⟩ μέμψις ἔρχεται. καὶ
ἐλπὶς δέ μοι βραδεῖα γέγονε καὶ ἃ πιστευθέντα βλάπτει
ἐπιστεύσαμεν· καὶ νῦν ἄκουσάν με καὶ ἐρῶσαν λυπεῖς. πολ- 10
λάκις ἐμαυτῇ ὑπὲρ σοῦ ἐψευσάμην, πολλάκις ἔδοξα λευκὰ τὸν
βίαιον νότον ἐπανακομίζειν ἱστία. πολλάκις τῷ Θησεῖ κατ-
ηρασάμην ὅτι σε μὴ ἀφεῖναι ἐθέλει· καίτοι τὸν σὸν ἴσως
δρόμον οὔκουν ἐκεῖνος ἐπεῖχε. πολλάκις ἔδεισα μή ποτέ σοι 15

---

108. αὕτη P.　　110. aura.　　113. κλείσας A.　　115. verba ἥτις σοῦ γε
ἀποδημοῦντος om. A.

II. -υλλὶς -ημοφῶντι P.　　1. Ἡ om. P.　　2. ἐπαγγελμένης A.　　5.
ἐκρύβην A. ἐπλανεσώσατο A.　　8. πρὸς A. ἡ ἡμέρας A. ἡμετέρα addidi,
om. PA. τρέχεται A.　　9. ἡ ἐλπὶς δέ μοι A. λυπεῖ A.　　15.

πρὸς τὰ τοῦ Ἕβρου συντείνοντι ῥεύματα ναυάγιον ἡ ναῦς ἐν
τοῖς ἀφριῶσιν ὑπέμεινεν ὕδασι. πολλάκις ἱκέτευσα τοὺς θεοὺς
20 ὡς ἂν, ἄσπονδε, σὺ σώζοιο, καὶ πρὸς ἐμαυτὴν εἶπον Εἰ σώζεται
ἐκεῖνος, ἐλεύσεται. καὶ τέλος ὁ πιστὸς ἔρως ὅ τι ποτὲ τοῖς
σπεύδουσιν ἀντιβαίνει σύμπαν ἀνέπλασε, καὶ πρὸς αἰτίας
ἐγενόμην εὐμήχανος. σὺ δὲ βραδὺς ἄπει, καὶ οὔτε σε οἱ
ὁμωθέντες ἐπανάγουσι θεοὶ οὔτε τῷ ἡμετέρῳ ἔρωτι καμπτόμενος
25 ἐπανήκεις. Δημοφῶν, ἀνέμοις καὶ τὰ ἱστία καὶ τὰ ῥήματα
δέδωκας· καὶ τὰ μὲν ἱστία ὡς ὑποστροφῆς, τὰ δὲ ῥήματα ὡς
πίστεως ἔρημα μέμφομαι. εἰπὲ γάρ μοι τί ποτε ἔδρασα, εἰ μὴ
ὅτι μὴ φρονίμως ἠράσθην; καίτοι ταύτῃ μοι τῇ κατηγορίᾳ οἷά τ᾽
ἦν σε κατέχειν. ἓν ἐν ἐμοὶ πλημμέλημα, ὅτι σέ, πλημμελέστατε,
30 ἐδεξάμην. ἀλλὰ τοῦτό μοι τὸ πλημμέλημα ἰσόρροπόν ἐστι
χάριτι. ποῦ νῦν οἱ ὅρκοι καὶ αἱ πίστεις καὶ ἡ συμβαλλομένη τῇ
δεξιᾷ δεξιά, καὶ ὁ πολὺς ὢν ἐν τῷ ψευδεῖ στόματι θεός; ποῦ
νῦν ὁ ἐπηγγελμένος ὑμέναιος εἰς τοὺς προσήκοντας χρόνους ὅς μοι
35 τῆς συζυγίας νυμφοστόλος καὶ φύλαξ ἦν; κατὰ τῆς θαλάττης
καὶ γάρ, ἣ πνεύμασι καὶ κύμασιν ἄγεταί τε καὶ φέρεται, δι᾽
ἧς πολλάκις ἦλθες καὶ δι᾽ ἧς ἐλεύσεσθαι ἔμελλες, καὶ κατὰ
τοῦ σοῦ μοι ὤμοσας πάππου, εἰ μὴ κἀκεῖνος ἐπίπλαστός ἐστιν,
ὃς τὴν θάλατταν ὑπ᾽ ἀνέμων τραχυνομένην καταλεαίνει, καὶ
κατὰ τῆς Ἀφροδίτης καὶ τῶν σφόδρα ἐν ἐμοὶ ἐνεργῶν τοῦ
40 ἔρωτος ὅπλων, ἑτέρου μὲν ὅπλου τοῦ τόξου ἑτέρου δ᾽ ὅπλου τῆς
λαμπάδος, Ἥρας τε τῆς προκαθημένης σεμνῶς τῶν τῆς συζυγίας
λέκτρων, καὶ τῶν μυστικῶν ὀργίων τῆς δᾳδούχου θεᾶς. εἰ
τοίνυν ἕκαστος τῶν περιφρονηθέντων τοσούτων θεῶν τῇ ἑαυτοῦ
θειότητι ἀμύνει, οὔκουν αὐτὸς εἷς ὢν ἱκανὸς ἔσῃ πρὸς τιμωρίας.
45 καὶ μὴν ἡ παραπλὴξ ἔγωγε καὶ διαρρυείσας τὰς σὰς ναῦς ἀν-
εκτησάμην ὡς ἂν ἡ ναῦς δι᾽ ἧς ἂν καταλειφθείην ἐχυρὰ τυγχάνῃ.
καὶ εἰρεσίαν ἔδωκα δι᾽ ἧς φυγὼν ἀπελεύσῃ. οἴμοι τοῖς ἐμαυτῆς

Ἥβρου Α.   **20.** ἐμαυτὸν Α.   εἰς Α.   ἐλεύθεται Α.   **22.** τὰς αἰτίας
Ρ.   εὐμήχανος Ρ, de Α non liquet.   **24.** οἱ θεοὶ Α.   **28.** detinuisse.   **30.** ἰσορρῶν Ρ.   **31.** συμβαλομένη Ρ.   **33.** τὸν προσήκοντα χρόνον Α.   **34.** οἴμοι Α.   **38.** τραχυνομένων Α.   **43.**
περιφρονηθέντα Α.   **45.** διαρρυείσα Α.   **47.** quo abires.   **50.** καὶ

βέλεσι γεγονότα τραύματα πάσχω. ἐπιστεύσαμεν δὲ καὶ ταῖς
θωπείαις ὧν εὐπορία σοι πολλή· ἐπιστεύσαμεν τῷ γένει καὶ 50
τοῖς ὀνόμασιν. ἐπιστεύσαμεν καὶ τοῖς δάκρυσιν· ἢ καὶ ταῦθ'
ὑποκρίνεσθαι διδάσκεται; ἢ καὶ ταῦτα τέχνας ἔχει καὶ ὁπήποτε
κελεύεται ἄπεισιν; ἐπιστεύσαμεν δέ γε καὶ τοῖς θεοῖς· τί δ' ἂν
ἀντέσχον πρὸς τοσαῦτα ἐνέχυρα; ἀποχρώντως οἷά τ' ἦν παν-
τόθεν ἐντεῦθεν ἁλῶναι. ἀλλ' οὐδ' ἀθύμως ἔχω, ὅτι σοι καὶ εἰς 55
λιμένα καὶ εἰς χώραν ἀπήρκεσα· ὡς ὤφειλε τῶν ἐμῶν χαρίτων
κεφάλαιον τοῦτο γενέσθαι· νῦν δέ μοι μεταμέλει τοῦ τῇ ξενίᾳ
τὸ γαμήλιον αἰσχρῶς λέχος προσεπιθεῖναι, καὶ τῇ πλευρᾷ τὴν
πλευρὰν συνάψαι. ηὐχόμην τὴν πρὸ τῆς νυκτὸς ἐκείνης νύκτα
ἐσχάτην μοι γεγονέναι ἡνίκα ἡ Φυλλὶς ἔγωγ' οἷά τ' ἦν ἔντιμος 60
ἀποθανεῖν. ἀλλ' ἤλπισα τὸ κρεῖττον ὅτι σέ μοι ὀφείλειν ἐνόμισα
χάριτας· πᾶσα δ' ἐλπὶς ἐκ χαρίτων προιοῦσα δικαία πρόεισιν.
ψεύδεσθαι νεᾶνιν πιστεύουσαν οὐκ ἔστι γενναία δόξα· ἀξία
μὲν οὖν εὐνοίας ἦν ἡ τῶν τρόπων μου ἁπλότης. ἠπάτημαι δὲ 65
γυνὴ καὶ ἐρῶσα τοῖς ⟨σοῖς⟩ ῥήμασιν· οἱ θεοὶ ποιήσαιεν ὡς
ἂν τοῦτο τῶν σῶν ἐπαίνων εἴη κεφάλαιον. καὶ μεταξὺ τῶν
Αἰγείδου στηλῶν ἀναστηλωθείης καὶ αὐτὸς ἐν μέσῃ τῇ πόλει,
καὶ πρόσθεν μὲν ὁ μεγαλουργὸς πατὴρ τοῖς οἰκείοις ἐπιγράμ-
μασιν ἵσταιτο, καὶ πρότερον μὲν ὁ Σκίρων ἀναγινώσκοιτο καὶ
ὁ χαλεπὸς Προκρούστης καὶ ὁ Σίνις καὶ τὸ συμμιγὲς εἶδος 70
ἀνδρός τε καὶ ταύρου, αἵ τε ταπεινωθεῖσαι τῷ πολέμῳ Θῆβαι
καὶ οἱ κατατροπωθέντες Κένταυροι, καὶ ἣν εἰσῆλθε σκοτεινὴν
πύλην τοῦ ἀειδοῦς Πλούτωνος. μετ' ἐκείνους δὲ καὶ ἡ σὴ
στήλη τοιῷδε σημειοῖτο τῷ ἐπιγράμματι·

　　Οὗτος ὅδ' ἔσθ' ὁ δόλῳ τὴν ξενίσασαν ἑλών.

ἀλλὰ γὰρ ἐκ τῶν τοσούτων ἔργων καὶ κατορθωμάτων τοῦ 75
πατρὸς μόνη ἐπὶ τῆς σῆς διανοίας ἡ ἐγκαταλειφθεῖσα Ἀριάδνη
ἐκάθισεν. ὅπερ σοὶ μόνον παραίτησιν δίδωσιν, ὃ μόνον τῶν

τῷ γένει Α. An σῷ... σοῖς. nominibusque. **52.** ὁπήποτε Α, ὁποίποτε
P. **59.** ἐκείνην Α. **63.** νεανίαν Α. **65.** σοῖς om. addidi. **67.**
μέσῳ P. **68.** ἵστατο P. **69.** σκείρων Α. προσκρούστης Α. **70.**
σίνης P. **72.** σκοτείνων Α. **73.** post illos. **82.** τι ἀλλοδαπὸν Α.

ἐκείνου μιμῇ, καὶ μόνου τοῦ πατρικοῦ δόλου σαυτὸν ποιεῖς,
ἄσπονδε, κληρονόμον. ἀλλ' ἡ μέν, οὐ φθονῶ δ' αὐτῇ, κρείτ-
80 τονος ἀπολαύει συζύγου, καὶ ἐπὶ τίγρεων πεφιμωμένων με-
τέωρος κάθηται. τὴν δ' ἐμὴν κοίτην περιφρονηθέντες οἱ
Θρᾷκες φεύγουσιν ὅτι λέγομαι τῶν ἡμετέρων τὸ ἀλλοδαπὸν
προτετιμηκέναι. καί τις Νῦν ἤδη πρὸς τὰς σοφὰς ἴτω, φησίν,
Ἀθήνας· ὁ δὲ τὴν ὁπλοφόρον Θρᾴκην διοικήσων ἕτερος ἔσται.
85 καὶ μὴν καὶ ἡ ἔκβασις δοκιμάζει τὸ ἔργον· ἀλλὰ στέροιτο
εὐτυχίας, ὅστις ἐκ τοῦ τέλους οἴεται δεῖν [εἶναι] τὸ ἔργον
κρίνειν. εἰ γὰρ ταῖς σαῖς κώπαις ἀφρίσει τὸ ἡμέτερον
πέλαγος, αὐτίκα δὴ μάλα καλῶς ἐπὶ τοῖς ἐμαυτῆς βεβου-
λεῦσθαι λεχθήσομαι. ἀλλ' οὔτε καλῶς ἐβουλευσάμην, οὔθ' ἡ
90 ἐμὴ βασιλεία σοῦ γ' ἅπτεται οὐδὲ κεκμηκότα σοι τὰ μέλη τοῖς
Βιστονίοις ὕδασι λούσεις. ἐκεῖνό μοι τοῖς ὀφθαλμοῖς τὸ σὸν
εἶδος ἀπιόντος προσίσχεται, ἡνίκα ὁ σὸς στόλος ἀποπλεῖν
μέλλων τὸν λιμένα κατεῖχεν. ἐτόλμησάς με τότε περιβαλεῖν
καὶ τῷ τῆς ἐρώσης τραχήλῳ περιχυθεὶς ἐπὶ μακρὸν φιλήματα
95 συμπεπιεσμένα συνάπτειν, καὶ τοῖς σαυτοῦ δάκρυσι συμφύρειν
τἀμὰ δάκρυα καὶ δυσχεραίνειν ὅτι τοῖς ἱστίοις οὔριον ἦν τὸ
πνεῦμα, καί μοι ἀποχωρῶν τελευταίοις ῥήμασιν εἰπεῖν, Φυλλίς,
ἐκδέχου τὸν σαυτῆς Δημοφῶντα. ἐκδέξομαί σε ὃς ὡς μηκέτι
100 με ὀψόμενος ἀπελήλυθας; ἐκδέξομαι τὰ ἱστία τὰ τὴν ἐμὴν
ἀπαρνησάμενα θάλατταν; ἐκδέχομαι μέντοι· μόνον ἐπάνιθι
καὶ ὀψὲ τῇ ἐρώσῃ, καὶ μόνος λυμαίνοιτο τὴν σὴν πίστιν
ὁ χρόνος. ἀλλὰ τί δέομαι ἡ κακοδαίμων; ἤδη σε σύζυγος ἑτέρα
κατέχει, τάχα δὲ καὶ ἔρως, ὃς ἡμῖν κακῶς προσεγέλασε.
105 κἀπειδή σου ἐκπεπτώκαμεν, οὐ γινώσκεις, οἶμαι, Φυλλίδα τινά·
οἴμοι, ἀλλ' εἴπερ ἔροιο τίς εἰμι Φυλλὶς καὶ πόθεν. ἥτις,
Δημοφῶν, σοι μακραῖς περιενεχθέντι πλάναις τούς τε Θρακίους
λιμένας καὶ ξενίαν ἔδωκα, οὗ τὴν περιουσίαν ηὔξησεν ἡ ἐμή,
110 ᾧ πενομένῳ πλουτοῦσα δῶρα πολλὰ μὲν ἔδωκα, πολλὰ δ'

---

84. τὸν A.   **87.** ἀφριώσει P, ἀφρίσσει p.   **91.** προσίχεται A.   **92.**
ὁ σοι A.   κ ιτείχειν A.   **93–94.** verba καὶ ... συνάπτειν om. A.   **97.**
ἀποχρῶν P.   **100.** ἀπαρνησόμενα P.   **104.** risit (?).   **109.** ἡ

ἔμελλον δώσειν· ἤ σοι τὴν εὐρύχωρον τοῦ Λυκούργου βασιλείαν ὑπέταξα, μόλις ἀποχρώντως γυναικείῳ διεξαγομένην
ὀνόματι, ἔνθαπερ ἡ παγετώδης Ῥοδόπη πρὸς τὸν δάσκιον
ἀνατείνεται Αἶμον, καὶ Ἕβρος ὁ ἱερὸς τὸ ὕδωρ κατιὸν ὑπο-
δέχεται· ὃς τῆς ἐμῆς παρθενίας οἰωνοῖς ἐγεύσω σκαιοῖς, καὶ 115
τὴν ἁγνήν μοι ζώνην δολίαις ἔλυσας χερσίν. ἡ Τισιφόνη
προμνήστρια ἐν τοῖς θαλάμοις ἐκείνοις ὠλόλυξε, καὶ οἰωνὸς
ἀπαίσιος πένθιμον ᾖσε μέλος. καὶ Ἀληκτὼ δὲ παρῆν βρα-
χέσιν ὄφεσι περιειλιγμένη, καὶ λαμπάσιν ἐπιταφίοις ἀναπτό- 120
μενον φῶς. ἐγὼ μέντοι καὶ πενθοῦσα τῶν τε σκοπέλων καὶ
τῶν ὑποθάμνων ἠιόνων ἐπιβαίνω, ὅπου ποτὲ τοῖς ὀφθαλμοῖς
πλάτος αἰγιαλῶν ἀναπέπταται. εἶθ' ὑπὸ τοῦ τῆς ἡμέρας
καύματος ἡ γῆ ἐκλύεται εἴτε τὰ ψυχρὰ ἄστρα λάμπει,
ἐπισκοπῶ τίς ποτε κινεῖ τὴν θάλατταν ἄνεμος. καὶ ὅπερ 125
ἂν ἴδοιμι πόρρω ἐπιὸν λαῖφος ἐκεῖνο παραχρῆμα τοὺς ἐμαυτῆς θεοὺς εἶναι μαντεύομαι. καὶ κατατρέχω δὴ πρὸς τὴν
θάλατταν μόλις με τοῦ κλυδωνίου ἐπέχοντος, ἔνθαπερ τὸ
πολυκίνητον πέλαγος τὸ πρῶτον ὕδωρ προτείνει. ὅσῳ δὲ
μᾶλλον ἡ ναῦς προσπελάζει τοσοῦτον μεῖον καὶ μεῖον εὐτυχὴς
ἵσταμαι· εἶτα δ' ἐκλείπω καί με πεσοῦσαν ἀναλαμβάνουσιν 130
αἱ θεράπαιναι. ἔστι τις κόλπος μετρίως εἰς δρεπάνου καὶ
τόξου περιηγμένος τρόπον οὗ τὰ ἔσχατα κέρα ἀπορρῶξι σκλη-
ρύνεται. ἐκεῖθεν δή μοι λογισμὸς ἔπεισι τοῖς ὑποκειμένοις
ὕδασιν ἀφεῖναι τὸ σῶμα· κἀπειδή με ἀπατᾶν ὡρμήσας, γενήσεται. μόνον ἐκβρασθεῖσάν με πρὸς τὴν σὴν ἠιόνα κομισάτω 135
τὸ κῦμα, καὶ συναντήσαιμι τοῖς σοῖς ὀφθαλμοῖς ἄταφος. ὡς
ἂν τῇ σκληρότητι καὶ σίδηρον ὑπερβάλῃς καὶ ἀδάμαντα καὶ
σαυτόν, καὶ τότε φήσεις· Οὐχ οὕτως ἦν ἄξιόν σε, Φυλλίς,
ἔπεσθαί μοι. πολλάκις μὲν δίψα μοι τοῦ κωνείου, πολλάκις
δ' ἀρέσκει ξίφει διαπείρασαν ἐμαυτὴν αἱματήρῳ ἀπολέσθαι 140

---

om. A.   111. εἰ pro ἤ P.   113. παγειώδης P, πηκτή A (?).   κατάσκιον
A.   114. excipit.   116. ἔλυσα A.   119. περιειλιμένη A.
121. ὑποδάμνων A.   123. γῆς ἐκλύσεται A.   124. ἐπισκοποῦ A.
128. τὸν πολυκίνητον A.   προτεῖναι A.   129. ἤ om. A.   131.
περιημένος A.   τόπον PA.   hic habet ρ superscr.   132. ἀπόρρωξ
A.   136. ἄτοφος A.   140. ξίφεσι P (non p).   ἐμαυτὴν om. A.

θανάτῳ. καὶ δὴ καὶ τὸν τράχηλον ὅτι ταῖς ἀπίστοις χερσὶ
παρέσχεν ἑαυτὸν περιληφθησόμενον, ἐμπλέξαι βρόχῳ δοκεῖ.
καὶ καθάπαξ κεκύρωταί μοι γηραιοῖς πρέποντι θανάτῳ τὴν
ἀκμάζουσαν σωφροσύνην ἀντισηκῶσαι· πρὸς ἐκλογὴν μέντοι
145 τούτου βραχεῖά τίς ἐστιν ἡ μέλλουσα διατριβή. σὺ δ' ἐπί-
μομφος αἰτία τῷ ἐμῷ τάφῳ ἐπιγραφήσῃ· καὶ ἤτοι τῷδε ἢ
ὁμοίῳ ἔπει γνώριμος ἔσῃ·

  Φυλλίδα Δημοφόων πόρε πότμῳ, ξεῖνος ἐρῶσαν,
    δῶκε δ' ὁ μὲν πρόφασιν τοῦ μόρου, ἡ δὲ χέρα.

III.

Βρισηὶς Ἀχιλλεῖ.

Ἐκ τῆς ἁρπαγείσης Βρισηίδος ἅπερ ἐπέρχῃ γράμματα
ἥκει, μόλις εὖ καθ' Ἕλληνας τῇ βαρβαρικῇ χειρὶ χαραχθέντα.
πάντα δ' ὅσαπερ ὁρᾷς στοιχεῖα τοῖς ἐμοῖς ἐγένετο δάκρυσιν,
5 ἀλλ' ὅμως ταυτὶ τὰ δάκρυα φωνῆς ἀξίωμα φέρει. εἴ μοι θέμις
ἐστὶν ὀλίγα τινὰ μέμψασθαί σοι τῷ δεσπότῃ καὶ ἀνδρὶ ὀλίγα
τινὰ μέμψομαί σοι τῷ δεσπότῃ καὶ ἀνδρί. οὐχ ὅτι θᾶττον
ἔγωγε τῷ βασιλεῖ αἰτοῦντι παρεδόθην, πταῖσμα σόν ἐστι
τοῦτο, εἰ καὶ τὰ μάλιστα πταῖσμα σόν ἐστι καὶ τοῦτο. καὶ
10 γὰρ ὡς ὁ Ταλθύβιός με καὶ Εὐρυβάτης ἐκάλεσαν, καὶ ὁμοῦ
τῷ Ταλθυβίῳ τε καὶ Εὐρυβάτῃ παρεδόθην ἀπιέναι. ἑκάτερος
εἰς ἑκατέρου πρόσωπον τοὺς ὀφθαλμοὺς διαρρίπτοντες ἐζήτουν
ἡσυχῇ, ποῦ ποτ' ἂν ὁ ἡμέτερος ἔρως εἴη. ἠδυνάμην δ' ἀνα-
βληθῆναι καὶ παντάπασιν ἐγένετ' ἂν ἡ ἀναβολή μοι λυσιτελής.
15 οἴμοι δ' ὅτι ἀποχωροῦσα οὐδέν σοι φίλημα δέδωκα. ἀλλὰ
δάκρυον ἄπαυστον ἔδωκα, καὶ τὴν κόμην ἐσπάραξα, καὶ ἔδοξα

---

142. συμπλέξαι P (non p).   **144.** electum.   **148.** δῶκε A.   μόρου A.
χεῖρα A.

III. -ρισηὶς -χιλλεῖ P.   **1.** -κ τῆς P.   **3.** pro lituras *Planudes vertit*
litteras.   **4.** ταῦτα P.   **6.** om. P.   ὁ. τ. μέμψομαι σ. τ. δ. κ. ἀ. A.
8. verba τοῦτο, εἰ καὶ τὰ μάλιστα πταῖσμα σόν ἐστι om. P.   σου A.   **11.**
ἐζήτων P.   **12.** ἂν] οὖν P.   **17.** ἀποστρέψαι P (non p).   **18.**

ἡ δύστηνος ἐμαυτῇ αὖθις ἁλίσκεσθαι. πολλάκις ἠβουλήθην
ἀπατήσασα τοὺς φύλακας ὑποστρέψαι· ἀλλ' ἦν ἐχθρὸς ὃς ἂν
τὴν ψοφοδεῆ με συνέλαβεν. εἰ γὰρ προῆλθον ἐδεδοίκειν μήποτε
νυκτὸς ἀλοῦσα πρὸς ἥντινα τῶν Πριάμου νυμφῶν ἔτυχε δῶρον 20
ἀπέλθω. ἀλλ' ἐδόθην ὅτι καὶ δοτέα ἦν· καὶ τοσαύτας ἄπειμι
νύκτας καὶ οὐκ ἀπαιτοῦμαι· ἡσυχάζεις δὲ καὶ ὁ θυμὸς χαῦνός
σοι γέγονεν. αὐτὸς ὁ Μενοιτιάδης ἡνίκα με παρεδίδου, Τί
θρηνεῖς; πρὸς οὓς εἶπε· βραχὺν ἐκεῖ χρόνον ἔσῃ. μικρόν σοι 25
τὸ μὴ ἀπαιτῆσαί με, Ἀχιλλεῦ· ἀπομάχῃ δ' ὡς ἂν μηδ' ἀποδο-
θείην· ἄπιθι γοῦν νῦν, καὶ ἀπλήστου ἐρῶντος ὄνομα κέκτησο.
ἦλθον γὰρ· εἷς σε οἱ τοῦ Τελαμῶνος καὶ Ἀμύντορος παῖδες, ὁ
μὲν τῷ τοῦ αἵματος βαθμῷ προσεχέστερος, ὁ δ' ἑταῖρος, καὶ ὁ
τοῦ Λαέρτου σὺν τούτοις υἱός, δι' ὧν καὶ σὺν οἷς ἂν ὑποστρέ-
ψαιμι, καὶ σὺν μειλιχίοις δεήσεσι μεγάλας ηὔξησαν δωρεάς· 30
εἴκοσι μὲν ξανθοὺς ἐπιμόχθου χαλκοῦ λέβητας, καὶ τρίποδας
ἑπτὰ τὴν τέχνην ἴσους καὶ τὸν σταθμόν. τούτοις προσετέθη
δὶς πέντε χρυσοῦ τάλαντα, καὶ δὶς ἐξ ἵπποι ἀεὶ νικᾶν εἰω-
θότες. καὶ ὅπερ ἐπὶ τούτοις μάταιον ἦν, εἴδους προέχοντος 35
κόραι Λεσβίδες, τῆς οἰκίας αὐτοῖς ἀνατραπείσης ληφθέντα
σώματα. καὶ σὺν τούτοις ἅπασιν, ἀλλ' οὐ δεῖ σοι συζύγου,
σύζυγε, τῆς Ἀγαμεμνονείου φυλῆς μία παρθένος. εἰ δέ με τιμῆς
ἔδει ἐκ τοῦ Ἀτρείδου πρίασθαι ἅπερ διδόναι ὤφειλες ταῦτα 40
λαμβάνειν ἀπαναίνῃ. τί ποτε πλημμέλημα ὤφλησα, ὡς ἄτιμός
σοι γενέσθαι, Ἀχιλλεῦ; πῇ ποτε τάχιστα οὕτως ἐξ ἡμῶν ὁ
κοῦφος ἔφυγεν ἔρως; ἢ τοῖς ἀθλίοις ἡ ἐναντία τύχη ἀδιαλείπτως
ἐπηρεάζει καὶ ἀμείνων ὥρα τοῖς ὑπηργμένοις κακοῖς οὔκουν
ἔπεισιν; εἶδον τῷ σῷ πολέμῳ τὰ Λυρνήσια τείχη κατα- 45
σπασθέντα, καὶ μέγα μέρος κἀγὼ τῆς ἐμῆς ἐγενόμην πατρίδος.
εἶδον πεπτωκότας μοι τοὺς τρεῖς ἀδελφοὺς κοινωνοὺς ἀλλήλοις

τὴν om. A. με om. A. 19. προσῆλθον A. 26. ἀπλήστως A, ἀπλείσ-
του P, ἀπλείστως p. 30. blanda prece. 33. προσετίθη P. 35.
προσέχοντες A. 36. οἰκείας P. 37. coniunx *pro vocativo cepit.* 38.
tribus *pro genetivo nominis cepit.* 39. si. 44. malis : *vide Ovidii versum.* 45. ita p, κατασπαθέντα A, κατασπανθέντα P : fortasse
κατασκαφθέντα. 48. an ἡ ἐμὴ an ἡ ἐμὴ addendum? 50. τὰ λύθρα

τῶν ὠδίνων ἅμα καὶ τοῦ θανάτου καὶ τοῖς τρισὶν ἡ μητὴρ
προσῆν. εἶδον ὁπόσος ἦν ἐπὶ τῆς αἱματώδους γῆς κεχυμένον
50 τὸν ἄνδρα καὶ λελυθρωμένα τὰ στέρνα ῥιπτάζοντα. τοσούτων
γε μὴν ἀπολωλότων σὲ μόνον ἀντεσταθμίσαμεν· σὺ δεσπότης,
σὺ ἀνήρ, σύ μοι ἀδελφὸς ἦσθα. σύ μοι κατὰ τῆς θειότητος τῆς
θαλαττίας μητρὸς ὀμόσας ἦ μὴν εἶπας σύμφερόν μοι τὸ ἁλῶναι
55 γενέσθαι. ἵνα δηλονότι κἂν ἀποδιδομένη ἔρχωμαι διωθοίμην
καὶ σὺν ἐμοὶ φεύγοις ἅ σοι δίδοται χρήματα. καὶ μὴν καὶ φήμη
φέρεται τῆς ἐπιούσης ἡμέρας διαλαμψάσης δώσειν σε τὰ ἱστία
τῷ ὀμβροφόρῳ νότῳ. ὃ τόλμημα ὡς τὰς δειλάς μοι τῆς
60 δυστήνου πέφθακεν ἀκοάς, καὶ ψυχῆς αὐτίκα καὶ αἵματος κενὸν
τὸ στέρνον ἐγένετο. ἀποπλεύσεις τοίνυν ὦ βίαιε, κἀμὲ τὴν
οἰκτρὰν τίνι καταλιμπάνεις; τίς μοι καταλειφθείσῃ κουφισμὸς
ἤπιος ἔσται; καταποθείην πρόσθεν χάσματι τῆς γῆς αἰφνιδίῳ
65 ἢ κεραυνοῦ βληθέντος λαμπρῷ φλεχθείην πυρί, ἢ πλὴν ἐμοῦ τῇ
Φθιώτιδι εἰρεσίᾳ λευκανθῆναι τὸ πέλαγος, καὶ τὰς σὰς καταλειφθεῖσα τριήρεις ἀπιούσας ἰδεῖν. εἰ δέ σοι ἡ ἐπάνοδος ἤδη
καὶ ἡ πατρῴα δι' ἐπιθυμίας ἐστὶν ἑστία, οὔκουν ἔγωγε μέγα
τοῦ σοῦ στόλου φορτίον ἔσομαι. ἕψομαι δ' ὡς αἰχμάλωτος
70 τῷ ζωγρήσαντι, οὐχ ὡς συζύγῳ γυνή· ἔστι μοι χεὶρ πρὸς τὸ
ξαίνειν ἔρια εὐφυής. ἡ δ' ἐν ταῖς Ἀχαιῖσι γυναιξὶ μακρῷ περι-
καλλεστάτη σύνευνος πρὸς τὸν σὸν θάλαμον ἥξει τε καὶ
ἡκέτω, ἀξία νύμφη τῷ πενθερῷ τῷ Διὸς καὶ τῆς Αἰγίνης
ἐγγόνῳ, καὶ ᾗτινι ἂν ὁ γέρων Νηρεὺς προπένθερος εἶναι θέλῃ.
75 ἡμεῖς δὲ ταπειναί τε καὶ θεράπαιναι σαὶ τὰ δοθέντα σταθμὰ
ἑλκύσομεν, καὶ τὸ ἡμέτερον νῆμα τὴν πλήρη ἠλακάτην μειώσει.
μόνον μὴ ἐπηρεαζέτω μοι ἡ σή, δέομαι, σύνευνος, ἥτις ἀγνοῶ
τίνα τρόπον οὐκ ἂν περὶ ἐμὲ δικαία τυγχάνοι, μηδ' ἐνώπιόν
80 σου τὴν ἐμὴν κόμην ὑπομείνῃς σπαράττεσθαι, ἀλλ' ἐπιεικῶς
λέγε· Καὶ αὕτη ἡμετέρα ποτὲ γέγονεν. ἢ καὶ ὑπομεῖναί σε
τοῦτο δέδοται, ἵνα μὴ καταλειφθῶ περιφρονηθεῖσα· οὗτος γὰρ

Pp.   51. ἀντεσταθμισάμην P.   55. τρέχωμαι A.   59. sic PA :
fortasse scr. ὡ εἰς. ναὶ μὴν A.   62. ἤπιος P.   64. λεχθείην A.
67. ἡ om. A bis.   70. ῥαίνειν ἔριι A (?).   72. σὸν om. A.   καὶ om.
A.   73. αἰγίνου A.   78. δειλαία P.   85. σοι PA.   88. ἐπίκεινε

ὁ φόβος φεῦ μοι τῇ δειλαίᾳ συνθραύει μου τὰ ὀστᾶ. τί μέντοι
ἐκδέχῃ ; τῷ Ἀγαμέμνονι τῆς ὀργῆς μεταμέλει καὶ κεῖται πρὸ
ποδῶν τῶν σῶν ἡ Ἑλλὰς πᾶσα πενθοῦσα. περιγενοῦ τοῦ θυμοῦ 85
σοῦ καὶ τῆς ὀργῆς ὁ τῶν λοιπῶν πάντων περιγενόμενος. τί δ' ὁ
ἄοκνος Ἕκτωρ τοῖς τῶν Δαναῶν λυμαίνεται πράγμασιν ; ὅπλα,
Αἰακίδη, ἀνάλαβε ἐμοῦ μέντοι ληφθείσης πρότερον καὶ εὐνο-
οῦντός σοι τοῦ Ἄρεως ταραττομένοις τοῖς ἀνδράσιν ἐπικεῖσο.
ἕνεκεν ἐμοῦ κεκίνηται ἡ ὀργή· ἕνεκεν ἐμοῦ καὶ ληξάτω, εἴην 90
δ' ἐγὼ τῆς σῆς ἀνίας καὶ αἰτία καὶ θεραπεία. μηδ' αἰσχρὸν
οἴου σαυτῷ ταῖς ἡμετέραις ὑποκύψαι δεήσεσι· καὶ γὰρ καὶ ὁ
Οἰνείδης τῇ τῆς συνεύνου δεήσει πρὸς ὅπλα ἐτράπετο. πρᾶγμα
ἀκουσθὲν μὲν ἐμοὶ γνώριμον δὲ σοί, ὡς μήτηρ τῶν ἀδελφῶν
στερηθεῖσα τῇ τοῦ παιδὸς ἐλπίδι καὶ κεφαλῇ κατηράσατο.
ὀξὺς μὲν ἦν ἐκεῖνος ἐν τῷ πολέμῳ, καταθέμενος δὲ τὰ ὅπλα 95
ἀπεχώρησε, καὶ ἀκαμπεῖ διανοίᾳ βοήθειαν ἀπείπατο τῇ πατρίδι·
μόνη δ' ἔκαμψεν ἡ γυνὴ τὸν ἄνδρα. ὡς εὐδαιμονεστέρα ἐκείνη·
ἀλλὰ τἀμὰ ῥήματα δίχα τινὸς πίπτει βάρους. οὐ μέντοι οὐδ'
ἀγανακτῶ· οὐδ' ὡς γυναῖκα σὴν ἐμαυτὴν ἠξίωσα, δούλη πολ- 100
λάκις εἰς τὸ τοῦ δεσπότου κληθεῖσα λέχος. ἐμὲ μέν τις αἰχμάλωτος, μέμνημαι, δέσποιναν ἀπεκάλει· ἐγὼ δέ, Τῇ δουλείᾳ
βάρος, ἔφην, προστίθης ὀνόματος. τὰ ὀστᾶ μέντοι τοῦ ἀνδρὸς
ὄμνυμί σοι τὰ κακῶς ἐξαπιναίῳ κατορυχθέντα τάφῳ, ὀστᾶ τὰ
τῇ ἐμῇ ψήφῳ ἀεὶ σεβάσμια, καὶ τὰς τῶν τριῶν ἀδελφῶν 105
ἀνδρείας ψυχὰς τὰ ἐμὰ σεβάσματα, οἳ καλῶς ὑπὲρ τῆς
πατρίδος καὶ σὺν τῇ πατρίδι πεπτώκασι, καὶ τὴν σὴν καὶ
ἐμαυτῆς κεφαλὴν ἣν ἅμα συνήψαμεν, καὶ τὸ σὸν ξίφος τὸ
γνωσθὲν ὅπλον τοῖς ἡμετέροις, μηδέν μοι τὸν Μυκηναῖον
συμμεμιχέναι λέχος· ψευδομένην δέ με καταλιπεῖν ἐθελήσαις. 110
εἰ δέ σοι κἀγὼ νῦν Ἀνδρειότατε, φαίην, ὄμνυθι δὴ καὶ σὺ μηδεμίαν ἡδονὴν ἐκτὸς ἐμοῦ γεγενῆσθαί σοι, οὐχ ὑπείξεις. καίτοι

Α (?). 90. an medensque? 92. alterum καὶ om. Α. 95.
ἀπεχώρησα Α, et fortasse P pr. 96. διανοίᾳ om. Α. 100. δ' οὐ ex
Α notatur pro δούλη. 101. μέντοι τις P. δεσποίνης PA. 102.
προστίθεις P. 104. κατορυχθέντα P, καταρυχθέντα Α : an κατακρυφθέντα.
105. ἀνδρὰς Α. 110. ἐθελήσας Α. 111. τοι P. 113. scr. οἴονται.

σε οἱ Δαναοὶ πενθεῖν ᾤοντο· σὺ δὲ πλῆκτρα κινεῖς καί σε
115 τρυφερὰ ἐρωμένη ἐν χλιαρῷ κόλπῳ κατέχει. κἂν εἴ τις ζητοίη
τοῦ χάριν τὴν μάχην ἀπαγορεύεις, ἡ μάχη βλάπτει, νὺξ δὲ καὶ
κιθάρα καὶ Ἀφροδίτη τέρπουσιν. ἀσφαλέστερόν ἐστιν ἐπὶ
λέχους ἀνακεκλίσθαι καὶ κόρην ὁρᾶν καὶ λύραν τοῖς δακτύλοις
Θρᾳκίαν ἐπιπλήττειν, ἢ σάκος τῇ χειρὶ καὶ ὀξείας ἀκωκῆς δόρυ
120 καὶ τὴν κόμην πίεζον ἀνέχειν κράνος. ἀλλά σοι πρὸ τῶν
ἀσφαλῶν αἱ ἐπίσημοι τῶν πράξεων ἤρεσκον, καὶ ἡ περι-
γενομένη τοῖς πολέμοις δόξα γλυκεῖα ἦν. ἢ μόνον ἡνίκα με
ἐλπίζου τὰς χαλεπὰς ἐδοκίμαζες μάχας, σὺν δὲ τῇ ἐμῇ πατρίδι
125 καὶ ὁ σὸς ἔπαινος νικηθεὶς κεῖται; οἱ θεοὶ ταῦτ' ἄμεινον θεῖεν
καὶ ἡ Πηλιὰς αἰχμὴ τῇ κραταιᾷ χειρὶ κινηθεῖσα τὰ Ἑκτόρεια
διέλθοι πλευρά. πέμψατ' ἐμὲ Δαναοί· πεμφθεῖσα τοῦ δεσπότου
δεήσομαι καὶ φιλήματα ταῖς ἐντολαῖς ἀναμὶξ οἴσω πολλά.
πλέον ἔγωγε ἥπερ ὁ Φοῖνιξ πλέον ἥπερ ὁ δεινὸς εἰπεῖν Ὀδυσσεύς,
130 πλέον ἢ ὁ τοῦ Τεύκρου ἀδελφός, πιστεύσατε, ἐνεργήσω. ἔστι
τι χρῆμα τοῦ τραχήλου ταῖς εἰωθυίαις ἅψασθαι χερσὶν καὶ
παρόντας τοὺς ὀφθαλμοὺς παραινέσαι τῷ κόλπῳ. εἰ γὰρ καὶ
ἄγριος ἦσθα καὶ τῶν τῆς μητρὸς ὑδάτων ὀξύτερος, ἵνα μόνον
135 σιγῶμι, τῶν ἐμῶν ἡττηθήσεται δακρύων. καὶ νῦν δ', οὕτω σοι
πάντας ὁ πατὴρ Πηλεὺς τοὺς ἐνιαυτοὺς ἐκπληρῶσαι, οὕτω
κατὰ τὴν σὴν εὐτυχίαν ὁ Πύρρος ἔλθοι πρὸς ὅπλα, ἴδε με
Βρισηίδα τὴν πολυμέριμνον, ἀνδρεῖε Ἀχιλλεῦ, μηδ' ὡς σιδηροῦς
με τὴν δύστηνον τῇ βραδυτῆτι πίμπρα. εἰ δὲ καὶ ὁ σὸς ἔρως
140 εἰς μῖσος ἡμέτερον περιτέτραπται, ἢν δίχα σοῦ ζῆν ἀναγκάζεις,
θανεῖν ἀνάγκασον. καὶ ὡς ποιεῖς, ἀναγκάσεις· ᾤχετο μὲν
γάρ μοι καὶ σῶμα καὶ χρῶμα· διακατέχει μέντοι τὸ σῶμα
μόνη τῆς σῆς ψυχῆς ἡ ἐλπίς, ἧς ἢν ἐκπέσω τοὺς ἀδελφοὺς
καὶ τὸν ἄνδρα ζητήσω· οὐδέ σοι μεγαλοπρεπὲς γυναικὶ ἀπο-
145 θανεῖν ἐπιτάξαι. τοῦ δὲ χάριν ἐπιτάξεις; αὐτὸς ὀξεῖ σιδήρῳ
τοὐμὸν σῶμα μέτιθι· ἔστι μοι αἷμα ὃ τοῦ στέρνου διορυγέντος

---

119. τῶν ἀσφαλῶν loco τῇ χειρὶ καὶ ὀξείας P. **120.** πιέζων P. **123.**
ἐλπίζου A. **127.** μοι P. **128.** οἴσθω A. **130.** ἐνεργήσθω A.
132. παραίνεσται A. **134.** τῶν om. A. scr. ἡττηθήσῃ. **139.** ὑμέτερον
A. **144.** γυναῖκα P. **146.** δορυγέντος A. **149.** τοῦ σαυτοῦ P,

ρεύσει. μετίτω με τὸ σὸν ξίφος ἐκεῖνο, ὅπερ εἴγε ἡ θεὸς
ἠνέσχετο, τὸ τοῦ Ἀτρείδου διελεύσεσθαι στέρνον ἔμελλεν.
ἀλλὰ μᾶλλον σώζοις τὴν ἐμὴν ζωὴν τὸ σαυτοῦ δῶρον· ὃ τῷ 150
ἐχθρῷ, νικητά, δέδωκας καὶ ἡ φίλη αἰτοῦμαι. οὓς ἂν ἔχοις
διαφθείρειν ἄμεινόν σοι τούτους τὰ τοῦ Ποσειδῶνος παρέξει
Πέργαμα, καὶ ὕλην φόνου πρὸς τῶν πολεμίων ζήτει. ἐμὲ
μόνον, εἴτε τὸν στόλον ἐτοιμάζῃ δι' εἰρεσίας ἐλαύνειν, εἴτε μένεις,
δεσπότου τρόπον ἐλθεῖν ἐπίταξον.

IV.

Φαίδρα Ἱππολύτῳ.

Οὗπερ εἰ μὴ σὺ τοῦτο δοίης αὐτὴ στερηθήσεται χαίρειν
ἡ Κρῆσσα κόρη τῷ Ἀμαζονίῳ πέμπει ἀνδρί. ὅ τι ποτέ ἐστιν
ἀνάγνωθι· τί γὰρ βλάψειεν ἂν ἀναγνωσθεῖσα ἐπιστολή ;
δύναιτο δ' ἂν ἐνεῖναί τι κατ' αὐτὴν ὅ σε τέρψει. τοῖσδε γὰρ 5
τοῖς συμβόλοις ἀπόρρητα καὶ κατὰ γῆν καὶ θάλατταν φέρεται,
καὶ ἐχθρὸς ἀπ' ἐχθροῦ γράμματα δεξάμενος ἐπισκέπτεται. τρὶς
ἡ γλῶττα ὁμιλῆσαί σοι πειραθεῖσα ἀνόνητος ἐπεσχέθη, καὶ ἡ
φωνὴ ἐν ἄκρῳ τῷ στόματι ἐξητόνησεν. εἰς ὅσον γὰρ ἔξεστι
καὶ τῇ φύσει ἕπεται, αἰδὼς τῷ ἔρωτι συγκεκραμένη ἐστίν·
ἃ τοίνυν πρὸς αἰσχύνην ἦν λέγειν, γράφειν ὁ ἔρως ἐπέταξεν. 10
ὅ τι ποτὲ δ' ὁ ἔρως ἐπέταξε, περιιδεῖν οὐκ ἂν ἀσφαλὲς εἴη· καὶ
γὰρ βασιλεύει κἂν τοῖς δεσπόταις θεοῖς ἔχει κράτος. κἀκεῖνός
μοι γράφειν τὰ πρῶτα δισταζούσῃ, Γράφε, ἔφη, παρέξει
καὶ γὰρ ὁ σιδηροῦς ἐκεῖνος τὰς χεῖρας νικηθείς. παρέστω 15
τοίνυν κἀνταῦθα καὶ ὡς τοὺς ἐμοὺς μυελοὺς λάβρῳ πυρὶ θάλπει,
οὕτω τὸν σὸν νοῦν πρὸς ἐμὰς πηγνύτω εὐχάς. οὔκουν ἐγὼ

τοσοῦτον Α.   150. δέδωκε Α.   151. οὓς δ' Α.   τὰ om. Α.   154.
ἐπίταξον P, ἐπίταζε Α (?).

IV. -αῖδρα '-ππολύτῳ P.   1. -ὑπερ P, Ὅπερ Α.   2. κρέσσα P pr.
4. εἶναι Α.   5. καὶ om. Α.   10. αἰσχύνης Α.   11. ὁ om. P.   13.
γράφει Α.   διασταζούσῃ Α.   14. κινηθεὶς P.   16. νοῦν om. P.   18.

τρόπων φαυλότητι τὰ τῆς συζυγίας δεσμὰ διαρρήξω· ἡ γὰρ
περὶ ἐμοῦ φήμη ὅπερ ηὐχόμην ἄν σε ζητῆσαι κατηγορίας
ἀπήλλακται. ἀλλ' ἦλθεν ὁ ἔρως βαρύτερον ὅσῳ βραδύτερον·
20 καὶ πιμπράμεθα ἔνδον, πιμπράμεθα, καὶ ἀφανὲς φέρει τὰ στέρνα
τραῦμα. ὡς γὰρ ἀπαλὸν μόσχον ὁ πρῶτος λυπεῖ ζυγός, καὶ
μόλις ὑπομένει τὸν χαλινὸν ἄρτι ληφθεὶς ἐξ ἀγέλης ἵππος,
οὕτω κακῶς καὶ μόλις ὑπέρχεται τοὺς ἔρωτας ἀμαθὴς τούτων
ψυχή, καὶ φόρτος οὗτος ἀνάρμοστος ἐπίκειται τῇ ἐμῇ ψυχῇ.
25 τέχνη μὲν γὰρ γίνεται ἔνθαπερ ἐξ ἀπαλῶν τῶν ἐτῶν τὸ
πάθος μανθάνει τις, ἡ δὲ πρὸς τοῦτ' ἐρχομένη τοῦ χρόνου
ἑξήκοντος χεῖρον ἐρᾷ. σὺ δέ μοι τὰς ἀπαρχὰς τῆς φυλαχθείσης
δρέψῃ φήμης, καὶ ἐπίσης ἑκάτερος ἡμῶν ἁμαρτήσει. ἔστι
30 τι χρῆμα βριθομένων ἐκ κλάδων δρέψασθαι μῆλα, καὶ τὸ πρῶτον
ῥόδον λεπτῷ ἐξελεῖν ὄνυχι. οὕτω γε μὴν ἐκείνην τὴν προτέραν
λευκότητα καθ' ἣν ἐκτὸς πάθους διεγενόμην, ἐκ τῆς ἀήθους ἦν
σημειώσασθαι νόσου. ἀλλὰ γὰρ εὖ προύχώρησεν ὅτιπερ ἀξίῳ
πυρὶ πιμπράμεθα. αἰσχρὸς γὰρ μοιχὸς χείρων καὶ τῆς μοιχείας
35 ἄτη. κἂν εἴ μοι παραχωροίη τἀνδρὸς ἡ Ἥρα καὶ ἀδελφοῦ, τὸν
Ἱππόλυτόν μοι δοκῶ τοῦ Διὸς προτιμήσειν. ἤδη δὲ καὶ πρὸς
ἀγνωστούς, μόλις ἂν τούτῳ πιστεύσαις, ἐκφέρομαι τέχνας, καὶ
διὰ θηρίων ἰέναι χαλεπῶν ὁρμὴ γίνεται. ἤδη μοι πρωτίστη
40 θεός ἐστιν ἡ τῷ καμπύλῳ τόξῳ ἐπίσημος· αὐτὴ τῇ σῇ ψήφῳ,
Δηλιάς, ἔψομαι. ἡδὺ δὲ δοκεῖ πρὸς νέμος ἐλθεῖν καὶ ἐλάφους
ταῖς ἄρκυσι συλλαμβάνουσαν, τοὺς ταχεῖς κύνας ἐπ' ἄκρων
τῶν δειράδων ὀτρύνειν, ἤτοι κραδαινόμενον ἀκόντιον τινασσο-
μένη τῇ χειρὶ πάλλειν, ἢ γῆς ἐπὶ ποιώδους τιθέναι τὸ σῶμα.
45 καὶ νῦν μὲν δοκεῖ φυλάττειν κατὰ γῆς τοὺς κούφους δίφρους,
στρέφουσαν ἡνίαις τὰ τῶν ταχινῶν ἵππων στόματα. νῦν δὲ
φέρομαι ὡς αἱ ταῖς τοῦ Βάκχου μανίαις ἐλαυνόμεναι Ἡληίδες
καὶ αἱ ὑπὸ τοῖς Ἰδαίοις λόφοις κροτοῦσαι τὰ τύμπανα, ἢ ἃς

ἀπήλλακται Δ. 21. ἀπαλεῖν Δ. 22. ἀγέλου Δ. 24. ἐπέκειται P.
25. γὰρ om. P. 30. λεπτὸν P. 35. καὶ Δ. 41, 42 in PΔ post
38 scripti sunt. 39. ἐπίσηρος Δ. 45. servare, ut Es. 46.
σώματα Pp. 47. αἱ ταῖς Δ, αὐταῖς P. ἐλαύνομαι Pp. 48. αἱ om.
Δ. quaeque. 49. πάντες P. 50. βράψαντες Pp. 51. ἀγγέλλουσι

ἡμίθεαι Δρυάδες καὶ Πᾶνες δικέρωτες τῇ ἑαυτῶν θειότητι 50
βλάψαντες ἐμβροντήτους ἐποίησαν. καὶ γὰρ πάντα μοι
ἀναγγέλλουσι τῆς μανίας ἐκείνης ἐνδούσης· ἐμὲ δ' ὁ συνίστωρ
ἔρως ἐνδομυχῶν ἡσυχῇ καίει. τάχα δὲ καὶ τῇ τοῦ γένους
εἱμαρμένῃ τοῦτον ἀποδοίημεν ἂν τὸν ἔρωτα. καὶ γὰρ ἐκ παντὸς
τοῦ γένους ἡ Ἀφροδίτη δασμὸν ἀπαιτεῖ. καὶ Ζεὺς μὲν τῆς 55
Εὐρώπης, πρώτη γὰρ αὕτη ῥίζα τοῦ γένους, ἠράσθη, τοῦ θεοῦ
ταῦρον ὑποκριθέντος. ἡ δὲ μήτηρ Πασιφάη, κατασοφισθέντι
ταύρῳ ὑποκλιθεῖσα, φόρτον καὶ κατηγόρημα τῇ ἑαυτῆς νηδύι
συνείληφεν. ὁ δὲ ἄπιστος Αἰγείδης, τῷ ὁδηγοῦντι ἑπόμενος
νήματι, τῇ τῆς ἐμῆς ἀδελφῆς συνάρσει τὸ σκολιὸν διέφυγεν 60
οἴκημα. ἰδοὺ δὲ κἀγὼ ὡς ἂν μὴ ἴσως ἧττόν τι Μινωία δόξαιμι
πρὸς τοὺς συντρόφους νόμους ἐσχάτη τοῦ γένους ἔρχομαι.
καὶ δὴ καὶ τοῦτο πεπρωμένον ἐστί, ὅτι τοῖς δυσὶν εἷς ἤρεσεν
οἶκος· κἀμὲ μὲν τὸ σὸν κάλλος ἁλίσκει, ἡ δ' ἀδελφή μοι τοῦ
σοῦ πατρὸς ἥλω. Θησεὺς δὲ καὶ Θησείδης διττὰς ἥρπασαν 65
ἀδελφάς· στήσατε τοίνυν καὶ τρόπαια διττὰ τῆς ἡμετέρας
οἰκίας. ἐγὼ δὲ τὸν χρόνον ὃν εἰς τὴν τῆς Δήμητρος ἤλθομεν
Ἐλευσῖνα ηὐχόμην ἔτι με τὴν Κνωσίδα κατέχειν γῆν. τότε
γὰρ ἐς τὰ μάλιστά μοι καίτοι καὶ πρόσθεν ἤρεσκες· ὀξὺς 70
ἔρως μέχρι τῶν ἐσχάτων ὀστῶν ἐνέσκηψεν. λευκὴ μὲν ἦν
ἐσθής σοι· ἄνθεσιν ἡ κόμη διείληπτο καὶ ξανθὸν αἰδοῦς
ἐρύθημα τὴν ὄψιν ἐχρώννυ. ὃ δὲ πρόσωπον αἱ ἄλλαι σκληρὸν
καὶ ἀπηνὲς ὀνομάζουσιν τῆς Φαίδρας κρινούσης ἀντὶ σκληροῦ
ῥωμαλέον ἦν. πόρρω ἀφ' ἡμῶν ἔστωσαν· οἱ καλλωπιζόμενοι 75
νεανίαι κατὰ γυναῖκας· ἡ γὰρ ἀνδρῴα μορφὴ μέτρια κοσμεῖσθαι
φιλεῖ. σοὶ δ' ἡ σαυτοῦ αὕτη ἐμβρίθεια, καὶ ἡ ἀτέχνως κειμένη
κόμη, καὶ ὁ κουφότατος ἐν τῷ ἐξαιρέτῳ προσώπῳ χνοῦς πρέπει.
εἴτε γὰρ ἵππου ταχέος ἀντιβαίνοντα τράχηλον κάμπτεις,

A.　52. ἐνδόμυχον A.　53. ἀποδιδοίημεν A.　54. verba ἡ ad
γένους in 55 om. A.　58. καὶ om. P.　ἑαυτῇ A.　59. αἰγίδης P.
60. οἴλημα Pp.　61. μίνωνα A, μινώα P.　62. τρέχομαι A.　63.
δὴ καὶ om. P.　πεπρωμένος A.　δυοῖν A.　ἤρεσκεν P.　64. τὸν σὸν A.
66. δίττας A.　67. καὶ τὸν A.　68. κυνωσσίδα P ut puto.　71.
ἐσθίς μοι P.　διειλήπτω A.　75. ἴτωσαν A.　77. δ' ἢ P, δεῖ A.
78. κουφότητος A.　προσώπῳ om. P.　80. εἰς om. A.　83. σίγυννι A.

80 τοὺς καμπτομένους εἰς βραχὺν κύκλον ἄγαμαι πόδας· εἴτ᾽
ἀκόντιον τῇ κραταιᾷ χειρὶ κραδαινόμενον στρέφεις, πρὸς ἑαυτὸν
ὁ στιβαρὸς βραχίων τοὐμὸν ἀπεστραμμένον πρόσωπον ἔχει·
εἴτε πλατεῖ σιδήρῳ σίγυννον κερατώνιον φέρεις, εἴτε τι καθά-
85 παξ ποιεῖς ἕτερον τοὺς ἡμετέρους ὀφθαλμοὺς τέρπει.   σὺ μόνον
τὴν σκληρότητα περὶ τὰς τῆς λόχμης ἀπόθου σκοπιάς, οὐ γάρ
εἰμι ἀξία σοῦ γε ἕνεκεν ἀπολέσθαι.   τί δ᾽ ἂν ἀστεῖον εἴη τὰς
μὲν τῆς εὐζώνου σπουδὰς Ἀρτέμιδος ἐξασκεῖν, τῆς δ᾽ Ἀφροδίτης
τὸν προσήκοντα λόγον ἀφαιρεῖν; ᾧ γὰρ ἔνδεια τῆς ἐξ ἀμοιβῆς
90 ἀναπαύλης, οὐκ ἂν διαρκὲς εἴη· αὕτη τὴν ἰσχὺν ἀνακτᾶται,
καὶ τὰ κεκμηκότα μέλη ἀνανεοῖ.   μίμησαί μοι τὰ ὅπλα καὶ τὸ
τόξον Ἀρτέμιδος τῆς σαυτοῦ· εἰ γὰρ μὴ παύσῃ τοῦτό γ᾽ ἐντείνων
χαῦνον γενήσεται.   περιφανὴς ἦν ἐν ταῖς λόχμαις ὁ Κέφαλος
καὶ πολλὰ θηρία ἐκείνου γε ἀκοντίζοντος πέπτωκεν ἐπὶ γῆς,
95 οὐ μέντοι τῇ Ἠοῖ κακῶς ἑαυτὸν παρεῖχεν ἐρώμενον· ᾔει δὲ
πρὸς αὐτὸν ἡ θεὸς ἐξ ἀνδρὸς γέροντος δρῶσα φρονίμως.   πολλάκις ὑπὸ πρίνοις ἀμφοτέρους Ἀφροδίτην τε καὶ τὸν Κινάρα
παῖδα κειμένους ἥτις δήποτε χλόη ἔφερεν.   ἐξεκαύθη καὶ
100 Οἰνείδης ἐπὶ τῇ Μαιναλίᾳ Ἀταλάντῃ· ἡ δὲ τὸ τοῦ θηρὸς
λάφυρον ἐνέχυρον ἔσχε τοῦ ἔρωτος.   καὶ δὴ καὶ ἡμεῖς ἄρτι
πρώτως τούτῳ συναριθμώμεθα τῷ συστήματι· εἰ γὰρ τὴν
Ἀφροδίτην ἐξέλοις ἀγροικότατον ἂν τὸ τῆς σῆς λόχμης εἴη.
αὐτὴ δ᾽ ἀκόλουθός σοι ἐλεύσομαι, οὐδέ με θροήσουσιν αἱ ἀκαμ-
πεῖς ἀπορρῶγες, οὐδὲ φοβερὸς τοῖς πλαγίοις ὀδοῦσι κάπρος.
105 διττὰ πελάγη τοῖς ἑαυτῶν κύμασι τῷ Ἰσθμῷ διαμάχεται, καὶ
στενὴ γῆ ἑκατέρου τοῦ πελάγους ἀκούει.   ἐκεῖ δὴ σὺν σοὶ τὴν
Τροιζῆνα οἰκήσω τὴν Πιτθέως βασιλείαν, ἤδη γὰρ ἐκείνη μοι
ποθεινοτέρα καὶ πατρίδος αὐτῆς.   ἐπὶ χρόνου δ᾽ ἄπεστι καὶ
110 ἀπέσται ἐπὶ μακρὸν ὁ Ποσειδώνιος ἥρως· κατέχει γὰρ αὐτὸν
ἡ τοῦ φίλου Πειρίθου χώρα.   προύκρινεν ὁ Θησεύς, εἰ μὴ τὰ
πρόδηλα ἀρνησόμεθα, τὸν Πειρίθουν τῆς Φαίδρας, τὸν Πειρίθουν
τοῦ παιδός.   ἀλλ᾽ οὐδ᾽ αὕτη μόνη πρὸς ἡμᾶς ἐξ ἐκείνου παρα-

γέγονεν ὕβρις· ἐν μεγάλοις πράγμασιν ἑκάτερος ἠδικημένοι
τυγχάνομεν. τὰ μὲν τοῦ ἀδελφοῦ μοι ὀστᾶ κορύνῃ πολυόζῳ 115
συντρίψας κατὰ γῆς διεσκέδασεν, ἡ δ' ἀδελφὴ τοῖς θηρσὶν
ἐγκαταλέλειπται λεία. πρώτη δὲ τὴν ἀρετὴν ἐν ταῖς πελεκυφόροις
κόραις γεγέννηκέ σε, μήτηρ τῆς ῥώμης τοῦ παιδὸς ἐπαξία. εἰ δὲ
ταύτην ζητοίης ποῦ ποτέ ἐστιν ὁ Θησεὺς αὐτῇ διὰ τῆς πλευρᾶς
τὸ ξίφος διήλασεν, οὐδ' ἡ μήτηρ ἀσφαλείας τῷ τοσούτῳ γεννή- 120
ματι ἔτυχεν. ἀλλ' οὐδὲ μὴν ἐνυμφεύθη οὐδὲ γαμηλίοις δασὶν
ἐλήφθη· τοῦ χάριν ὅτι μὴ ὡς ἂν μὴ τὴν πατρῴαν ἀρχὴν νόθος
γενόμενος λάβῃς; προσέθετο δέ σοι καὶ ἀδελφοὺς ἐξ ἐμοῦ· τούτους
γε μὴν πάντας αὐξηθῆναι οὐκ ἔγωγε ἀλλ' ἐκεῖνος αἴτιος γέγονεν.
ὡς ὤφειλεν, ὦ τῶν ὄντων περικαλλέστατε, τὰ λυπήσοντά σε 125
ἐμὰ σπλάγχνα ἐν μέσαις ταῖς ὠδῖσι διαρραγῆναι. νῦν οὖν
ἴθι καὶ τοῦ ἀναξίου πατρὸς σεβάζου τὸ λέχος, ὅ γ' ἐκεῖνος
φεύγει, καὶ τοῖς οἰκείοις ἔργοις ἀποκηρύττει. ἀλλὰ μηδ'
ὅτι δόξω συνελεύσεσθαι τῷ προγόνῳ μητρυιὰ τὴν σὴν ψυχὴν 130
ὀνόματα κενὰ καταπλήξῃ. ἀρχαία γὰρ ἡ εὐσέβεια ἥδε, τῷ
μέλλοντι θανουμένη αἰῶνι, τὴν ἀγροικοτάτην ἀρχὴν τοῦ
Κρόνου κατέχοντος. ὁ δὲ Ζεὺς εὐσεβὲς εἶναι νενομοθέτηκεν
ὅ τι ποτ' ἂν εἴη τερπνὸν καὶ θεμιτὸν ποιεῖ πᾶν ὁτιοῦν εἶναι
ἀδελφὴ τῷ ἀδελφῷ συναφθεῖσα. ἐκείνη γὰρ σειρὰ τοῦ γένους 135
ἀρρήκτῳ δεσμῷ συνάπτεται ἥπερ αὐτὴ ἡ Ἀφροδίτη τοὺς
οἰκείους δεσμοὺς ἐπέβαλε. καὶ μὴν οὐδὲ πόνος ἐστὶ λανθάνειν.
αἴτει παρ' ἐκείνης τὸ δῶρον· καὶ γὰρ ἔξεστι καὶ δύναται τὸ
πλημμέλημα συγγενικῷ ὑπ' ὀνόματι κρύπτεσθαι. καὶ δή τις
ὄψεται τὰς περιπλοκάς, ἡμεῖς δὲ καὶ ἄμφω ἐπαινεθησόμεθα,
ἐγὼ δὲ καὶ πιστὴ μητρυιὰ τῷ ἐμαυτῆς προγόνῳ λεχθήσομαι. 140
οὐδέ σοι χρεία κατὰ σκότος ἀνδρὸς χαλεποῦ θύραν ἀνοιγνύναι,
οὐδ' ἀπατᾶν τὸν φύλακα. ὡς δ' εἰς ἄμφω κατέσχεν οἶκος, εἰς

---

117. πελεκυφόραις A.　　　119. οὐδὲ A.　　　121. γαμηλίαις A.　δασι ηφθη
ex A notatum est.　　　122. τοῦ χάριν P, ἑτέρου A ; an τοῦ χάριν ἑτέρου ?
123. καὶ P, κατὰ A. τούς γε P.　　125. ὄφειλεν P.　127. ἴσθι P.　128.
ὅ γ' scripsi ; ὃν P, ὅν σε A.　　130. σὴν om. A. ψυχὴν om. P.　134.
τοῦ ἀδελφοῦ A.　　135. ἀρρήκτου A.　　137. pete munus ab illa. ἐκείνους
A.　　141. τὸ σκότος A.　　144. παρέσχες A.　　146. φοραθήσῃ P.

οἶκος αὖθις καθέξει· φιλήματα δ' ἀναφανδὸν παρεῖχες, φιλήματ'
145 αὖθις ἀναφανδὸν παρέξεις. καὶ ἀσφαλὴς ἔσῃ σὺν ἐμοί, καὶ
ἐπαίνων ἀξιωθήσῃ ἐπὶ τῷ πταίσματι, εἰ καὶ ἐπ' αὐτοῦ φωραθήσῃ
τοῦ λέχους. μόνον ἔξελε τὴν διατριβὴν καὶ σπεύσας τὸν
ἔρωτα σύναψον· οὕτω σου ὁ ἔρως φείσαιτο, ὃς νῦν ἐμοὶ χαλεπὸς
ἔπεισιν. οὐ γὰρ ἔγωγε ἀπαξιῶ σὺν ταπεινώσει σου δεῖσθαι.
150 φεῦ ποῦ νῦν ἡ ὀφρὺς καὶ τὰ μετέωρα κεῖται ῥήματα ; καὶ τὸ
μέχρι πολλοῦ ἀπομάχεσθαι μὴ ἐμαυτὴν ὑποθεῖναι τῷ ἁμαρτήματι ἀσφαλὴς μὲν ἦν, εἴτι περ ἔρως ἀσφαλὲς ἔχει. ἡττηθεῖσα δ' ἱκετεύω, καὶ τοῖς σοῖς γόνασι τὰς βασιλείους ἐκτείνω
155 χεῖρας· οὐδεὶς γὰρ ἐρῶν τὸ πρέπον ὁρᾷ. ἀπηναιδεύσατο δὲ
ἡ αἰδὼς καὶ φυγοῦσα τὰ οἰκεῖα σημεῖα κατέλιπεν· οἴκτειρον
οὖν με ἀπειρηκυῖαν καὶ τὴν σκληρὰν ψυχὴν δάμασον. τί δ'
ἂν εἴη μοι ὅτι πατὴρ ὁ θαλαττοκρατῶν Μίνως ; τί δ' ἂν οἱ
πρηστῆρες ἔρχοιντο τῇ τοῦ πάππου χειρὶ ἑλισσόμενοι ; τί δ'
ἂν εἴη μοι ὁ πάππος ὁ τὴν κεφαλὴν ὀξείαις περικεχαρακωμένος
160 ἀκτῖσιν, ὁ τῷ πορφυρῷ κύκλῳ τὴν ἡμέραν κινῶν καὶ διαθερ-
μαίνων ; ὑποκύπτει δὲ τῷ ἔρωτι ἡ εὐγένεια· οἴκτειρον τοὺς
προγόνους, καὶ ἢν ἐμοῦ μὴ φείδεσθαι θέλῃς, τῶν γοῦν ἐμῶν
φείδου. ἔστι μοι προικίδιος χῶρος ἡ τοῦ Διὸς νῆσος Κρήτη·
165 καὶ δουλεύσει τῷ ἐμῷ Ἱππολύτῳ ἡ χώρα πᾶσα. κάμψον τὴν
ἀμείλικτον ψυχήν· ἠδυνήθη ταῦρον ἡ μήτηρ ὑποφθεῖραι·
ταύρου δ' αὐτὸς ἀπηνοῦς ἀπηνέστερος ἔσῃ ; φεῖσαί μου, πρὸς
τῆς Ἀφροδίτης ἀντιβολῶ, ἣ πολλή τις ἐστὶν ἐν ἐμοί· οὕτως
ἐκείνης ἐρασθείης ἢ μηδέποτέ σε περιιδεῖν δυνηθείη. οὕτως
170 εὔκολος ἡ θεὸς ἐν ταῖς ἀποκρύφοις καταδύσεσί σοι παρείη, καὶ
ἡ βαθεῖα λόχμη θηρευόμενα τὰ θηρία παρέχοι. οὕτως
εὐμενεῖς εἶεν οἱ Σάτυροι, καὶ οἱ ὄρειοι θεοὶ Πᾶνες, καὶ πίπτοι
κάπρος ἀντιπροσώπῳ βέλει διορρυττόμενος. οὕτως αἱ Νύμφαι
σοι δοῖεν, εἰ καὶ τὰ μάλιστα μεμισηκέναι λέγῃ τὰς κόρας,

---

147. οὕτως Α.   151. Fortasse καίτοι scribendum.   153. βασιλείας Α.
156. fessae.   157. θαλάττου κρατῶν Α.   158. οἱ om. Α.   162. ἐμῶν Α,
ἐμοῦ Ρ.   163. προικίδος Ρ.   164. regio !   165. feros.   166.
ἤσῃ Α.   168. ἡ Α, ὡς Ρ.   170. θηρεύμενα Α.   171. πάντες Ρ.
172. πίπτει Ρ.   174. αἰτοίης om. Α.   176. perlege.

εἴπερ ἂν ὕδωρ αἰτοίης τὴν ξηρὰν δίψαν κουφίσαι. προστίθεμεν 175
ταῖς ἱκεσίαις ταύταις καὶ δάκρυα· σὺ δὲ τὰ ῥήματα μὲν ἀντι-
βολούσης ἐπέρχου, τἀμὰ δ' ἀνάπλαττε δάκρυα βλέπειν.

V.

Οἰνώνη Πάριδι.

Πότερον ἀναγινώσκεις ἢ ἡ νέα κωλύει σύζυγος; ἀλλ' ἀνα-
γίνωσκε· οὐδὲ γὰρ τάδε τὰ γράμματα Μυκηναίᾳ χειρὶ γέγραπται. ἡ Πηγασὶς Οἰνώνη ἡ παρὰ ταῖς Φρυγίαις λόχμαις
ἐκφανεστάτη, ἀδικηθεῖσα μέμφομαί σε τόν, εἴπερ αὐτὸς
συγχωροίης, ἐμόν. τίς θεῶν τὴν οἰκείαν θειότητα ταῖς 5
ἡμετέραις εὐχαῖς ἀντέθηκεν; ὡς ἂν μὴ σὴ διαμείνω, τίς μοι
κατηγορία προσίσταται; ὃ γὰρ ἂν ἀξίως πάσχοις, ὦ ἄνθρωπε,
κούφως φέρειν χρεών, ἡ δ' ἀναξίως ἐπιοῦσα ζημία καὶ ὀδυνηρὰ
πρόσεισιν. οὔπω τοσοῦτος ἦσθα ἡνίκα σοί γε ἠρκούμην ἀνδρί,
μεγάλου ποταμοῦ φῦσα Νύμφη. ὃς δὲ νῦν Πριαμίδης εἶ, 10
ἀπέστω δὲ τῆς ἀληθείας πόρρω εὐλάβεια, δοῦλος ἦσθα· ἐγὼ
δ' ἡ νύμφη τῷ δούλῳ γαμηθῆναι ὑπέμεινα. πολλάκις μεταξὺ
τῶν βουκολίων ἀναπεπαύμεθα δένδρῳ σκεπόμενοι καὶ πόα σὺν
φυλλάδι παρέσχε κοίτην. πολλάκις ἐπὶ φυλλάδος καὶ βαθέος 15
κείμενοι χόρτου ἐν ταπεινῇ καλύβῃ λευκὴν ἐπιέσαμεν πάχνην.
τίς σοι ταῖς κυνηγεσίαις προσφόρους ἐδείκνυ λόχμας καὶ τίνι
ἀπορρῶγι τὸ θηρίον τοὺς ἑαυτοῦ κρύπτει σκύμνους; πολλάκις
συνθηρῶσά σοι τὰ πολυωπὰ διέτεινα δίκτυα, πολλάκις τοὺς 20
ταχεῖς κύνας διὰ μακρῶν ἤγαγον τῶν δειράδων. καὶ αἱ
χαραχθεῖσαι δὲ φηγοὶ πρὸς σοῦ τὸ ἐμὸν σώζουσιν ὄνομα·
καὶ ἀναγινώσκομαι ἡ Οἰνώνη ἄρπῃ σημειωθεῖσα τῇ σῇ. ἔστι
τις, μέμνημαι, παρὰ τὸ τοῦ ποταμοῦ ῥεῦμα πεφυτευμένη ἐν ᾗ

V. -ἰνωνη -αριδι P.   1. -τερον P.   6. σὴ om. A.   7.
ὦ ἄνθρωπε PA.   11. δὲ om. P.   13. ἀνεπαύμεθα A, ἀνεπαυσάμεθα
P.   15. φυλλάδας P.   16. Depressa est. ταπεινοὶ P.   26. ita

γράμματα ἡμῶν μεμνημένα γέγραπται. καὶ ὅσον αὐξάνει τὰ
στελέχη, τοσοῦτον δὴ καὶ τἀμὰ ὀνόματα· αὐξάνετε γοῦν καὶ
27 πρὸς τἀμὰ ἐπιγράμματα ἰθυτενῆ διανίστασθε. ζῆθι, δέομαι,
——— ἐπὶ τοῦ λώματος πεφυτευμένη τῆς ὄχθης, ⟨ἥτις⟩
τοῦτο τὸ ἔπος ἐπὶ τοῦ ῥυσοῦ φλοιοῦ φέρεις,

        Εὖτε λιπὼν Πάρις Οἰνώνην ἀναπνεῖν δυναθείη
30   πρὸς πηγὰς Ξάνθου ῥεῦμα πάλιν δρομέοι.

Ξάνθε, πάλιν δρόμει καὶ στραφέντα πρὸς ἀνάρρουν χωρεῖτε
τὰ ῥεύματα· ὑπέμεινεν Οἰνώνην καταλιπεῖν ὁ Πάρις. ἐκείνη ἡ
ἡμέρα τὴν δυστυχίαν τῇ κακοδαίμονί μοι ἐπήνεγκεν, ἀπ᾽ ἐκείνης
35 κάκιστος χειμὼν μεταβληθέντος τοῦ ἔρωτος ἤρξατο, καθ᾽ ἣν
Ἀφροδίτη καὶ Ἥρα καὶ ἡ τοῖς ὅπλοις μᾶλλον ἐμπρέπουσα
Ἀθηνᾶ γυμνὴ πρὸς τὴν σὴν κρίσιν ἐλήλυθε. καὶ γοῦν ἐμβροντη-
θεῖσά μοι ἡ καρδία ἐπάλλετο καὶ τρόμος ψυχρός, ὅτε μοι
διηγήσω, διέδραμε τὰ ὀστᾶ· καὶ γὰρ ἐβουλευσάμην, οὐδὲ γὰρ
40 μετρίως κατεπληττόμην, καὶ γηραιαῖς πολυέτεσιν καὶ γηραιοῖς,
καὶ περιίστατο τοῦτ᾽ ἀθέμιτον εἶναι. ἐντεῦθεν ὕλη τέμνεται καὶ
σχίζεται ξύλα καὶ ἑτοιμασθέντος τοῦ πλοῦ τὸ γλαυκὸν ὕδωρ
τὰς ναῦς δέχεται. ἐδάκρυσας δ᾽ ἀποχωρῶν, φείδου κἀνταῦθά γε
ἀρνεῖσθαι· τοῦ γὰρ παρελθόντος οὗτος αἰσχρὸς ἂν μᾶλλον
45 ὁ ἔρως εἴη. καὶ ἐδάκρυσας οὖν, καὶ τοὺς ἡμετέρους δακρυού-
σης ὀφθαλμοὺς εἶδες καὶ ἑκάτερος ἀνιώμενος τὰ οἰκεῖα δάκρυα
ἀνεμίξαμεν. οὐχ οὕτως ——— ἐπιτεθεῖσι συνέχεται κλή-
μασιν, ὡς αἱ σαὶ χεῖρες τῷ ἐμῷ τραχήλῳ περιεπλάκησαν.
ἃ ποσάκις σοι δυσχεραίνοντι ὡς δῆθεν ἐπεχομένῳ ὑπὸ τοῦ
50 πνεύματος ἐγέλασαν οἱ ἑταῖροι· τὸ δ᾽ οὔριον ἦν. ποσάκις
καταλιμπανομένῃ ἐπαναλαμβάνων ἐδίδους φιλήματα· πῶς μόλις
ὑπέμεινεν ἡ γλῶττα Χαίροις εἰπεῖν. αὔρα κούφη τὸ ἐντεῦθεν
τὰ ἀπηρτημένα τοῦ ἱστοῦ ἱστία ἐρρίπιζε, καὶ τὸ ὕδωρ ταῖς
55 κώπαις ὀρυττόμενον ἐλευκαίνετο. ἕπομαι δ᾽ ἡ δύστηνος δι᾽

PA, γοῦν.   **27.** Spatium unius verbi (*popule*) in Pp. ἥτις addidi ; om.
PA.   **35.** ῥοπάλοις Pp.   **38.** dura *om.*   **40.** περιίσταται P.   **42.**
ceratas *om.*   **43.** γε om. P.   **45.** δακρυούσας A.   **47.** Spatium unius
verbi in Pp, A.   **48.** ἐμῷ om. A.   **51.** ἐδίδου A.   **53.** τὸ ἐντεῦθεν, sic,

ὀφθαλμῶν τοῖς ἀπιοῦσιν ἱστίοις μέχρις οὗπερ ἐξῆν, καὶ τοῖς
ἐμοῖς δάκρυσιν ἡ ψάμμος διάβροχος γέγονε. καὶ ἵνα θᾶττον
ἐπανέλθοις τῶν ὑγρῶν δέομαι Νηρηΐδων, ἵνα θᾶττον ἐπανέλθοις
πρὸς ἐμὴν δηλονότι ζημίαν. ἀμέλει καὶ ὑπὸ τῶν ἐμῶν εὐχῶν
ἑτέρᾳ ἐπανερχόμενος ἐπανῆλθες· οἴμοι ὅτιπερ ἐδεόμην ὑπὲρ 60
χαλεπῆς ἀντιζήλου. ἀφορᾷ γε μὴν πρὸς τὸ πλατὺ πέλαγος
προβλής τις αὐτοφυής· ὄρος ἐκεῖνο τοῖς θαλαττίοις ἦν ἀνθ-
ιστάμενον κύμασιν. ἐκεῖθεν δ' ἐγὼ πρῶτον τὰ τῆς σῆς νεὼς
ἔγνων ἱστία καί μοι διὰ τῶν κυμάτων προσδραμεῖν ὁρμὴ γέγονε.
διατριβούσης μου τοίνυν ἀλουργίς τις ἐπὶ τῆς ἄκρας πρώρας 65
διέλαμψεν· ἔδεισα γοῦν· οὐ γὰρ σὴ σκευὴ ἦν ἐκείνη. γίνεται
δ' ἡ ναῦς ἐγγυτέρω καὶ τῆς γῆς ὑπὸ ταχινοῖς πνεύμασιν
ἅπτεται, καὶ γυναικείαν ὄψιν τῆς καρδίας τρεμούσης εἶδον.
ἀλλ' οὐ τοῦτο μόνον ἀπέχρη· τί γὰρ ἡ παράφρων ἐγὼ
διέτριβον; αἰσχρὰ τῷ κόλπῳ σοι ἐρωμένη προσίσχετο. τότε 70
δὴ τὸν ἐμαυτῆς κόλπον διέρρηξα, καὶ ἐκοψάμην τὰ στέρνα
καὶ σκληροῖς ὄνυξι τὰς διαβρόχους παρειὰς ἐδρυψάμην, καὶ
τὴν ἱερὰν Ἴδην ὀλολυγμῶν ἐπλήρωσα καὶ ἀγανακτήσεων·
ἐκεῖθεν δὲ τάδε τὰ δάκρυα πρὸς τὰς ἐμαυτῆς ἤνεγκα πέτρας.
οὕτως Ἑλένη ἀλγῆσαι καὶ πρὸς τοῦ ἀνδρὸς ἐγκαταλειφθεῖσα 75
θρηνῆσαι· καὶ ἃ προτέρα ἡμῖν ἐπήνεγκε καὶ αὐτὴ πάθοι. νῦν
σὺν σοὶ ἡκέτωσαν αἵτινες ἄν σοι διὰ τοῦ ἀνεῳγότος πελάγους
ἀκολουθήσωσι, καὶ τοὺς νομίμους ἀπολίπωσιν ἄνδρας. ἀλλ' ὅτε
πένης ἦσθα καὶ βουκόλιον ἔνεμες, οὐκ ἄλλη τις ἦν, ὅτι μὴ 80
Οἰνώνη, τοῦ πένητος σύζυγος. οὔκουν ἔγωγε τὸν σὸν πλοῦτον
θαυμάζω οὐδ' ἅπτεταί μου ἡ σὴ ἐξουσία, οὐδ' ὡς ἂν μία τῶν
τοσούτων τοῦ Πριάμου νυμφῶν ὀνομασθείην. οὐ μέντοι γε ὡς
ὁ Πρίαμος ἀπαναίνοιτ' ἂν πενθερὸς ἐμὸς εἶναι, ἢ ἀκατάλληλος
εἴην ἂν ἐγὼ τῇ Ἑκάβῃ νύμφη· ἀξία δ' εἰμὶ καὶ σύνευνος ἐφίεμαι 85
ἀνδρὸς ἄρχοντος εἶναι· εἰσί μοι χεῖρες αἷς ἂν δύναιτο πρέπειν
τὸ σκῆπτρον. μηδέ με περιφρόνει ὅτι σὺν σοὶ ἐπὶ φηγίνου

PA. τὰ om. P. 62. ἀφιστάμενον P. 63. ἐκείθην A. δ' om. P. 65.
διατριβούσῃ μοι A. ἀλουργῇ P. 70. μοι P. 74. ἐκείθην A. τάδε om.
P. 77. tecum veniant. 83. sic, ἀπαναίνοιτ' PA. ἐμοὶ A. 86. πρεπὸν

φυλλάδος ἐκείμην· μᾶλλον γὰρ ἁρμόσω πορφυρῷ λέχει. καὶ
90 μὴν ὁ μὲν ἐμὸς ἔρως ἀσφαλής, οὐδὲ πόλεμος ὁστισοῦν ἐπὶ σοὶ
ἑτοιμάζεται, οὐδὲ ναῦς τιμωρούσας κομίζει τὸ ὕδωρ. ἡ Τυνδαρὶς
δὲ φυγοῦσα σὺν ὅπλοις ὀχληροῖς ἀπαιτεῖται· ταύτῃ γὰρ τῇ
προικὶ πρὸς τὸν σὸν θάλαμον ὑπερήφανος εἰσίν. ἢν εἰ χρὴ τοῖς
Δαναοῖς ἀποδοῦναι ἢ τὸν ἀδελφὸν Ἕκτορα ἢ σὺν Δηιφόβῳ τὸν
95 Πολυδάμαντα ἐροῦ· καὶ βούλευσαι τί μὲν ἂν ὁ βαρὺς Ἀντήνωρ,
τί δ' αὐτὸς ὁ Πρίαμος πείθοι, οἷς ὁ μακρὸς χρόνος διδάσκαλος
γέγονεν. αἰσχρὰ δ' ὑποθήκη τῆς ἐνεγκαμένης προτιμῆσαι
τὴν ἁρπαγεῖσαν· αἰσχίστη μὲν ἡ σὴ αἰτία, ὁ δ' ἀνὴρ ὅπλα
δίκαια κινεῖ. ἀλλὰ μηδὲ πιστὴν εἰ φρονοίης σαυτῷ τὴν
100 Λάκαιναν ὑπισχνοῦ ἥτις οὕτω τάχος πρὸς τὰς σὰς ἐστράφη
περιπλοκάς. ὡς γὰρ ὁ ἐλάττων Ἀτρείδης διαφθαρέντας αὐτῷ
τοὺς θεσμοὺς τοῦ λέχους βοᾷ, καὶ ἀλγεῖ θυραίῳ ἀδικηθεὶς ἔρωτι,
καὶ σὺ δὴ βοήσεις· βλαβεῖσα γὰρ ἡ σωφροσύνη ἀνεπανάκλητός
105 ἐστι πάσῃ τέχνῃ· καθάπαξ καὶ γὰρ ἀπώλετο. πίμπραταί σου
τῷ ἔρωτι; οὕτως ἠράσθη καὶ Μενελάου· νῦν δ' ἀρχαῖος ἐκεῖνος
ἐν χήρῳ τῷ λέχει κεῖται. εὐδαίμων Ἀνδρομάχη καλῶς ἀνδρὶ
γαμηθεῖσα βεβαίῳ· κἀγὼ δὲ πρὸς τὸ ἀδελφοῦ σου παράδειγμα
σύζυγος γέγονα σή. σὺ δὲ κουφότερος φύλλων ἡνίκα δίχα
110 βάρους χυλοῦ εὐκινήτοις ἀνέμοις ἵπταται ξηρανθέντα, καὶ
ἔλαττον ἔν σοι βάρος ἢ ἐν τῷ ἄκρῳ ἀνθέρικι ὃς ἐξικμασθεὶς
τοῖς συνεχέσιν ἡλίοις ἐσκλήρυνται. ταῦτά ποτε, καὶ γὰρ φέρω
κατὰ νοῦν, ἡ σὴ ᾖδεν ἀδελφή, καὶ διαλελυμένην τὴν κόμην
φέρουσα προεθέσπισε·

115   Τί δρᾷς, Οἰνώνη; τί ψάμμῳ σπέρματα ῥίπτεις;
        οὐδὲν ἐπωφελέσιν βουσὶν ἀροῖς κροκάλας.
    πόρτις ἔπεισ' Ἀχαῒς τῆπερ σε πάτρην τε δόμον τε
        ῥαίσει· ἴω μέθες, ὤ, πόρτις ἔπεισ' Ἀχαῒς.
    τὴν μιαρὴν ἐν ὅσῳ δ' ἔξεστι βυθίσσατε νῆα·
120   φεῦ γὰρ ὅσον Φρυγίου αἵματος ἥδε φέρει.

Δ.   88. ἁρμόσαι P.   89. ἐπὶ σοὶ om. P.   92. ὑπερήφανοι εἰσίν P.
97. τῆς] τὴν P.   101. διαφθαρέντος P.   103. ἐπανάκλητός P.   110.
ἵπτανται P.   113. ἃ ἥ P.   116. ἐπωφελέσι P.   117. ἔπεισι Ἀχαῒς
πέρσε Δ.   118. ἔπεισιν Ἀχαῒς Δ.   119. βυθίσατε P.   124.

εἶπεν ἐπιτροχάδην· ἐνθουσιῶσαν δ' αὐτὴν ἀνήρπασαν αἱ
θεράπαιναι, ἐμοὶ δ' ἐς ὀρθὸν αἱ ξανθαὶ τρίχες ἀνέστησαν.
ἃ σφόδρα μοι τῇ δειλαίᾳ μάντις ἀληθὴς γέγονας· ἰδοὺ γὰρ
ἡ πόρτις ἐκείνη τὴν ἐμὴν κέκτηται νομήν. εἰ καὶ τὰ μάλιστα 125
δ' ἐπίσημος τὸ κάλλος ἐστί, μοιχαλὶς ἀναντιρρήτως ἐστί, καὶ
τοὺς ἐφεστίους θεοὺς ἀλοῦσα τοῦ ξένου κατέλιπε. ταύτην ἐκ
τῆς πατρίδος Θησεύς τις, εἰ μὴ τοὔνομα ψεύδομαι, καὶ ἀγνοῶ δὲ
τίς ἦν ὁ Θησεύς, τῇ ἑαυτοῦ τέχνῃ ἀφείλετο. ἐκ δὲ δὴ νεοῦ καὶ
θηλυμανοῦς πιστευέσθω παρθένος ἀποδοθῆναι· πόθεν δὲ ταῦθ' 130
οὕτω καλῶς παραβάλλω ζητεῖς; ὅτι σου ἐρῶ. κἂν γὰρ βίαν
τοῦτο καλῇς, καὶ τὴν ἁμαρτίαν ὀνόματι συγκαλύπτῃς, ἀλλ'
ἡ τοσάκις ἁρπαγεῖσα παρέσχε καὶ αὐτὴ ἁρπαγῆναι. ἡ δ'
Οἰνώνη καὶ ψευσαμένῳ τῷ ἀνδρὶ σώφρων μένει· καίτοι τοῖς
σαυτοῦ νόμοις καὶ αὐτὸς ἡδύνω ψευσθῆναι. ἐμὲ γὰρ ταχεῖς 135
Σάτυροι, ἐγὼ δ' ἐκρυπτόμην ἐν λόχμαις, ἐζήτησαν, ὄχλος
ἰταμὸς καὶ τοὺς πόδας ὀξύς, καὶ Πὰν ὁ τὴν κερασφόρον
κεφαλὴν ὀξείᾳ πεύκῃ μιτρούμενος, ἔνθαπερ ἡ Ἴδη ταῖς ἀπεί-
ροις δειράσιν ἐξώγκωται. ἐμοῦ καὶ ὁ τὴν λύραν περίβλεπτος
ὁ τειχιστὴς τῆς Τροίας ἠράσθη· κἀκεῖνος τὸ τῆς παρθενίας 140
μου λάφυρον ἔχει. καὶ τοῦτο δ' ἀνταγωνιζομένης· καὶ γὰρ
ἔξανα τὰς τρίχας τοῖς ὄνυξι καὶ τὸ πρόσωπον τοῖς ἐμαυτῆς
δακτύλοις ἐτράχυνα. ἀλλ' οὐδὲ τίμημα τῆς φθορᾶς λίθους
ἀπήτησα καὶ χρυσόν, καὶ γὰρ αἰσχρῶς τὸ εὐγενὲς σῶμα δώρων
πιπράσκεται. ὁ δ' ἀξίαν με λογισάμενος, τὴν ἰατρικήν μοι 145
παρέδωκε τέχνην, καί μοι τὰς χεῖρας τοῖς ἑαυτοῦ δώροις
ἐνέβαλε. καὶ γοῦν ἥτις δὴ βοτάνη πρὸς ἀλεξητήριον δυναμένη
καὶ συντελοῦσα πρὸς θεραπείαν ῥίζα καθ' ὅλην τὴν ὑφ' ἥλιον
φύεται, ἡμετέρα ἐστίν. οἴμοι τῇ δυστήνῳ, ὅτιπερ ἔρως βοτάναις οὐ θεραπεύεται καὶ σοφὴ τέχνης ἔγωγε οὖσα πρὸς τῆς 150
οἰκείας τέχνης καταλιμπάνομαι. καὶ αὐτὸς δ' ὁ τῆς τέχνης
εὑρετὴς τὰς δαμάλας λέγεται τοῦ Φέρητος βουκολῆσαι καὶ

πόρτης P. pr. illa.　　126. θεοὺς om. A. ? P.　　128. arte.　　130.
ζητοῖς P.　　134. ἑαυτοῦ P.　　137. μετρούμενος P. an μεμιτρω-
μένος?　　142. ἐμαυτοῖς A.　　148. ὑμετέρα P. ἐστί A.

δὴ καὶ πρὸς τοῦ ἡμετέρου πυρὸς ἐτρώθη. ὅπερ οὖν οὔθ' ἡ
πάμφορος γῆ ταῖς φυομέναις βοτάναις, οὔτε θεὸς ἐνεγκεῖν μοι
155 βοήθημα δύναται, σὺ δύνῃ. καὶ δύνῃ, καὶ ἀξία τυγχάνω· τὴν
ἀξίαν γοῦν οἴκτειρον κόρην· οὔκουν ἐγὼ σὺν Δαναοῖς ἠμαγμένα
σοι ὅπλα φέρω. ἀλλὰ σή εἰμι καὶ σὺν σοὶ διεγενόμην ἐκ τῶν
παιδικῶν ἐνιαυτῶν· καὶ σὴ δέομαι πάλιν εἶναι, ὅσον ἂν ὑπόλοιπον ᾖ τοῦ χρόνου.

VI.

Ὑψιπύλη Ἰάσονι.

Φασί σε τῶν Θετταλικῶν ἠιόνων ἅψασθαι τῆς Ἀργοῦς
ἐπανιούσης πλούσιον τοῦ χρυσοῦ προβάτου τῷ δέρματι.
συγχαίρω σοι τοίνυν σωθέντι ὅσον αὐτὸς συγχωρεῖς· αὐτό γε
5 μὴν τοῦτο γράμμασι σοῖς ὤφειλον ἀσφαλέστερον μαθεῖν. καὶ
γὰρ ἡνίκα μηδαμῶς ἔχειν ἀνέμους ἔσπευδες, ὡς ἂν μὴ παρὰ
τὴν ὁμολογηθεῖσάν σοι χώραν ἐμὴν ὑποστρέψαις, οἷός τ' ἦσθα
καθ' ἕκαστον τῶν ἐναντίων ἀνέμων ἐπιστολήν μοι χαράττειν·
ἀξία γὰρ ἦν Ὑψιπύλη τὸ χαίρειν πεμπόμενον δέχεσθαι. τοῦ
10 δὲ χάριν ἡ φήμη προτέρα μοι γραμμάτων ἀγγελλόντων ἧκε ;
βοῦς μὲν τοῦ Ἄρεως ἱερoὺς καμπύλον ζυγὸν ὑπεληλυθέναι,
σπερμάτων δὲ καταβληθέντων λήιον ἀνδρῶν ἐπιδεδωκέναι,
καὶ πρὸς τὸν αὐτῶν φόνον μηδαμῶς χρείαν τῆς σῆς δεξιᾶς
γεγονέναι, καὶ δράκοντα μὲν ἄγρυπνον προβάτου κῶας πεφρουρη-
κέναι, τοῦτό γε μὴν τὸ χρυσοῦν κῶας τὴν ἐρρωμένην σοι δεξιὰν
15 ἡρπακέναι. ταῦτα γὰρ ἔγωγε εἴπερ εἶχον τοῖς μετὰ δέους
ταῦτα πιστεύουσι λέγειν, ὡς Ἐκεῖνός μοι γέγραφε, πόση τις ἂν
ὑπῆρχον. ἀλλὰ τί ποτε δυσχεραίνω ὡς ληξάσης μοι τῆς τοῦ
βραδύνοντος ἀνδρὸς χάριτος ; μεγάλην ἤνεγκα χάριν εἰ ἔτι

---

153. οὖν P.   154. σὺ δύνῃ om. Α.   add. in margine eadem manu.
VI. '-ψιπύλη '-άσονι P.   1. -ασί P.   3. hoc tamen ipsum.   4.
ἀσφαλέστατον P.   10. καπύλον Α.   12. δεξιᾶς om. Pp.   14.
ἐρωμένην PΑ.   15. δείους P.   20. ἐμοῦ P.   21. ἔτοιμε πιστὸν

σὴ μένω. βάρβαρος δέ τις φαρμακὶς ἐλθεῖν σὺν σοὶ λέγεται,
ἐν μέρει τοῦ ἐμοὶ προὐπεσχημένου ληφθεῖσα λέχους. ἑτοιμό- 20
πιστόν ἐστιν ἔρως· εἴθε λεχθείην ἡ προπετὴς πλημμελήματι
πεπλασμένῳ καὶ αὐτὴ παρεζηλωκέναι τὸν ἄνδρα. ἦλθέ μοι
ξένος μικρῷ πρόσθεν Θέτταλος ἐκ τῶν Αἰμονίων ὁρίων, καὶ μήπω
καλῶς ἁψαμένῳ τοῦ οὐδοῦ, Ὁ ἐμὸς Αἰσονίδης, ἔφην, τί ποτε 25
δρᾷ ; ὁ δ' ὑπὸ τῆς αἰσχύνης ἀπεπάγη, τοὺς ὀφθαλμοὺς ἐρείσας
ἐπὶ τὸ προκείμενον δάπεδον. αὐτίκα δ' ἀνεπήδησα τὴν ἐσθῆτα
τῷ στέρνῳ διαρρήξασα, καὶ Πότερον ζῇ Ἰάσων ; ἀνέκραγον,
ἢ κάμὲ καλοῦσιν αἱ μοῖραι ; ὁ δέ, Ζῇ, ἔφη· κἀγὼ δειλιῶντα
ὅπερ εἶπεν, ὁμόσαι ἠνάγκασα· καὶ μόλις ὑπὸ μάρτυσι θεοῖς ἡ 30
σὴ μοι ἐπιστεύθη ζωή. ἐπεὶ δ' ὁ νοῦς ἐπανῆλθε, τὰς σὰς
πράξεις· ἠρξάμην διερευνᾶν· ὁ δ' ἐξηγεῖται χαλκόποδας μὲν
Ἄρεως βοῦς ἀρηροκέναι, δρακοντείους δ' ὀδόντας ἐπὶ γῆς
ἀντὶ σπόρου καταβληθέντας ἐξαπίνης ἄνδρας φύντας ὅπλα
ἀνειληφέναι· καὶ τὸν γηγενῆ δῆμον ἐμφυλίῳ πολέμῳ διερ- 35
γασθέντα αὐθημερὸν τὴν μοῖραν τῆς ἰδίας ἡλικίας ἐκπεπλη-
ρωκέναι· καὶ ὅπως ὁ δράκων ἥττηται. αὖθις δὲ πάλιν ἦν ὁ
Ἰάσων ζῇ πολυπραγμονοῦμεν· ἐλπὶς δὲ καὶ φόβος παραλλὰξ
τὴν πίστιν ἀμείβουσιν. ταῦθ' ἕκαστα σπουδῇ καὶ δρόμῳ τοῦ
λέγειν διεξιὼν τῇ οἰκείᾳ περινοίᾳ τὸ ἐμὸν ἀνεκάλυψε τραῦμα. 40
φεῦ, ποῦ ποτε γέγονε ἡ συμφωνηθεῖσα πίστις ; ποῦ ποθ' οἱ
γαμήλιοι θεσμοὶ καὶ δᾷδες αἱ ἀξιώτεραι μᾶλλον πυρὰν ὑφάψαι
νεκρῶν ; οὔκουν ἔγωγέ σοι κλοπιμαίως ἐγνώσθην· ἀλλ' Ἥρα
παρῆν προμνήστρια, καὶ στεφάνῳ τοὺς κροτάφους περιειλημ-
μένος Ὑμήν. ἀλλ', ὥς μοι ἔοικεν, οὔθ' Ἥρα οὔθ' Ὑμήν, 45
οἰκτρὰ δ' Ἐρινὺς καὶ αἰμοχαρὴς τὰς δυστυχεῖς δᾷδας ἐβάστασε.
τί μοι κἀὶ τοῖς Μινύαις ; τί μοι καὶ τῇ Δωδωνίδι νηί ; τί σοι,
ναῦτα Τῖφυ, καὶ τῇ ἐμῇ πατρίδι ; οὔκουν ἐνταῦθα χρυσῷ τινι
περίβλεπτος ἦν κριὸς οὐδὲ χώρα τοῦ γηραιοῦ Αἰήτου, Λῆμνος 50

Α.   25. ἐμοὶ Α.   ἔφθην Ρ, fortasse recte sed dixi est apud Ovidium.
(non p).   29. timidum quod ait.   32. ἐξήγεται Α.   33.
δρακοντίους Ρ.   36. ἐκπεπληκέναι Αp.   40. ἀνεγκάλυψε Α.   41.
συμφωνηθεῖσα Α.   45. ἄλλως Ρ, fortasse recte.   47. δωδωνίδη Ρ.
50. regio !   51. An ὥριστό μοι.   54. ἐρωμένης Α. ἠσφαλί-

δ' ἐτύγχανεν οὖσα. ὥρισα τὸ πρῶτον, ἀλλά με αἱ ἐμαυτῆς
εἷλκον μοῖραι, χειρὶ τὸ ξενισθὲν στρατόπεδον ἀπώσασθαι
γυναικείᾳ. καὶ πάνυ δ' αἱ Λημνιάδες τῶν ἀνδρῶν κρατεῖν
ἔμαθον καὶ ὑφ' οὕτω στρατιᾶς ἐρρωμένης ἠσφαλισάμην ἄν μοι
55 τὴν βιότην. ἀλλὰ εἶδον ἐν τῇ πόλει τὸν ἄνδρα· καὶ κατὰ
τὸν οἶκον εὐθὺς εἰσεδεξάμην καὶ τὴν ψυχήν. κἀνταῦθά σοι
δὶς μὲν τὸ θέρος, δὶς δὲ παρέδραμεν ὁ χειμών. καὶ τρίτον δὲ
παρῆν θέρος ἡνίκα σύ γ' ἀναγκασθεὶς δοῦναι τὰ ἱστία τὰ τοιάδε
ῥήματα τῶν σαυτοῦ δακρύων ἐνέπλησας· Ἀφέλκομαι, Ὑψιπύλη·
60 δοῖέν μοι μόνον αἱ μοῖραι ἐπάνοδον, ἀνὴρ ἐνθένδε σὸς ἄπειμι, ἀνὴρ
ἀεὶ σὸς ἔσομαι. ὁ μέντοι γ' ἐξ ἡμῶν ἐν ἐγκύμονι κρύπτεται τῇ
νηδύι ζήτω, καὶ γονεῖς εἴημεν ἀμφότεροι τοῦ αὐτοῦ. μέχρι
τούτων εἶπας καί σοι τῶν δακρύων πιπτόντων ἐπὶ τὸ ψευδόμενον
πρόσωπον, μέμνημαί σε τἆλλα μηδαμῶς εἰπεῖν δυνηθέντα.
65 ἐντεῦθεν τῶν ἑταίρων ὕστατος τὴν ἱερὰν ἀναβαίνεις Ἀργώ.
ἡ δ' ἵπταται, καὶ τὸ πνεῦμα τὸ κοῖλον ἐπέχει λαῖφος. τὸ δὲ
γλαυκὸν ὕδωρ ὑπὸ τῆς νεὼς προωθούμενον ὑποδύεται, καὶ σὺ
μὲν πρὸς τὴν γῆν, ἐγὼ δὲ πρὸς τὴν θάλατταν ἀποβλέπω.
πύργος δέ τις κατὰ πᾶσαν ἀνεῳγὼς τὴν πλευρὰν περιαθρεῖ
70 δῆτα τὸ πέλαγος· ἐκεῖσε δὴ φέρομαι, καί μοι τοῖς δάκρυσι
τό τε πρόσωπον διαβέβρεκται καὶ ὁ κόλπος. καὶ δακρύουσα
ἀφορῶ· καὶ ἐρώσῃ τῇ ψυχῇ οἱ ὀφθαλμοὶ εὐνοοῦντες καὶ πορρωτέρω τοῦ εἰωθότος ὁρῶσι. πρόσθες τὰς σώφρονας δεήσεις
καὶ τὰς συμμιγεῖς τῷ φόβῳ εὐχάς, ἃς σοῦ γε σωθέντος καὶ νῦν
75 ἀποδώσω. κἀγὼ μὲν τὰς εὐχὰς ἀποδώσω; ἡ δὲ Μήδεια τῶν
εὐχῶν ἀπολαύσει; ἀλγεῖ μοι μὲν ἡ καρδία ἔρως δὲ συμμιγὴς
ὀργῇ πλεονάζει. δῶρα προσοίσω τοῖς ἱεροῖς, ὅτι ζῶντα τὸν
Ἰάσονα ἀπολέσω; ὑπὲρ τῆς ἐμῆς ζημίας θῦμα πεσεῖται
πληγέν; οὐκ ἄρ' ἔμελλον ἀσφαλὴς ἔσεσθαι· ἀεὶ γὰρ ἐδεδοίκειν
80 μήποτέ σοι ὁ πατὴρ ἐν Ἀργολικῇ πόλει νύμφην συνάψαι.
κἀγὼ μὲν τὰς Ἀργολικὰς ἐδεδοίκειν· ἔβλαψε δέ με ἀντίζηλος

σαμεν Δ. vita.   55. vidi.   59. ασφελκομαι Δ.   60. δ' ἀεὶ P.
64. δυνηθήσεται Α.   66. νέφος Pp.   68. ἀποβλέπων Α.   69.
ἀνεωγὸς P.   76. μοι om. P.   80. ἐν om. Δ.   συναψῇ Α.   81.

βάρβαρος· καὶ τραῦμα ἐδεξάμην ἐκ μὴ προσδοκωμένου πολεμίου.
καὶ μὴν οὐδὲ κάλλει οὐδὲ ταῖς ἄλλαις ἀρέσκει χάρισι, μόναις
δὲ ταῖς ἐπῳδαῖς ἔκαμψεν· αὕτη γὰρ δεινὰς βοτάνας μαγικῷ
δρεπάνῳ θερίζει. αὕτη τῷ δρόμῳ τὴν σελήνην ἀντιβαίνουσαν 85
κατάγειν ἐπιχειρεῖ, καὶ τοὺς ἵππους ἡλίου προσθεῖναι πειρᾶται σκότῳ. αὕτη ῥεύματα χαλινοῖ, καὶ σκολιοὺς ποταμοὺς
ἵστησιν· αὕτη δρυμοὺς προθελύμνους καὶ αὐτοφυεῖς κινεῖ πέτρας.
περὶ τοὺς τάφους ἀλᾶται καὶ δίχα ζώνης καὶ τοὺς πλοκάμους
σεσοβημένη ἄφοβος ἐκ θερμῆς ἔτι τῆς πυρᾶς ὀστᾶ συλλέγει. 90
τοῖς ἀποῦσί τε καταρᾶται, καὶ εἴδωλα κήρινα πλάττει, καὶ ἐς
οἰκτρὸν ἧπαρ λεπτὰς περόνας συνωθεῖ· καὶ ἃ μήποτ᾽ εἰδείην,
πολλῷ βέλτιον αὐτῇ ὁ ἔρως βοτάναις ἢ κάλλει καὶ ἤθεσι συν-
αλλάττεται. ταύτην οὖν περιλαβεῖν δύνασαι, καὶ ἐν ἑνὶ θαλάμῳ 95
καταληφθεὶς ἀτρέστου κατὰ τὴν τῆς νυκτὸς σιωπὴν ἀπολαῦσαι
τοῦ ὕπνου; δῆλον γὰρ ὡς τοὺς ταύρους, οὕτω καὶ σὲ φέρειν
ζυγὸν ἐβιάσατο, καὶ ᾧ φαρμάκῳ τὸν δεινὸν δράκοντα, τούτῳ
καὶ σὲ ὑποσαίνει. πρόσθες ὅτι καὶ ἑαυτὴν τοῖς σοῖς καὶ τῶν
ἡρώων ἔργοις ἐπιγράφεσθαι πείθει καὶ ἡ γυνὴ τοῖς τοῦ ἀνδρὸς 100
ἄθλοις λυμαίνεται. καί τις τοῦ Πελίου μερίδος τοῖς φαρμάκοις
τὰ κατορθώματα προσλογίζεται, καὶ ὄχλον ὃς ἂν αὐτῷ πιστεύ-
σειεν ἔχει· Οὐ ταῦτ᾽ Αἰσονίδης, ἀλλ᾽ ἡ Φασιὰς Αἰήτου θυγάτηρ
τοῦ Φριξείου κριοῦ τὸ χρυσοῦν δέρας ἀνέσπασεν. οὐκ ἐπαινεῖ 105
σοι ταῦτα ἡ μήτηρ Ἀλκιμένη, πυνθάνου τῆς μητρός· οὐχ ὁ
γεννήσας πατήρ, ᾧπερ ἐκ ψυχροῦ κλίματος ἥκει νύμφη. αὐτὴ
ἑαυτῇ ἡ Ταναῒς ἐκ τῆς λίμνης τῶν Σκυθικῶν ὑδάτων καὶ τοῦ
Φάσιδός τε καὶ τῆς πατρίδος ἄνδρα ζητείτω. ἄστατε Αἰσονίδη
καὶ ἠρινῆς αὔρας ἀβεβαιότερε, τί δήποτε τὰ σὰ ῥήματα τοῦ 110
τῆς ὑποσχέσεως βάρους ἐστέρηται; ἐμοὶ ἀπήεις ἀνὴρ ἐν-
θένδε· τοῦ χάριν οὐκ ἐμὸς ἐντεῦθεν ἐπανελήλυθας; εἴην ἐπανιόντος σύζυγος καθὰ δῆτα καὶ ἀπιόντος ἦν. εἰ δέ σου περι-

---

ἐδέδοικεν Α. 83. carmine movit. 84. γαμικῷ P, γαμικῇ Α ; μαγικῷ
scripsi. 85. cursu. 86. addere. πειρᾶται προσθεῖναι P. 91.
καταρρᾶται P. πλάτει Α. 93. melius mage *convertere conatus est.*
101. καὶ τὰς τοῦ πελίου μερίδας P. προυλογίζεται Α. 104. revulsit.
105. Alcimene. 107. ineptit. σκυθιακῶν Α. 109. ἀβεβαιοτέρω Α.
110. polliciti. 111. cur non. 116. ἑαυτοῖς P. 118. Meque inter

φάνεια καὶ εὐγενῆ ὀνόματα ἅπτεται, ἥδ' ἐγὼ θυγάτηρ τοῦ
115 Μινῴου λέγομαι Θόαντος. ὁ Βάκχος δέ μοι πάππος, ἡ τοῦ
Βάκχου δὲ σύνευνος ἀναδουμένη στεφάνῳ ὑπερλάμπει τοῖς
ἑαυτῆς ἄστρασι τὰ τῶν ἐν οὐρανῷ σημείων ἐλάττω. προὶξ
δέ σοι ἡ Λῆμνος ἔσται, ἀγαθὴ χώρα πρὸς γεωργίαν, κἀμὲ δὲ
μεταξὺ τῶν τοιούτων γυναικῶν ἔχειν οἷός τε εἶ. νῦν δέ γε καὶ
120 ἔτεκον· συγχαίροις ἂν ἀμφοτέροις, Ἰᾶσον· γλυκὺν δ' ἐγκυ-
μονούσῃ μοι τὸν φόρτον πεποίηκεν ὁ πατήρ. εὐδαίμων δ' εἰμὶ
καὶ τὸν ἀριθμόν, γονὴν γὰρ διδύμην, διττὰ τέκνα, τῆς Εἰλει-
θυίας εὐμενοῦς οὔσης, ἀνέδωκα. εἰ δὲ καὶ τίνι ἂν ἐμφερεῖς
εἶεν ἐπιζητοίης, ἐν ἐκείνοις ἐπιγνωσθήσῃ· ψεύδεσθαι μόνον
125 οὐκ ἴσασι· τὰ δὲ λοιπὰ τοῦ πατρὸς ἔχουσιν. οὓς μικροῦ
δεῖν ἔδωκα ἂν πρέσβεις ὑπὲρ τῆς τεκούσης πρὸς σὲ κομίσαι·
ἀλλ' ἐπέσχεν τὴν ὑπηργμένην ὁδὸν ἡ χαλεπὴ μητρυιά. τὴν
Μήδειαν ἔδεισα· πλέον τι καὶ μητρυιᾶς ἐστιν ἡ Μήδεια·
αἱ τῆς Μηδείας χεῖρες πρὸς πᾶν ἀθέμιτον ἕτοιμοι. ἡ γὰρ
130 δυνηθεῖσα τὰ τοῦ ἀδελφοῦ διασπάσασθαι μέλη κἂν τοῖς ἀγροῖς
διασπεῖραι, τῶν ἐμῶν αὕτη παιδίων φείσεται; ταύτην γε μὴν
ἀβέλτερε σὺ καὶ τοῖς Κολχικοῖς ἐξηνδραποδισμένε φαρμάκοις
ἀγγέλλῃ τοῦ τῆς Ὑψιπύλης προθεῖναι λέχους; αἰσχρῶς
ἐκείνη τὸν ἄνδρα σε ἔγνω παρθένος μὲν μοιχαλὶς δέ· ἐμὲ
135 δὲ σοὶ καὶ σὲ ἐμοὶ δᾷδες εὐσχήμονες ἔδωκαν. προύδωκεν
ἐκείνη τὸν γεννησάμενον· ἐγὼ δ' ἥρπασα θανάτου τὸν Θόαντα·
κατέλιπεν ἐκείνη τοὺς Κόλχους, ἐμὲ δ' ἡ ἐμαυτῆς Λῆμνος ἔχει.
τί ἂν φαίην εἰ τὴν εὐσεβῆ παρευδοκιμήσειεν ἡ ἐξάγιστος, ᾗ
τὸ πλημμέλημα γέγονε προίξ, καὶ πλημμελήματι τοῦ ἀνδρὸς
ἠξιώθη; τὸ τῶν Λημνιάδων, Ἰᾶσον, τόλμημα αἰτιῶμαι, οὐχὶ
140 θαυμάζω· αὐτὴ γὰρ ἡ λύπη τοῖς θυμουμένοις πᾶν ὁτιοῦν δίδωσιν
ὅπλον. εἴγε γάρ, φαθί, εἰ πνεύμασιν ἐναντίοις ἐξοκείλας, ὡς
ἔδει, εἰς τὸν ἐμὸν εἰσῆλθες λιμένα σὺ καὶ ἥ σοι συμπλεύσασα,
καί σοι πρὸς ὑπαντὴν ἐξῆλθον τῶν διδύμων ἑπομένων μοι
145 παιδῶν· οὐκ ἄν σοι χανεῖν τὴν γῆν ἐδεήθης; τίνι γὰρ ἂν

---

tales.   131. μὴν om. P.   137. Quid referam. ἄγιστος A.   138.
ἠξιασῃ A.   140. Quaelibet iratis.   142. ἡ σὴ συμπλέουσα P.   144.

προσώπῳ τοὺς παῖδας, τίνι δ᾽ ἂν ἐμὲ πρσσεῖδες, ἀνόσιε; τίνος δ᾽
ἂν, ἄσπονδε, τιμήματος, τίνος θανάτου ἄξιος ἦσθα; ἀλλ᾽ αὐτὸς
μὲν δι᾽ ἐμοῦ ἴσως ἂν ἀσφαλὴς διεγένου, οὐχ ὅτι σὺ ἄξιος, ἀλλ᾽
ὅτι ἤπιος ἐγώ. αὐτὴ δὲ τὴν ἐμαυτῆς ὄψιν τοῦ τῆς Μηδείας
αἵματος ἂν ἐνέπλησα, ἣν ἐκείνη τοῖς ἑαυτῆς φαρμάκοις ἀφείλετο. 150
καὶ ἐγεγόνειν ἂν Μήδεια τῇ Μηδείᾳ· ὥστ᾽, εἴπερ ὑψόθεν δίκαιος
ὁ Ζεὺς ταῖς ἡμετέραις εὐχαῖς πάρεστιν, ὃν τρόπον ἡ Ὑψιπύλη
στένει, οὕτω καὶ ἡ τῷ ἐμῷ ὑποβεβλημένη λέχει οἰμώξειε, καὶ τῶν
αὐτῆς αὐτὴ νόμων αἴσθοιτο. ὡς δ᾽ ἔγωγε ἀθετοῦμαι, σύνευνός τε 155
καὶ δυοῖν παίδοιν ὑπάρχουσα μήτηρ, οὕτω κἀκείνη τοῦ ἀνδρὸς
καὶ τοσούτων παίδων ὀρφανισθείη. μηδ᾽ ἐπὶ μακρὸν τὸν
κακῶς κερδηθέντα κατάσχοι καὶ χεῖρον ἢ ἐκέρδησεν ἀποβάλοι·
ἐξελαθείη δὲ καὶ κατὰ πᾶσαν τὴν οἰκουμένην φυγαδευθείη.
ὡς δ᾽ ἀδελφὴ πικρὰ τῷ ἀδελφῷ γέγονε καὶ τῷ δειλαίῳ πατρὶ
θυγάτηρ, οὕτω καὶ τοῖς παισὶ καὶ τῷ ἀνδρὶ πικρὰ μήτηρ καὶ 160
γυνὴ γένοιτο. καὶ δὴ καὶ γῆν καὶ θάλατταν ἐξανύσασα, πει-
ραθείη καὶ τοῦ ἀέρος· καὶ ἐνδεὴς πλανῷτο καὶ ἀκοινώνητος,
τῷ τῶν οἰκείων φόνῳ λελυθρωμένη. ταῦθ᾽ ἡ Θοαντιὰς ἔγωγε
τὴν συζυγίαν παρασπονδηθεῖσα κατεύχομαι· ὑμεῖς δ᾽ ἄνερ καὶ
γαμηθεῖσα τῷ καταράτῳ ζήσατε λέχει.

VII.

Διδὼ Αἰνείᾳ.

Οὕτω τῆς μοίρας καλούσης ὁ λευκὸς ᾄδει κύκνος ἐν χλοερᾷ
πόᾳ παρὰ τὰ τοῦ Μαιάνδρου κείμενος ῥεύματα. οὔκουν σοι,
Αἰνεία, ὅτι ταῖς ἡμετέραις δεήσεσι ἐλπίσαιμ᾽ ἂν οἷόν τ᾽ εἶναι

Nonne.   149. ἂν om. A.   152. δικαίως Ap, P (?).   155. καὶ om. A.
161. καὶ ante γῆν om. A.   162. ἀκινώνητος P, non p.   164. ἀνήρ A.

VII. Epistolae VII (Didonis), VIII (Hermionae), IX (Deianirae),
X (Ariadnae), XI (Canaces) inter XIX (Herus) et XX (Acontii) in Pp
scriptae sunt, ita ut XII (Medeae) statim VI (Hypsipyles) sequatur. Or-
dinem usitatum servat A.

-ιδὼ -ινεια P.   1. -ὕτω P.   2. τοὺς τοῦ P.   14. ἐξευρενητέα A.

καμφθῆναι, προσομιλῶμεν· ἐναντίῳ γὰρ θεῷ ταυτὶ κεκινήκαμεν.
5 ἀλλ' ὁπότε τὴν τῆς τιμῆς φήμην καὶ τὸ σῶμα καὶ τὸν σώφρονα νοῦν κακῶς ἀπώλεσα, ἀπολέσαι καὶ ῥήματα κοῦφον
ἂν εἴη. ἐκύρωσας ἀπιέναι καὶ τὴν ἀθλίαν Διδὼ καταλεῖψαι,
τὰ δ' αὐτὰ πνεύματα τό τε λαῖφος οἴσουσι καὶ τὴν πίστιν;
ἐκύρωσας, Αἰνεία, σὺν ταῖς ὁμολογίαις καὶ τὰς ναῦς λῦσαι
10 καὶ ἣν οὐκ οἶδα ποῦ ποτ' ἂν εἴη τῶν Ἰταλῶν γῆν διώκειν;
οὐδέ σου οὔθ' ἡ νέα Καρχηδὼν ἅπτεται, οὔτε τὰ αὐξάνοντα
τείχη, οὔθ' ἡ τῷ σῷ σκήπτρῳ παραδοθεῖσα συγκεφαλαίωσις
τῶν ἐμῶν; καὶ φεύγεις μὲν τὰ πραχθέντα πρακτέα δ' ἄλλα
ζητεῖς· καὶ ἄλλη μὲν ἐξηρευνήθη σοι χώρα κατὰ τὴν οἰκου-
15 μένην, ἄλλη δ' ἐστὶν ἐξερευνητέα. εἰ δὲ καὶ χώραν εὑρήσεις,
τίς σοι ταύτην ἔχειν ἂν παραδοίη; τίς τοῖς ἀγνῶσι τοὺς
οἰκείους ἀγροὺς κατέχειν ἂν δοίη; ἄλλος σοι ὡς ἔοικεν ὑπολέλειπται ἔρως ἔχειν· καὶ ἄλλη Διδώ, καί, ἣν αὖθις ψεύσῃ,
ἄλλη δοθησομένη πίστις. πηνίκα δ' ἔσται ἡνίκα καὶ πόλιν
20 ἴσην τῇ Καρχηδόνι στήσεις ὥστε σοι τοὺς δήμους ὑψόθεν ἐκ
τῆς ἀκροπόλεως ὁρᾶν; εἰ δὲ καὶ πάντα συνδράμοι καὶ μηδὲν
διατρίψαιεν αἱ εὐχαί σοι, πόθεν σοι γυνὴ ἥτις οὕτως ἄν σε
φιλήσειεν ἔσται; πίμπραμαι ὡς λιπαραὶ δᾷδες θείῳ περι-
26 κεχρισμέναι ἀπύρῳ, καὶ Αἰνείαν ἐν τῇ ψυχῇ ἡμέρα καὶ
νὺξ ἀναφέρει. ἐκεῖνος μὲν οὖν ἀχάριστος καὶ πρὸς τὰς ἐμὰς
δωρεὰς ἐκκεκώφηται, οὗπερ, εἰ μὴ ἀνόητος ᾖ, ἤθελον στερεῖσθαι.
οὐ μέντοι τὸν Αἰνείαν εἰ καὶ τὰ μάλιστα κακῶς βουλεύεται
30 μισῶ, ἀλλὰ καὶ ὡς ἀσπόνδου κατηγορῶ καὶ κατηγοροῦσα
χεῖρον ἐρῶ. φεῖσαι τῆς νύμφης, Ἀφροδίτη, καὶ σὺ δ' ἔρως
ἀδελφὲ τὸν ἀκαμπῆ περίβαλε ἀδελφόν, ὡς ἂν ἐν τῷ σῷ στρατοπέδῳ στρατεύοι. ὡς ἔγωγε ἡ ἀρξαμένη, οὐδὲ γὰρ ἀπαξιῶ
35 τὸ ἐρᾶν, ὕλην δ' ἐκεῖνος ταῖς ἐμαῖς φροντίσιν διδότω. σφάλ-
λομαι καὶ ταύτην τὴν ὑπόληψιν μάτην ἀπέρριψα· τῆς μητρὸς
γὰρ ἐκεῖνος τοῖς ἤθεσιν ἀντικάθηται. σὲ πέτραι καὶ ὄρη καὶ
ἐμπεφυκυῖαι ταῖς ὑψηλαῖς ἀπορρῶξι φηγοὶ καὶ ἀμείλικτοι
θῆρες ἐγέννησαν, ἢ πέλαγος ὁποῖον καὶ νῦν ὁρᾷς τοῖς πνεύ-

---

23. incocto *Excerpta Sarravii*.   32. στρατεύει P.   33. Ut ego.

μασι κυμαινόμενον· πῆ δὴ τέως τοῖς ἐναντίοις κύμασιν ἀπιέναι 40
παρασκευάζῃ; πῆ φεύγεις; ἀνθίσταταί σοι χειμών· τοῦ χει-
μῶνος ἡ χάρις ἐμοὶ πρόσφορος· ἄθρησον ὡς ἐναντία ὁ Εὖρος
ἐγείρει κύματα. ὅπερ σοι μᾶλλον ὀφείλειν ἤθελον ἔα με ταῖς
καταιγίσιν ὀφείλειν· δικαιότεροι τῆς σῆς διανοίας ἄνεμός τε
καὶ θάλαττα. οὔκουν ἐγὼ τοσούτου τιμῶμαι ἐμαυτήν, ὅπερ 45
μὴ σὺ κατὰ νοῦν ἀδίκως λογίζου, ὡς ἂν ἀπόλοιο κατὰ τὸ
μακρὸν φεύγων με πέλαγος. σὺ μέντοι πολύτιμον τὸ μῖσος
ἐξασκεῖς καὶ μεγάλου τινὸς ἄξιον, εἰ φεύγων με εὐτελὲς τὸ
θανεῖν εἶναι νομίζεις. ἤδη μὲν ὅσον οὔπω κοπάσει τὰ κύματα,
καὶ καταστορεθείσης ὁμαλῶς τῆς θαλάττης γλαυκοῖς ἵπποις 50
ὁ Τρίτων διαδραμεῖται τὰ κύματα. ὄφελον δὲ καὶ σὺ σὺν τοῖς
πνεύμασιν εὐμετάβολος γένοιο, καί, εἰ μὴ σκληρότητι καὶ δρῦς
ὑπερβάλλεις, γενήσῃ. ὡς ἂν δὲ καὶ μὴ εἰδὼς τί ποτ᾿ ἂν τὸ
πέλαγος μαινόμενον δύναιτο, οὗπερ οὕτω κακῶς ἐπειράθης
τοσάκις πιστεύεις ὕδατι; καὶ τῆς θαλάττης μὲν ἴσως ἀνα- 55
πειθούσης τὰ πρυμνήσια λύσεις· πολλά γε μὴν ἀνιαρὰ τὸ
πλατὺ πέλαγος ἔχει. ἀλλ᾿ οὐδὲ διαφθείρειν τὴν πίστιν
τοῖς ἐπιχειροῦσιν τῇ θαλάττῃ συμφέρει· ὁ γὰρ τόπος ἐκεῖνος
τὰς τῆς ἀπιστίας εὐθύνας ἀπαιτεῖ. καὶ μάλιστα ἢν ἀδικηθεὶς
ἔρως τύχῃ· καὶ γὰρ ἡ τῶν ἐρώτων λέγεται μήτηρ γυμνὴ τῶν 60
Κυθηριακῶν ἀναδοθῆναι ὑδάτων. δέδοικα μή πως ἀπολωλυῖα
ἀπολέσω, καὶ τὸν βλάψαντα βλάψω, ἢ ναυαγηθεὶς ὁ ἐχθρὸς
ὕδωρ θαλάττιον πίῃ. ζῆθί γε μήν, δέομαι· οὕτω γὰρ ἄν σε
βέλτιον ἀπολέσαιμι ἢ θανάτῳ· σὺ δὲ μᾶλλον αἴτιος τοὐμοῦ
λεχθήσῃ θανάτου. ἄγε ὑπόθου, ἀλλὰ μηδὲν ἀληθείας βάρος 65
τῷ οἰωνῷ προσέστω, ὀξείᾳ σε καταιγίδι ληφθῆναι· τί ποτ᾿
ἄν σοι τηνικαῦτα τοῦ λογισμοῦ γένοιτο; αὐτίκα σοι συναντή-
σουσιν αἱ τῆς ψευδοῦς γλώττης ἐπιορκίαι καὶ ἡ τοῖς Φρυγίοις
δόλοις ἀναγκασθεῖσα θανεῖν Διδώ. καί σοι πρὸ ὀφθαλμῶν

---

42. ἄθροισον P, ἄθρισον A.   43. ἔαμαι ταῖς P.   45. τιμῶ καὶ
ἐμαυτὴν P.   46. φεύγειν A.   49. verba καὶ . . . κύματα in 50 om. A.
51. ὄφελον AP.   53. scr. εἰδῇς.   56. ἀκαρά ex A notatur: quod si
re vera A habeat, suspiceris ἄκαιρα scripsisse Planudem: sed et A habere
ἀνιαρὰ credibile est.   61. ἀπολέσθω A.   64. δεχθήσῃ P, δειχθήσῃ p.
65. προσήτω A.   68. θανεῖν om. P.   69. ἀπαιτηθείσης A.   71.

70 ἡ τῆς ἀπατηθείσης συζύγου στήσεται εἰκών, οἰκτρὰ καὶ
ἡμαγμένη καὶ τὴν κόμην ἐσπαραγμένη. καὶ ὅ τι ποτ᾽ ἂν
παρείη Τοῦ παντὸς ἄξιός εἰμι, σύγγνωτε, φήσεις· τοὺς πεσόντας
κεραυνοὺς εἰς σὲ πεμφθῆναι νομίσεις. δὸς βραχὺ διάστημα
τῇ σαυτοῦ τε καὶ τοῦ πελάγους αὐστηρίᾳ· μέγα τὸ τῆς
ἀναβολῆς ἔσται τίμημα· ἀσφαλὴς γὰρ ἡ μέλλουσα πορεία
75 γενήσεται. σὺ δὲ μηδοτιοῦν ἐμοῦ φείσῃ· φεῖσαί μοι τοῦ παιδὸς
Ἰούλου· ἀπόχρη γάρ σοι τοὐπίγραμμα τῆς ἐμῆς φέρειν
τελευτῆς. τί δ᾽ ὁ παῖς Ἀσκάνιος, τί δ᾽ οἱ ἐφέστιοι ὤφλησαν
θεοὶ ὡς τοὺς πυρὸς ἀφαρπασθέντας θεοὺς τοῖς κύμασι καλυφθῆναι; ἀλλ᾽ οὔτε σὺν σαυτῷ φέρεις οὔθ᾽ ἅ μοι κομπάζεις,
80 ἄπιστε, ἱερὰ πατρῷα τοὺς σοὺς ὤμους ἐπέθλιψαν· πάντα γὰρ
ψεύδη καὶ οὐδ᾽ ἀφ᾽ ἡμῶν ἡ σὴ γλῶττα ψεύδεσθαι ἤρξατο
οὐδ᾽ ἐγὼ πρώτη πλήττομαι. εἰ γάρ τοι ζητοίης ποῦ ποτ᾽
ἐστὶν ἡ τοῦ καλλίστου μήτηρ Ἰούλου, τέθνηκεν ὑπὸ τοῦ χαλε-
85 ποῦ ἀνδρὸς μόνη καταλειφθεῖσα. καὶ τοῦτό μοι σὺ διηγήσω·
ἐμὲ δ᾽ ἔγνωσαν οἱ παρόντες ἀλύουσαν· ἐκείνη ἡ τιμωρία τῆς
εἰς ἐμὲ μελλούσης αἰτίας ἥττων ἐστίν. οὐδέ μοι ὁ λογισμὸς
ἀμφιβάλλει ὡς οὐκ ἂν οἱ σοί σε θεοὶ τιμωρήσαιντο· καὶ γάρ
σε κατὰ γῆν καὶ θάλατταν χειμὼν ἐχείμασεν ἕβδομος. καὶ
ὑπὸ τῶν κυμάτων ἐκβρασθέντα ἐπ᾽ ἀσφαλοῦς ὑπεδεξάμην
90 καταγωγῆς, καὶ πρὶν καλῶς ἀκοῦσαί σου τοὔνομα τὴν ἀρχὴν
ἔδωκα. ἀλλ᾽ ὤφειλον μόναις ταύταις ταῖς εὐεργεσίαις ἀρκεῖσθαι·
καὶ ἡ φήμη τῆς συνελεύσεως τεθαμμένη τυγχάνει. ἐκείνη
γάρ με ἡ ἡμέρα ἐσίνατο καθ᾽ ἣν ἡμᾶς ὑπὸ κοῖλον σπήλαιον
95 ἀφνιδίοις ὕδασιν ὄμβρος συνήλασεν. ἤκουσα γὰρ φωνῶν·
καὶ τὰς νύμφας μὲν ὀλολύζειν ἐνόμισα· αἱ Εὐμενίδες σύμβολα ταῖς ἐμαῖς δεδώκασι τύχαις. ἀπαίτει δίκας ὦ λυμαν-
θεῖσα αἰδὼς καὶ σὺ Συχαῖε ἀδικηθείς· πρὸς ἃς οἴμοι

Quidquid erit, totum merui. **74.** πορία P. **75.** tu parcas : puero
parcatur. **77.** di meruere penates. **80.** sacra paterna. **82.** ἔγωγε
A. **84.** τοῦ omittit P. **85.** novere maerentem. **86.** ἐκεῖ δ᾽ ἡ P
(inde?), ἐκείνη ἡ A (illa). **89.** ἐπ᾽ ἄλλῃ A (?). **92.** τεθραμμένη A. concubitus fama. **96.** αἱ δ᾽ P, αἱ A. fatis ... meis. **97.** ἀπαιτεῖ δέ
με P. σὺ om. A. **98.** τῇ om. A. **103.** debita. **104.** amisso.

τῇ δειλαίᾳ πλήρης αἰσχύνης πορεύομαι. ἔστι μοι ἐν ἀφιδρύματι
μαρμαρέῳ καθιερωμένος ὁ Συχαῖος· εἰρεσιῶναι δ' ἐπικείμεναι 100
καὶ λευκὰ στέμματα τοῦτον καλύπτουσιν. ἐντεῦθεν ᾐσθόμην
ἐγὼ τετράκις ὑπὸ φωνῆς ἐγνωσμένης [ἐμοὶ] διεγειρομένη· αὐτὸς
γὰρ ἤχῳ λεπτῷ εἶπεν Ἔλισσα ἴθι. ἄνερ, οὐ πολὺ τὸ
ἐν μέσῳ καὶ ἔρχομαι· ἔρχομαί σοι ὀφειλομένη σύζυγος· εἰμὶ
μέντοι ὀκνηροτέρα τὴν ἐμαυτῆς ἀσχημοσύνην ἀποβαλοῦσα.
σύγγνωθί μου τῷ πταίσματι· ἀνήρ με ἠπάτησεν ἀξιόχρεως, 105
ὃς τοῦ πταίσματός μοι τὴν μέμψιν μειοῖ. θεὰ γάρ σε μήτηρ
καὶ γεραίτερος πατήρ, εὐσεβὲς τοῦ παιδὸς φορτίον, ἐλπίδας
εὐλόγως μοι τοῦ μενεῖν τὸν ἄνδρα δεδώκασι. εἰ γάρ τι πλανη-
θῆναι ἔδει, σεμνὰς αἰτίας ἔσχεν ἡ πλάνη· πρόσθες καὶ τὸν 110
ὅρκον, οὔκουν οὐδαμόθεν ὀκνεῖν ἔδει. ἐμοὶ μέντοι παρατείνεται
εἰς τέλος καὶ τοῖς ἐσχάτοις τῆς ἡμετέρας βιοτῆς ἔπεται
ἡ τῆς προλαβούσης μοίρας συνέχεια. πέπτωκε μὲν γὰρ ὁ
ἀνὴρ εἰς γῆν σφαγεὶς ἐπὶ τοῦ βωμοῦ· καὶ τοῦ τοσοῦδε τολμήματος ὁ ἀδελφὸς ἔχει ἐπιγραφήν. ἐγὼ δ' ὑπερόριστος ἀλῶμαι· 115
καὶ τήν τε κόνιν τοῦ ἀνδρὸς καὶ τὴν πατρίδα καταλιμπάνω
καὶ φέρομαι ὁδοὺς τοῦ ἐχθροῦ διώκοντος ἀποτόμους. καταίρω
δ' εἰς τόπους ἀγνώστους τὸν ἀδελφὸν καὶ τὸ πέλαγος δια-
δρᾶσα· καὶ ὅν σοι ἐδωρησάμην, ἄπιστε, αἰγιαλὸν ἐπριάμην.
καὶ πόλιν καθίδρυσα· καὶ εἰς εὖρος ἀνεῳγότα τείχη ἀνέστησα,
τοῖς ἀστυγείτοσι τόποις ἐπίφθονα. πόλεμοι δ' ἐξοιδοῦσιν ἐν- 120
τεῦθεν καὶ πολέμοις διακινδυνεύω καὶ γυνὴ καὶ ἀλλοδαπή· καὶ
μόλις τῇ πόλει πύλας ἀτημελήτους ἑτοιμάζω καὶ ὅπλα. καὶ
μυρίοις μνηστῆρσιν ἤρεσα οἵ με μεμφόμενοι ἐβιάζοντο ἀγνοῶ
τίνα παρὰ τοῖς ἐμοῖς προτιμῆσαι θαλάμοις. τί δὲ διστάζεις 125
δεσμῶτίν με τῷ Γετούλῳ παραδοῦναι Ἰάρβᾳ; ὅτι τῷ σῷ τολμήματι τὰς ἐμὰς χεῖρας παρέσχον. ἔστι δέ μοι καὶ ἀδελφὸς
οὗπερ ἡ ἀσεβὴς χεὶρ τῷ τοῦ ἀνδρὸς αἵματι ῥαντισθεῖσα καὶ
τῷ ἐμῷ ῥαντισθῆναι ζητεῖ. κατάθου τοὺς θεοὺς καὶ ἃ βε-
βηλοῖς ἁπτόμενα ἱερά· οὐ γὰρ καλῶς τοὺς οὐρανίους ἀσεβὴς 130

---

104. amisso **EGω**. 108. viri. 113. in terras. 116. duras.
123. coegere. 125. παραδοῦναι om. **A**. 129. κατάρου **A**. 130.

χεὶρ θεραπεύει. εἰ γὰρ σὺ θεραπευτὴς τῶν διεκπεσόντων τοῦ
πυρὸς θεῶν ἔμελλες ἔσεσθαι, πάντως αὐτοῖς μεταμέλει τοῦ τὸ
πῦρ διαδρᾶναι. τάχα δ' ἂν καὶ ἐγκύμονα τὴν Διδώ, τολμητία,
καταλιμπάνεις, καὶ λανθάνοι ἂν ἐν τῷ ἐμῷ σώματι ὑμετέρα
135 ἐγκεκλεισμένη μερίς. προσχωρήσει δὲ τῇ τῆς μητρὸς μοίρᾳ
καὶ τὸ οἰκτρὸν βρέφος καὶ τῷ μήπω τεχθέντι αὐθέντης γενήσῃ
τοῦ φόνου. καὶ συνθανεῖται τῇ οἰκείᾳ μητρὶ ὁ τοῦ Ἰούλου
ἀδελφὸς καὶ μία τιμωρία συνημμένους ἀφαιρήσει τοὺς δύο.
ἀλλὰ ὁ θεὸς ἐκέλευσεν ἀπελθεῖν; ἤθελον εἰ ἐκώλυσε προσελ-
140 θεῖν, μηδ' οἱ Τευκροὶ τὴν τῶν Ἄφρων ἐπάτησαν γῆν. τούτῳ
δ' ἄρα τῷ θεῷ ἡγεμόνι, πνεύμασιν ἀλλοκότοις ἐλαύνῃ καὶ τῷ
ἀστάτῳ πελάγει μακρὸν ἐπιτρίβει τὸν χρόνον. μόλις σε τὰ
Πέργαμα τοσούτῳ πόνῳ ζητεῖν ἔδει, εἰ ζῶντος τοῦ Ἕκτορος
145 ὁποῖα τὸ πρόσθεν ἦν, αὖθις ἦν. οὐδὲ γὰρ τὸν πατρῷον ζητεῖς
Σιμοοῦντα, τὸ δὲ Θύμβριδος ὕδωρ· πάντως δὲ καὶ φθάσας
ὅπη δὴ σπεύδεις, ξένος διάξεις· οὕτω δ' ὡς ἀπῴκισται καὶ
ἄδηλός ἐστιν ὁ ζητούμενος χῶρος καὶ τὰς σὰς ἀποκλείει τριήρεις, μόλις σοι καὶ γηράσαντι προσγενήσεται. τοῦτον μᾶλλον
150 τὸν δῆμον, ἀφεὶς τὰ αἰνίγματα, λάμβανέ μοι πρὸς προῖκα, καὶ
τὰ κομισθέντα σὺν ἡμῖν τοῦ Πυγμαλίωνος χρήματα. καὶ δὲ
καὶ τὴν Ἴλιον εὐμενέστερον εἰς τὴν Τυρίαν πόλιν μετένεγ-
και καὶ ἐν χώρᾳ βασιλέως τὸ ἱερὸν κάτεχε σκῆπτρον. εἰ δ' ἡ
ψυχή σοι πολέμων ἐστὶν ἀκόρεστος, εἰ ζητεῖ ὁ Ἀσκάνιος
155 πόθεν ἂν τῇ ἑαυτοῦ μάχῃ θρίαμβος πορι012σθείη, ὃν ἂν νική-
σειεν, ἵν' ἐνδέῃ μηδέν, ἐχθρὸν παρεξόμεθα· οὗτος ὁ χῶρος
εἰρήνης νόμους καὶ ὅπλα δώσει. σὺ μόνον πρός τε τῆς
μητρὸς καὶ τῶν τοῦ συγγόνου βελῶν καὶ πρὸς τῶν τῆς φυγῆς
μετασχόντων σοι Δαρδανίων θεῶν, οὕτω δὲ νικῷεν καὶ οὓς ἂν
160 ἐκ τοῦ σοῦ φέροις γένους καὶ ὁ δεινὸς ἐκεῖνος πόλεμος τῆς σῆς
εἴη ζημίας ὅρος, ὅ τε παῖς Ἀσκάνιος εὐτυχῶς τὴν οἰκείαν

ἀσεβὴς χεὶρ τοὺς οὐρανίους θεραπεύει P.   132. μεταμέλοι A.   135. προσ-
χαρίσῃ Pp, προσχάρησα vel προσχώρησα A.   136. nato.   138. συνη-
μένους A.   141. δ' ἄκρα A.   144. αὖθις ἦν om. P.   145. Σιμνοῦντα A.
146. ἐμὸς διάξεις A.   152. Inque loco regis sceptra sacrata tene.
155. κινήσειεν P. ἐνδέῃ P, οὐ δέῃ A? παρεξόμεθα A, παραδεξόμεθα P.   156.
dabit.   159. reportes.   164. τὸ A, τοῦ P.   165. Φθιώτης P.   167.

βιοτὴν ἐξανύσαι, καὶ τὰ ὀστᾶ τοῦ γέροντος Ἀγχίσου μαλακῶς
ἀναπαύσαιντο, φεῖσαι, δέομαι, τῆς οἰκίας ἥτις ἑαυτήν σοι
παραδίδωσιν ἔχειν· τί γὰρ ἂν εἴποις ἐμὸν ἁμάρτημα πλὴν τὸ
ἐρασθῆναί. σου ; οὔκουν ἔγωγέ εἰμι Φθιῶτις, οὐδὲ τῶν μεγάλων 165
Μυκηνῶν ἀνασχοῦσα, οὐδὲ συνέστησαν ἐπί σοι ἀνήρ μοι καὶ
πατήρ. εἰ δ᾽ αἰσχύνῃ με σύζυγον οὐ σύζυγος ἀλλὰ ξεναγὸς
προσαγορευθήσομαι· σὴ γὰρ μόνον οὖσα ἡ Διδὼ ὅ τι ποτ᾽ ἂν
εἴη ὑποίσει. ἔγνωσται δέ μοι καὶ ἡ τοῖς Ἀφρικοῖς αἰγιαλοῖς
θραυομένη θάλαττα· καιροῖς γὰρ ὡρισμένοις καὶ δίδωσι τὸν 170
πλοῦν καὶ ἀπαγορεύει. ἡνίκα δ᾽ ἂν ἡ αὔρα πορείαν δῷ, δώσεις
καὶ αὐτὸς τοῖς ἀνέμοις τὸ λαῖφος· νῦν δέ γε κοῦφα μνία τὴν
ναῦν ἐκβεβρασμένην κατέχει. ὡς ἂν δὲ τὸν καιρὸν ἐπιτηροίην,
ἐπίταξον ἐμοί· καὶ οὔτ᾽ ὀψιαίτερον ἀποπλεύσεις, οὔτ᾽ εἰ καὶ
τὰ μάλιστα μὲν σπεύδοις, αὐτὴ μένειν συγχωρήσω. καὶ μὴν 175
καὶ οἱ ἑταῖροι ἀνάπαυλαν ἀπαιτοῦσι, καὶ αἱ νῆες διαρρυεῖσαι
καὶ ἡμιτελῶς ἀνακτηθεῖσαι βραχεῖαν νῦν ἀπαιτοῦσι διατριβήν. ὑπὲρ τῶν ἐμῶν τοίνυν χαρίτων καὶ εἴτι σοι περαιτέρω
ὀφείλομεν, ὑπὲρ τῶν τῆς συζυγίας ἐλπίδων βραχὺν αἰτοῦμαι
καιρόν. ἐν ὅσῳ γὰρ ἠρεμήσειν μὲν τὴν θάλατταν ἐνδεξόμεθα,
ὁ δ᾽ ἔρως συγκεραννύοι ἂν τὴν συνήθειαν, ἰσχυρῶς μαθήσομαι 180
τὰ λυπηρὰ δύνασθαι φέρειν. εἰ δ᾽ οὐδὲν ἧττον πεισθήσῃ,
ἔστιν ἡμῖν ἐκχέαι τὴν ψυχὴν προθυμίᾳ· οὐ γὰρ ἂν ἐπ᾽ ἐμὲ
δυνηθείης ἐπὶ μακρὸν ἀπηνὴς εἶναι. εἴθε γὰρ ἀθρήσαις τίς
ἂν εἴη τῆς γραφούσης εἰκών· γράφομεν καὶ ὑπὸ μάλης Τρωι-
κὸν πάρεστι ξίφος, καὶ διὰ τῶν παρειῶν τὰ δάκρυα πρὸς τὸ 185
ὀξὺ κατολισθαίνουσιν ξίφος, ὅπερ ἀντὶ τῶν δακρύων αἵματι
βαφήσεται ὅσον οὔπω. ὡς εὖ τὸ σὸν δῶρον τῇ ἐμῇ μοίρᾳ συν-
ᾴδει· δαπάνῃ βραχείᾳ γὰρ τὸν τάφον μοι ἐγείρεις. ἀλλ᾽ οὐδ᾽
ἄρτι πρώτως τὸ στέρνον μοι βέλει πληγήσεται· ἐκεῖνος γὰρ 190

ἔχειν add. P, om. A. ἐναγος A. 170. ὁρισμένοις A. καὶ ante ἀπαγορεύει om. A. 172. ἐκβεβρασμένα Pp, ἐκβεβασαμένην A. 173.
ὀψιαιτέρου A. ὀψιαίτερον P. ἀποπλεύσοιο A (?). μένειν om. A. 177.
ultra. 179. ita p. συγκεραννύσαι (?) P, συγκεραννύοι (?) A. 181.
πειθήσῃ A. ἔστιν A, ἔσται P. 183. ἀθρήσεις A, ἀθροῖσαι P ;
scripsi ἀθρήσαις. τι καὶ ἂν εἴη A. 189. πρώτως A, προτου ut mihi
videbatur P, πρότερον p. 190. ἔρως pro τύπος Pp. 191. ἡ om. A.

ὁ τόπος τοῦ δεινοῦ ἔρωτος τραῦμα φέρει. Ἄννα σύγγονε, σύγγονε Ἄννα, ἡ κακῶς μοι τὸ ἁμάρτημα συνειδυῖα, δώσεις ὅσον
οὐκ ἤδη τῇ ἐμῇ κόνει τὰ πανύστατα δῶρα. οὐδ' ἐν πυρᾷ
καυθεῖσα ἡ τοῦ Συχαίου ἐπιγραφήσομαι Ἔλισσα· τοῦτο δὲ
τὸ ἔπος ἐπὶ τῆς στήλης ἔσται τοῦ τάφου,

195   Ὦπασεν Αἰνείας θανάτου πρόφασίν τε καὶ ἄορ·
          αὐτὴ δ' ἡ Διδὼ χειρὶ πέσεν σφετέρῃ.

VIII.

Ἑρμιόνη Ὀρέστῃ.

Πύρρος Ἀχιλλείδης, ὁ τῇ τοῦ πατρὸς εἰκόνι μεγάθυμος,
5 ἐγκλείσας με πέρα τοῦ δικαίου καὶ εὐσεβοῦς κατέχει. ἐγὼ
δ' ὁπόσον εἶχον ἀνένευσα, ἵνα μηδείς με πείθοιτο ἑκοῦσαν
κατέχεσθαι· τὰ λοιπὰ δ' αἱ γυναικεῖαι χεῖρες οὐκ ἴσχυσαν.
Τί γὰρ ἔργον δρᾷς, Αἰακίδη; οὔκουν ἔρημός εἰμι τιμωροῦ· ἥδε
σοι ἡ κόρη, Πύρρε, ὑπὸ δεσπότην οἰκεῖόν ἐστιν. ὁ δὲ καὶ
10 πελάγους κωφότερος ὢν τὸ τοῦ Ὀρέστου με βοῶσαν ὄνομα
πρὸς τὴν οἰκείαν οἰκίαν εἵλκυσε σοβήσας μου τὴν κόμην.
τί ποτ' ἂν χεῖρον ὑπέμεινα τῆς Λακεδαίμονος ἁλούσης δουλω-
θεῖσα, εἰ βάρβαρος ὄχλος τὰς νύμφας τῶν Ἑλλήνων διήρπαζεν;
μετριώτερον ἡ Ἑλλὰς νικήσασα τὴν Ἀνδρομάχην ἠνώχλησεν,
ἡνίκα τὸ πῦρ τῶν Δαναῶν τὸν τῶν Φρυγῶν ἔφλεγε πλοῦτον.
15 ἀλλὰ σύ γ', Ὀρέστα, εἴ σου τις ἐμοῦ φιλόστοργος φροντὶς
ἅπτεται, κίνει τὰς ἀπτοήτους ἐπὶ τὰ σαυτοῦ δίκαια χεῖρας.
ἢ εἰ μέν τις σοι τὸ βουκόλιον ἁρπάσει ἀνοίξας τὰ βούσταθμα
ὅπλα ἐξοίσεις, τῆς δὲ γυναικὸς ἁρπαγείσης νωθρὸς ἔσῃ; ἔστω
σοι ὁ κηδεστὴς εἰς ὑπόδειγμα τὴν ἀφαιρεθεῖσαν ἀναζητήσας
20 γυναῖκα· ἢ γὰρ ἂν καὶ νῦν ὁ Πάρις εἶχέ μου τὴν μητέρα καθὰ
καὶ πρόσθεν. ἀλλ' οὐδὲ ναῦς σὺ χιλίας καὶ κυρτούμενα λαίφη

VIII. '-ρμιόνη '-ρεστη P.   1. -ύρρος P.   9. κουφότερος PA.
10. σοβῆσαι μου P.   19. σὸν A.   20. μοι A.   24. numerum.

παρασκευάσεις, οὐδ' ἀριθμὸν Ἑλληνικῆς στρατιᾶς· μόνος
αὐτὸς ἴθι. καίτοι καὶ οὕτως ἦν ἐπαξία ζητεῖσθαι, καὶ οὐκ 25
ἂν αἰσχρὸν εἴη τἀνδρὶ πολέμους τραχεῖς ὑπὲρ τῆς φίλης εὐνῆς
ἀναδέξασθαι. τί δ' ὡς αὐτὸς ἡμῖν πάππος Ἀτρεὺς ὁ Πελοπί-
δης καὶ εἰ μὴ ἀνὴρ ἐμὸς ἦσθα ἀδελφὸς ἐμὸς ἦσθα; ὁ ἀνὴρ
τοίνυν τῇ συζύγῳ καὶ ἀδελφὸς τῇ ἀδελφῇ συμμάχει, δέομαι·
διττὰ γὰρ ὀνόματα τὴν σὴν ἐπικουρίαν ἐπείγουσιν. ὁ μὲν δὴ 30
δεσπότης Τυνδάρεως, ὁ καὶ τῷ βίῳ καὶ τῷ χρόνῳ βαρούμενος,
σοί με ἐξέδοτο· τὴν γὰρ ἐπὶ τῇ θυγατριδῇ ψῆφον ὡς πάππος
εἶχεν. ὁ δὲ πατὴρ ἀγνοῶν τὰ πεπραγμένα τῷ Αἰακίδῃ
κατηγγυήσατο· πλεῖν δ' ἂν δύναιτο ὁ καὶ τὴν τάξιν πρότερος
πάππος. καὶ ἡνίκα μέν σοι ἐνυμφευόμην οὐκ ἔστιν ὃν αἱ ἐμαὶ 35
δᾷδες ἔβλαπτον· εἰ δὲ συναφθείην τῷ Πύρρῳ σύ μοι ἠδικημένος
ἔσῃ. καὶ ὁ πατὴρ δὴ Μενέλαος συγγνώσεται τῷ ἡμῶν ἔρωτι·
καὶ γὰρ καὶ αὐτὸς τοὺς τοῦ πτηνοῦ θεοῦ βέλεσιν ὑπεκλίθη.
ὃν δ' ἑαυτῷ συνεχώρησε, συγχωρήσει καὶ τῷ γαμβρῷ ἔρωτα·
λυσιτελήσει δέ μοι καὶ ἡ φιληθεῖσα μήτηρ τῷ ἑαυτῆς παρα- 40
δείγματι. σὺ δέ μοι τυγχάνεις ὅπερ ὁ πατήρ ἐστι τῇ μητρί·
ἣν δ' ἀδικίαν ὁ Δαρδάνιος ἔπηλυς πρόσθεν εἰργάσατο καὶ ὁ
Πύρρος ἐργάζεται. οὗτος μὲν οὖν εἰ καὶ τὰ μάλιστα τοῖς τοῦ
πατρὸς κατορθώμασι διηνεκῶς ὑπερηφανεύεται, ἀλλὰ καὶ σύγ'
ἔχεις ἅπερ ἀνδραγαθήματα διηγήσῃ. ὁ Τανταλίδης γὰρ 45
πάντων καὶ δὴ καὶ αὐτοῦ τοῦ Ἀχιλλέως ἦν ἄρχων· καὶ μέρος
μὲν τῆς στρατιᾶς οὗτος· ἐκεῖνος δὲ τῶν ἡγεμόνων ἡγεμὼν ἦν.
σὺ δὲ καὶ πρόπαππον ἔχεις τὸν Πέλοπα καὶ τὸν πατέρα τοῦ
Πέλοπος· εἰ δὲ καὶ βέλτιον ἀριθμήσαις, πέμπτος ἐκ Διὸς ἔσῃ.
ἀλλ' οὐδὲ ῥώμης ἀπορεῖς· ἐπίφθονα γὰρ ἐβάστασας ὅπλα·
ἀλλὰ σὺ τί ποτ' ἂν ἔδρασας; ἐνέδυσε τὸν πατέρα ἡ μήτηρ. 50
ηὐχόμην δ' ἂν ἐπ' ἀμείνονί σε ὑποθέσει γενναῖον γενέσθαι,
καὶ οὐδ' ἀνεγνώσθη σοι τῷ ἔργῳ ἀλλὰ ἐδόθη ἡ δίκη. ταύτην
δ' ὅμως ἐξέπλησας, καὶ Αἴγισθος τῆς σφαγῆς ἀναπεπταμένης

---

29. συμμαχεῖν Α.   32. τῇ om. P. ψήφῳ P.   34. πλεῖν Α,
πλέον P.   36. δὲ om. Α.   37. δὴ Α, δὲ P.   43. οὖν om. P.
44. τοῦ πατρὸς om. Α.   45. τοῦ om. Α.   47. ἔχει Α. Πήλοπα Α.
Πήλοπος Α.   48. melius.   50. induit illa patrem.   52.

55 τοὺς οἴκους ἠμάτωσεν, οὓς ὁ σὸς πατὴρ πρότερον. ἐπιτιμᾷ δὲ
τούτοις ὁ Αἰακίδης καὶ τὸν ἔπαινον εἰς ψόγον ἀμείβει, καί,
φησίν, ἐκεῖνος μέντοι τὴν ἐμὴν ὑπομείνειεν ἂν ὄψιν. πρὸς ταῦτ'
ἐγὼ ῥήγνυμαι καί μοι τὸ πρόσωπον ἴσα καὶ ὁ θυμὸς ἐξοιδεῖ καὶ
ἀλγεῖ τὸ στέρνον ἐγκεκλεισμένῳ πυρὶ πιμπράμενον. μήποτε
60 τῆς Ἑρμιόνης τις κατηγόρησεν ἐπὶ τοῦ Ὀρέστου· ἀλλ' οὔτ'
ἐμοὶ σθένος ἐστὶν οὔτ' ἀπηνὲς πάρεστι ξίφος; θρηνεῖν μόνον
ἔξεστι καὶ ὡς ἀληθῶς εἰπεῖν θρηνοῦσαι τὴν ὀργὴν διαχέομεν
καὶ διὰ τῶν κόλπων ποταμηδὸν εἰσι τὰ δάκρυα· ταῦτα μόνα
γὰρ ἔχω καὶ προχέω διὰ παντός, καὶ ὡς ἐκ πηγῆς ἀενάου
65 διάβροχοί εἰσιν αἱ ἀτημέλητοι παρειαί. αὕτη τοῦ γένους
ἡ μοῖρα ἡ νῦν εἰς τὴν ἡμετέραν ἡλικίαν περινοστεῖ· αἱ γὰρ
Τανταλίδες γυναῖκες δεξιαὶ πρὸς ἁρπαγὴν τυγχάνομεν οὖσαι.
οὔκουν δ' ἐγὼ τὰ τοῦ ποταμίου κύκνου πλάσματα διαμνημονεύσω
οὐδὲ μέμψομαι τῷ Διὶ πτεροῖς ἐπιλυγασθέντι. ἀλλ' ἔνθαπερ
ὁ Ἰσθμὸς εἰς μακρὸν ἐκτεινόμενος τὰ διττὰ πελάγη κατέχει
70 ἀλλότρια τὴν Ἱπποδάμειαν ἐβάστασαν ἅρματα· Κάστορι δὲ τῷ
Ἀμυκλείῳ καὶ τῷ Ἀμυκλείῳ Πολυδεύκει ἡ ἀδελφὴ Τυνδαρὶς ἐκ
τῆς Μοψοπίας πόλεως ἀπεδόθη. ἡ Τυνδαρὶς αὖθις ἁρπαγεῖσα
πρὸς τοῦ Ἰδαίου ξένου ἐπὶ τὴν ἀντιπέρας γῆν τὰς Ἀργολικὰς
75 χεῖρας ὑπὲρ ἑαυτῆς εἰς ὅπλα μετήνεγκε. μόλις μὲν γὰρ μέμνημαι, μέμνημαι δ' ὅμως· πάντα πένθους, πάντα πολυφρόντιδος ἦν
ἔμπλεα φόβου. ἐθρήνει μὲν ὁ πάππος, ἐθρήνει δ' ἡ ἀδελφὴ καὶ
οἱ δίδυμοι σύγγονοι· ηὔχετο τοῖς τε ἄλλοις θεοῖς καὶ τῷ ἑαυτῆς
ἡ Λήδα Διί. αὐτὴ δ' ἐγὼ τὰς μήπω ἐπιμήκεις τρίχας καὶ τότε
τίλλουσα, ἐβοῶν

80   χωρὶς ἐμοῦ, χωρὶς ποῖ ποτε μῆτερ ἄπει;
καὶ νῦν ἀποδημοῦντός σου τοῦ ἀνδρὸς ὡς ἂν μὴ οὐχὶ Πελοπεία
δόξω, ἰδοὺ τῷ Νεοπτολέμῳ ἑτοίμη γέγονα λεία. ὤφειλεν ὁ

ἀνεγνώσῃ Α. ineptit Plan.   56. ὑπομένοιεν P.   61. diffundimus.
62 om. A.   63. verba ταῦτα ... ἔχω om. A.   64. ἀτημέληται A.
65. Hoc generis fatum. περινοστεῖ P; de A non liquet.   67. πολεμίου
PpA.   68. μέμφομαι A.   73. καὶ Τυνδαρὶς P.   77. οἱ om. A.
78. ἡ om. A.   79. δ' om. A.   80. versus: an casu? an alterum
ἐμοῦ excidit? πῃ ποτε Α.   87. θεοὺς om. P.   89. δίχα

Πηλείδης Ἀχιλλεὺς τὸ τοῦ Ἀπόλλωνος βέλος φυλάξασθαι·
ἐκόλασεν γὰρ ἂν τὰ προπετῆ τοῦ παιδὸς ὁ πατὴρ ἔργα. οὔτε 85
γὰρ πάλαι ποτέ, οὔτε νῦν ἤρεσεν ἂν τῷ Ἀχιλλεῖ ἀπάγεσθαι
μὲν τὴν γυναῖκα, χηρεύοντα δὲ τὸν ἄνδρα θρηνεῖν. τίς ἡμετέρα
ἀδικία τοὺς θεοὺς ἐχθροὺς ἀπειργάσατο ; τίνα τῶν ἀστέρων τῇ
δυστήνῳ μοι μέμφομαι ἀντιπράττειν ; μικρὰ μὲν ἐγὼ μητρὸς
δίχα διεγενόμην, ὁ δὲ πατὴρ ὅπλα πρὸς Ἑλένην ἔφερε, καὶ 90
ζώντων ἀμφοτέρων, ἀμφοτέρων ἦν ὀρφανή. οὐδέ σοι ψελλίσ-
ματα, μῆτερ, ἐν τοῖς πρώτοις ἔτεσιν ἀσαφεῖ λεγόμενα στόματι
νήπιος οὖσα προσήνεγκα, οὐδὲ τοῦ σοῦ τραχήλου βραχυτάταις
χερσὶν ἐδραξάμην, οὐδ᾽ ἐπὶ τοῦ σοῦ κόλπου κεχαρισμένον
φορτίον ἐκάθισα, οὐδ᾽ ἐπιμέλειά σοι τοῦ ἐμοῦ κόσμου προσῆν, 95
οὐδ᾽ ἀνδρὶ κατεγγυηθεῖσα νέους εἰσῆλθον τῆς μητρὸς εὐτρεπι-
ζούσης θαλάμους. προῆλθον δ᾽ ἐπανιούσῃ σοι πρὸς συνάντησιν,
ὁμολογήσαιμ᾽ ἂν τἀληθῆ, οὐδ᾽ ἡ τῆς μητρὸς ἡμῖν ὄψις γνώριμος
ἦν. σὲ μέντοι τὴν Ἑλένην εἶναι ὅτιπερ εὐπρεπεστάτη γε
ἦσθα συνῆκα· αὐτὴ ἀνεζήτεις, τίς ἂν ἡ παῖς σοι τυγχάνοι. 100
ἐν τούτῳ μοι μέρος καλῶς, ὁ σύζυγος Ὀρέστης, προὐχώρησεν,
καὶ τοῦτον δὲ εἰ μὴ ὑπὲρ ἑαυτοῦ μαχέσαιτο, ἀπολέσω. ἔχει δέ
με ὁ Πύρρος αἰχμάλωτον τοῦ πατρός μοι μετὰ νίκης ἐπανα-
ζεύξαντος· καὶ τοῦθ᾽ ἡμῖν τὸ δῶρον πεσοῦσα δέδωκεν Ἴλιος.
ἡνίκα γε μὴν ἥλιος ὑψόθεν σελαγῶν ἐφίσταται ἐλευθερωτέρου 105
τοῦ κακοῦ ἡ δειλαία ἐπαπολαύω. ἡνίκα δὲ νὺξ ἐν τοῖς θαλάμοις ὀλολύζουσάν τε καὶ πικρὰ ἀνοιμώζουσαν κρύπτει καὶ εἰς τὸ
πένθιμον κατακλίνομαι λέχος, ἀντὶ μὲν ὕπνου δάκρυα ἀναδιδόντες οἱ ὀφθαλμοὶ συνθολοῦνται, ὅπη δ᾽ ἂν τύχῃ ὡς ἀπ᾽ 110
ἐχθροῦ τοῦ ἀνδρὸς φεύγω. πολλάκις ὑπὸ τῶν κακῶν ἐνεὰ
γίνομαι καὶ τῶν τε γινομένων καὶ τοῦ τόπου πρὸς λήθην
ἐρχομένη ἀγνοούσῃ τῇ χειρὶ τῶν Σκυρίων ἡψάμην μελῶν.
ὡς δ᾽ ᾐσθόμην τὸ ἀθέμιτον, εὐθὺς τὸ ψαυσθὲν σῶμα κατέλιπον
καί μοι μεμολυσμένας ἔχειν τὰς χεῖρας ἐπίστευσα. πολλάκις 115

---

om. P.   93. βαρυτάταις P.   96. οὐθ᾽ A.   99. ἐκπρεπεστάτη A.
101. ὁ] καὶ P.   103. κατὰ νίκης A.   104. πελοῦσα A.   106.
καταπολαύω A.   109. ἀναδιδόντος P ras. in litt. prima, ἐναδιδόντες (?) A :
corr. p.   110. τύχοι P.   ἐνεὴ P, de A non liquet.   114. μεμολυγμένας

ἀντὶ τοῦ Νεοπτόλεμον ὀνομάσαι Ὀρέστης μοι πρόεισι καὶ τήν
τε τῆς φωνῆς πλάνην καὶ τὸν οἰωνὸν μάλα φιλῶ. τὸ γένος
τοίνυν ἡ κακοδαίμων καὶ τὸν τοῦ γένους ὄμνυμί σοι πατέρα,
ὃς γῆν ὃς θάλατταν καὶ οὐρανὸν αὐτὸν συγκλονεῖ, καὶ τὰ ὀστᾶ
τοῦ σοῦ μὲν πατρὸς ἐμοῦ δὲ θείου ἅπερ ὀφείλει σοὶ χάριτας
120 ὅτιπερ ἑαυτοῖς διὰ σοῦ στερρῶς τιμωρήσαντα ἐν τάφῳ κατακεῖται,
ἢ ἐγὼ προθανοῦμαι καὶ κατὰ τὴν πρώτην ἡλικίαν σβεσθήσομαι
ἢ ἡ Τανταλὶς ἐγὼ τοῦ Τανταλίδου σύζυγος ἔσομαι.

IX.

Δηιάνειρα Ἡρακλεῖ.

Χαίρω μὲν τῆς Οἰχαλίας τοῖς ἡμετέροις ἄθλοις προσγινο-
μένης· μέμφομαι δ' ὑποκλιθέντος τῇ νικηθείσῃ τοῦ νικητοῦ.
φήμη γάρ τις ἐξαπίνης εἰς τὰς τῶν Πελασγῶν ἐπεφθάκει
5 πόλεις αἰσχρὰ καὶ ταῖς σαῖς ἀπᾴδουσα πράξεσιν, ὃν μηδέποτε
Ἥρα καὶ ἡ τῶν ἀγώνων ἄπειρος συνέχεια ἔκαμψε, τούτῳ τὴν
Ἰόλην ζυγὸν ἐπιτεθεικέναι. τοῦτ' ἂν ἐθέλοι Εὐρυσθεύς, τοῦτ'
ἂν ἐθέλοι καὶ ἡ τοῦ Διὸς ἀδελφή, καὶ ἥδιστ' ἂν ἡ μητρυιὰ ἔχοι
τῆς βιοτῆς σοι τῷ μώμῳ. ἀλλ' οὐκ ἐκεῖνος ἐπανήκεις, ᾧ νύξ,
10 εἰ πιστεύεται, μία οὐ τοσοῦτον ἦν ἀξιόχρεως, ὡς δὴ τοσοῦτος
αὐτὸς συλληφθείης. καί σοι πλέον τῆς Ἥρας ἐλυμήνατο
Ἀφροδίτη· ἐκείνη μὲν γὰρ ταπεινοῦσα ἀνύψωσεν, αὐτὴ δὲ
ταπεινωθέντος ὑπὸ τοὺς πόδας τὸν αὐχένα πατεῖ. ἄθρει τὴν
καθαρθεῖσαν ταῖς τιμωροῖς σου χερσὶν οἰκουμένην ὅπου δήποτε
15 ἡ γλαυκὴ θάλαττα τὴν γῆν διαζώννυσι. σοὶ μὲν γὰρ ἑαυτὴν
ἡ τῆς γῆς εἰρήνη, σοὶ δ' ἑαυτὴν ἡ θάλαττα πᾶσα ὀφείλει καὶ
κατορθωμάτων ἐνέπλησας ἑκατέραν τὴν ἡλίου διατριβήν. καὶ

Α. 116. Verba καὶ τὸν . . . φιλῶ om. Pp. et omen. 117. Verba τὸ
γένος τοίνυν om. Pp. 120. στερρως Α.
IX. -ηϊάνειρα -ρακλεῖ Ρ. 1. -αίρω Ρ. 3. πόλις Ρ. 4. ἀποδοῦσα Α.
6. ἐπιτεθηκέναι Ρ. 8. βιωτῆς Ρ. 9. ille venis. ἐπιστεύεται Ρ (εἰ
om.). 13. καθαρεῖσαν Α. τιμωρίαις Ρ pr. Α pr. 20. εἰ scripsi; ἢ ΡΑ.

τὸν κομίσοντά σε οὐρανὸν αὐτὸς πρόσθεν ἐκόμισας καὶ τοῦ
Ἡρακλέους ὑποδύντος τοὺς ἀστέρας Ἄτλας ἐβάστασε. τί
τοίνυν ἕτερον ὅτι μὴ ὄνομα δι᾽ αἰσχύνης ἀθλίως ζητεῖς εἰ τὴν 20
τῆς μοιχείας φήμην τοῖς προτέροις τῶν ἔργων ἐπιστοιβάζεις ;
οὔκουν σέ φασι διδύμους ὄφεις ἀπρὶξ συμπιέσαι ὁπηνίκα ἐν
σπαργάνοις ἁπαλὸς ὢν ἤδη τοῦ Διὸς ἄξιος ἦσθα ; ἄμεινον ἢ
λήγεις ἤρξω καὶ τὰ τελευταῖα τοῖς προτέροις ὑποχωρεῖ· ἀνό-
μοιοι γὰρ οὗτός τε ἀνὴρ κἀκεῖνος ὁ παῖς. καὶ ὃν οὐ μύριοι 25
θῆρες, ὃν οὐχ ὁ Σθενέλειος ἐχθρός, ὃν οὐχ ἡ Ἥρα ἔσχε νικῆσαι,
Ἔρως νενίκηκεν. ἐγὼ μέντοι λέγομαι καλῶς γαμηθῆναι ὅτι
τοῦ Ἡρακλέους ὀνομάζομαι σύζυγος καί μοι πενθερὸς ἔστιν ὃς
ταχινοῖς ἵπποις ἐν ὕψει βροντᾷ. ὅσῳ δὲ κακῶς εἰς ἄροτρον
ἄνισοι συνίασι μόσχοι, τοσούτῳ καὶ μεγάλῳ ἀνδρὶ ἐλάττων τις 30
νυμφευθεῖσα βαρύνεται. οὔκουν τιμὴ τοῦτ᾽ ἔστιν ἀλλὰ τιμωρία
πρᾶγμα βλάψον τούς γε φέροντας· ἥτις ποτ᾽ ἐθέλεις ἁρμοδίως
νυμφεύεσθαι νύμφευε τῷ ἴσῳ. ὁ μὲν οὖν ἀνήρ μου διὰ παντὸς
ἄπεστι καὶ ἧττόν τι μοι ξένου γινώσκεται, τέρατα δὲ καὶ
φοβερὰ θηρία διώκει. ἐγὼ δ᾽ οἴκοι χήρα καὶ σώφροσι προσ- 35
τετηκυῖα εὐχαῖς κατατείνομαι, μήποθ᾽ ὑπ᾽ ἐχθρῶν ἐπηρείας
ἀνὴρ πέσοι. μεταξύ τε ὄφεων καὶ κάπρων καὶ λάβρων
λεόντων ῥιπτοῦμαι καὶ προσεμφυσομένους ὁρῶ δι᾽ ὀδόντων κύνας.
ἐμὲ θυμάτων λοβοὶ καὶ κενὰ νυκτὸς εἴδωλα καὶ ὀμφαὶ ταῖς 40
μυστικαῖς νυξὶ ζητηθεῖσαι θροοῦσι. καὶ εἰς κληδόνας ἡ ταλαίπωρος δέχομαι τοὺς τῆς ἀδήλου φήμης ψιθυρισμούς, καὶ ὁ μὲν
φόβος ἀμφιβόλοις ἐλπίσιν, αἱ δ᾽ ἐλπίδες τῷ φόβῳ συμπίπ-
τουσιν. ἡ δέ σοι μήτηρ ἄπεστι καὶ δυσχεραίνει τὸ τῷ ἰσχυρο-
τάτῳ τῶν θεῶν ἀρέσαι· οὐδ᾽ ὁ πατὴρ Ἀμφιτρύων οὐδ᾽ ὁ παῖς
Ὕλλος πάρεστι. διαιτητὴς δ᾽ ὁ Εὐρυσθεὺς τῆς ἀδίκου Ἥρας 45
ὀργῆς· καὶ ἡμεῖς τῆς μακρᾶς τῆς θεᾶς αἰσθανόμεθα μήνιδος.
ταῦτα δέ μοι φέρειν ὀλίγον ἐστίν· ἀλλοτρίους προστίθης

---

cumulas stupri ... nota.　　24. ἀνόμοιος A.　　25. Σθενέλειος P, Σθενέλαος A.
27. καλῶς P, οὕτως A.　　29. ἄτρον P.　　30. τις A, τῆς P. βαρύνεται
A.　　31. βλάψον ἂν P.　　33. μοι om. A.　　38. haesuros cerno per
ora.　　41. ἀδήλους A.　　43. τὸ τῷ P ex τῷ τῷ correctum ut videtur, τῷ
τῷ σῷ A. ἀρέσται P, ἀρεσκέ...(?) A.　　45. τῆς Ἥρας A.　　46. μακρᾶς
τῆς om. A.　　47. προστίθεις P.　　50. Ὀρμενὶς·P A.　　57. οἶδε P.

ἔρωτας καὶ μήτηρ ἐκ σοῦ ἥτις δήποτε δύναται γίνεσθαι.
οὔκουν ἐγὼ τὴν ἐν τοῖς Παρθενίοις τέμπεσι βιασθεῖσαν Αὔγην
50 οὐδὲ τὰς σὰς ὠδῖνας Ὀρμενὶς ἀνενέγκαιμι νύμφη. οὐδέ σοι
πρὸς κατηγορίαν αἱ ἀδελφαὶ ἡ Τευθράντια πληθὺς ἔσονται ὧν
ἐκ τοῦ συστήματος οὐδεμία σοι παραλέλειπται. μία ἡμῖν
ἀντίζηλος πρόσφατον ὄνειδος ἐπαγγέλλεται ὅθεν ἔγωγε τῷ
55 Λύδῳ Λάμῳ γεγένημαι μητριά. καὶ Μαίανδρος ὃς τοσάκις
περὶ τὴν αὐτὴν γῆν ἀλᾶται καὶ πολλάκις πρὸς ἑαυτὸν τὰ
κατολισθαίνοντα ῥεῖθρα ἐπανακάμπτει, εἶδε περιδέραια τοῦ
Ἡρακλέους ἀπηρτημένα τραχήλου, ἐκείνου ᾧπερ οὐρανὸς
φορτίον βραχὺ γέγονεν. οὐδ᾽ ἠρυθρίασας τοὺς ῥωμαλέους
60 βραχίονας χρυσῷ περισχεῖν καὶ λίθους τῷ στερρῷ περιθεῖναι
τραχήλῳ. οὐκ ἄρα ὑπὸ τούτων τῶν βραχιόνων ὁ ἐν Νεμέᾳ
ὄλεθρος ἀπέδωκε τὴν ψυχὴν ἐξ οὗ σοι τῶν ὤμων ὁ λαιὸς τὸ
σκέπασμα φέρει; ἐτόλμησας δ᾽ ἄρα τὴν αὐχμῶσαν κόμην ἀνα-
δήσασθαι μίτρᾳ· καὶ μὴν τῇ Ἡρακλέους κόμῃ λευκὸς μᾶλλον
65 ἁρμόζει κότινος. οὐδ᾽ ᾐσχύνθης ἀσχημονῆσαι τῷ δίκην
Μαιωνίας χλιδώσης κόρης περιζώννυσθαι ζώνῃ; οὐδέ σοι
φαντασία τοῦ ὠμοῦ Διομήδους ὑπέδραμεν ὃς ἀπανθρώπως
ἀνδρείᾳ τροφῇ τοὺς ἵππους εἱστία; εἰ δέ σε Βούσιρις ἐν τῇ
70 τοιᾷδε σκευῇ ἑωράκει οὐκ ἂν τὸν νικηθέντα ὁ νικητὴς ἠρυθρίασας; ἀπέσπασε δ᾽ ἂν καὶ Ἀνταῖος τοῦ σκληροῦ τραχήλου τὰ ψέλλια, ὡς ἂν μὴ αἰσχύνην ὄφλοι χαύνῳ ἀνδρὶ κατα-
παλαισθείς. καὶ δὴ καὶ μεταξὺ παρθένων Ἰωνικῶν τάλαρον
75 κατασχεῖν ἀπαγγέλλῃ καὶ δεσποίνης ἀπειλὰς ὑπερδεῖσαι. καὶ
οὐδὲ φεύγεις, Ἡράκλεις, τὸ τὴν μυρίων περιγενομένην ἀγώνων
χεῖρα εὐξέστοις ἐπιθεῖναι ταλάροις; καὶ στεγανοῖς δακτύλοις
ἁδρὸν νῆμα κατάγεις καὶ ἴσον τῇ εὐπρεπεῖ ἀπονέμεις δεσποίνῃ;
80 ἃ ποσάκις σοι τὸν στήμονα τοῖς σκληροῖς διακλώθοντι δακτύλοις αἱ
στρυφναὶ χεῖρες τὸν ἄτρακτον εἰς μεῖον συνέστειλαν. πιστεύῃ,

---

58. ὅπερ P.   60. στερῷ Α.   61. οὐκ ἄρα P. nonne. ὀλέθριος P.
64. τὴν ... κόμην Α.   66. pudet.   68. τρυφῇ Α.   69. Βύσιρις Α. ἐν
Α, καὶ P.   75. περιγινομένην Α.   77. στεγανοῖς PA. an στιβαροῖς?
78. ἴστον PA. scripsi ἴσον. Nomen ut σταθμὸν excidisse potest, sed
non necessarium est. εὐπρεπῆ P pr. Α.   81. πιστεύσῃ Α.   84.

ταλαίπωρε, τοῖς τῆς μάστιγος ἱμᾶσι κατασεισθεὶς πρὸ ποδῶν
τῆς δεσποίνης τὰς αὐτῆς ἀπειλὰς ὑπερδεῖσαι. αἰσχρῶς γε μὴν
αὐτὸς ταῖς ἄλλαις κόραις τὰ σαυτοῦ ῥήματα διεξήρχου καὶ ἔργα
σαυτῷ ἀκατάλληλα διηγοῦ, ὕδρους δηλονότι μεγάλους ἀπαγ- 85
χονισθέντας τὸν φάρυγγα τὴν βρεφικὴν χεῖρα τοῖς οὐραίοις
περιελίξαι, καὶ ὡς ὁ Τεγεάτης κάπρος ἐν τῷ κυπαριττοφόρῳ
πέπτωκεν Ἐρυμάνθῳ καὶ ἀπείρῳ βάρει τὸν ὦμον ἐπίεσεν.
οὐδέ σοι ἡ τοῖς Θρᾳκίοις θεοῖς πεποιθυῖα χώρα οὐδὲ ἵπποι 90
τῷ τῶν ἀνθρώπων αἵματι πίονες σιωπῶνται τό τε τριπλοῦν
τέρας, ὁ τῆς Ἰβηρικῆς ἀγέλης πλούσιος Γηρυόνης εἰ καὶ τὰ
μάλιστα ἐν τρισὶν αὐτὸς εἷς ἦσθα, καὶ ὁ κύνας εἰς τόσους ἐξ
ἑνὸς διαιρούμενος σώματος Κέρβερος, ὄφεων ἐμπεπλεγμέναις
ἀπειλούντων ταῖς κόμαις, ἥ τε πολυφόρος ἐπιδιδοῦσα τοῖς 95
γονίμοις τραύμασιν ὕδρα κἀκ τῆς οἰκείας αὐτὴ πλουτοῦσα
ζημίας, καὶ ὁ μεταξὺ πλευροῦ τε τοῦ δεξιοῦ καὶ βραχίονος τοῦ
λαιοῦ τῆς φάρυγγος πιεσθείσης ἐπαχθὲς φορτίον αἰωρηθείς,
καὶ τὸ κακῶς τοῖς ποσὶ πεποιθὸς καὶ τῇ διδύμῳ μορφῇ τῶν
Θετταλικῶν δειράδων ἀπωσθὲν ἵππιον σύστημα. ταῦτα σὺ 100
Σιδωνίῳ περιβολῇ κοσμούμενος οἷός τ' εἶ λέγειν; οὐδ' ἡ γλῶττα
τοῖς καλλωπίσμασιν ἐπεχομένη σιγᾷ; ἀλλὰ καὶ νύμφη Δαρ-
δανὶς τοῖς σοῖς ἑαυτὴν ὅπλοις ἐκόσμησε καὶ ἐπίσημα τρόπαια
ἐξ ἀνδρὸς ληφθέντος ἠνέγκατο. ἴθι νῦν οὖν καὶ τὸ φρόνημα 105
ὕψου καὶ πράξεις ἀνδρείας ἀπαρίθμει· ὃ γὰρ αὐτὸς οὐκ ἂν ἦσθα
δικαίως ἀνὴρ ἐκείνη ἐγένετο, ἧς τοσοῦτον ἐλάττων εἶ, ἐφ' ὅσον,
ὦ πάντων μέγιστε, μεῖζον ἦν ὑπ' ἐκείνων νικηθῆναι οὕσπερ
ἐνίκησας. ἐκείνη νῦν εὖ προχωρεῖ τὸ τῶν σῶν ἔργων μέτρον,
καὶ σὺ παραχώρει ταύτῃ τῶν σαυτοῦ ἀγαθῶν· τῶν γὰρ σῶν 110
ἐπαίνων ἡ ἐρωμένη κληρονομεῖ. ὦ τῆς αἰσχύνης· πλευρὰς
αὐχμηροῦ λέοντος τραχὺ δέρας ἀποδυθὲν ἀπαλὴν πλευρὰν

αἰσχρὸς **P.** *Vertit* Turpiter ipse aliis referebas verba puellis. **88.**
humerum *pro* humum *legit.* **89.** ora pro nom. sing. *regio* cepit.
90. τῶν σῶν **A.** **91.** Ἰβηρικῆς **A.** **92.** Γερυόνης **A.** εἶς om. **A.** eras.
93. τοσούτους **A.** **98.** ἀπαχθὲς **A.** **100.** δειράκων **P,** δράκων **p,**
δαιράδον **A.** ἵππου **A.** **105.** ἀπαρίθμα **A.** **106.** quod. ἀνηρίς **A.**
107. εἶ ὅσον **P,** ἐφ' ὅσον **A** ; εἶ, ἐφ' ὅσον scripsi. **110.** ἀγαθῶν **P,** de **A** n. l.
111. αἰχμηροῦ **A.** verba τραχὺ ad λέοντος in 113 om. **P** : causa patet.

ἔσκεπεν. ἡπάτησαι καὶ οὐκ οἶσθα· οὐ ταῦτ᾽ ἔστι λάφυρα λέοντος, ἀλλὰ σά· σὺ μὲν γὰρ τὸν θῆρα ἐνίκησας, ἐκείνη δὲ σέ.
115 καὶ γυνὴ βέλη τὰ τῷ Λερναίῳ ἰῷ πελιδνωθέντα ἐβάστασε,
μόλις ἅλις ἀρκοῦσα ἐρίῳ βαρὺν ἄτρακτον φέρειν, καὶ τὴν
χεῖρα καθώπλισε τῷ θῆρας δαμάσαντι ῥοπάλῳ, εἶδε δὲ καὶ ἐν
ἐσόπτρῳ τὰ τοῦ οἰκείου ἀνδρὸς ὅπλα. ταῦτά γε μὴν ἤκουον·
120 ἐξῆν μέντοι μὴ πιστεύειν τῇ φήμῃ· ἰδοὺ δ᾽ ἥκει πρός γε τὴν
αἴσθησιν κούφη ἡ ἐξ ἀκοῆς ὀδύνη. καὶ προσάγεταί μοι πρὸ
ὀφθαλμῶν ἀντίζηλος ἔπηλυς, οὐδέ μοι ἃ πάσχω ἔξεστι προσποιεῖσθαι μὴ πάσχειν. ἀλλ᾽ οὐκ ἐᾷς ἐπιστρέφεσθαι· διὰ μέσης
τῆς πόλεως ἦλθεν αἰχμάλωτος ἀκουσίοις ὀφθαλμοῖς ὁρωμένη.
125 οὐδ᾽ ἀτημελήτοις ἦλθε τῷ τῶν αἰχμαλώτων ἔθει πλοκάμοις καὶ
τὴν ἑαυτῆς τύχην ὁμολογοῦσα τῷ συγκαλύπτειν ὄψιν· πρόεισι
δ᾽ ἀπαρακαλύπτως χρυσῷ περίβλεπτος ὥς που καὶ αὐτὸς ἐν
Φρυγίᾳ κεκοσμημένος ἦσθα, καὶ τοῖς δήμοις μετέωρον ὄψιν
130 παρέχεται, ὡς ἑλοῦσα τὸν Ἡρακλέα· ᾤηθης ἂν ἵστασθαι τὴν
Οἰχαλίαν ἔτι τοῦ πατρὸς αὐτῇ ζῶντος. τάχα δὲ καὶ ἐκβαλοῦσα
ἡ Οἰχαλὶς Δηιάνειραν καὶ τὴν τῆς ἀντιζήλου κλῆσιν ἀποθε-
μένη σύζυγος ἔσται, τῆς Εὐρυτίδος δ᾽ Ἰόλης καὶ τοῦ γυναιμα-
νοῦς Ἡρακλέους τὰ αἰσχρὰ σώματα ὑμὴν συνάψει περικαλλής.
135 φεύγει δή μοι τῇ ἀναμνήσει ὁ νοῦς καὶ τὰ μέλη ψῦχος δίεισι
καὶ ἡ χεὶρ νωθρὰ γενομένη ἐπὶ τοῦ κόλπου κεῖται. κἀμοῦ
δὲ σὺν πολλαῖς ἀλλ᾽ ἐμοῦ κατηγορίας ἐκτὸς ἠράσθης· μηδὲ φορτικὸν εἴπω, δὶς ὕλη σοι μάχης ἐγενόμην· Ἀχελῷος μὲν
γὰρ τὰ κέρα θρηνῶν ἐκ τῶν ὀξυτάτων ῥευμάτων συνέλεξε
140 καὶ τοὺς κροτάφους ἀκρωτηριασθέντας ὑπὸ τὸ θολερὸν ὕδωρ
κατέδυσεν, ὁ δ᾽ ἡμιάνθρωπος Νέσσος τῷ Λερναίῳ πέπτωκε καὶ
σιδήρῳ καὶ ἰῷ, καὶ τὸ ἵππειον αἷμα τὸ ὕδωρ ἐμόλυνεν. ἀλλὰ
τί ταῦτ᾽ ἔγωγε ἀναφέρω; γραφούσῃ μοι φήμη ἐλήλυθεν ἄγγελος

ἀποδυθὴν Α.   114. γὰρ om. P.   115. μέλη (η post ras.) P.   τὰ om. P.
περιδνωθέντα Α.   118. οἰκείου om. P.   123. adverti.   124. ἀκούσιος
Α.   126. καὶ om. Α.   128. ὥς του P.   129. παρέχετε P.   ἐλεοῦσα
Α. Ἡρακλῆν Α.   133. γυναιμαλοῦς P.   134. συνάψαι περίκαλλος Α.
135. ἀναμνήσθη Α.   ψῦχος scripsi : ψυχρὸς Α, ψυχρότης P.   138. ἔστω
p, ἐστὶν Α.   139. rapidis in undis ut ω.   141. lerni ferrique veneno.
144. ἀπολέσαι P, ἀπολέσθαι Α ; scr. ἀπόλλυσθαι.   145. quis furor.

τῷ φαρμάκῳ τῆς ἐμῆς ἐσθῆτος ἀπολέσθαι τὸν ἄνδρα. οἴμοι τί 145
δέδρακα ; τίς με μανία ἐρῶσαν ἐξέκαυσεν ; ἀσεβὴς Δηιάνειρα,
τί ποτε διστάζεις ἀποθανεῖν ; ἢ ὁ μὲν σὸς ἀνὴρ ἐν μέσῃ
διασπαραχθήσεταί σοι τῇ Οἴτῃ, σὺ δ' ἐπὶ τῷ τοσούτῳ τολμήματι ζήσεις καὶ περιέσῃ ; τί δ' ἔτι μοι ὑπολέλειπται ἔργον ;
πῶς ποτε δ' ἂν Ἡρακλέους σύνευνος πιστευθείην ; οὑμὸς 150
ἄρα θάνατος ἐχέγγυον ἔσται τῆς συζυγίας. καὶ σὺ δὲ
γνωρίσεις ἐν ἐμοὶ τὴν ἀδελφήν, ὦ Μελέαγρε. ἀσεβὴς Δηιάνειρα, τί ποτε διστάζεις ἀποθανεῖν ; φεῦ· ἡ δὲ κατάρατος
οἰκία ὀξυτέρα ἐφ' ὑψηλοῦ θρόνου κάθηται καὶ τὸν Οἰνέα
ἐγκαταλελειμμένον γυμνὸν γῆρας πιέζει. ὑπερώρισται μὲν ἐν 155
ἀγνώστοις τόποις ὁ ἀδελφός μοι Τυδεύς, ὁ δὲ λοιπὸς ἐν τῷ
πεπρωμένῳ πυρὶ ζῶν γέγονε, διήλασε δὲ σίδηρον διὰ τῶν
ἑαυτῆς σπλάγχνων ἡ μήτηρ. ἀσεβὴς Δηιάνειρα, τί ποτε διστάζεις ἀποθανεῖν ; ἐν τοῦθ' ἱκετεύω πρὸς τῶν ἱερωτάτων θεσμῶν
τοῦ λέχους, μὴ δόξαιμι τῷ σῷ θαλάμῳ ἐπιβεβουλευκέναι. 160
ὁ Νέσσος ὡς τῷ σῷ καλάμῳ τὸ λίχνον ἐπλήγη στέρνον, Τοῦτ',
εἶπε, τὸ αἷμα δύναμιν ἔρωτος πλουτεῖ. ἐγὼ δέ σοι τὸν πέπλον
τῷ Νεσσαίῳ φαρμάκῳ χρισθέντα πέπομφα· ἀσεβὴς Δηιάνειρα,
τί ποτε διστάζεις ἀποθανεῖν ; καὶ χαῖρε ἤδη γεραίτερέ τε 165
πάτερ καὶ ἀδελφὴ Γοργή, καὶ πατρὶς καὶ τῆς σαυτοῦ πατρίδος
ἐστερημένε ἀδελφέ· καὶ σὺ φῶς τὸ σήμερον τοῖς ἐμοῖς ὀφθαλμοῖς
ὕστατον, καὶ σὺ ἄνερ, ἀλλ' ὤφειλες τοῦτο δύνασθαι, καὶ σὺ
παῖ Ὕλλε χαῖρε.

μανία Α, μανίαις (?) P, μανίαν p.   147. οἴτᾳ Α.   149. Et quid adhuc ω.
Ἡρακλέα Α.   150. πιστευθοίην P.   153. acrior.   154. ἐγκαταλειμ-
μένον P.   160. thalamis.   161. τὸ λίχνον om. Pp.   163. χρησθέντα Α.
165. τε om. P.   καὶ πατρὶς om. Α.   166. ἠστερημένη Α.

X.

Ἀριάδνη Θησεῖ.

Πρᾳότερον εὗρον ἢ κατὰ σὲ πᾶν τὸ θηρίων γένος· καὶ γὰρ
οὐκ ἔστιν ᾧτινι χεῖρον ἢ σοὶ ἐμαυτὴν ἂν ἐνεπίστευσα. ἃ δ'
ἐπέρχῃ ἐξ ἐκείνης σοι, Θησεῦ, πέμπω τῆς ἠιόνος ὅθεν σοι τὴν
5 ναῦν ἐμοῦ δίχα τὰ ἱστία ἀνήγαγον, ἐν ᾗ με καὶ οὑμὸς ὕπνος
κακῶς προὔδωκε καὶ σὺ δολίως μάλα τοὺς ἐμοὺς ὕπνους ἐνε-
δρεύσας. καιρὸς ἦν καθ' ὃν ἡ διαφανὴς πάχνη πρῶτον τῆς
γῆς σκεδάννυται καὶ ὄρνεις φυλλάσι σκεπόμενοι μινυρίζουσιν.
ἐγὼ δὲ ἀλλ' ἄδηλον πότερον ἐγρηγορυῖα ἢ τῷ ὕπνῳ βεβαρη-
10 μένη ἐτύγχανον, ἡμίυπνος τὰς χεῖρας τὸν Θησέα ληψομένας
ἐκίνησα. ἦν δὲ οὐδείς· ἐπαναφέρω δὴ τὰς χεῖρας καὶ ἐπανα-
ψηλαφῶ αὖθις καὶ διὰ τοῦ λέχους αὐτὰς μεταφέρω· καὶ ἦν
αὖθις οὐδείς. ἐξετινάξατο τοίνυν ὁ φόβος τὸν ὕπνον καὶ κατα-
πεπληγμένη ἀνίσταμαι καί μοι τὰ μέλη αὖθις ἐπὶ τοῦ χήρου
15 κατωλίσθησε λέχους. αὐτίκα δὲ τῶν χειρῶν ἐπιφερομένων
ἤχησέ μοι τὰ στέρνα, καὶ ὡς πεφυρμένη ἐξ ὕπνου ἦν ἡ κόμη
ἀνήρπασται. σελήνη δ' ἦν καὶ ἠτένισα εἴ τι ποτὲ πρὸς τὴν
ἠιόνα ἀποσκοπήσαιμι· τί δ' ἂν ἀποσκοποῖεν οἱ ὀφθαλμοὶ οὐδὲν
ὅτι μὴ τὴν ἠιόνα εἶχον. νῦν μὲν οὖν δεῦρο νῦν δ' ἐκεῖσε,
20 ἑκατέρωσε δὲ διατρέχω ἀτάκτως· τὸ δὲ τῆς ψάμμου βαθὺ
τοὺς παιδικοὺς πόδας σχολαιτέρους ἐποίει. μετὰ δὲ ταῦτα
καθ' ὅλην τὴν ἠιόνα κραζούσῃ Θησεῦ, αἱ κοῖλαι πέτραι τὸ
σόν μοι ἀνταπεδίδοσαν ὄνομα, καὶ ὁσάκις ἐγώ σε, τοσάκις καὶ
ὁ χῶρος αὐτὸς ἐκάλει· αὐτὸς ὁ χῶρος τῇ δυστήνῳ ἀρωγήν
25 τινα προσφέρειν ἠβούλετο. ὄρος δή τι ἦν· ὑποφαίνονται

X. - ριάδνη -ησεῖ P.   -ραότερον P.   **2.** ἂν ἐπίστευσα P.   **3.** σε P.
7. καθ' ἢν P.   **8.** ὄρνις P.   **9.** βεβαρμένη A.   **10.** θεσέα A.   **14.**
κατολίσθησε A.   **17.** scr. τῇ ἠιόνι.   **20.** τοῦ P.   **22.** ἀπεδίδοσαν A.

γάρ τινες ἐπὶ κορυφῆς ἀραιοὶ θάμνοι· νῦν δὲ σκόπελος ἐπι-
κρέμαται τοῖς πολυφλοίσβοις κύμασιν ὑποβεβρωμένος. ἀνέρ-
χομαι δ᾽ ἐκεῖσε, καὶ γὰρ ἰσχὺν ἐδίδου τὸ πρόθυμον, καὶ οὕτως
εἰς εὖρος τῇ ἐμαυτῆς ἀποσκοπήσει τὸ βαθὺ πέλαγος διεμέτρουν.
ἐκεῖθεν ἐγώ, καὶ γὰρ ἀπηνέσι πνεύμασιν ἐχρησάμην, εἶδον 30
ἐπισπέρχοντι νότῳ τὰ ἱστία ἐκτεταμένα. ἢ εἶδον ἢ καὶ δόξασα
ἰδεῖν ἐμαυτῇ ψυχροτέρα κρυστάλλου καὶ ἡμιθνὴς ἐγενόμην.
ἀλλὰ γὰρ οὐχὶ ῥαθυμεῖν ἐπὶ μακρὸν τὸ ἄλγος ἀνέχεται· ἐξίσταμαι ἐκεῖθεν, ἐξίσταμαι, καὶ διατόρῳ φωνῇ τὸν Θησέα καλῶ.
Ποῖ φεύγεις; ἀνακράζω· ἀνόσιε, ὑπόστρεφέ μοι, Θησεῦ· ἐπανά- 35
καμπτέ μοι τὴν ναῦν· οὐδὲ γὰρ τὸν ἑαυτῆς ἀριθμὸν ἔχει. ἐγὼ
γοῦν ὅπερ ἐνέδει τῇ φωνῇ ταῖς πληγαῖς ἀνεπλήρουν· καὶ
πληγαὶ τοῖς ἐμοῖς λόγοις συνανεμίγνυντο. εἰ δὲ καὶ μὴ
ἤκουες, ἀλλ᾽ ὁρᾶν γε ἠδύνω· αἱ γάρ μοι χεῖρες εἰς εὖρος διαρ- 40
ριπτόμεναι σημεῖα παρείχοντο. κἀπὶ μακροῦ δὲ λύγου τὴν
λευκήν μοι καλύπτραν ἐπέθηκα ὑπομνήσουσαν ἐμοῦ δηλαδὴ τοὺς
ἐπιλαθομένους. καὶ ἤδη μοι ἐξ ὀμμάτων ἡρπάγης· καὶ τότε
δὴ τέλος· ψυχρανθὲν τῇ λύπῃ ἐνάρκησε τὸ πρόσθεν ἀπαλὸν
στόμα. τί δ᾽ ἂν μᾶλλον οἱ ὀφθαλμοί μοι ἔδρων ἢ κλαίειν, 45
ἐπειδὴ τὰ σὰ λαίφη βλέπειν ἐπαύσαντο; ἢ τοίνυν ἐγὼ δια-
κεχυμένη τὴν κόμην μόνη περιεφοίτων ὁποῖά τις Βάκχη πρὸς
τοῦ Θηβαίου θεοῦ οἰστρηθεῖσα, ἢ πρὸς τὴν θάλατταν ἀπο-
βλέπουσα ψυχρὰ ἐπὶ πέτρας τινὸς ἀνεκάθισα· καὶ ὁπόσον 50
ἦν ἡ καθέδρα λίθος, τοσοῦτον καὶ αὐτὴ λίθος ἦν. πολλάκις
πρὸς τὸ λέχος ἐπάνειμι ὅπερ ἀμφοτέρους ἡμᾶς ὑπεδέξατο
ἀλλ᾽ οὐχὶ καὶ ὑποδεξάμενον παραστήσασθαι ἔμελλεν, καὶ ἀντὶ
σοῦ τῶν σῶν ὧν δύναμαι ἰχνῶν ἅπτομαι καὶ τῆς στρωμνῆς
ἢ τοῖς σοῖς διατεθέρμανται μέλεσιν. ἐπιπίπτω τοίνυν καὶ 55
δάκρυσι προχεομένοις βρεχομένης τῆς κοίτης Ἐπιέσαμέν σε,
ἀνακράζω, οἱ δύο, ἀπόδος τοὺς δύο· ἀφικόμεθα δεῦρο ἀμ-

---

26. ὑποβεβρωμένοις A.   29. γὰρ om. P.   30. Verba ἐπισπέρχοντι ad εἶδον
in 31 om. P. : causa patet.   31. δόξασα A.   ἔδοξα P.   39. καὶ om. A.
40. παρέχοντο A.   41. λήγου Pp.   43. ἐδάκρυσα supplendum.
46. desierant.   52. παραχησεσθαι? A.   53. ἰσχνῶν A.   55.
ἐπιπίπτω P.   ἐνεπίπω A?   βρεχομένη τῆς κοινῆς A.   57. ἀμφικόμεθα A.

φότεροι· τί μὴ καὶ ἀποχωροῦμεν ἀμφότεροι; ὦ ἄπιστον λέχος,
ποῦ ποτε τὸ μεῖζον ἡμῶν ἐστι μέρος; τί ποιήσω; πῇ μόνη
τράπωμαι; σχολάζει μὲν ἐκ πάσης ἐργασίας ἡ νῆσος καὶ
60 οὔτ᾽ ἀνθρώπων οὔτε βοῶν ἔργα βλέπω. πᾶν δὲ τῆς γῆς πλευρὸν
ἡ θάλαττα περιζώννυσι· ναύτης δὲ οὐδαμῇ οὐδέ τις ναῦς δι᾽
ἀτεκμάρτου πορείας ἐλευσομένη. ὑπόθου δὲ δοθῆναί μοι καὶ
ἑταίρους καὶ ἀνέμους καὶ ναῦν· τίνι ἔψομαι; ἀπαγορεύει γὰρ
65 ἡ πατρῴα μοι γῆ τὴν ἐς αὐτὴν πρόσοδον. εἰ γὰρ καὶ εὐ-
πλοούσῃ νηὶ διὰ γαληνιώσης θαλάττης διολισθήσοιμι καὶ εὐ-
κραεῖς τοὺς ἀνέμους Αἴολος ποιήσειεν, ἐξόριστος ὅμως ἔσομαι.
οὔκουν ἐγώ σε, Κρήτη, πόλεις εἰς ἑκατὸν διωρισμένη, θεάσομαι,
γῆ βρέφει ἔτι τῷ Διὶ ἐγνωσμένη. καὶ γὰρ ὁ πατήρ μοι καὶ
70 ἡ τῷ δικαιοτάτῳ πατρὶ διοικουμένη πατρὶς ὀνόματα φίλτατα
ἔργῳ προδέδονται τῷ ἐμῷ, ἡνίκα σοι ὡς ἂν μὴ ἡττηθῇς τῷ
κοίλῳ ἐμβραδύνας οἰκήματι, ὅπερ ἄν σοι διθύναι τὴν πορείαν
ἀνθ᾽ ἡγεμόνος ἔδωκα νῆμα, ἡνίκα μοι ἔλεγες· Τοὺς κινδύνους
αὐτοὺς ἔγωγε ὄμνυμί σοι, ἡμετέραν σε εἶναι μέχρις ἂν ἡμῶν
75 ἑκάτερος ζῆν ἔχῃ. ζῶμεν καὶ οὐκ εἰμὶ σή, Θησεῦ· εἰ ἄρα
γε μόνον ζῇς, ἡ γυνὴ μέντοι τῷ δόλῳ τοῦ ψευδόρκου ἀνδρὸς
κατορώρυκται. ὡς ὤφειλες κἀμοὶ τῇ κορύνῃ ᾗ τὸν ἀδελφὸν
ἀνῄρηκας καταθῦσαι· ἦν γὰρ ἂν τῷ θανάτῳ λυθεῖσα ἥνπερ
ἔδωκας πίστιν. νῦν δ᾽ ἔγωγε οὐ μόνον ἃ πείσομαι ἐπὶ νοῦν
80 ἀναφέρω, ἀλλ᾽ ὅσαπερ ἂν ἐγκαταλειφθεῖσά τις δυνηθείη παθεῖν.
καί μοι τὸν λογισμὸν ὑποτρέχουσι μυρίαι ἀπωλείας ἰδέαι καὶ
ἧττόν τι τιμωρίας ὁ θάνατος ἢ ἡ τοῦ θανάτου βραδυτὴς
ἔχει. καὶ νῦν νῦν ἢ ἔνθεν ἢ ἐκεῖθεν ὑφορῶμαι λύκους οἳ τὰ
σπλάγχνα μοι λίχνοις ὀδοῦσι διασπαράξαιεν ἂν ἐλεύσεσθαι.
85 τάχα δὲ καὶ ξανθοὺς ἤδ᾽ ἂν ἡ γῆ τρέφοι λέοντας· τίς οἶδεν εἰ
μὴ καὶ χαλεπὰς τιγρίδας ἤδε ἡ νῆσος ἔχει; καὶ τὰ πελάγη δὲ
λέγεται μεγάλας ἐκπτύειν φώκας· τίς δ᾽ ἂν ἀπείργοι καὶ
ξίφος τὴν ἐμὴν πλευρὰν διελθεῖν; μόνον μὴ σκληρᾷ συνδε-

---

58. ὑμῶν P.   59. ἐργεσίας A.   63. ἑτέρους A.   64. πρόσωδον P.
67. διωρισμένη P.   72. διθύνειε P. σῆμα A.   75. εὖ ἄρα A. vivis.
78. ὥσπερ Δ.   84. λύχνοις FpA ; correxi.   86. an et haec saevas

θείην ἀλύσει αἰχμάλωτος, μηδὲ δούλη γενομένη μέγαν ἕλκοιμι 90
τῇ χειρὶ στήμονα, ᾗ πατήρ ἐστι Μίνως, ᾗ μήτηρ ἡ θυγάτηρ
Ἡλίου καὶ οὗ μᾶλλον μέμνημαι, ἥ σοί γε ὡμολογήθην. εἰ
θάλατταν, εἰ γῆν, εἰ τὰς ἐκτεταμένας ἠιόνας θεασαίμην, πολλὰ
μέν μοι γῆ πολλὰ δὲ τὸ ὕδωρ ἀπειλεῖ. οὐρανὸς ὑπολέλειπται· 95
ἀλλὰ δέδοικα τὰ τῶν θεῶν εἴδωλα· καὶ δὴ τοῖς ἅρπαξι θηρσὶ
καὶ ἀγρίοις ἐγκαταλέλειμμαι. εἴτε δ' οἰκοῦσι καὶ γεωργοῦσι
τἀνθάδε ἄνδρες, ἀπιστοῦμεν ἐκείνοις· ἔμαθον γὰρ παθοῦσα
τοὺς ἀλλοδαποὺς ἄνδρας φοβεῖσθαι. ὤφειλε ζῆν Ἀνδρόγεως
μηδὲ σύ, Κεκροπὶς γῆ, τὸν ἀπότομον φόνον ἐκείνου τοῖς σαυτῆς 100
θανάτοις διέλυσας, μηδ' ἡ σή, Θησεῦ, ὑψηλὴ δεξιὰ ῥοπάλῳ
διεχρήσατο πολυόζῳ τὸν ἐν μέρει μὲν ἄνθρωπον ἐν μέρει δὲ
βοῦν, μηδὲ νῆμα παρέσχον τὸ τὴν ἐπάνοδόν σοι ὑπαγορεῦον·
νῆμα τὸ πολλάκις ἐπαναφερομέναις χερσὶν ἐπαναλαμβανό-
μενον. οὐδὲ μὲν οὖν θαυμάζω εἴγε μετὰ σοῦ ἵσταται νῦν ἡ νίκη 105
καὶ καταστρωθὲν τὸ θηρίον γῆν Κρῆσσαν κατέστρωσεν. οὐ γὰρ
οἷα τε ἦν ἡ σιδηρᾶ σοι καρδία κέρατι διαπείρεσθαι· ὡς ἂν γὰρ
μὴ σαυτὸν ὅπλοις σκέποις ἀσφαλὴς ἦσθα τῷ στέρνῳ. ἐκεῖ σὺ
δρῦς ἐκεῖ καὶ ἀδάμαντα φέρεις, ἐκεῖ Θησέα τὸν νικῶντα καὶ 110
δρῦς ἔχεις. ἀπηνεῖς ὕπνοι τί δήποτε νωθράν με κατέσχετε ;
καὶ καθάπαξ ἀιδίῳ νυκτὶ πεπίεσμαι. καὶ ὑμεῖς ἀπηνεῖς ἄνεμοι
καὶ ἕτοιμοι σφόδρα, πνεύματά τε πρὸς τἀμὰ δάκρυα ἐνεργέσ-
τατα καὶ ἀπηνὴς δεξιὰ ἥτις ἐμὲ καὶ τὸν ἀδελφὸν διεχρήσατο 115
καὶ ἡ δοθεῖσα αἰτούσῃ μοι, κενὸν ὄνομα, πίστις. κατ' ἐμοῦ
συνώμοσαν ὕπνος καὶ πίστις καὶ ἄνεμος, καὶ τρισὶν ὑποθέσεσι
κόρη μία προδέδομαι. ἆρ' οὖν ἔγωγε οὔτε δάκρυα τῆς μητρὸς
ὄψομαι, θνήσκουσα οὐδ' ἔστιν ὁ τοὺς ὀφθαλμούς μοι τοῖς δακ- 120
τύλοις καλύψων ; ψυχὴ δ' ἡ ταλαίπωρος πρὸς ἀλλοτρίαν ἀπελεύσεται αὔραν· οὐδὲ φιλία χεὶρ τὰ κείμενα μέλη διευθετήσει.
ἐπὶ δ' ἀτάφων τῶν ὀστῶν ὄρνις θαλάττιαι στήσονται ; οὗτοι
τοῖς ἐμοῖς ἐγχειρήμασιν ἄξιοί εἰσι τάφοι ; σὺ ἀποκομισθήσῃ 125

---

tigridas insula habet.   90. μὲν ἂν ἕλκοιμι Α.   96. praedacibusque !
97. τἀνθάνδε P.   100. κεκρωπὴς P. σαυτοῖς P.   103. ἀπαγορεῦον P.
106. stravit.   109, 110. ilices.   112. Et semel.   126. celsus

πρὸς τοὺς Κεκροπίους λιμένας καὶ πρός τῆς πατρίδος ὑπο-
δεχθεὶς ἡνίκα ἂν ὑψηλὸς στῆς τῇ τιμῇ τοῦ σαυτοῦ δήμου,
καὶ καλῶς διεξέλθῃς τὸν τοῦ ταύρου καὶ ἀνδρὸς ὄλεθρον
καὶ τὸ διῃρημένον εἰς ἀμφιβόλους ὁδοὺς ὑπόπετρον οἴκημα,
130 κἀμὲ διήγησαι μόνην ἐνταυθοῖ ἐγκαταλειφθεῖσαν, οὐ γὰρ
ἐγὼ τῶν σῶν ἐπιγραμμάτων ὑπεξαιρεῖσθαι ἀξία. ἀλλ'
οὔτε σοι πατήρ ἐστιν ὁ Αἰγεὺς οὔτε σὺ τῆς Πιτθηίδος
Αἴθρας υἱός, γεννήτορες δὲ σοὶ πέτρα καὶ θάλαττα. οἱ θεοὶ
ποιήσαιεν ὡς ἂν ἀπ' ἄκρας με τῆς πρύμνης θεάσῃ· ἐμά-
135 λαξε γὰρ ἂν τοὐμὸν σχῆμα τὴν σὴν ὄψιν. καὶ νῦν δ' εἰ
καὶ μὴ ὀφθαλμοῖς ἀλλ' ᾧτινί ποτε δύνασαι θέασαι λογισμῷ
προσισχομένην με τῷ σκοπέλῳ ὃν τὸ πλάνον ὕδωρ μαστίζει.
θέασαι καθειμένην τῷ τῶν πενθούντων ἔθει τὴν κόμην καὶ τὴν
ἐσθῆτα τοῖς δάκρυσιν ὡς ἀπ' ὄμβρου βεβαρημένην. καὶ δὴ
140 καὶ τὸ σῶμά μοι πέφρικεν ὡς τοῖς βορέαις βαλλόμενον λήιον,
καὶ τὸ γράμμα τόδε τρεμούσῃ τῇ χειρὶ πιεζόμενον ὑπο-
λισθαίνει. οὔκουν ἐγώ σε δι' ἔργον ἐπειδὴ κακῶς προὐχώρησεν
ἱκετεύω· μηδεμία γὰρ χάρις ὀφειλέσθω μου τῷ κατορθώματι,
ἀλλὰ μὲν οὖν μηδὲ τιμωρία· εἰ γὰρ ἔγωγε μὴ σωτηρίας αἰτία
σοι εἴην, οὐ μέντοι γ' ἔστιν δι' ὅ τι ποτ' ἂν αὐτὸς αἰτία μοι εἴης
145 ὀλέθρου. ταύτας σοι τὰς χεῖρας τῷ τὰ πένθιμα στέρνα κόπτειν
ἀπειρηκυίας ἡ δύστηνος πέραν τοῦ μακροῦ πελάγους ἐκτείνω.
ταύτας σοι βαρυθυμοῦσα τὰς ὑπολοίπους ὑποδείκνυμι τρίχας·
πρὸς τῶν δακρύων τε δέομαι ἅπερ αἱ σαὶ κεκινήκασι πράξεις,
κάμπτε τὴν ναῦν σοι, Θησεῦ, καὶ ἀντιστρόφῳ πνεύματι πλεῦσον·
150 εἰ δὲ καὶ πρόσθεν ἀποθανοῦμαι σὺ μέντοι τὰ ὀστᾶ οἴσεις.

---

honore.   130. ἐγώ om. P.   131. σὸς Α.   132. δέ σοι Α.   133.
ἐπ' Α.   134. ab ἐμάλαξε ad θέασαι in 135 om. P : causa patet.   136.
προσεσχομένην Α.   138. βεβαρμένην Α.   139. εἰ δὲ καὶ Α. πεφρίκει Α.
βορέοις P.   142. ὀφειλέσθαι Α. τῷ om. Α.   149. ἀντιστρόφου Α.

XI.

Κανάκη Μακαρεῖ.

Εἰ δὲ καὶ τυφλοῖς χαράγμασι καὶ ἀσαφέσι τὰ γραφησόμενα συγχυθήσεται, ὅμως τὸ βιβλίον τῷ λύθρῳ βαφήσεται τῆς δεσποίνης. ἡ μὲν οὖν δεξιὰ κατέχει τὸν κάλαμον ὀξὺ δὲ ξίφος ἡ λοιπὴ φέρει· καὶ κεῖταί μοι πρὸς τῷ κόλπῳ λελυμένος ὁ χάρτης. ἥδ᾽ ἐστὶ τῆς Αἰολίδος τῷ ἀδελφῷ γραφούσης εἰκών· 5 οὕτως ἀρέσαι δύνασθαι τῷ σκληρῷ νομίζω πατρί. αὐτὸν ηὐχόμην θεατὴν τούμοῦ θανάτου παρεῖναι κἂν τοῖς ὀφθαλμοῖς τοῦ τὴν αἰτίαν παρέχοντος ἐξανυσθῆναι τὸ ἔργον. ἀλλ᾽ ὡς ἀνήμερός ἐστι καὶ πολλῷ τῶν οἰκείων χαλεπώτερος Εὔρων, ἐθεάσατ᾽ ἂν ἀβρόχοις παρειαῖς τἀμὰ τραύματα. δῆλον γὰρ 10 ὡς ἔστι τι χρῆμα τοῖς ἀμειλίκτοις ἀνέμοις συμβιοτεύειν· καὶ γὰρ κἀκεῖνος τῇ φύσει τοῦ οἰκείου δήμου συμβαίνει. ἐκεῖνος Νότῳ καὶ Ζεφύρῳ καὶ τῷ Σιθωνίῳ Βορρᾷ καὶ τοῖς σοῖς πτεροῖς, Εὖρε δεινέ, ἐπιτάττει. ἐπιτάττει φεῦ τοῖς ἀνέμοις· τῷ οἰδά- 15 νοντι θυμῷ ἥκιστα ἐπιτάττεται, καὶ τῆς ἑαυτοῦ κακοηθείας μείονα κέκτηται τὴν ἀρχήν. τί τέρπει τὴν καθειργμένην ὀνόματα προπάππων ἐν οὐρανῷ, καὶ ἔχειν ἐν τοῖς προσήκουσιν ἀναφέρειν τὸν Δία ; οὐδὲν γὰρ ἧττον προσοχθίσαν μοι ξίφος, ἐπιτάφιον δῶρον, γυναικείᾳ χειρὶ βέλος οὐκ ἐμὸν φέρω. ὤφειλεν, 20 ὦ Μακαρεῦ, ἡ εἰς ἐν ἡμᾶς συνάψασα ὥρα βραδυτέρα τῆς γε ἐμῆς τελευτῆς ἀφικέσθαι. τί δή ποτέ με γὰρ ἀδελφὲ πλέον ἢ ἀδελφὸς ἔστερξας, καί σοι γέγονα ὅπερ ἥκιστα χρὴ τὴν ἀδελφὴν πεφυκέναι; καὶ μὴν καὶ αὐτὴ διεθερμάνθην, καὶ 25 ὁποῖον εἰώθειν ἀκούειν, ἀγνοῶ τίνα ᾐσθόμην ἐν τῇ καρδίᾳ χλιαινομένη θεόν. ἔφυγε δὴ τὴν ὄψιν τὸ ἔρευθος καὶ ἰσχνότης

XI. -ανάκη μακαρεῖ P.   1. -ὶ δὲ P.   7. θεαυτὴν A.   9. πολλῶν A.   15. ab ἐπιτάττει ad ἐπιτάττεται om. P.   οἰδανοῦντι A.   τρέπει A.   17. inclusam PA.   proavorum A.   πάππων P.   19. ἥττων A.   27. ἔρεθρος A.   ἰσχνοίτης A.   28. ἐδέχετο in ἐδέξατο mutatum P.   29.

τὰ μέλη κατέστειλε καὶ τροφὴν ὀλιγίστην ἀναγκαζόμενον τὸ
στόμα ἐδέχετο. οὐδ' εὔκολοι ἦσαν ὕπνοι, ἀλλὰ καὶ ἡ νὺξ
30 ἐνιαυτὸς ὅλος ἦν μοι, καὶ στεναγμὸν μηδεμίαν λύπην λυπηθεῖσα
παρεῖχον. καὶ οὔθ' ὅτου χάριν ταῦτα ποιῶ οἷα τ' ἦν ἐμαυτῇ
τὴν αἰτίαν ἀποδοῦναι, οὔτε μὴν ἐγίνωσκον τί ποτ' ἂν ἐρῶν εἴη·
ἦν δ' ἐκεῖνο. πρώτη δ' ἡ τίτθη τοῦ κακοῦ γεραιτέρῳ προῄσθετο
35 τῷ φρονήματι· πρώτη μοι ἡ τίτθη Ἐρᾷς, Αἰολίς, εἶπεν. ἐγὼ δ'
ἠρυθρίασα, καὶ ἡ αἰδὼς εἰς τοὺς κόλπους τοὺς ὀφθαλμούς μοι
κατέσπασε· ταῦτα δὲ σύμβολα ἦν ἀποχρῶντα ὁμολογούσης ἐν
τῷ σιγᾶν. ἤδη μὲν οὖν ὠγκοῦτο τῆς διαφθαρείσης γαστρὸς
ὁ φόρτος καὶ τὸ φώριον ἄχθος ἀδρανῆ γεγονότα τὰ μέλη
ἐβάρυνε. τίνας δέ μοι βοτάνας τίνα δὲ φάρμακα ἡ τροφὸς
40 οὐ προσήνεγκε καὶ χερσὶν ὑπέθηκε τολμηραῖς, ὡς ἐκ παντὸς
τρόπου τὸ τοῖς ἡμετέροις αὐξόμενον σπλάγχνοις—τοῦτό σε μόνον
ἐκρύψαμεν—ἐκτιναχθείη φορτίον; τὸ δὲ βρέφος τῆς ζωῆς
ἐπιδεδραγμένον ἐκ πολλοῦ τοῦ περιόντος, ταῖς εἰσωθουμέναις
ἀντέστη τέχναις καὶ σκεπόμενον ἀσφαλὲς ἐξ ἐχθροῦ διεγίγνετο.
45 ἤδη δὲ καὶ ἐννεάκις ἀνέσχεν ἡ τοῦ Φοίβου περικαλλὴς ἀδελφή,
καὶ δεκάτη σελήνη τὸ φωσφόρον ἅρμα ἐκίνει· ἀγνοοῦσα δ'
ἐτύγχανον τίς ποτέ μοι αἰτία τὰς ἐξαπιναίας ὠδῖνας ἐμποιεῖ·
καὶ γὰρ ἀρτιμαθὴς πρὸς τόκον καὶ νεόλεκτος ἦν στρατιώτης.
οὐδ' ἐπέσχον τὴν φωνήν. ἡ δὲ συνίστωρ πρεσβῦτις, Τί ποτε,
50 φησί, τὴν σαυτῆς ἁμαρτίαν προδίδως; καί μοι τὸ στόμα κρα-
ζούσης ἐπίεσεν. τί ποτ' ἂν ἡ κακοδαίμων ποιήσαιμι; οἰμωγὰς
μὲν τὸ ἄλγος ἀναδιδόναι βιάζεται· ἀλλ' ὁ φόβος καὶ ἡ
τροφὸς καὶ ἡ αἰσχύνη δ' αὐτὴ ἐμποδὼν ἵστανται. παραχρῆμα
δὲ τούς τε στεναγμοὺς καὶ τὰ διολισθήσαντα τοῦ στόματος
ῥήματα ἐπαναλαμβάνω καὶ εἰς ἀνάγκην καθίσταμαι τὸ
55 ἐμαυτῆς δάκρυον ἀναστέλλειν. θάνατος δ' ἦν μοι πρὸ ὀφθαλμῶν καὶ βοήθειαν ἀπηγόρευεν ἡ Εἰλείθυια· εἰ γὰρ καὶ

ἐνιαυτοῖς P. 33. προύθετο A. 35. ἐγὼ ἐρυθρίασα A. μου P. 36.
ὁμολογούσῃ A. 37. ὠγκούντο A. 38. φώριον P. ἐκβάρυνε A.
42. ἐκτειναχθείη P. 43. ζώντης A. 44. Verba καὶ ad διεγίγνετο om.
A. 46. Denaque. 47. ἐξαπιναίους αἰτίας P. 54. cohibere *pro*
cōbibere, *ut est in* G, *legit.* 57. σύ μ' ἐπιπεσών P₂. 58. ἀνεζωπύρησας

ἀπέθνησκον βαρὺ καὶ ὁ θάνατος ἦν ἁμάρτημα· ἡνίκα σύγ'
ἐπιπεσών μοι καὶ τήν τε κόμην διασπαράξας καὶ τὴν ἐσθῆτα
τοὐμὸν στέρνον τῷ σαυτοῦ πιέσας ἀνεζωπύρησας· καί μοι Ζῆθι
ἀδελφή, ὦ ἀδελφή, προσεῖπας, φιλτάτη· ζῆθι, μηδὲ δύο ἐν ἑνὶ 60
σώματι ἀπολέσῃς. ἐλπὶς δ' ἀγαθή σοι δύναμιν παρασχέτω·
τῷ γὰρ ἀδελφῷ συζευχθήσῃ τῷδε, ἐξ οὗ καὶ μήτηρ ἔσῃ καὶ
σύνευνος. νεκρὰ μὲν ἦν, πίστευέ μοι, πρὸς τὰ σὰ μέντοι
ῥήματα ἀνεβίων, καὶ ἀπεφορτίσθη τὸ τῆς ἐμῆς νηδύος ἄχθος τε
καὶ ἁμάρτημα. ἀλλὰ τί κατὰ σαυτὸν χαίρεις; ἐπὶ μέσης 65
Αἴολος καθῆστο τῆς αὐλῆς· καὶ τὸ ἁμάρτημα τῶν τοῦ πατρὸς
ἀφαρπασθῆναι ὀφθαλμῶν ἔδει. φύλλοις δὴ τὸ νήπιον καὶ
ὑπολεύκοις ἐλαίας κλάδοις καὶ κούφοις σχοινίοις ἐπιμελῶς
ἡ γεραιὰ συγκαλύπτει, καὶ ἱερὰ ἐκτελεῖ πεπλασμένα καὶ ἱκέσια
ἀναφωνεῖ ῥήματα· δίδωσι δ' ὁ δῆμος τοῖς ἱεροῖς ὁδόν, δίδωσι 70
καὶ αὐτὸς ὁ πατήρ. ἤδη μὲν οὖν ἔγγιστα τὸ φῶς ἦν καὶ ὁ
κλαυθμυρισμὸς εἰς τὰς πατρικὰς ἔφθασεν ἀκοάς, καὶ τῷ ἑαυτοῦ
προὐδόθη μηνύματι. ἀφαρπάζει δὲ τὸ βρέφος Αἴολος καὶ ἀνα-
καλύπτει τὰ ψευδόμενα ἱερὰ καὶ μαινομέναις φωναῖς ἠχεῖ τὰ
βασίλεια. ὡς δὲ τρομερὰ γίνεται θάλαττα πνεύματος ὑπὸ 75
λεπτοῦ θλιβομένη καὶ μείλινος λύγος τῷ θερμῷ Νότῳ δονεῖται,
οὕτως εἶδες ἂν καὶ τοὐμὸν ὠχρὸν σῶμα κλονούμενον· ἀλλὰ καὶ
ἡ κλίνη συνεταράττετο ἐπικειμένῳ τῷ σώματι. ὁ δ' εἰσρήγνυται
καὶ κραυγαῖς τὴν ἐμὴν αἰσχύνην δημοσιεύει· καὶ μόλις ἐκ τοῦ 80
δυστήνου μοι προσώπου τὰς χεῖρας ἐπέσχεν. ἐγὼ δ' οὐδὲ' ὅ τι
μὴ δάκρυα αἰσχυνομένη προέχεον· ἡ γὰρ γλῶττα τῷ ψύχει
τοῦ φόβου πεδηθεῖσα ἐνάρκησεν. ἤδη δὲ καὶ τὸν νεογνὸν
ἔγγονον κυσὶ καὶ οἰωνοῖς δοθῆναι ἐκέλευσε καὶ ἐν τοποις
ἐγκαταλειφθῆναι ἐρήμοις. ὁ δὲ δύστηνος ἐκεῖνος κλαυθμυ- 85
ρισμοὺς ἐδίδου,—εἶπες ἂν αἰσθάνεσθαι—καὶ ε" ιν' οτε φωνῇ
οἷός τ' ἦν, τὸν ἑαυτοῦ πάππον ἱκέτευε. τίνα μοι τότε ψυχήν,

---

scripsi. ἀνεζωπύρας (?) A. ἀνεζωπύρισας P. 59. ἀδελφέ ὦ P. om. Λ.
61. συζυχθεῖσι P. 62. ἡ μήτηρ P. 65. σαυτοῦ P. 67. frondibus.
71. lumen. κλαυθμηρισμὸς P. κλαυθμερισμός A. κλαυθμῇ̣ρ̣ι̣σμὸς p. 76.
fraxina virga. 77. ὠχρὸν om. P. 81. προυεχον Λ. 82. πεδεθεῖσα Λ.
83. νεωγνὸν P. νεογιὸν A (?). 85. κλαυθμηριρισμοὺς Λ. 88.

ἀδελφέ, πιστεύεις προσεῖναι, καὶ γὰρ ἐκ τῆς σαυτοῦ ψυχῆς
αὐτὸς τοῦτο δύνῃ συνάγειν, ἡνίκα ἐνώπιον ἐμοῦ τὰ ἐμὰ
90 σπλάγχνα πρὸς τὴν βαθεῖαν λόχμην ἐχθρὸς ἔφερεν, ὀρεινόμοις
βρωθησόμενα λύκοις ; ἐξῆλθε τοῦ θαλάμου· καὶ τότε τὸ
στέρνον ἐπάταξα καὶ προσῆν τὸ τοῖς ὄνυξιν εἰς τὴν ἐμαυτῆς
κόμην ἀπελθεῖν. ἐν δὲ τούτοις πατρικὸς ὑπηρέτης ἐν πενθοῦντι
προσώπῳ ἀφίκετο καὶ ἀγανακτήσεως ἐκ στόματος φθογγὴν
95 ἀνεδίδου· Αἴολός σοι τόδε τὸ ξίφος πέμπει—καὶ παρέδωκέ μοι
τὸ ξίφος—καὶ κελεύει μαθεῖν ἔργῳ τί ποτε βούλεται τοῦτο.
ἴσμεν, καὶ χρησόμεθα ἐρρωμένως τῷ ἀποτόμῳ ξίφει· τῷ γὰρ
ἐμαυτῆς στέρνῳ τὸ πατρῷον δὴ κρύψω δῶρον. ταύταις ταῖς
100 δωρεαῖς, γεννῆτορ, τὸν ἐμὸν δωρῇ γάμον ; ταύτῃ τῇ προικί,
πάτερ, ἡ σὴ θυγάτηρ ἔσται πλουσία ; αἶρε πόρρω τὰς νυμφικὰς
λαμπάδας, φενακισθεὶς Ὑμέναιε, καὶ τεταραγμένῳ ποδὶ τὸν
ἀθέμιτον ἔκφυγε οἶκον. δᾷδας εἰς ἐμὲ κομίσατε ἃς ὦ μέλαιναι
φέρετε Ἐριννύες· ὡς ἂν ἐκ τοῦδέ μοι τοῦ πυρὸς ἡ πυρὰ
105 ἀναφθείη. νυμφεύεσθε, εὐδαίμονες ἀδελφαί, τύχῃ βελτίονι·
τοὐμοῦ μέντοι τολμήματος μνημονεύετε. τί δ' ἄρα τὸ νήπιον
ἥμαρτεν οὕτω βραχεῖαν ἐκφανὲν ὥραν ; τίνι τὸν πάππον ἔργῳ
λελύπηκε, μόλις καλῶς γεννηθέν ; εἴπερ ἠδύνατο θάνατον
110 ὀφλεῖν, ὀφλεῖν νομιζέσθω. ἃ δείλαιος τῷ ἐμῷ τολμήματι ἐκεῖνος
κολάζεται. ὦ παῖ, τῆς μητρὸς ὀδύνη, λεία λύκων ἁρπάγων,
οἴμοι διασπαραχθεὶς ἐν τοῖς σαυτοῦ γενεθλίοις, ὦ παῖ, τοῦ
μικρὸν εὐδαίμονος ἔρωτος ἐλεεινὸν γεγονὼς ἐχέγγυον· ἤδε σοι
115 πρώτη ἡμέρα, ἤδε σοι γέγονε καὶ ἐσχάτη. οὐκ ἐξεγένετό μοι
δίκαια δάκρυα καταστάξαι σου, οὐ κόμην ἀποκαρεῖσαν εἰς τὸν
σὸν τάφον ἐνέγκαι. οὐκ ἐπέπεσόν σοι, οὐ φιλήματα ψυχρὰ
ἐδρεψάμην· ἄπληστοι δὲ θῆρες διήρπασάν μοι τὰ σπλάγχνα.
ἀλλὰ καὶ γὰρ αὐτὴ τῇ ψυχῇ τοῦ βρέφους σὺν τραύματι
120 ἕψομαι, οὐδὲ μήτηρ ἐπὶ μακρόν, οὐκ ὀρφανὴ τέκνου ῥηθήσομαι.
σὺ μέντοι, ὦ μάτην ταλαιπώρῳ ἐλπισθεὶς ἀδελφῇ, τὰ διεσπαρ-

αὐτοῦ P.   90. βροθησόμενα P. βρωθησομένην A.   93. ἐν δὴ A.   98.
ἐμαυτῇ PA.   τὸ πρῶτον P.   101. νυμφιακὰς A.   102. παραγμένῳ A.
107. τὸν νήπιον A.   109. εἰ δύνατο P.   110. ἐκεῖνο A.   113. μιαρὸν
A.   114. καὶ om. A.   116. σὸν om. A.   117. ἐδεξάμην P.   121.

μένα τοῦ σαυτοῦ τέκνου μέλη συνάθροισον, ἱκετεύω. καὶ πρὸς
τὴν γεννήσασαν ἔνεγκαι καὶ ἐν κοινῷ κατάθου τῷ μνήματι,
καὶ λάρναξ ἡμᾶς τοὺς δύο ἥτις δήποτε στενοτάτη λαβέτω.
σὺ δὲ ζῆθι μεμνημένος ἡμῶν καὶ δάκρυα κατασκέδασον τῆς 125
πληγῆς· μηδὲ δειλιάσῃς τὸ τῆς ἐρώσης σῶμα ὁ ἐραστής. καὶ
σὺ μὲν ἱκετεύω τῆς σφόδρα δυστυχησάσης ἀδελφῆς τὰς ἐντολὰς
ἔνεγκαι· αὐτὴ διώξομαι τὴν τοῦ πατρὸς ἐντολήν.

XII.

Μήδεια Ἰάσονι.

Ἐματαιοπράγησα καθόσον γε μέμνημαι ἐπὶ σοὶ τῶν Κόλχων
ἡ δέσποινα, ἡνίκα τὴν ἐμὴν ᾔτεις τέχνην εἰσενέγκαι σοι συμμαχίαν. τότε αἱ διατάττουσαι τὰς τῶν θνητῶν τύχας ἀδελφαὶ
ὤφειλον τοὺς ἀτράκτους ἑαυτῶν μεταστρέψαι. τότε οἷά τ' ἦν 5
ἡ Μήδεια καλῶς ἀποπνεῦσαι, ὅ τι δήποτε γὰρ ζωῆς ἐξ ἐκείνου
μοι παρετάθη, τιμωρία γέγονε μᾶλλον. οἴμοι τί δήποτε τοῖς
τῶν νέων ἐλαυνομένη βραχίοσιν ἡ Πελιὰς δρῦς τὸ Φρίξειον
ἐζήτησε πρόβατον; τί δήποτε οἱ Κόλχοι τὴν Μάγνησσαν
εἴδομεν Ἀργὼ καὶ δῆμος Ἑλλήνων Φασιακὸν ὕδωρ ἐπίετε ; 10
τί μοι πλέον τοῦ δέοντος τρίχες ἤρεσαν αἱ ξανθαὶ καὶ κάλλος
καὶ τῆς σῆς γλώττης ἡ πεπλασμένη χάρις ; ἢ ὅτε καθάπαξ
ναῦς νέα πρὸς τοὺς ἡμετέρους λιμένας ἐλήλυθε καὶ τολμηροὺς
ἄνδρας ἤνεγκεν, ὤφειλεν ἀπρονοήτως πρὸς τὰς ἐκπνεομένας 15
φλόγας ὁ ἀμνήμων ἐλθεῖν Αἰσονίδης καὶ τὰ βοῶν ἐπικαμπῆ
στόματα· καὶ ὁπόσα σπέρματα κατεβάλετο τοσούτους ἐχθροὺς
σπεῖραι ὡς ἐκ τῆς αὐτὸν αὐτοῦ πεσεῖν τὸν γεωργὸν γεωργίας.
πόσον ἂν τῆς ἀπιστίας, ἀνόσιε, τηνικαῦτα σὺν σοί γε ἀπώ-

ἐσπισθεὶς Α.　　122. σαυτῆς Ρ.　　123. ἐν om. Α.　　124. στενιοτάτη Α.
125. in vulnere.　　127. Tu rogo.
XII. -ηδεια '-άσονι Ρ.　　1. -ματαιοπράγησα Ρ. glossa in Α ἐσχόλασα.
καθῆσον Α.　　3. διαττάτουσαι Ρ. fata.　　4. suos ut s.　　6. vitae.　　7.
ἐλαυνομένης Ρ.　　9. δή om. Α.　　13. ὅτι ΡΑ.　　16. adunca.　　17.

20 λετο ; τί πολλῶν ἂν ἡ κεφαλή μοι κακῶν ἀπηλλάγη ; ἔστι γε
μὴν ἡδονή τις τοῖς ἀχαρίστοις τὰς εὐποιίας ἐξονειδίζειν· ταύτῃ
χρήσομαι, ταύτην ἔκ σου μόνην τὴν εὐφροσύνην ἀποίσομαι.
κελευσθεὶς πρὸς τοὺς Κόλχους τὴν τούτων ἀπείρατον ναῦν
τρέψαι, εἰσῆλθες τὴν εὐδαίμονα τῆς ἐνεγκαμένης με βασιλείαν.
25 τοῦτο δ᾽ ἐκεῖ ἦν ἡ Μήδεια ὅπερ ἡ νέα σοι σύζυγός ἐστιν
ἐνταυθοῖ· ὁπόσον αὐτῇ πατὴρ ἔστι πλούσιος τοσοῦτον ἦν καὶ
ἐμοί. οὗτος μὲν τὴν διθάλαττον Κόρινθον, ἐκεῖνος δὲ μέχρι
τῆς χιονώδους Σκυθίας πᾶν κατέχει τὸ τοῦ πόντου ἧπερ τὸ
εὐώνυμον κλίμα κεῖται. δέχεται δ᾽ εἰς ξενίαν τοὺς νεανίας
30 Πελασγοὺς ὁ Αἰήτης καὶ τὰ Γραικὰ σώματα πεποικιλμένα
πιέζετε στρώματα. τότε τε σὲ ἔγωγε εἶδον, τότ᾽ ἠρξάμην
γινώσκειν τίς ποτε ἂν τυγχάνοις· ἐκείνη πρώτη πτῶσις τῆς
ἐμῆς ἦν διανοίας. καὶ εἶδον καί ἀπωλόμην, καὶ ἥκιστα γνωρίμῳ
πυρὶ ἐφλέχθην, ὥς που παρὰ τοῖς μεγάλοις θεοῖς πευκίνη δᾷς
35 ἀνακάεται. καὶ γὰρ εὐπρόσωπος ἦσθα· κἀμὲ δ᾽ αἱ ἐμαυτῆς
εἷλκον μοῖραι, καὶ τοὺς ἡμετέρους ὀφθαλμοὺς οἱ ὀφθαλμοὶ σοὶ
ἀφείλοντο. σὺ δ᾽, ἄπιστε, ἦσθου, τίς γὰρ ἂν καλῶς ἔρωτα
κρύψειεν ; ἡ γὰρ φλὸξ ἑαυτῆς καταμηνύουσα καὶ προδιδο-
40 μένη ἐκφαίνεται. εἶπε δέ σοι ἐν τούτοις ὁ πατὴρ τοὺς τῶν
ἀγρίων βοῶν σκληροὺς τένοντας ἀήθει ζυγῷ πιέσαι. Ἄρεως
ἦσαν οἱ ταῦροι χαλεποὶ πλέον ἢ διὰ τῶν κεράτων ὦν ἡ πνοὴ
πῦρ φρικῶδες ἐτύγχανε, χαλκῷ τοὺς πόδας ὠχυρωμένοι καὶ
χαλκοῦς τοὺς μυκτῆρας προβεβλημένοι καὶ τούτους δὲ μέλανας
45 ἐκ τῆς ἀναπνοῆς γενομένους. σπέρματα μετὰ τοῦτο ἀπευχομένη
χειρὶ κατὰ τὸ πλατὺ πεδίον κελεύῃ σπεῖραι λαὸν γεννήσοντα,
οἳ τοῖς μετ᾽ αὐτῶν γεννηθεῖσιν ὅπλοις τὸ σῶμα σὸν ζητήσουσιν·
ἐκεῖνο τὸ θέρος ἐστὶ τῷ οἰκείῳ γεωργῷ ἀδικώτατον. ἔσχατος δὲ
50 πόνος τοὺς τοῦ φύλακος ὀφθαλμοὺς τοὺς ὕπνου ἀγνῶτας τέχνῃ
τινὶ σοφίσασθαι πρὸς ὕπνον κατακλιθῆναι. εἶπεν ὁ Αἰήτης·

---

iecisset ... sevisset.   27. μέχρι Α.   μέχρις Ρ.   31. τε om. Α.   ὧν τυγχάνεις Ρ. sed -εις in -οις corr.   32. ἦν om. Ρ.   39. dixerat.   43.
ὠχυρομένοι Α.   44. καὶ τοὺς πόδας δὲ μέλανας Ρ interpolate.   45.
ἀπεχομένῃ Α.   46. κελεύει Ρ.   γενήσοντα Α.   49. ἀγνῶντας Α.   51.

σκυθρωποὶ δὲ πάντες ἀνέστητε· καὶ ἡ πολυτελὴς τράπεζα ταῖς
πορφυραῖς ὑμᾶς ἀφῆκε στρωμναῖς. πόσον σοι τότε πόρρω προι-
κίδιος· ἦν τῆς Κρεούσης ἀρχὴ καὶ ὁ κηδεστὴς καὶ τοῦ μεγάλου
Κρέοντος ἡ θυγάτηρ; κατηφῶν τοίνυν ἄπει· ἐγὼ δ' ἀπιόντι 55
διαβρόχοις ὄμμασιν ἕπομαι· καὶ ἡ γλῶττα λεπτῷ ψιθυρίσματι
'Υγίαινε εἶπεν. ὡς δὲ κακῶς ἤδη τρωθεῖσα τῆς ἐν τῷ θαλάμῳ
κειμένης ἡψάμην κλίνης, ἐν δάκρυσιν ἡ νὺξ ὁπόση τις ἦν πᾶσά
μοι διηνύσθη. καί μοι πρὸ ὀφθαλμῶν οἱ ταῦροί τε ἦσαν καὶ
τὸ μιαρὸν θέρος· πρὸ τῶν ὀφθαλμῶν ἦν καὶ δράκων ὁ ἄγρυπνος.
ἔνθεν μὲν οὖν ἔρως, ἐκεῖθεν δ' ἦν φόβος· αὐτὸν μέντοι τὸν 60
ἔρωτα ὁ φόβος αὐξάνειν ἐποίει. καὶ ἡ φίλη μοι ἀδελφὴ πρὸς
τὸν θάλαμον ἦλθε, καὶ διερριμμένας μὲν εὑρίσκει τὰς κόμας
ἐμὲ δ' ἀπεστραμμένῳ τῷ προσώπῳ κειμένην καὶ πάντα τῶν
ἐμῶν πλήρη δακρύων. καὶ αἰτεῖ βοήθειαν τοῖς Μινύαις, καὶ 65
ἄλλος μὲν αἰτεῖ ταύτην, ἄλλη δὲ ἕξει, καὶ ἅπερ ἐκείνη δεῖται,
τοῦτο τῷ Αἰσονίῳ νεανίᾳ διδόαμεν. ἔστι δέ τι νέμος καὶ πεύκαις
καὶ πρίνων κλάδοις συνηρεφές· μόλις ἐκεῖσε ταῖς ἀκτῖσιν ἡλίου
διεισδύνειν ἔξεστιν. ἔστι δ' ἐν αὐτῷ μᾶλλον δ' ἦν ἄλσος
'Αρτέμιδος· χρυσοῦ δ' ἡ θεὸς ἵσταται βαρβαρικῇ πεποιημένη 70
χειρί. μέμνησαι ἢ ἐξέπεσόν σου τῆς μνήμης σὺν ἐμοὶ καὶ οἱ
τόποι; ἐκεῖσε δὲ ἀφικνούμεθα καὶ ἀνίστασαι πρότερος οὑτωσὶ
λέγειν ἀπαρρησιάστῳ τῷ στόματι· Ἡ τύχη σοι ἐξουσίαν τε καὶ
ψῆφον τῆς ἡμετέρας σωτηρίας παρέδωκε· κἂν τῇ σῇ χειρὶ καὶ
ζωὴ καὶ θάνατος κεῖται ἡμέτερος. ἀπόχρη τοίνυν τὸ δύνασθαι 75
ἀπολέσαι, εἴ τινά ποτε ἡ τοῦ φθείρειν ἐξουσία τέρπει· ἀλλά
σοι καὶ σωθεὶς αὐτὸς μείζων ἔσομαι δόξα. πρὸς τῶν ἡμετέρων
τοίνυν κακῶν ἱκετεύω, ὧν κουφισμὸς εἶναι δύνασαι, πρὸς γένους
καὶ τῆς τοῦ πάντ' ἐφορῶντος πάππου θειότητος, πρὸς τῶν τριῶν
προσώπων καὶ τῶν ἱερῶν ὀργίων 'Αρτέμιδος καὶ εἴ τινας ἴσως 80
τὸ ἔθνος ἔχει τοῦτο θεούς, φεῖσαί μου, παρθένε, φεῖσαι τῶν

συθρωποὶ A. ἀντέστε Pp.   53. προικίδιος A.   55. κατηφείων P, κατη-
φρῶν A : scripsi κατηφῶν.   διβρόχοις A.   57. ἡψάμην om. A spatio
vacuo.   63. aversa.   65. ἄλλη δὲ P. ἀλλὰ δὲ A.   66. οὖπερ P.
διδόαμεν PA.   67. prius καὶ om. P.   69. ἄλγος A.   72. ἀνίστασθαι A.   75. τρέπει A.   76. ἀλλὰ σὺ P.   καὶ om. P.   79. δύνασθαι

ἡμετέρων· καί με τῇ σαυτῆς χάριτι σὸν εἰς τὸν ἄπαντα χρόνον
ἀπέργασαι. εἰ δ᾽ ἴσως καὶ Πελασγὸν ἄνδρα μὴ ἀδοξεῖς καὶ
ὅρκους τοὺς ἡμετέρους, ἀλλ᾽ ἐμοὶ πόθεν ἂν εὐχερεῖς εἶεν οὕτω;
85 πρόσθεν ἡ πνοή μοι πρὸς τὴν λεπτὴν αὔραν ἀφανισθείη, ἤ τινα
ἄλλην εἰ μὴ σὲ τῷ ἐμῷ γαμηθῆναι θαλάμῳ. Ἥρα τούτων
συνίστωρ ἔστω, ἡ τῶν γαμηλίων ἐξάρχουσα μυστηρίων, καὶ ἡ
μαρμαρέα θεὸς ἧς ἐν τῷ οἴκῳ τυγχάνομεν. ταῦτα καὶ ὅσα
90 τοῦδε τοῦ μέρους ἐστί, ψυχὴν ἁπλοϊκῆς κατεμάλαξε κόρης,
καὶ δεξιὰ τῇ ἐμῇ δεξιᾷ συμβληθεῖσα. εἶδον δὲ καὶ δάκρυα·
ἢ μέρος ἦν δόλου καὶ ἐν ἐκείνοις; οὕτω τοῖς σοῖς λόγοις θᾶττον
ἡ παρθένος ἑάλων. ζεύγνυς καὶ τοὺς χαλκόποδας ταύρους
ἀφλέκτῳ τῷ σώματι καὶ κατὰ τὰ κελευσθέντα τὴν ἀπόκροτον
95 γῆν σχίζεις ἀρότρῳ· τὰς δ᾽ αὔλακας ἀντὶ σπέρματος πεφαρ-
μαγμένων πληροῖς ὀδόντων, γεννᾶται δ᾽ αὐτίκα στρατιώτης καὶ
ξίφος καὶ σάκος ἔχων. αὐτὴ δ᾽ ἐγὼ ἡ τὸ φάρμακον δοῦσα
ὠχρὰ ἐκαθήμην, ὡς εἶδον ὅπλα τοὺς αὐτομάτους ἄνδρας
κατέχοντας, μέχρις οἱ γηγενεῖς ἀδελφοὶ τόλμημα οἰκτρότατον
100 ἀλλήλοις ὠξυμμένας τὰς χεῖρας ἐπέβαλον. ἰδοὺ δὲ καὶ ὁ
ἄγρυπνος δράκων φολίσι ψοφούσαις φρίττων συρίζει καὶ τὴν
γῆν ὅλῳ στέρνῳ ἀναμοχλεύει. ποῦ τότ᾽ ἦν σοι τὰ ἐκ προικὸς
χρήματα; ποῦ δ᾽ ἦν ἡ βασίλεια σύνευνος καὶ Ἰσθμὸς ὁ τῆς
105 διττῆς θαλάττης ἀπέχων τὰ κύματα; ἐγὼ ἐκείνη ἣ νῦν σοι
τελευτῶσα βάρβαρος γέγονα, νῦν σοι πένης, νῦν σοι ἐπι-
βλαβὴς φαίνομαι, τοὺς φλογεροὺς ὀφθαλμοὺς γοητευθέντας
ὑπήγαγον ὕπνῳ καί σοι ὅπερ ἂν ἁρπάσαις δέρας ἀσφαλῶς
παρεσχόμην. προδέδοταί μοι ὁ πατήρ, τὴν βασιλείαν καὶ
110 τὴν ἐνεγκαμένην κατέλιπον, δῶρον δ᾽ ἔλαβον ὅπερ εἰκὸς ἐν
ὑπερορίᾳ τυγχάνειν. ἡ παρθενία μοι ἀλλοδαποῦ λῃστοῦ λεία
γέγονεν, ὦ ἀδελφὴ καλλίστη σὺν τῇ φίλῃ μητρὶ καταλειφθεῖσα. ἀλλὰ οὐχὶ καὶ σέ, ἀδελφέ, δίχα ἐμαυτῆς ἐγκατέλιπον φεύγουσα. ἐν ἑνὶ τούτῳ μοι τόπῳ ἡ γραφὴ ἐπιλείπει.

Α.   82. σαυτῇ Α.   84. οὕτω ego : οὗτοι Α.   87. ἥρας Α.   89.
μέρος Α.   ἦν om. P.   93. στόματι P.   94. μετὰ P.   95. δ᾽ om. Α.
96. γιννᾶται Α. habens.   97. ἡ om. P.   102. toto. vertit.   104.
ἐπέχων Α.   107. ἐπήγαγον Α   112. καταλειφθεῖσαι P.   118. iamque.

ὃ γὰρ ποιῆσαι ἡ δεξιά μοι τετόλμηκε, οὐδαμῶς τολμᾷ γράφειν. 115
οὕτως ἔγωγε, ἀλλὰ σὺν σοί, διασπαραχθῆναι ἀξία γέγονα. οὐ
μέντοι καὶ ἔδεισα—τί γὰρ μετ᾽ ἐκεῖνα ἂν ἔδεισα ; ἐμαυτὴν τῷ
πελάγει πιστεῦσαι γυνὴ ἀσεβήσασα ἤδη. ποῦ δ᾽ ἄρα ἡ
θειότης ἐστί ; ποῦ δ᾽ οἱ θεοί ; ὡς ἂν ἀξίας ἐν τῇ θαλάττῃ δίκας
ὑπέσχωμεν, σὺ μὲν τῆς ἀπάτης, ἐγὼ δ᾽ ὡς εὐεξαπάτητος. 120
ὤφειλον ἡμᾶς αἱ Συμπληγάδες συναράξασαι συμπιέσαι,
προσίσχοντο γὰρ ἂν τοῖς σοῖς ὀστέοις τἀμά. ἢ ἡ ἅρπαξ
Σκύλλα τοῖς κυσὶ βρωθησομένους παραβαλεῖν· ὀφείλει γὰρ ἡ
Σκύλλα τοὺς ἀγνώμονας ἄνδρας κολάζειν. ἥ τε τὸ ὕδωρ ἐξ- 125
εμοῦσα τοσάκις καὶ τοσάκις αὖ ἀναπίνουσα Χάρυβδις ὤφειλε
καὶ ἡμᾶς τοῖς Σικελοῖς ὕδασιν ὑποθεῖναι. ἀπαθὴς μέντοι
κακῶν καὶ νικήσας πρὸς τὰς Αἱμονίας πόλεις ἐπαναζεύγνυς,
καὶ τοῖς πατρικοῖς θεοῖς τὸ χρυσοῦν ἀνατίθεται δέρας. τί δ᾽
ἂν εἴποιμι τὰς Πελίου θυγατέρας τὰς ἐν τῷ δοκεῖν εὐσεβεῖν
ἀσεβούσας καὶ τὰ τῇ παρθενικῇ χειρὶ κρεουργηθέντα πατρῷα 130
μέλη ; καίτοι καὶ τῶν ἄλλων με μεμφομένων ἀλλὰ ἐπαινεῖν
με σὲ ἀνάγκη ὑπὲρ οὗ τοσάκις ἠνάγκασμαι ἀσεβεῖν. ἐτόλμησας ὦ—ἀλλὰ τῇ δικαίᾳ ὀδύνῃ τὰ πρόσφορα ἐπιλείπει τὰ
ῥήματα—ἐτόλμησας δ᾽ οὖν εἰπεῖν, Ἄπαιρε τῆς Αἰσονίας
οἰκίας ; καὶ κατὰ τὸ κελευσθὲν ἀπεχώρησα ταύτης τῶν δυοῖν 135
μοι παίδων ἀκολουθούντων καὶ τοῦ ἀεί μοι συνεπομένου σου
ἔρωτος. ὡς ἐξαίφνης εἰς τὰς ἡμετέρας ἀκοὰς ὁ Ὑμέναιος
ᾀδόμενος ἔφθασε καὶ πυρὸς ἀναφθέντος αἱ λαμπάδες ἐφώτιζον
καὶ αὐλοὶ προὔχεον ὑμῖν μὲν συνοικέσια μέλη, ἐμοὶ δ᾽ ἐπιτάφιος 140
αὐλὸς γοερώτερα. ὑπερέδεισα· οὐ γάρ πω τὸ ἀνόμημα τοσοῦτον
ὑπετόπαζον εἶναι· ἐν μέντοι παντὶ τῷ σώματι ψυχρότης ἐπῆν.
συρρεῖ δ᾽ ὄχλος καὶ ὑμὴν ἀνακράζουσιν, ὑμέναιε ἀλλεπαλλήλως
βοῶσιν· ὅσον δ᾽ ἔγγιον ἡ νύξ, τοσοῦτον ἐμοὶ χεῖρον ἦν. οἱ δ᾽ 145
οἰκέται ἄλλος ἀλλαχοῦ διεθρήνουν καὶ τὰ δάκρυα συνεσκίαζον·

---

119. ὑπέσχομεν P.   122. ὀστέοις P, ὄστεσιν A.   127. αἱμονίους P.
128. πατρίοις P.   131. με om. P.   σέ scripsi, σύ P. om. A.   135.
δυεῖν A.   137. ὡς δ᾽ P.   139. αὐλὸς A. fortasse αὐλὸς προὔχεεν. μὲν
om. A.   140. γοργώτερα P (non p).   141. ἀνόημα A.   143. ἀλλη-
παλλήλως A.   144. nox !   149. δὲ om. P. minor e pueris iussus.

τίς γὰρ ἂν ἠθέλησεν ἄγγελος τοῦ τοσούτου κακοῦ γίνεσθαι ;
καί με δὴ ὅ τι ποτὲ ἦν μᾶλλον ἔτερπεν ἀγνοούμενον, ἀλλ᾿ ὥσπερ
ἂν εἰ ᾔδειν, ἡ ψυχή μοι περιαλγὴς ἦν. τηνικαῦτα δ᾿ ὁ τῶν παίδων
νεώτερος, τοῦτο μὲν κελευσθεὶς τοῦτο δὲ καὶ σπουδάσας θεά-
150 σασθαι, πρὸς τὴν τῆς διθύρου πρώτην φλιὰν ἔστη. Καί μοι
φησίν, Ἐνθένδε ἀποχώρει τεκοῦσα· πομπὴν ὁ πατὴρ Ἰάσων
ἄγει καὶ ἵππων ξυνωρίδα χρυσοφορῶν ἐλαύνει. αὐτίκα δὴ
διαρρηξαμένη τὴν ἐσθῆτα, ἐκοψάμην τὰ στέρνα καὶ τὸ πρόσ-
155 ωπον ἀσφαλείας τῆς ἐκ τῶν δακτύλων οὐκ ἔτυχεν. ἀνέπειθε δέ
με ὁ θυμὸς ἐς μέσον τοῦ πλήθους ὁρμῆσαι τό τε σύνταγμα καὶ
τοὺς στεφάνους ἀφελεῖν τῆς εὐθέτου κόμης ἁρπάσασαν. μόλις
ἔπεσχον ἐμαυτὴν ὡς μὴ οὐχ οὕτω διεσπαραγμένη τὴν κόμην
ἀναβοῶμι Ἐμός ἐστι, καὶ τὰς χεῖρας ὑμῖν ἐπιβάλοιμι. εὐφραί-
νου πάτερ ἀδικηθείς, εὐφραίνεσθε ἐγκαταλειφθέντες Κόλχοι·
160 χοὰς ἡ τοῦ ἀδελφοῦ μοι ψυχὴ λάμβανε. ἐγκαταλιμπάνομαι
καὶ γὰρ ἀποβαλοῦσα καὶ βασιλείαν καὶ πατρίδα καὶ οἶκον καὶ
σύνευνον ὃς ἡμῖν τὰ πάντα μόνος ἐτύγχανεν. ἆρ᾿ οὖν δρά-
κοντας οἷά τ᾿ ἐγενόμην καὶ ταύρους μαινομένους, ἕνα δ᾿ ἄνδρα
165 δαμάσαι οὐκ ἠδυνήθην ; καὶ ἡ τὸ δεινὸν πῦρ ἐπιστημονικοῖς
φαρμάκοις ἀπωσαμένη, τὴν ἐμαυτῆς αὐτὴ φλόγα φυγεῖν οὔκουν
ἰσχύω ; αὐταὶ δὲ αἱ ἐπῳδαὶ καὶ αἱ βοτάναι καὶ αἱ τέχναι με
ἐγκατέλιπον, καὶ οὐδὲν ἡ θεὸς οὐδὲν τὰ τῆς κραταιᾶς Ἑκάτης
ὄργια ἐνεργεῖ. οὐκ ἔστι μοι πρὸς ἡδονῆς ἡ ἡμέρα, πικρὰς
170 διανυκτερεύω τὰς νύκτας, οὐδὲ μαλακὸς ὕπνος τὸ ταλαίπωρον
ἔχει μου στέρνον. ἡ δ᾿ ἐμαυτὴν οὐ δύναμαι, ἠδυνήθην κοιμίσαι
τὸν δράκοντα· λυσιτελεστέρα δ᾿ ἐστὶν ᾧτινι οὖν ἢ ἐμοὶ ἡ
ἐμαυτῆς ἐπιμέλεια. ἃ ἐγὼ διεφύλαξα μέλη, νῦν ἀντίζηλος
περιβάλλει καὶ τῶν ἡμετέρων πόνων ἐκείνη τοὺς καρποὺς
175 δρέπεται. τάχα δὲ καὶ ἡνίκα σαυτὸν ἀνοήτως σεμνύνειν ζητεῖς,
ἄνερ, καὶ ἀδίκοις ἀκοαῖς τὰ ἡδέα προσφθέγγεσθαι, ἐπί τε τοῦ
προσώπου καὶ ἠθῶν τῶν ἐμῶν ἐγκλήματα πλάττεις καινά, ὡς

---

153. δὴ om. A.   155. τε om. PA.   156. ἁρπάσασαν scripsi. ἁρπάσας
P. ἁρπαλάσης A (?).   157. ἐμαυτὸν A.   162. μόνον A.   170. miserae
pectora somnus habet.   172. ἑαυτῆς A.   173. ἃ δ᾿ P.   175.
marite.   178. γελώῃ P. γελάσῃ A.   179. ὑψηλῆς P.   184.

ἂν ἐκείνη γελώη καὶ τοῖς ἐμοῖς ὀνείδεσιν ἥδοιτο· γελάτω καὶ
ἐπὶ Τυρίας πορφύρας ὑψηλὴ κείσθω· κλαύσεται γὰρ καὶ τοὐμὸν 180
πῦρ ἐμπρησθεῖσα ὑπερβαλεῖται. ἡνίκα γὰρ ἄν μοι πῦρ τε καὶ
σίδηρος καὶ χυλὸς φαρμάκου προσγένηται, οὐδεὶς Μηδείας
ἐχθρὸς ἀτιμώρητος ἔσται. ἀλλ᾽ εἴπερ ἴσως τῆς σιδηρᾶς σοι
καρδίας δεήσεις ἅπτονται, νῦν ἀκούοις ἂν ῥήματα τοῦ ἡμετέρου
φρονήματος ταπεινότερα. γίνομαί σοι καὶ γὰρ ἱκέτις ὃ σὺ ἐμοὶ 185
πολλάκις ἐγένου· οὐδὲ διατρίβω πρὸ τῶν σῶν ποδῶν καλινδεῖσ-
θαι. εἰ γὰρ ἐγὼ τὸ μηδέν εἰμί σοι, τοὺς κοινοὺς ἄθρει παῖδας·
ὁμόσε χωρήσει ταῖς ἐμαῖς ὠδῖσιν ἡ χαλεπὴ μητρυιά. οἳ σφόδρα
σοὶ ἐοίκασιν ἐμοῦ δ᾽ ἡ σὴ ἐν τούτοις εἰκὼν ἅπτεται καὶ ὀσάκις 190
τούτους ὁρῶ διαβρέχεταί μοι τὰ ὄμματα. πρὸς τῶν οὐρανίων
δὴ δέομαι, πρὸς τοῦ φωτὸς τῆς παππώας φλογός, πρὸς τῆς
χάριτος καὶ τῶν ἐνεχύρων ἡμῖν δυοῖν τέκνων, ἀπόδος μοι τὸ
λέχος ὑπὲρ οὗ τοσαῦτα ἡ παραπλὴξ ἐγκατέλιπον, πρόσθες
πίστιν τοῖς λόγοις καὶ βοήθειάν μοι εἰσένεγκαι. οὔκουν ἐγώ 195
σου κατὰ ταύρων δέομαι καὶ ἀνδρῶν, καὶ ὡς τῇ σῇ συμμαχίᾳ
δράκων ἡττηθεὶς ἡσυχάσειεν. σὲ ζητῶ οὗπερ ἠξίωμαι, ὃν
ἡμῖν αὐτὸς δέδωκας, σὺν ᾧ πατρὶ τέκνων μήτηρ κατ᾽ ἴσον γέγονα.
ἀλλὰ ζητεῖς ποῦ ποτέ μοι ἐστὶν ἡ προίξ ; ἐν ἐκείνῳ ταύτην
ἀπηριθμησάμεθα τῷ πεδίῳ ὅπερ σοι ἀροθήσεσθαι ἔμελλεν 200
ἀφαιρησομένῳ τὸ δέρας. ὁ χρυσοῦς ἐκεῖνος κριὸς ὁ λευκοῖς
ἐρίοις περίβλεπτος, ἡμετέρα ἐστὶ προίξ· ἢν εἴπερ σοι, Ἀπόδος,
λέγοιμι, ἀνανεύσεις. προὶξ ἐμὴ σὺ σῶς διαμείνας, προὶξ ἐμὴ ἡ
τῶν Γραικῶν νεολαία· ἴθι νῦν, ἄστοργε, καὶ τὴν Σισύφειον
ἀντιτίθει περιουσίαν. καὶ γὰρ ὅτι περ ζῇς, ὅτι περ ἔχεις 205
νύμφην καὶ ἰσχύοντα κηδεστήν, αὐτὸ τοῦτο ὅτι περ εἶναι δύνῃ
ἀχάριστος σύμπαν ἐμόν ἐστι. οὓς πάντα ποιήσω—ἀλλὰ τί
προσήκει τὴν εὐθύνην προλέγειν ; ὑπερμεγέθεις ὁ θυμὸς ὠδίνει
τὰς ἀπειλάς. ἔψομαι δ᾽ ὅπη περ ἂν ἡ ὀργή με κομίσῃ· μετα-

ἀκούεις A et P pr. ἀκούοις P₂, p.　　185. ἱκέτης P.　　191. δὲ A. τοῦ
παππῴας A.　　192. δυεῖν A.　　197. ὦν P.　　200. ἀποθήσεσθαι A.
201. albo.　　202. ἐστὶν ἡ προὶξ A. ἀνανεύεις A. ἀνανεύσεις P. fortasse ἂν ἀνανεύοις.　　204. Σισύφιον P.　　207. αἰσχύνην P. 210. Ut.
212. ἀλλ᾽] εἴη A.

210 μελήσει μοι δ' ἴσως τῆς πράξεως ὡς μεταμέλει τὸ τῷ ἀπίστῳ
ἀνδρὶ συμμεμαχηκέναι. ὄψεται ταῦτα θεὸς ὃς νῦν τὴν ἐμὴν
συστρέφει καρδίαν. ἀγνοῶ μὲν τί ποτε ἔσται· ἀλλ' ὡς ἀληθῶς
μεῖζόν τι μοι ἡ διάνοια μελετᾷ.

XIII.

Λαοδάμεια Προτεσιλάῳ.

Πέμπει καὶ εὔχεται ἡ ἐρῶσα ὅπη πέμπεται τὸ χαίρειν
ἐλθεῖν ἡ Αἱμονὶς Λαοδάμεια τῷ Αἱμονίῳ ἀνδρί. φήμη φέρεται
τῶν ἀνέμων εἰργόντων διατρίβειν σε ἐν Αὐλίδι. ἃ ποῦ ποτ' ἦν
5 οὗτος ὁ ἄνεμος ἡνίκα με ἔφυγες; τότε τὰ κύματα ταῖς ὑμετέραις ὤφειλον κώπαις ἀνθίστασθαι· ἐκεῖνος ἦν ὁ καιρὸς τηνικαῦτα τοῖς χαλεποῖς ὕδασι πρόσφορος. πλείω γὰρ ἂν φιλήματα
τῷ συζύγῳ καὶ ἐντολὰς πλείους ἔδωκα, καὶ εἰσὶ γὰρ ἅ σοι λέγειν
ἐβουλόμην πολλά. ἡρπάγης δ' ὀξέως ἐνθένδε· καὶ ἄνεμος ἦν ὃς
10 προσκαλεῖσθαί σοι τὰ λαίφη εἶχε, καὶ οὗπερ οἱ ναῦται ἀλλ'
οὐκ ἔγωγε ἐπεθύμουν. ἄνεμος ἦν τοῖς μὲν ναύταις ἁρμόζων, οὐχ
ἁρμόζων δὲ τῇ ἐρώσῃ· ἀποσπῶμαι δὲ τῆς σῆς περιπλοκῆς,
Πρωτεσίλαε, κἂν ταῖς ἐντολαῖς ἡ γλῶττα ἡμιτελῆ τὰ ῥήματα
καταλέλοιπε καὶ μόλις ἠδυνήθην ἐκεῖνο τὸ οἰκτρὸν εἰπεῖν, Χαῖρε.
15 ἐμπίπτει τοίνυν Βορρᾶς καὶ ἀναρπάσας τὰ ἱστία διέτεινε, καὶ
ἤδη πόρρω οὑμὸς Πρωτεσίλαος ἦν. μέχρι μὲν οὖν εἶχον βλέπειν
τὸν ἄνδρα, τὸ βλέπειν ἔτερπε καὶ μέχρις οἷόν τ' ἦν τοῖς ἐμαυτῆς
ὀφθαλμοῖς τοὺς ὑμετέρους παρέπεμπον. ἐπεὶ δὲ σὲ μὲν οὐκ εἶχον,
20 εἶχον δὲ τὰ λαίφη τὰ σὰ βλέπειν, ἐπὶ πολὺ τὰ λαίφη τὴν ἐμὴν
ὄψιν κατέσχεν. ἐπεὶ δὲ μήτε σὲ μήτε τὰ λαίφη φυγόντα ἔβλε-
πον καὶ ὅπερ ἂν ὁρῶμι οὐδὲν ὅτι μὴ πέλαγος ἦν, καὶ τὸ φῶς
ἀπῆλθε σὺν σοί, τοῦ αἵματός μοι φυγόντος καὶ σκότους ἀναδο-
25 θέντος φασί με λιποθυμήσασαν ἐπὶ γόνυ καταπεσεῖν. μόλις δ' ὁ

XIII. -αυδάμεια -ρωτεσιλάω P.　1. -έμπει P.　4. scr. ἔφευγες.　6.
πηνικαυτα A.　8. ἠβουλόμην P.　9. λέφη P.　10. ἐπεθύμησαν A.
15. διέστεινε A.　17. ἔτερπει A. P pr.　19. τὰ λαίφη om. P.　20.
παρέσχεν P.　21. scr. φεύγοντα. ἔβλεπεν P₂.　24. λειποθυμήσασαν
A. λυποθυμήσασαν P.　25. με om. A.　31. οὐδὲ δὲ A.　33.

πενθερὸς Ὑψίπυλος, μόλις με ὁ πολυετὴς Ἄκαστος, μόλις ἡ
μήτηρ ὀδυνωμένη ὕδατι ψυχρῷ ἀνεκτήσαντο. εἰργάσαντο δ᾽ ἔργον
εὐσεβὲς μὲν ἀλλ᾽ ἀσύμφορον ἡμῖν, ὥστ᾽ ἀγανακτῶ νῦν ὅτι μὴ
ἐξεγένετό μοι τῇ δυστήνῳ θανεῖν. ἐπεὶ δ᾽ ἐπανῆλθεν ἡ ψυχή,
ἐπανῆλθον ἐκ τῶν ἴσων καὶ αἱ ὀδύναι, καὶ τὴν σώφρονα καρδίαν 30
ἔννομος ἔρως δάκνει. οὐδέ μοι φροντὶς τὴν κόμην παρέχειν
πλέκειν οὐδ᾽ ἀσμένως τὸ σῶμα χρυσῇ σκέπειν ἐσθῆτι. ὥσπερ
δ᾽ ἐκεῖναι ὧν ὁ κερασφόρος θεὸς πιστεύεται κληματίδι καθάπτεσθαι καὶ δεῦρο κἀκεῖσε ὅπηπερ ἂν ἡ μανία φέροι ἐλαύνομαι.
συνίασι γοῦν αἱ Φυλακηίδες μητέρες καί μοι ἐμβοῶσι· Περι- 35
βαλοῦ τοὺς βασιλικούς, Λαοδάμεια, πέπλους. καλῶς ἂν αὐτὴ
κεκορεσμένα πορφύρας ἱμάτια λάβοιμι, ἐκεῖνος δ᾽ ὑπὸ τὸ τῆς
Ἰλίου τεῖχος ἀγέτω πολέμους· αὐτὴ τὴν κόμην πλέξαιμι, κράνει
δ᾽ ἐκεῖνος τὴν κεφαλὴν πιεζέσθω· αὐτὴ καινὰς ἀμπισχοίμην 40
ἐσθῆτας, ὅπλα δ᾽ ὁ ἀνὴρ ἐνδιδυσκέσθω σκληρά. ᾗτινί ποτε
δύναμαι κακοπαθείᾳ μιμεῖσθαι τοὺς σοὺς πόνους λεχθήσομαι
καὶ τοῦτον οἰκτροῦ πολέμου καιρὸν διανύσαιμι. Πάρις ἡγεμὼν
Πριαμίδη ἐπὶ τῇ τῶν σαυτοῦ βλάβῃ περικαλλέστατε, οὕτω
νωθρὸς ἐχθρὸς εἴης ὥσπερ κακὸς ξένος ἦσθα. εὔχομαι δ᾽ ἢ σὲ τῇ 45
Ταιναρίᾳ γυναικὶ τὴν ὄψιν μωμήσασθαι ἢ ἐκείνη τὸ σὸν κάλλος
ἀπὸ θυμοῦ γενέσθαι. σὺ δ᾽ ὃς ὑπὲρ τῆς ἁρπαγείσης σφόδρα
ταλαιπωρεῖς, ὦ Μενέλαε, οἴμοι τί πολλαῖς γενήσῃ δακρύων
αἴτιος σαυτῷ τιμωρῶν; ἀλλ᾽ ἀφ᾽ ἡμῶν, ὦ θεοί, τὴν ἀπαίσιον
κληδόνα δέομαι μεταστήσατε· δοίη δ᾽ οὑμὸς ἀνὴρ ὅπλα τὰ οἰκεῖα 50
τῷ ἐπανασώσαντι Διί. ἀλλὰ δέδοικα ὁσάκις ἔπεισί μου τῇ μνήμῃ
δύστηνος πόλεμος· χιόνος γὰρ δίκην τηκομένης ἡλίῳ κάτεισί μου
τὰ δάκρυα. Ἴλιος γὰρ καὶ Τένεδος καὶ Σιμόεις καὶ Ξάνθος
καὶ Ἴδη ὀνόματ᾽ ἐστὶν αὐτῇ παντάπασι τῇ προφορᾷ φοβερά.
οὐδ᾽ ἂν ἁρπάσαι τολμήσειν ἔμελλεν, εἰ μὴ ἀμύνειν ἑαυτῷ ὁ 55
ξένος ἠδύνατο· ᾔδει τὴν οἰκείαν ἐκεῖνος δύναμιν. ἀφίκετο γάρ,
ὡς ἡ φήμη λέγει, πολλῷ χρυσῷ περίβλεπτος, καὶ οἷος ἂν ἐν τῷ
οἰκείῳ σώματι τὸν τῶν Φρυγῶν πλοῦτον ἐμφαίνοι, στόλῳ τε καὶ

κλιματίδι P.   34. φέρει A.   40. ἐνδιδυσκέτω P.   41. Qua.   43.
Dux Pari.   44. κακῶς P.   46. ἐκεῖνος P.   49. οἱ θεοὶ P.   52. μοι A.

60 ἀνδράσιν ἰσχύων δι' ὧν οἱ χαλεποὶ πόλεμοι συγκροτοῦνται καί
οἱ εἵπετο μέρος ὅσον δήποτε τῆς ἑαυτοῦ βασιλείας. οἷς ἐγώ σε,
τῶν διδύμων ἀδελφὴ θύγατερ Λήδας, ὑποπτεύω δὴ νικηθῆναι·
ταῦτα τοῖς Δαναοῖς λυμήνασθαι οἷά τ' εἶναι νομίζω. τὸν Ἕκτορα
οὔκ οἶδ' ὅντινα δέδοικα· ὁ Πάρις εἶπε τὸν Ἕκτορα αἱμοχαρεῖ
65 χειρὶ δεινοὺς μετιέναι πολέμους· τὸν Ἕκτορα, ὅστις ποτὲ οὗτός
ἐστιν, εἴ σοι φίλτρον ἐμοῦ, φυλάττου· καὶ τούτου τὸ ὄνομα
ἐγκεχαραγμένον ἐπὶ μνήμονος φέρε καρδίας. ἐπειδὰν δὲ τοῦτον
φυλάξῃ καὶ τοὺς ἄλλους φυλάττεσθαι μέμνησο, καὶ πολλοὺς
ἐκεῖ Ἕκτορας εἶναι οἴου. καὶ μέμνησο δὴ λέγειν ὁσάκις ἂν
70 πολεμεῖν ἑτοιμάζῃ, Φείδεσθαί με ἑαυτῆς ἐνετείλατο Λαοδάμεια.
εἰ γὰρ καὶ Ἀργολικῇ στρατιᾷ τὴν Τροίαν πεσεῖν ἔξεστιν, ἀλλὰ
μηδεμίαν σοῦ λαβόντος πληγὴν πιπτέτω. μαχέσθω καὶ ἀντιμέτωπος τοῖς ἐχθροῖς ὁ Μενέλαος ἴτω ὡς ἂν ἁρπάσῃ τοῦ
75 Πάριδος ἦν αὐτοῦ πρόσθεν ὁ Πάρις. ὁμόσε χωρείτω καὶ τῇ
τοῦ πολέμου νικῶν αἰτίᾳ, νικάτω δὴ καὶ τοῖς ὅπλοις· καὶ ἐκ
τῶν ἐχθρῶν γὰρ μέσων ζητητέα ἡ γυνὴ τῷ συνεύνῳ. ἡ σὴ
δ' αἰτία ἀνόμοιος· σὺ μόνον ὥστε ζῆν μάχου καὶ πρὸς τοὺς
φιλοστόργους ἐπανελθεῖν δυνηθῆναι τῆς γυναικὸς κόλπους.
φείδεσθε, Δαρδανίδαι, δέομαι ἐκ τοσούτων πολεμίων ἑνός, ὡς
80 μὴ ἐξ ἐκείνου τοῦ σώματος τοὐμὸν αἷμα ἐξέλθῃ. οὐδεὶς γὰρ
ἔστιν ᾧ πρέπει γυμνῷ συναντᾶν τῷ σιδήρῳ καὶ ἰταμῶς τὸ
στέρνον τοῖς ἀντικαθισταμένοις ἐπιφέρειν ἀνδράσι. κραταιότερον
δ' ἐκεῖνος δύναται, ὅσον πολλῷ μαχόμενος ἔρωτι· πολέμους οὖν
85 ἄλλοι φερέτωσαν, ὁ Πρωτεσίλαος δὲ ἐράτω. νῦν ὁμολογῶ ὡς
ἀνακαλέσαι σε ἠβουλήθην, καὶ ἡ ψυχὴ πρὸς τοῦτ' ἔφερεν, ἀλλ'
ἡ γλῶττα τῷ δέει τοῦ σκαιοῦ οἰωνοῦ ἀνεστάλη. καὶ γὰρ ἡνίκ'
ἔμελλες πρὸς Τροίαν τῶν πατρῴων θυρῶν ἐξιέναι, ὁ πούς σου
προσπταίσας ἐπὶ τοῦ οὐδοῦ σύμβολον ἔδωκεν. ὡς εἶδον, ἀνε-
90 στέναξα καὶ σιγῇ κατὰ ψυχὴν εἶπον· Σύμβολα ταῦτ' εἴη τῆς
τοῦ ἀνδρὸς ἐπανόδου. ταῦτα δέ σοι νῦν ἀναφέρω, ἵνα μὴ μεγά-

60. καὶ ἕπετο Α.   61. τῶν om. P.   64. αἱμοχωρεῖ Α.   72. σοῦ
τε Α.   73. ἀντιμέτυπος Α.   74, 75. versus spurios habet.   75.
ὤμοσε Α.   77. οὐ μόνον Α.   79. non est.   83. amore,
ut s.   85. ἐβουλήθην P.   87. ita p.   πρώτων P.   τρώων Α.   94.

θυμὸς ἦς ἐν ὅπλοις· ποίει δ' ὡς ἂν πᾶς οὗτος οὐμὸς φόβος εἰς
ἀνέμους ἀπέλθοι. ἀλλὰ καὶ χρησμὸς οὐκ οἶδα τίνα κακῆς ἔσεσθαι ὑπαινίττεται μοίρας, ὃς ἂν τῶν Δαναῶν πρῶτος τῆς Τρῳάδος
γῆς ἅψηται. σχετλία ἡ πρώτη ἀναρπασθησόμενον κλαυσομένη 95
τὸν ἄνδρα. οἱ θεοὶ ποιήσειαν, ὡς ἂν σύ γε μὴ ἄλκιμος εἶναι
θέλοις. ἐν δὲ χιλίαις τριήρεσιν ἡ σὴ τριήρης χιλιοστὴ γενέσθω,
καὶ ἐσχάτη τὸ ὕδωρ ταραχθὲν ἤδη στρεφέτω. καὶ ταῦτά γε
μὴν προδιδάσκω· τῆς νεὼς ἔσχατος ἔξιθι. οὐ γάρ ἐστιν ὅπη 100
σπεύδεις πατρῴα σοι γῇ. ἡνίκα δ' ἀπονοστεῖς καὶ κώπαις καὶ
λαίφει τὴν τριήρη ἐπίσπερχε, κἀπὶ τοῦ λιμένος σαυτοῦ ταχὺν
στῆσον τὸν πόδα. εἴτε μὲν οὖν ἥλιος κέκρυπται εἴτε τῆς γῆς
ἀνίσταται ὑψηλότερος, σύ μοι καὶ ἡμέρας, σύ μοι καὶ νυκτὸς
ἥκεις ὀδύνη. νύκτωρ μέντοι μᾶλλον ἢ μεθ' ἡμέραν· ἐκείναις γὰρ 105
ταῖς κόραις ἢ νὺξ χαριεστάτη, ὧν τὸν τράχηλον ὑποκείμενος
πῆχυς ἀνέχει. μαστεύομαι δ' ἐν ἄζυγι λέχει ψευδεῖς ὀνείρους,
καὶ ἡνίκα τῶν ἀληθῶν ἡδονῶν στεροῦμαι αἱ ἀναπλαττόμεναι
τέρπουσιν· ἀλλ' ἡ σὴ μορφὴ τί δήποτε ἡμῖν ὠχρὰ ἐφίσταται;
τοῦ χάριν ἐκ τῶν σῶν ῥημάτων πολλὴ δεινοπάθεια πρόεισιν; 110
ἐκτινάττομαι αὐτίκα τὸν ὕπνον, καὶ τὰ τῆς νυκτὸς εἴδωλα
ἱκετεύω· καὶ οὐκ ἔστιν ὅστις Θετταλὸς βωμὸς τῆς ἐμῆς
κνίσσης στέρεται. θυμιάματα δὲ διδόαμεν ὁμοῦ δὲ καὶ δάκρυα,
ἐφ' ὧν κατασκιδνάμενον ἀναλάμπει, ὥσπερ οἴνου ἐπιχεομένου
φλὸξ ἀνίστασθαι εἴωθε. πότε σε ἐπανιόντα ποθοῦσιν ἔγωγε 115
περιβαλοῦσα βραχίοσιν, ὑπὸ τῆς ἐμαυτῆς αὐτὴ διαχυθήσομαι
ἡδονῆς; πηνίκα δ' ἔσται, ἡνίκα μοι ἐπὶ ταὐτοῦ λέχους τὰ
λαμπρὰ τῶν ἔργων τῆς σαυτοῦ διηγήσῃ στρατιᾶς; ἅπερ ἡνίκα
ἄν μοι διηγήσῃ εἰ καὶ τὰ μάλιστα τὸ τούτων ἀκούειν ἡδύ, πολλὰ 120
μέντοι λήψῃ φιλήματα, πολλὰ δὲ δώσεις. ἀεὶ μὲν οὖν εὐφυῶς
ταῦτα τοῖς τῆς διηγήσεως ἐνίσταται ῥήμασι, προθυμοτέρα δ' ἡ
γλῶττα σὺν ἡδείᾳ βραδυτῆτι διεξιέναι τοὺς λόγους. ἀλλὰ γὰρ

ἅψεται Α. 99. ἴθι Α. 100. properas. 101. λαίφη P. καὶ
τριήρη P. τριήρην Α. 103. κρύπτεται P. 107. μαστεύομαι scripsi,
μαντεύομαι PΑ. 109. σὺ P. ὠχρὰ ἡμῖν P. 111. ἐκτεινάτωμε P.
113. δεδόαμεν P. 114. ἐνίστασθαι Α. 115. πόθου σῶν P. 117.
μοι om. Α. 119. διηγῇ P. τὸ om. P. 127. εἰργούντων Α. 128.

ἡνίκα ἂν Ἴλιος ἐπὶ νοῦν μοι ἀναβῇ, ἀναβαίνουσιν εὐθὺς
θάλαττά τε καὶ ἄνεμοι καὶ ἡ χρηστὴ ἐλπὶς ἡττηθεῖσα τοῦ
125 φόβου πίπτει. καὶ τοῦτο δ' ὅτι τὰ πνεύματα κωλύει τὰς ναῦς
ἀποπλεῦσαι θροεῖ με· τῶν γὰρ ὑδάτων ἀκόντων ἀπιέναι παρα-
σκευάζεσθε. τίς γὰρ ἂν εἰς τὴν ἐνεγκαμένην γοῦν ἀπιέναι
βούλοιτο τῶν ἀνέμων εἰργόντων; ὑμεῖς δ' ἐκ τῆς πατρίδος τὰ
ἱστία τοῦ πελάγους εἴργοντος δίδοτε. αὐτὸς ὁ Ποσειδῶν ὑμῖν
130 πρὸς τὴν ἑαυτοῦ πόλιν πορείαν οὐ δίδωσι. πῇ σπεύδετε; πρὸς
τὰς ὑμῶν αὐτῶν ἕκαστος οἰκίας ἐπάνιτε. πῇ σπεύδετε, Δαναοί;
τοῖς πνεύμασιν ἱσταμένοις ἐμποδὼν ὑπακούσατε, οὐδὲ γὰρ αὐτομάτου τύχης θεοῦ δ' ἐστὶν ἥδε ἡ διατριβή. τί δὲ τῷ τοσούτῳ
ζητεῖτε πολέμῳ ὅτι μὴ αἰσχρὰν μοιχαλίδα; Ἰναχίαι νῆες ἐν
135 ὅσῳ ἔξεστι στρέψατε τὰ ἱστία. ἀλλὰ τί δῆτ' ἔγωγε ἀνα-
καλῶ; κληδὼν ἀνακαλούσης ἀπέστω, καὶ αὔρα πραεῖα κατα-
στορέσασα τὸ ὕδωρ ἐπιτρεχέτω. νῦν φθονῶ ταῖς Τρῳάσιν,
αἵτινες οὕτω τὰς πολυδακρύτους τῶν οἰκείων ἀθρήσουσιν ἐκ-
φοράς, καὶ οὐδὲ πόρρω ὁ πολέμιος ἔσται. αὐτὴ δὲ ταῖς ἑαυτῆς
140 χερσὶν ἡ νεόγαμος τῷ γενναίῳ ἀνδρὶ ἐπιθήσει τὸ κράνος καὶ
ὅπλα βάρβαρα δώσει. ὅπλα δώσει καὶ τὰ ὅπλα διδοῦσα ὁμοῦ
λήψεται καὶ φιλήματα καὶ τοῦτο τὸ τῆς ὑπουργίας εἶδος ἔσται
καὶ ἀμφοτέροις ἡδύ. προπέμψει τε τὸν ἄνδρα καὶ ὑποστροφῆς
ἐντολὰς δώσει καὶ φήσει· Ποίει ταυτὶ τὰ ὅπλα τῷ Διὶ ἀνα-
145 θεῖναι. ὁ δ' ἐξ ὑπογυίου τῆς συνεύνου τὰς ἐντολὰς ἐν αὐτῷ
φέρων πολεμήσει πεφυλαγμένως καὶ τὴν οἰκίαν ὄψεται αὖθις.
ἡ δὲ ἀναστρέψαντα τὴν ἀσπίδα ἀποδύσει καὶ τὴν κόρυθα λύσει,
καὶ τῷ ἑαυτῆς κόλπῳ τὸ σῶμα καμὸν ὑποδέξεται. ἡμεῖς δ' ἐσμὲν
150 ἀβέβαιοι, ἡμᾶς δ' ὁ πολύπονος ἀναγκάζει δὴ φόβος, πάνθ' ὅσα γενέσθαι ἐνδέχεται καὶ γεγονότα νομίζειν. ἐν ὅσῳ μέντοι σὺ γῆς
ἐπ' ἀλλοδαπῆς ὅπλα στρατεύων φέρεις, ἔστιν ἐμοὶ κηρὸς τὴν σὴν
παρεχόμενος ὄψιν. ἐκείνῳ μειλίγματα, ἐκείνῳ τὰ σοὶ ὀφειλό-

ὑμᾶς Α.   130. verba πρὸς ad σπεύδετε in 131 om. P. causa patet.
131. ὑπακούσετε P.   134. ὅσῳ γε Α.   135. omen revocantis.   137.
τροάσιν Α.   138. ἀθροίσουσιν P.   πολέμος Α.   140. δόσει P pr.
141. ὅπλα δώσει om. P.   145. ἐν ταυτῷ P.   scr. σὺν αὐτῷ.   146.
πεφυλαγμων Α (?).   147. λύσαι Α.   149. ἀναγκάσει Α.   150. ταῦθ'

μενα ῥήματα προσφθεγγόμεθα, καὶ περιπλοκὰς ἐκεῖνος τὰς ἐμὰς
δέχεται. πιστεύοις ἄν μοι, πλέον ἢ ὡς εἰκὼν δοκεῖν ἐστιν 155
οὗτος· πρόσθες γὰρ φωνὴν τῷ κηρῷ, καὶ ὁ Πρωτεσίλαος ἔσται.
τοῦτον ὁρῶ καὶ ἐν κόλποις ἀντὶ τοῦ ἀληθινοῦ κατέχω συζύγου·
καὶ ὡς ἂν δυναμένῳ λόγοις ὁμιλεῖν, ἐλεεινὰ φθέγγομαι. κατὰ
τοῦ ἐμαυτῆς καὶ σοῦ τοίνυν σώματος, τῶν ἐμαυτῆς θεῶν, ὄμνυμι,
καὶ τῶν ἡμετέρων ὁμοφρόνων ψυχῶν καὶ τῶν τῆς συζυγίας 160
λαμπάδων, καὶ ὡς ἄν σε πολιαῖς λευκανθέντα θριξὶν ἴδοιμι καὶ
κατὰ τῆς σῆς κεφαλῆς ἣν δυνηθείης αὐτὸς σὺν σαυτῷ ἐπανα-
κομίσαι· ἦ μὴν ἔψεσθαί σοι ὅπηπερ ἂν αὐτὸς καλέσῃς· εἴτε,
ὅπερ φεῦ—δέδοικα, εἴτε τῷ βίῳ καλῶς περίει. ἐντολῇ γε μὴν 165
βραχείᾳ τὰ τῆς ἐπιστολῆς ἔσχατα ἐπισφραγιζέσθω· ἔστω σοι
φροντὶς καὶ ἐμοῦ, ἔστω σοι φροντὶς καὶ σαυτοῦ.

XIV.

Ὑπερμνήστρα Λυγκεῖ.

Ὑπερμνήστρα τῷ ἐκ τοσούτων μικρῷ πρόσθεν νῦν ἐνὶ ἐπι-
στέλλει, ἡ λοιπὴ γὰρ πληθὺς τῷ τῶν συνεύνων κεῖται τολμήματι. ἐπὶ τῆς οἰκίας ἐγκεκλεισμένη κατέχομαι καὶ βαρυτάτοις
καθειργμένη δεσμοῖς· ἔστι δέ μοι τῆς τιμωρίας αἰτία, τὸ εὐσεβῆ γεγονέναι. καὶ ὅτι περ ἔδεισεν ἡ χεὶρ τῆς σῆς σφαγῆς 5
καθεῖναι τὸν σίδηρον κατακέκριμαι· ἐπηνούμην δ᾽ ἂν εἰ τετολ-
μήκειν τὸ ἄθεσμον. ἀλλ᾽ ἐμοὶ προτετίμηται τὸ κατακεκρίσθαι
ἢ τῷ πατρὶ κατ᾽ ἐκεῖνον ἀρέσαι τὸν τρόπον· οὐδέ μοι μεταμέλει τοῦ ἀθῴου φόνου τὰς χεῖρας ἔχειν. εἰ γάρ με ὁ πατὴρ καὶ
πυρὶ ὅπερ οὐκ ἐμολύναμεν καταφλέξει καὶ τὰς παρούσας τοῖς 10
γάμοις δᾷδας εἰς τὸ πρόσωπον ὤσει, ἢ ἐκείνῳ σφάξει ὅπερ οὐ
καλῶς παρέδωκε ξίφος ὡς ᾧ μὴ πέπτωκεν ὁ ἀνὴρ θανάτῳ ἡ

A.   155. οὗτός ἐστι P.   161. ἄν γε P.   τριξὶν Α.   162. ἐπ-
ανακομίσαιμι P.   166. sit ... sit.
XIV. 'περμνήστρα -ιγγεῖ P.   1. -περμνήστρα P.   3. ἐγκεκλασμένη
Α.   καθειρμένη Α.   4. εὐσεβεῖ Α.   5. ἔδεισαν Α.   7. ἢ] καὶ P.
8. αἰώνους Α.   9. καταφλέξαι Α.   12. ὁ om. Α.   14. ἢ PA.

γυνὴ πέσω, οὐ μέντοι καὶ ἐξανύσειεν ἂν ὡς φάναι καὶ ἀπο-
θνῆσκόν μοι τὸ στόμα· Μεταγινώσκω. οὐ γὰρ ἔστιν ᾗ ἂν μετα-
15 μέλοι τοῦ εὐσεβῶς διαγεγονέναι. τῷ Δαναῷ μεταμελέτω τῆς
τόλμης καὶ ταῖς δειναῖς ἀδελφαῖς· τοῖς γὰρ ἀνοσίοις τῶν ἔργων
αὕτη ἕπεσθαι ἡ ἔκβασις εἴωθεν. καταπλήττεταί μοι ἡ καρδία
τῇ ὑπομνήσει τοῦ κατὰ τὴν ὀλέθριον νύκτα ἐκείνην αἵματος
καὶ τρόμος αἰφνίδιος τὰ ὀστᾶ τῆς δεξιᾶς ἀναποδίζειν ποιεῖ. ἢν
20 δ' αὐτὸς οἰηθείης ἂν δεδυνῆσθαι τῷ τοῦ ἀνδρὸς χρήσασθαι φόνῳ
αὕτη γράφειν δέδοικε περὶ τοῦ μὴ γεγονότος αὐτῇ φόνου. ἀλλὰ
μέντοι μόνον ἀποπειράσομαι· λυκαυγὲς ἦν ἐπὶ τῆς γῆς, μέρος
τῆς μὲν ἡμέρας τὸ ἔσχατον πρῶτον δὲ τῆς νυκτός. ἀγόμεθα δ' αἱ
Ἰναχίδες ὑπὸ τὴν οἰκίαν τοῦ μεγάλου Πελασγοῦ καὶ ὁ πενθερὸς
25 αὐτὸς ὡπλισμένας ἐδέξατο τὰς αὐτοῦ νύμφας. καὶ πάντοθεν
ἔφαινον περιεζωσμέναι χρυσῷ λαμπάδες καὶ ἀσεβῆ θυμιάματα
μὴ δεχομένῳ τῷ πυρὶ δέδοται. ὁ μὲν δῆμος Ὑμὴν ὑμέναιε ἐκάλει
κἀκεῖνος τοὺς καλοῦντας αὐτὸν φεύγει καὶ αὐτὴ δ' ἡ τοῦ Διὸς
σύζυγος τῆς οἰκείας ἀνεχώρησε πόλεως. ἤδη μὲν οὖν τῷ οἴνῳ
30 σφαλλόμενοι, καὶ ἅμα συνεχεῖ κραυγῇ τῶν ἑταίρων, καὶ νέοις
ἄνθεσι τὰς διαβρόχους περισφίγγοντες κόμας, εἰς τοὺς θαλάμους
χαίροντες, εἰς θαλάμους τὰς ἑαυτῶν πυρὰς φέρονται, καὶ στρωμ-
νὰς τοῖς σώμασιν ἐκφορᾶς ἀξίας πιέζουσιν. ἤδη δὲ καὶ σιτίοις
καὶ οἴνῳ βεβαρημένοι καὶ ὕπνῳ ἔκειντο, καὶ ἡσυχία βαθεῖα ἐν
35 ἀσφαλεῖ ἦν τῷ Ἄργει. καὶ οἰμωγὰς περὶ ἐμὲ κτεινομένων
ἀκούειν ἐδόκουν· ὅμως γε μὴν ἤκουον, καὶ ἦν ὅπερ οὖν ηὐλα-
βούμην. ἔφυγε δέ μου τὸ αἷμα καὶ τόν τε νοῦν καὶ τὸ σῶμα ἡ
θερμότης ἀπέλιπε, καὶ κρυσταλλωθεῖσα ἐπὶ τῆς νέας εὐνῆς
ἐκείμην. ὡς δὲ κούφῳ ζεφύρῳ στάχυες δονοῦνται λεπτοί, καὶ
40 ψυχρὸς ἄνεμος τὴν ——— συσσείει κόμην, ἤτοι οὕτως ἢ καὶ
πλέον ἐτρόμαξα· σὺ δ' ἐκάθευδες, καὶ γὰρ ὃν οἶνόν σοι δέδωκα
τῶν ποιούντων ἦν κάρον. ἀλλ' ἐξετίναξε τὸν φόβον τὰ βίαια

εὐσεβοῦς P.   15. μεταμέλει A.   17. ὀλέθρον A.   18. ossa.   19.
δυνήσεσθαι P.   20. αὐτὴ A.   21. τῆς om. A.   23. ἀλώμεθα P.   οἱ
ἰναχίδαι P₂.   24. ὡπλισμένος P, ut puto.   28. οἰκίας A.   31. φέροντες
P.   40. spatium vacuum in P saltem.   42. vina soporis.
44. om. PpA.   45. loquor s.   τὴν ante μάχαιραν om. P.   51. διαρή-

προστάγματα τοῦ πατρός. οὔκουν ἐγὼ ψευδῆ φθέγγομαι, τρὶς 45
μὲν τὴν τεθηγμένην ἐπῆρεν ἡ χεὶρ τὴν μάχαιραν τρὶς δὲ κακῶς
κατέπεσεν ὑφαιρουμένου τοῦ ξίφους. καὶ πάλιν προαγομένη
ταῖς τοῦ πατρὸς ὑποθήκαις καὶ τοῖς προστάγμασι τὸ πατρικὸν
ὅπλον τῇ σῇ σφαγῇ προσεπέλασα. ἀλλὰ καὶ αὖθις φόβος τε
καὶ εὐσέβεια τοῖς ἀπηνέσι τολμήμασιν ἀντετάξατο, καὶ ἡ 50
σώφρων δεξιὰ τὸ κελευσθὲν ἔργον ἐξέφυγε. τοὺς πορφυροῦς
τοίνυν διαρρήξασα κόλπους καὶ τὴν κόμην διασπαράξασα, φωνῇ
λεπτοτάτῃ τοιαῦτά τινα ἐφθεγξάμην· ἀπότομός ἐστιν ὁ πατήρ,
Ὑπερμνήστρα· τὰ κελευσθέντα σοι πρὸς τοῦ πατρὸς εἰς πέρας
ἐξάγαγε, τοῖς οἰκείοις οὗτος ἀδελφοῖς ἀκολουθησάτω. ἀλλὰ 55
γυνή εἰμι καὶ παρθένος, καὶ τὴν φύσιν πραοτέρα καὶ νεωτέρα
τὸν χρόνον καὶ οὐ συντελοῦσιν ἁπαλαὶ χεῖρες πρὸς ὅπλων δεινό-
τητα. ἀλλὰ μὲν ἄγε ἐν ὅσῳ καθεύδει, τὰς γενναίας μίμησαι
ἀδελφάς· πιθανὸν γὰρ πάσαις ἀπεκτάνθαι τοὺς ἄνδρας. ἀλλ᾽
εἴπερ ἡ χεὶρ αὕτη φόνον τινὰ τολμῆσαι οἷα τε ἦν, τῷ θανάτῳ 60
τῆς ἑαυτῆς δεσποίνης ἂν ἐλελύθρωτο. ἀλλ᾽ ἄξιοί εἰσι φόνου τῷ
τὴν βασιλείαν τῶν ἀνεψιῶν ἔχειν, τὴν θυραίοις μέντοι παρα-
δοθησομένην γαμβροῖς; ὑπόθου τοὺς ἄνδρας ἀξίους εἶναι θανά-
του· τί δεδράκαμεν αὐταί; τίνι ἐμοὶ τολμήματι οὐκ ἔξεστιν
εὐσεβεῖν; τί ἐμοὶ καὶ τῷ σιδήρῳ, τί τὰ πολεμικὰ ὅπλα πρὸς 65
κόρην; ἔρια καὶ κλωστὴρ τοῖς ἐμοῖς δακτύλοις ἁρμοδιώτερα.
ταῦτά μου κιννυρομένης τὰ δάκρυα τοῖς οἰκείοις εἵπετο ῥήμασι
κἀκ τῶν ἐμῶν ὀφθαλμῶν εἰς μέλη τὰ σὰ ἔπιπτε. σοῦ δὲ ζητοῦν-
τος περιπλοκὰς καὶ νωθρὰς οὔσας τὰς χεῖρας διαρριπτοῦντος παρ᾽ 70
ὀλίγον ἂν ἡ χεὶρ σοι τῷ ξίφει ἐτέτρωτο. ἤδη μὲν οὖν τὸν
πατέρα καὶ τοὺς τοῦ πατρὸς δούλους καὶ τὸ φῶς ἐδεδοίκειν· τὸν
δὲ σὸν ὕπνον ἀπώσατο ταῦτά μοι τὰ ῥήματα· Ἔγειραι ἄγε,
Βηλείδη, εἷς ἐκ τοσούτων ἀδελφῶν νῦν ὑπάρχων. ἥδε σοι, εἰ μὴ
σπεύσεις, ἡ νὺξ ἀίδιος ἔσται. καταπλαγεὶς δ᾽ ἐξεγείρῃ καὶ φεύγει 75
πᾶσα ῥᾳθυμία τοῦ ὕπνου, καὶ ὁρᾷς ἐπὶ τῆς ἀτόλμου χειρὸς τὸ

ξασα P. κόλπους scripsi, πλοκάμους PA.   58. ὑπέκτανθαι A.   62.
τοῖς θυραίοις P.   67. ita, κινν. PA. τοῖς ἐμοῖς P.   68. ἐμῶν om. A.
70. τὸ ξίφος A pr. corr. A₂.   71. τὸν om. A.   72. τὸ δὲ σὸν A.
74. σπεύσῃς P.   79. ἕως PA.   80. summa.   83. κρατηθείσας

ἰσχυρὸν ὅπλον. καί σοι τὴν αἰτίαν ζητοῦντι, Ἐν ὅσῳ γε ἡ νὺξ
συγχωρεῖ, φεῦγε, ἔφην· τῆς νυκτὸς συγχωρούσης αὐτὸς μὲν
φεύγεις, ἐγὼ δὲ μένω. παρῆν οὖν ἠὼς καὶ Δαναὸς τοὺς γαμ-
80 βροὺς ἐκ φόνου κειμένους ἀπαριθμεῖται· τὸ τοῦ τολμήματος δὲ
κεφάλαιον, σὺ μόνος ἄπει. ὁ δὲ φέρει κακῶς τὴν ἐν ἑνὶ τοῦ
συγγενικοῦ θανάτου ζημίαν· καὶ ὡς ὀλίγον δυσχεραίνει τὸ
τολμηθέν. ἀποσπῶμαι τοίνυν τῶν πατρικῶν ποδῶν, καί με τῶν
τριχῶν κρατηθεῖσαν—τοιούτων ἀμοιβῶν ἠξίωται ἡ εὐσέβεια—
85 φυλακὴ ἔχει. δῆλον ὡς ἐξ ἐκείνου ἡ τῆς Ἥρας ὀργὴ διαμένει
ἐξ οὗ βοῦς ἐξ ἀνθρώπου γέγονε, καὶ θεὰ ἐκ βοός. καίτοι γε
ἀπέχρη τρυφερὰν παντάπασι μυκήσασθαι κόρην, καὶ μηκέθ' ὡς
καλὴν ἀρέσαι δύνασθαι τῷ Διί. ἔστη γὰρ ἐπὶ τῆς ὄχθης τοῦ
90 διαφανοῦς πατρὸς νέα δάμαλις καὶ κέρατα τὰ μὴ πρόσθεν
οἰκεῖα ἐν τοῖς πατρῴοις ὕδασιν εἶδεν. ἐπεχείρησε μὲν οὖν
ἐλεεινὰ φθέγξασθαι, μυκήματα δ' ἀνέδωκεν ἐκ τοῦ στόματος,
καὶ κατεπλάγη μὲν τῇ ὄψει κατεπλάγη δὲ καὶ τῇ φωνῇ ἑαυτῆς.
τί μαίνῃ, κακόδαιμον; τί σαυτὴν θαυμάζεις ἐν ὕδασι; τί τοὺς
95 πρὸς τὸ καινὸν σῶμα γεγεννημένους πόδας ἀπαριθμῇ; καὶ ἡ
τοῦ μεγάλου Διὸς ἀδελφῇ φοβερὰ γενομένη ἀντίζηλος φύλλοις
καὶ χόρτῳ τὴν σφοδρὰν πεῖναν κουφίζεις, καὶ ἐκ πηγῆς πίνουσα
τὴν σαυτῆς μορφὴν σκοπεῖς σὺν ἐκπλήξει, καὶ δέδοικας μή σε
τὰ ὅπλα ἃ φέρεις πλήξῃ. ἡ μικρῷ δὲ πρόσθεν οὕτω πλούτῳ
100 κομῶσα, ὡς ἱκανὴ εἶναι καὶ τοῦ Διὸς ἀξία δόξαι, ἐπὶ γυμνῆς
γυμνὴ τῆς γῆς κατακλίνῃ. καὶ διὰ ὑγρᾶς καὶ διὰ χέρσου καὶ
τῶν ἐκ γένους σοι προσηκόντων ποταμῶν θεῖς, καὶ ὁδόν σοι
δίδωσι καὶ ἡ θάλαττα, διδόασι καὶ οἱ ποταμοί, δίδωσι καὶ ἡ γῆ.
τίς δή σοι τῆς φυγῆς αἰτία; τί ποτε Ἰὼ διὰ μακρῶν οἰστρη-
λατῇ θαλαττῶν; οὐ γὰρ ἕξεις τὴν σαυτῆς ὄψιν αὐτὴ διαδρᾶναι.
105 Ἰναχίς, πῇ σπεύδεις; τὰ γὰρ αὐτὰ καὶ διώκεις καὶ φεύγεις, σὺ
σαυτῇ ἡγεμὼν ἑπομένη, σὺ σαυτῇ ὀπαδὸς ἡγουμένη. ὅ γε μὴν
Νεῖλος, ὁ δι' ἑπτὰ στομάτων ἐκβάλλων εἰς θάλατταν, ἀπέδυσε
τὴν μαινομένην ἀντίζηλον τὴν μορφὴν τῆς βοός. τί δ' ἂν τὰ

Α.　　85. ἐξ ἐκείνης τῆς ὥρας P interpolate.　　87. τροφερὰν Α.
95. ἀδελφῆς P.　　98. δέδοικα Α.　　101. ὑγρῶν P.　　103. οἰσ-
τρηλατεῖ P.　　105. Ἰναχῆς P.　　109. διδάσκαλος γέροντας Α.　　111.

ὕστατα λέγοιμι ὧν οἱ πολιοί μοι διδάσκαλοι γέροντες; ἰδοὺ 110
δίδωσιν ὁ ἐμὸς χρόνος ὃ δυσχεραίνω. πολέμους μὲν ὁ πατὴρ
καὶ ὁ θεῖος συνάπτουσι· τῆς ἀρχῆς δὲ καὶ τῆς οἰκίας ἐξελαυνό-
μεθα· ἐκβληθέντας τῆς οἰκουμένης ἐσχατιαὶ ἔχουσιν. ὁ δ᾽
ἀπηνὴς ἐκεῖνος μόνος τοῦ θρόνου καὶ τοῦ σκήπτρου ἀπολαύων
ἐστίν, ἡμεῖς δὲ σὺν τῷ γέροντι πενητεύοντι πένης δῆμος περι-
αλώμεθα. ἐκ δὲ τοῦ δήμου τῶν ἀδελφῶν μέρος βραχύτατον 115
ὑπολέλειπται καὶ τούς τε τῷ θανάτῳ δοθέντας καὶ τὰς δούσας
αὐτὰς κλαίω. καὶ γὰρ ὅσοι μοι ἀδελφοὶ καὶ ἀδελφαὶ τοσαῦται
ἀπώλοντο· δεξάσθω δὴ τἀμὰ δάκρυα στῖφος ἑκάτερον. ἰδοὺ
δ᾽ ἔγωγε, ὅτι δὴ ζῇς, ἐξ ἅπαντος τρόπου τιμωρηθησομένη
φυλάττομαι. τί δ᾽ ἂν ἐγενόμην ὑπεύθυνος γενομένη, ὁπότε καὶ 120
ἐπαίνων ἀξία τυγχάνουσα ταῦτα πάσχω; καὶ τῆς συγγενοῦς
πληθύος ἑκατοστή ποτε οὖσα, ἑνὸς ἀδελφοῦ μείναντος ἡ κακοδαίμων πεσοῦμαι. ἀλλὰ σύγε, Λυγκεῦ, εἴ τις σοι τῆς εὐσεβούσης
φροντὶς ἀδελφῆς, καὶ ἥν σοι παρέσχον χάριν ἄξιος ὧν ἔλαβες,
ἢ βοήθειάν μοι προσάγαγε, ἢ τῷ θανάτῳ παράδος· καὶ τὸ χρεὼν 125
λειτουργῆσαν τὸ σῶμα λαθραίᾳ πυρᾷ ἐπίθες. καὶ θάψον τὰ
ὀστᾶ πιστοῖς δάκρυσι ῥαντισθέντα, καὶ βραχείᾳ ἐπιγραφῇ ὁ
ἐμὸς τάφος ἐγκεκολάφθω·

Μισθὸν Ὑπερμνήστρη τῆς εὐσεβίης κακὸν εὖρε,
δὸν θάνατον κάσιος ὤσατο δεξαμένη.   130

ἦν μὲν ἡδὺ πλείω γράφειν ἀλλὰ τῷ τῆς ἀλύσεως βάρει καμοῦσα
ἡ χείρ ἐστι καὶ τὴν δύναμιν ὁ φόβος αὐτὸς ὑποσπᾷ.

ὁ ἀνὴρ καὶ Α.   περιαγώμεθα Α.   **115.** τῶν om. Α.   **117.** γὰρ om. Α.
123. λιγκεῦ Α.   λιγγεῦ Ρ.   **125.** τῷ χρεὼν Α.   **129.** ὑπερμνήστρα Α.
εὐσεβείας Ρ.   **131.** τῆς om. Ρ.   ἀλύσεως Α.

XVI.

Πάρις Ἑλένῃ.

Τοῦτό σοι τὸ χαίρειν ὁ Πριαμίδης, παῖ Λήδας, πέμπω, ὅπερ
ἐμοὶ παρασχεθῆναι σοῦ γε μόνης μὴ διδούσης οὐχ οἷόν τε.
πότερον λαλήσω ἢ ἥκιστα δεῖ μηνύσεως τῇ ἐγνωσμένῃ φλογί;
5 καὶ πλέον ἢ αὐτὸς ἂν ἐθέλοιμι οὑμὸς ἤδη ἔρως ἐκφαίνεται. ἀλλ'
οὗτος μὲν εὔχομαι λανθανέτω μᾶλλον μέχρις ἂν ταῖς ἡδοναῖς
εὐκαιρία δοθῇ μηδαμῶς συμμιγῆ φόβον ἔξουσα. ἀλλὰ κακῶς
ὑποκρίνομαι· τίς γὰρ ἂν τὸ πῦρ κρύψειεν ὅπερ οἴκοθεν ἀεὶ τῷ
οἰκείῳ φωτὶ προδίδοται; εἴγε μὴν ἐκδέχῃ καὶ φωνήν με προσ-
10 θεῖναι τοῖς πράγμασιν· πίμπραμαι, ἔχεις τῆς ἐμῆς ψυχῆς
λόγους ἄγγελον. φείδου, δέομαι, τοῦ ἀπειρηκότος, μηδ' ἀμα-
λάκτῳ προσώπῳ τὰ λοιπὰ ἔπιθι τῇ δὲ σῇ μορφῇ καταλλήλως.
ἤδη μὲν οὖν μοι χάριν ὅτι μου τὰ γράμματα προσεδέχθη· ταῦτα
15 γὰρ ἐλπίδας ἐμποιεῖ κἀμὲ δύνασθαι προσδεχθῆναι. αἵπερ εἶεν
βέβαιοι, μηδέ σε εἴη μάτην ἐμοὶ ἡ τοῦ ἔρωτος μήτηρ ὑποσχε-
θεῖσα, ἡ ταύτην μοι τὴν ὁδὸν συμβουλεύσασα. καὶ γὰρ ἐγὼ
θείαις εἰσηγήσεσιν, ὡς ἂν μὴ τοῦτ' ἀγνοοῦσα ἁμάρτῃς, ἥκω,
καὶ οὐδ' ἐλαφρὸς θεὸς τῷ ἐγχειρήματι πάρεστιν. ἆθλον μέγα
20 μὲν ἀλλ' ὀφειλόμενον ἀπαιτῶ· ἡ Κυθέρεια γὰρ τῷ ἐμῷ θαλάμῳ
σε ἐπηγγείλατο. ταύτης ἡγουμένης ἐκ τῆς ἠιόνος Σιγείου,
πορείας ἀδήλους διὰ μακροῦ τοῦ πελάγους τῇ Φερεκλείᾳ νηὶ
πεποίηκα. ἐκείνη καὶ αὔρας εὐχερεῖς καὶ οὐρίους ἀνέμους παρ-
έσχετο· καὶ γὰρ ἐν θαλάσσῃ, θαλάσσης φῦσα, θαυμαστῶς ἐξου-
25 σίαν κέκτηται. συμπαραστατείτω γοῦν πάλιν καὶ ὡς τῷ τοῦ

XVI. -άρις '-λένη P.   1. -οῦτο P.   11. ἀμειλάκτῳ A, quod si vere
traditur conieceris ἀμειλίκτῳ.   13. χάριν A.   χάροιεν p. de P dubito.
χαριστον potest esse : sed litterae ιστο incertae sunt et post corr. Fortasse
scribendum σοι οἶδα χάριν.   19. ἀπαιρῶ A.   23. οὐρείους P.   ὀρθρίους
A.   25. τὸ τοῦ P.   τῷ om. A.   τῆς om. P.   26. tuos s.   31. μηδέ

πελάγους, οὕτω δὴ καὶ τῷ τῆς ἐμῆς καρδίας φλογμῷ βοηθείτω, καί
μοι τὰς εὐχὰς πρὸς τοὺς σοὺς εἰσαγέτω λιμένας. ἠγάγομεν μὲν
φλόγας ἀλλ᾽ οὐχὶ κἀνταῦθα περιετύχομεν [ταῖς] αὐταῖς. ἤδε μοι
τῆς μακρᾶς ὁδοῦ αἰτία προσγέγονε. καὶ γὰρ οὔτε χειμὼν κίνδυ-
νον φέρων οὔτε πλάνη τις ἡμᾶς δεῦρο ἐξώκειλεν. ἀλλ᾽ ἡ Ται- 30
ναρία γῆ πρὸς τῆς ἡμετέρας ἐζητήθη νεώς. μηδέ με οἴου νηὶ
τέμνειν τὴν θάλατταν μισθοὺς κομιζούσῃ. συντηροῖεν γὰρ οἱ
θεοὶ ἅ γε κέκτημαι χρήματα. ἀλλ᾽ οὐδὲ μὴν ὡς κατάσκοπος
πρὸς τὰς Ἑλληνίδας ἔρχομαι πόλεις· αἱ γὰρ πόλεις τῆς ἐμῆς
ἀρχῆς πλουσιώτεραι. σὲ ζητῶ, ἣν ὡμολόγησεν ἡ χρυσῆ ᾽Αφρο- 35
δίτη τῷ ἐμῷ λέχει· πρότερον καὶ γάρ σου ἠράσθην ἤ μοι γνώριμος γέγονας. καὶ πρότερον τὸ σὸν κάλλος διανοίᾳ εἶδον ἢ
ὄμμασιν καὶ ἡ φήμη προτέρα τῆς σῆς ὄψεως ἄγγελος γέγονε.
πιστεύοις ἡμῖν ἂν καὶ τοῦτο; μεῖον τοῦ ἀληθοῦς τὸ σὸν κλέος, 145
καὶ ἡ τῆς σῆς μορφῆς ἔνεκα φήμη κομιδῇ κακοήθης ἦν. πλείονι
γὰρ ἐνταῦθα περιτυγχάνω ἢ ὅσον ἐκείνη γε ἐπηγγέλλετο, καὶ
τὸ σὸν κλέος τῆς οἰκείας ἥττηται ὕλης. δικαίως ἄρα ἐπὶ σοὶ ὁ
πάντα τὰ κατά σε γνοὺς Θησεὺς ἐξεκαύθη, καὶ ἁρπαγῆναι 150
ἀξία τῷ τοσούτῳ ἔδοξας ἀνδρί, ἡνίκα γυμνὴ τῷ τοῦ σοῦ ἔθους
ἔθει ἐπὶ τῆς καθαρᾶς ἔπαιζες παλαίστρας καὶ γυμνοῖς ἀνδράσιν
ἀνεμέμιξο ἡ γυνή. ὅτι μὲν οὖν ἥρπασεν ἐπαινῶ· θαυμάζω δ᾽ ὅτι
ποτὲ ἀπέδωκεν. ἡ γὰρ οὕτω καλὴ λεία ἐρρωμένως κατέχεσθαι
ἦν ἀξία. πρότερον ἤδε ἡ κεφαλὴ τῆς δειρῆς αἱμαχθείσης ἀνε- 155
χώρησεν ἄν, ἢ σὺ τῶν ἐμῶν ἀπεσπάσθης θαλάμων. σοῦ γὰρ
ἂν αἱ ἡμέτεραι χεῖρές ποτε μεθέσθαι ἠθέλησαν; ἠνεσχόμην
δ᾽ ἄν σε ζῶν τῶν ἐμῶν ἀπελθεῖν κόλπων; εἰ δ᾽ ἀποδίδοσθαι
ἔμελλες, ἔλαβον ὅμως αὐτὸς ἄν τι πρότερον ὡς μὴ νωθρὰ παντά- 160
πασιν ἡ ἡμετέρα γένοιτο ᾽Αφροδίτη. ἢ γὰρ ἂν ἐδρεψάμην τὴν
παρθενίαν, ἢ ὅπερ τῆς παρθενίας σωζομένης ἁρπαγῆναι ἠδύνατο.
δός μοι σαυτὴν μόνον. τί δ᾽ ἂν εἴη τὸ τοῦ Πάριδος σταθερὸν
βούλῃ γνῶναι; μία φλὸξ ἡ τῆς πυρᾶς τὴν ἐμὴν παύσει φλόγα.

μοι P. 36. καὶ om. A. 37. ὄμμασιν P. ὄψομαι A. an ὄψει? 146.
ἦν addidi : om. PA. 149. κατὰ] πιστὰ A. 150. ἀπαργῆσαι A. 152.
ἀνεμέμιξο scripsi. ἀνεμέμικτο A. ἀναμέμιξο P. 157. μεθέασθαι A.
163. Paridis. βούλοι P. βούκει A (?). 164. παύσειε P. 167ᵃ. Vertit

165 ἐγώ σε καὶ βασιλείας προὔθηκα ἣν ἡ μεγίστη τοῦ Διὸς ἀδελφή
τε καὶ σύζυγος ἡμῖν ποτε ἐπηγγείλατο. ὡς ἂν δέ μοι καὶ τὰς
χεῖρας τῷ σῷ τραχήλῳ περιελίξαι γένοιτο, τὸ τῆς ἀνδρείας μοι
167ᵃ περιῶπται καλόν, τῆς Ἀθηνᾶς τοῦτο παρεχομένης, ἡνίκα ἡ
168ᵃ Ἀφροδίτη καὶ Ἀθηνᾶ καὶ Ἥρα ἐπὶ τῶν τῆς Ἴδης τεμπῶν τῇ
169ᵃ ἡμετέρᾳ κρίσει τὰ ἑαυτῶν ὑπέθηκαν σώματα. καὶ τῆς μὲν
πρώτης βασιλείαν, τῆς δὲ δευτέρας εὐκληρίαν τοῦ πολέμου
170ᵃ διδούσης, τῆς Τυνδαρίδος σύνευνος, ἡ τρίτη φησίν, ἔσῃ. οὔτ᾽ οὖν
γνωσιμαχῶ· οὔτε ποτὲ ἀνοήτως τὴν ἐκλογὴν δόξω πεποιηκέναι
170 καὶ γὰρ μένει μοι βέβαιος ὁ λογισμὸς ἐπὶ τῆς οἰκείας εὐχῆς.
μόνον μὴ τὰς ἡμετέρας ἐλπίδας θελήσῃς εὐολίσθους γενέσθαι
δέομαι, ὦ διὰ τοσούτου πόνου ζητεῖσθαι ἀξία. οὔκουν ἔγωγε
διογενὴς ὢν τὴν τῆς εὐγενοῦς συνάφειαν βούλομαι, οὐδ᾽ αἰσχρῶς
175 ἡμετέρα σύζυγος, πίστευέ μοι, γενήσῃ. Πλειάδα γὰρ καὶ Δία,
εἰ ζητεῖς, ἐν τῷ ἡμετέρῳ εὑρήσεις γένει. ἵνα δὲ τοὺς ἐν μέσῳ
σιωπήσαιμι πάππους, σκῆπτρα δὲ τῆς Ἀσίας ὁ πατήρ, ἧς οὐκ
ἔστιν ἥτις εὐδαιμονεστέρα χώρα, ὁρίοις μεγάλοις μόλις τελευτῶσα, κατέχει. πόλεις δ᾽ ἀναριθμήτους καὶ ἐπιχρύσους οἰκίας
180 ὄψει, καὶ ναοὺς οὓς ἂν εἴποις τοῖς οἰκείοις θεοῖς πρέπειν. θεάσῃ
καὶ τὴν Ἴλιον καὶ κατωχυρωμένα πύργοις ὑψηλοῖς τείχη, καὶ
τῷ μέλει τῆς τοῦ Φοίβου λύρας κτισθέντα. τί δ᾽ ἄν σοι τοῦ
πλήθους ἕνεκεν καὶ ἀριθμοῦ τῶν ἀνδρῶν διηγοίμην; μόλις ἡ γῆ
185 τὸν ἑαυτῆς βαστάζει λεών. ὑπαντήσουσι δέ σοι πυκνῷ συστή-
ματι αἱ Τρῳάδες μητέρες οὐδὲ χωρήσει τὰ ἡμέτερα τείχη τὰς
τῶν Φρυγῶν νύμφας. ἃ ποσάκις ἐρεῖς· Πόσον πένης ἡ ἡμετέρα
Ἑλλάς ἐστι; μία γὰρ ἡτισοῦν οἰκία πόλεως κέκτηται πλοῦτον.
καὶ οὐ λέγω ταῦτα τὴν ὑμετέραν Σπάρτην ἐξαθερίζων, οὐ γάρ
190 μοι θέμις· ἐν ᾗ γὰρ σὺ γεγέννησαι χώρα μάλα μοι εὐδαίμων
ἐστίν. ἀλλὰ φειδωλός ἐστιν ἡ Σπάρτη, σὺ δὲ πλουσιώτερον
ἀξία κοσμεῖσθαι, πρὸς γὰρ τοιοῦτο κάλλος οὐδὲν οὗτος ὁ χῶρος
ποιεῖ. τοῦτο τὸ κάλλος ἐπιμελείαις ἀφθόνοις ἀδιαλείπτως

---

distichon spurium, vide Adn. Crit. et distichon xvii. 117, 118 quod in s
istis versibus subicitur. 171. θελήσεις P. 172. τοῦ τοσούτου P.
174. πίστεως A. 175. καὶ Δία γὰρ A. 179. ἐπιχρυσᾶς A. 189.
ἡμετέραν A. 190. ἀλλὰ in μάλα mutatum P. 194. ἐνθηνεῖν A, vel

χρῆσθαι καὶ καιναῖς τρυφαῖς ἐνευθηνεῖσθαι πρέπει. ὁπότε 195
δὲ τὸν κόσμον τῶν τοῦ ἡμετέρου γένους ἀνδρῶν βλέπεις, ὁποῖόν
ποτε πείθει τὰς Δαρδανίδας γυναῖκας ἔχειν; παράσχες μόνον
σαυτὴν εὐχερῆ, μηδ᾽ ἄνδρα Φρύγα ἀπαξιώσῃς, ἡ τῷ Θεραπναίῳ
ἀγρῷ τεχθεῖσα κόρη. Φρὺξ ἦν κἀκ τοῦ ἡμετέρου γεννηθεὶς
αἵματος ὃς νῦν τοῖς θεοῖς συμπίνων τὸ νέκταρ ὕδατι κίρνησι· 200
Φρὺξ ἦν ὁ τῆς Ἠοῦς σύνευνος· ἀνήρπασε δ᾽ ὅμως τοῦτον ἡ τὸν
ἔσχατον τῆς νυκτὸς δρόμον περατοῦσα θεός. Φρὺξ ἦν ὁ Ἀγ-
χίσης, ᾧπερ ἡ τῶν πτηνῶν μήτηρ ἐρώτων χαίρει συζευχθεῖσα
πρὸς τοῖς Ἰδαίοις λόφοις. ἀλλ᾽ οὐκ οἴομαι ὡς τῆς ἡλικίας καὶ 205
τῆς μορφῆς παραβαλλομένων, ὁ Μενέλαος παρὰ σοὶ κριτῇ πρὸ
ἡμῶν τιμηθήσεται. οὐδέ σοι ἀληθῶς εἰπεῖν πενθερὸν δώσομεν
τὸν λαμπρὸν ἀστέρα φυγαδεύοντα, ὃς ὑπὸ τοῦ βρώματος ἐκπλα-
γέντας τοὺς ἵππους στρέφει· οὐδὲ πατήρ ἔστι τῷ Πριάμῳ τῷ
τοῦ πενθεροῦ φόνῳ λελυθρωμένος, καὶ ὃς ἂν αἵματι τὸ Μυρτῷον 210
ὕδωρ διασημαίνῃ. οὐδ᾽ ἐπὶ τῶν Στυγίων ὑδάτων ἡμέτερος πρόπαππος μήλων ἐπιθυμεῖ οὐδ᾽ ἐν μέσοις ὕδασιν ὕδωρ αὐτῷ ζητεῖ-
ται. τί μέντοι ταῦτα νοεῖν δίδωσιν εἴπερ σε ὁ φὺς ἐξ ἐκείνων
κατέχει; ἄκων ἀναγκάζεται ταύτῃ τῇ οἰκίᾳ πενθερὸς ὁ Ζεὺς εἶναι.
ὦ τῆς ἀδικίας· ὅλαις σε νυξὶν ὁ ἀνάξιος ἐκεῖνος κατέχει, καὶ 215
τῶν σῶν ἀπολαύει περιπλοκῶν. ἐγὼ δὲ μόλις σε καθάπαξ τῆς
τραπέζης προτιθεμένης ὁρῶ· πολλὰ δὲ κἀκεῖνος ὁ χρόνος ἅπερ
ἄν με λυποῖεν ἔχει. τοῖς ἡμετέροις ἐχθροῖς τοιαῦται δαῖτες
ἐπέλθοιεν ὁποίων ἐγὼ πειρῶμαι πολλάκις προκειμένου τοῦ 220
οἴνου. μεταμέλει γάρ μοι τῆς ξενίας, ἐπειδὰν ἐμοῦ βλέποντος ὁ
ἄγροικος ἐκεῖνος ἐπιτιθῇ τῷ σῷ τραχήλῳ τὰς χεῖρας. καὶ πρὸς
τούτοις διαρρήγνυμαι καὶ φθονῶ—τί μέντοι μὴ διεξίοιμι πάντα;
ἡνίκα γάρ σου τῇ ἐσθῆτι τὰς χεῖρας ὑποθεὶς θάλπει. καὶ ἐπεὶ 225
πρόσθεν ἐμοῦ φιλήματα οὔκουν σκληρὰ δίδοτε, ἐγὼ λαμβάνων
τὸ ἔκπωμα πρὸ τῶν ὀφθαλμῶν τίθημι. καθίημί τε τοὺς ὀφθαλ-

ἐνευθηνεῖν. **195.** τῶν Α. τὸν P. **197.** πάρασχε PA. ἀπαιτιώσης Α.
199. καὶ P. κἂν Α. κἀκ scripsi. νῦν P. αὖ Α. **200.** κίρνυσι
P. **211.** verba ἡμέτερος ad ὕδωρ in **212** om. Α. **213.** Unde
νοεῖν? **217.** προτιθέμενον Α. **219.** ἐπέλθοιεν om. Α, spatio relicto.
221. ξηνίας Α. **222.** ἐπιτιθεῖ P. **223.** διεξίοιμι scripsi. διέξοιμι P.
διέξειμι Α. **224.** membra *non vertit*. θάλπη P. **226.** ἔκπομα Α.

μοὺς ἐπὶ γῆν, ἡνίκα σε περιβάλλει ἐκεῖνος, κἀπὶ τοῦ στόματος
χρονίζει τὸ βρῶμα ἄκοντος αὐτὸ δεχομένου. πολλάκις στεναγ-
230 μοὺς ἔδωκα, καὶ σέ, χλιδῶσα, ἐστοχασάμην ἐπὶ τῷ ἐμῷ στε-
νάγμῳ μὴ κατασχεῖν τὸν γέλωτα. πολλάκις ἠβουλήθην τὴν
ἐμαυτοῦ φλόγα φιμῶσαι, ἡ δὲ μᾶλλον ηὐξήθη καὶ ἡ μέθη πῦρ
ἐπὶ πυρὶ γέγονεν. ὡς ἂν δὲ καὶ μὴ τὰ πολλὰ βλέποιμι, διε-
στραμμένῳ ἀνακλίνομαι τῷ τραχήλῳ, ἀλλ' ἀνακαλῇ μοι τοὺς
235 ὀφθαλμοὺς αὐτὴ παραχρῆμα. τί δ' ἂν ποιήσαιμι, ἀμφιβάλλω·
ὀδύνη μέν μοι ταῦτα δὴ βλέπειν, ὀδύνη δὲ μείζων ὄψεως ἀπεῖναι
τῆς σῆς. ὁπόσον γε μὴν ἔξεστί τε καὶ δύναμαι, κρύπτειν
ἀπομάχομαι τὴν μανίαν, ἀλλ' ὅμως ὁ ἔρως, κἂν μὴ ἐρᾶν προσ-
ποιῶμαι, φαίνεται. τούτους σοι τοὺς λόγους παρέχομεν· αἰσθάνῃ
240 τῶν ἐμῶν τραυμάτων, αἰσθάνῃ, καὶ σοὶ μόνῃ ταῦτ', εὔχομαι,
γνώριμα γένοιτο. ἃ ποσάκις ἐπιόντων δακρύων ἀπέκλινά μου
τοὺς ὀφθαλμούς, ὡς μὴ τὴν τοῦ κλαίειν αἰτίαν ἐκεῖνος πολυ-
πραγμονήσειεν. ἃ ποσάκις ἔρωτά τινα ὑποβεβρεγμένος διηγη-
σάμην πρὸς τὴν σὴν ὄψιν ἕκαστον τῶν λεγομένων ἐπαναφέρων.
245 καὶ ἐμαυτοῦ κατεμήνυσα ὑπὸ πεπλασμένῳ ὀνόματι· ἐγὼ δ' ἐκεῖνος, εἰ ἀγνοεῖς, ὁ ἀληθὴς ἐραστὴς ἦν. καὶ δὴ μᾶλλον ὡς ἂν
δυναίμην ἰταμωτέροις χρῆσθαι τοῖς ῥήμασιν, οὐχ ἅπαξ μεθύειν
ὑπεκρινάμην. μέμνημαι ὡς, τῆς ἐσθῆτός σοι μικρὸν ὑποχαλασ-
250 θείσης, προὐδόθη τὰ στέρνα καὶ γυμνωθέντα τοῖς ὀφθαλμοῖς μοι
παρέσχοντο δίοδον, στέρνα ἤτοι καθαρᾶς χιόνος ἢ γάλακτος ἢ
τοῦ τὴν μητέρα σοι περιβαλόντος Διὸς λευκότερα. ἐκπεπληγ-
μένως δὴ ταῦτα βλέπων καὶ κύλικα γὰρ κατέχων ἐτύγχανον
255 τῶν ἐμῶν δακτύλων ἡ κύλιξ ἐξέπεσεν. εἰ τῇ θυγατρὶ παρεῖχες
φιλήματα εὐθὺς ἐγὼ ταῦτα τοῦ τρυφεροῦ τῆς Ἑρμιόνης στόματος ἥρπασα. καὶ νῦν μὲν ὕπτιος κείμενος παλαιοὺς ᾖδον
ἔρωτας, νῦν δὲ διὰ νεύματος σιγῶντα παρεῖχον σύμβολα. καὶ
τὰς τῶν προσπόλων σοι πρώτας Κλυμένην τε καὶ Αἴθραν
260 ἐτόλμησα πρὸ μικροῦ μειλιχίοις μετελθεῖν ῥήμασιν. αἵ μοι
οὐδὲν ἕτερον ὅτι μὴ δειλιᾶν εἰποῦσαι ἡμιτελεῖς μοι δεομένῳ τὰς

---

229. χελιδῶσα A.   **231.** meam.   **232.** ἐμέθη A.   **239.** Haec.
240. γνώρισμα A.   **242.** ἐκεῖνος δὴ A.   **243.** aliquem.   **246.** εἰ
om. P.   **250.** μοι om. A.   **257.** ἤπτιος P.   **261.** δειλίαν PA.   **262.**

δεήσεις ἀπέλιπον. οἱ θεοὶ ποιήσαιεν ὡς ἂν ἆθλον ἀγῶνος μεγάλου γένοιο καὶ δυνηθείη λαβεῖν ὁ νικήσας· ὡς Ἱππομένης 265
ἆθλον τοῦ δρόμου τὴν Ἀταλάντην ἔλαβεν ἢ τῷ οἰκείῳ δρόμῳ
τοὺς μνηστῆρας πρόσθεν ἐνίκα, ὡς ὁ δεινὸς Ἡρακλῆς τοῦ
Ἀχελῴου τὸ κέρας ἔκλασε τὴν σὴν συζυγίαν ζητῶν, Δηιάνειρα.
ἦλθεν ἂν διὰ τῶνδε τῶν νόμων ἐρρωμένως καὶ ἡ ἐμὴ τόλμα,
καὶ σαυτὴν ἔγνως οὖσαν ἂν κτῆμα τῶν ἡμετέρων πόνων. οὐδέν 270
μοι ὑπολέλειπται ὅτι μὴ σοῦ δεῖσθαι, καλλίστη, καὶ τῶν σῶν
εἴπερ ἀνέχῃ ποδῶν ἅπτεσθαι. ὦ κόσμε, ὦ τῶν διδύμων
ἀδελφῶν προύχουσα δόξα, καὶ Διὸς ἀνδρὸς ἀξία, εἰ μὴ
Διὸς ἦσθα θυγάτηρ, ἢ γὰρ ἐγὼ σὺν σοὶ συζύγῳ πρὸς τὸν 275
Σιγείου λιμένα ἐπανελεύσομαι, ἢ ὑπὸ τῆς Ταιναρίας ἐνταυθοῖ
γῆς ἐξόριστος καλυφθήσομαι. οὐ γὰρ ἐπιπολῆς μοι τὰ στέρνα
τὸ βέλος ἔτρωσεν, ἀλλ' εἰς τὰ ὀστᾶ μοι κατῆλθε τὸ τραῦμα.
τοῦτό μοι γενέσθαι, καὶ γὰρ ἀναμιμνήσκομαι, ὥς ποτε βέλει
με θειοτέρῳ βληθήσεσθαι, ἡ ἀληθόμαντις ἀδελφὴ προεθέσ- 280
πισεν. φείδου τοίνυν, Ἑλένη, τὸν ὑπὸ μοιρῶν δοθέντα
περιορᾶν ἔρωτα, καὶ οὕτως εὐηκόους πρὸς τὰς εὐχάς σοι τοὺς
θεοὺς ἔχοις. πολλὰ μέν μοι λέγειν ἐπέρχεται ἀλλ' ὡς ἂν
κατὰ πρόσωπον τὰ πλείω ὁμιλήσωμεν, ὑπόδεξαί με νύκτωρ
ἠρεμίας γενομένης αὐτὴ μόνη. ἢ αἰσχύνῃ καὶ δέδοικας μὴ 285
τὴν κοίτην τοῦ ἀνδρὸς διαφθείρῃς, καὶ τὰ τοῦ νομίμου λέχους
θεσμὰ σώφρονα λύσῃς; ἃ λίαν ἁπλοϊκὴ Ἑλένη, ἵνα μὴ
φαίην ἀγροικοτάτη, ταύτην σοι τὴν ὄψιν οἴει δύνασθαι
ἀπηλλάχθαι κατηγορίας; ἀνάγκη γάρ σε ἢ τὴν ὄψιν μετα-
βαλεῖν ἢ μὴ ἀμείλικτον εἶναι. μεγάλη γάρ ἐστι μάχη 290
σωφροσύνη τε καὶ τῷ κάλλει. χαίρει δὲ τοῖς κλέμμασι
τούτοις ὁ Ζεύς, χαίρει καὶ ἡ χρυσῆ Ἀφροδίτη. ταῦτα πάντα
τὰ κλέμματα καὶ τῷ πατρί σου Διὶ πρέπει. μόλις δὲ σὺ σω-
φρονοῦσα δυνήσῃ, εἴπερ δύναμις ἐρώτων ἔστιν ἐν τῷ σπέρματι,

δεομένῳ om. P.   263. ἆθλος P.   267. ἔκλαιε Α.   269. ἐρρυμένως Α.
270. ἂν addidi. om. ΡΑ.   275. συγυου P.   277. ἐξ ἐπιπολῆς Α.
στερνια Α.   279. scr. γενήσεσθαι.   283. ὁμιλήσαιμεν Α.   284. μοι
νύκτρωρ P.   287. ἀγροικωτάτη P.   288. ἀπηλλαχθῆναι Α. κατηγορίαν
Α.   289. μὴ om. ΡΑ. inserui.   291. χαίρε Α.   292. decere!
293. amorum. ἐρώντων Α.   297. λόγος P, et Α ut videtur per com-

295 καὶ Διὸς καὶ Λήδας θυγάτηρ εἶναι. τηνικαῦτα σώφρων εἴης,
ἡνίκα ἄν σε ἡ ἐμὴ Τροία κατέχῃ, καὶ σὸν πλημμέλημα,
δέομαι, μόνος αὐτὸς εἴην. νῦν δὲ πλημμελήσωμεν ταῦτα
ἅπερ ὁ λόγος τῆς συζυγίας ἐπανορθώσεται εἰ μὴ μάταιά μοι
μόνον ἡ Ἀφροδίτη ὑπέσχετο. καὶ μὴν καὶ ὁ ἀνήρ σοι ταυτὶ
300 συμβουλεύει πράγμασιν ἀλλ' οὐ ῥήμασιν· ἵνα γὰρ μὴ τοῖς
κλέμμασι τοῦ ξένου ἐμποδὼν ἵσταιτο ἀπεδήμησεν. οὐδ' ἔσχε
καιρὸν οὐδένα μᾶλλον ἁρμόδιον καθ' ὃν τὴν Κρῆσσαν χώραν—
ὦ θαυμαστῆς ἐπινοίας τὸν ἄνδρα—θεάσαιτο. ἐκεῖνος καὶ
ἀπαίρων Τοῦ Ἰδαίου σοι ξένου, εἶπεν, ἐντέλλομαι, ἀνθ' ἡμῶν,
305 γύναι, ποιοῦ φροντίδα. νῦν δὲ διαμαρτύρομαι ὡς τὰς τοῦ
βασιλέως ἐντολὰς ἀποδημοῦντος περιορᾷς, καί σοι οὐδεμία
τοῦ σαυτῆς ξένου γίνεται ἐπιμέλεια. τοῦτον ἐλπίζεις ἄρα σὺ
ἄνθρωπον φρονήσεως ἔξω πάσης τὰς χάριτας τοῦ σοῦ κάλλους
ἱκανὸν εἶναι, Τυνδαρίς, συνιέναι; ἠπάτησαι, καὶ γὰρ ἀγνοεῖς·
310 οὐδὲ γάρ, εἰ μεγάλα ἀγαθὰ ᾤετο, ἃ κατέχει, ἀλλοδαπῷ σε
ἂν ἐπίστευεν ἐκεῖνος ἀνδρί. εἰ γὰρ μήτε σε οἱ ἐμοὶ λόγοι
μήτε ὁ ἐμὸς ἔρως παρακινοίη, ἀναγκαζόμεθά γε μὴν τῆς
ἐκείνου εὐηθείας καταπολαύειν. ἢ τοσοῦτον ἀνόητοι γενησόμεθα
ὡς ὑπερβάλλειν κἀκεῖνον, εἴπερ ἀσφαλὴς οὕτω χρόνος ἀργὸς
315 ἡμῖν ἀπέλθοι καὶ μάταιος. σχεδὸν ταῖς οἰκείαις χερσὶ πρὸς
σὲ τὸν ἐραστὴν ὡδήγησε. κατάχρησαι τοίνυν τῇ ἐπὶ ταῖς
ἐντολαῖς ἁπλότητι τοῦ ἀνδρός. σὺ δὴ μόνη καθεύδεις ἐν οὕτω
μακρᾷ νυκτὶ ἐπὶ χήρου δὴ λέχους, κἀγὼ μόνος ἐπὶ χήρου
καθεύδω λέχους. σὲ γοῦν ἐμοὶ καὶ ἐμὲ σοὶ κοιναὶ συναπτέ-
320 τωσαν ἡδοναί, λαμπροτέρα δ' ἡ νὺξ ἐκείνη καὶ μεσημβρίας
γενήσεται. τότε σοι ὁμόσω οὕσπερ ἂν ἐθέλῃς θεοὺς καὶ
ἐμαυτὸν τοῖς ἐμαυτοῦ ῥήμασιν εἰς ἱερὸν ὅρκον ἐνδήσω. τότε
σε παρὼν ἐγὼ ποιήσω, εἰ μὴ ψευδὴς ἡ ἡμετέρα πεποίθησις,
325 τὴν ἐμὴν βασιλείαν ζητεῖν. εἰ δ' αἰσχύνῃ ἢ δέδοικας μὴ

---

pendium : scribendum videtur χρόνος.   298. σοι μόνον A.   μοι μόνη P.
300. ἴστατο A.   302. ξένου P.   ἐλένου A.   303. ἡ Κρῆσσα χώρα PA.
303. ἐντίλλομαι A.   309. ignoras.   315. με post ἐράστην P.   316.
mandatis.   319. iungant.   321. ἐθέλοις P.   322. verbis in sacra
iura meis.   325. aut metuis ω.   μὴ om. A.   329. ἐκεῖνος A.   331.

αὐτὴ δόξης ἠκολουθηκέναι μοι, αὐτὸς ὑπεύθυνος δίχα σου
τοῦδε τοῦ ἐγκλήματος ἔσομαι. καὶ γὰρ τῇ τοῦ Θησέως
ἔψομαι πράξει καὶ τῶν σῶν ἀδελφῶν, οὐ γὰρ ἂν ἀλῶναι
οἰκειοτέρῳ δύναιο παραδείγματι. Θησεὺς μὲν γὰρ ἥρπασε σέ,
τὰς δὲ διδύμους Λευκιππίδας ἐκεῖνοι· τέταρτος δ' αὐτὸς ἐν 330
τοῖς ὑποδείγμασι τούτοις ἀριθμηθήσομαι. Τρωικὸς πάρεστιν
ἤδη στόλος, ἀνδράσι κατωχυρωμένος καὶ ὅπλοις καὶ ταχεῖαν
ἤδη τὴν πορείαν ποιήσει καὶ εἰρεσία καὶ ἄνεμοι. καὶ δέσποινα
πρὸς τὰς Δαρδανίας πόλεις ἀπελεύσῃ μεγάλη, καί σε νέαν
παρεῖναι θεὰν ὁ δῆμος πεισθήσεται. καὶ ὅπηπερ ἂν τὸ σαυτῆς 335
βῆμα κινήσῃς, ἀρώματα διὰ πυρὸς ἀνήσει, καὶ θῦμα πεσὸν
λυθρωδηθεῖσαν τὴν γῆν πατάξει. δῶρα δέ σοι ὁ πατὴρ καὶ
οἱ ἀδελφοὶ καὶ σὺν τῇ τεκούσῃ αἱ ἀδελφαὶ καὶ Τρῳάδες
πᾶσαι καὶ Ἴλιος πᾶσα δώσει. οἴμοι μόλις μικρόν τι μέρος
λέγω τοῦ μέλλοντος· πλείω γὰρ ἀποίσῃ ἢ ὅσα τἀμὰ γράμ- 340
ματα λέγει. ἀλλὰ μηδ' ἁρπαγεῖσα σὺ δέδιθι μήποτε δεινὸς
ἡμῖν πόλεμος ἐπακολουθήσειεν, καὶ τὰς ἑαυτῆς δυνάμεις ἡ
μεγάλη Ἑλλὰς συναγείρειεν. τοσούτων πρότερον γενομένων
ἅπερ οὐδαμῶς ὅπλοις ἀνεζητήθη, πείθου μοι, κενὸν τοῦτο τὸ
πρᾶγμα τὸν φόβον ἔχει. ἥρπασαν μὲν γὰρ τὴν Ἐρεχθίδα 345
τῷ τοῦ Βορρᾶ οἱ Θρᾶκες ὀνόματι, καὶ ἄφοβος πολέμου ἡ
Βιστονὶς γῆ διαγέγονε. τὴν Φασίδα ὁ Παγασαῖος Ἰάσων
ἐπὶ τῆς καινῆς νεὼς ἤνεγκε, καὶ ἡ Θετταλῶν χώρα οὐδὲν
ὑπὸ τῆς τῶν Κόλχων χειρὸς ἠνωχλήθη. καὶ Θησεὺς δὲ ὃς
σέ ποτε ἥρπασεν, ἥρπασε καὶ τὴν Μινωίδα. πρὸς οὐδένα 350
μέντοι πόλεμον ὁ Μίνως συγκαλεῖται τοὺς Κρῆτας. ὁ γὰρ
φόβος ἐν τούτοις μείζων εἴωθεν αὐτοῦ τοῦ κινδύνου τυγχάνειν·
ἀλλ' ἃ φοβεῖσθαι ἐξὸν ὑπερφοβεῖσθαι αἰσχρόν. ὑπόθου γε
μήν, εἴ σοι δοκεῖ, μέγαν πόλεμον ἀναστήσεσθαι. ἀλλ' εἰσὶ
κἀμοὶ δυνάμεις, ἀλλὰ καὶ τἀμὰ βέλη βλάπτει. οὐδ' ἥττων 355
ἀφθονία πρόσεστι τῇ Ἀσίᾳ ἢ χώρᾳ τῇ ὑμετέρᾳ· ἐκείνη καὶ

τροικος A. 336. λυθωδεῖσαν A. 338. τροάδες A. 341. δέδοθι
A, P ante ras. 343. τοσούτων γὰρ P. 346. βιστονῆς P. 348.
ἠνωχλώθη P pr. 352. Quaeque—licet s. 355. ἥττον P.

ἀνδράσι πλουσία, πλουσία καὶ εὐθηνουμένη καὶ ἵπποις.
οὐδὲ πλέον ἀνδρείας ὁ Ἀτρείδης Μενέλαος ἢ Πάρις ἕξει, ἢ
ἐν ὅπλοις προτιμότερος ἔσται. κομιδῇ παῖς ἐγὼ πολεμίους
360 κτείνας τὴν ἀγέλην ἀποστρέψας ἀνέλαβον, καὶ τὴν ὀνόματος
αἰτίαν ἐδεξάμην ἐντεῦθεν. κομιδῇ παῖς μείρακας ἐν ποικίλοις
ἀγῶσιν ἐνίκησα, ἐν οἷς Ἰλιονεύς τε καὶ Δηίφοβος ἦν. ὡς
ἂν δὲ μή με νομίσῃς οὐχ ἑτέρωθεν ὅτι μὴ ἐγγύθεν φοβερὸν
εἶναι, πήγνυται τοὐμὸν βέλος εἰς τὸν κελευσθέντα τόπον
365 αὐτῷ. οὔκουν ἕξεις τὰ ἔργα ταῦτα τῆς πρώτης ἡλικίας
κἀκείνῳ δοῦναι, καὶ καθοπλίσαι τὸν Ἀτρείδην τῇ ἐμῇ τέχνῃ
οὐκ ἂν δύναιο· εἰ γὰρ καὶ πάντα δοίης αὐτῷ ἀλλ' οὐκ ἂν
ποτε καὶ ἀδελφὸν Ἕκτορα δοίης· εἷς γὰρ οὗτος ἀμυθήτου
στρατιᾶς ἰσοστάσιος ἔσται. ἀγνοεῖς τί ποτ' ἂν δυναίμην· καί
370 σε τὰ τῆς ἐμῆς ἰσχύος λανθάνει· ἀγνοεῖς τίνι ποτὲ ἀνδρὶ
γαμηθήσῃ. ἢ τοίνυν οὐδενὶ θορύβῳ μάχης ἀπαιτηθήσῃ, ἢ
τῷ ἐμῷ πολέμῳ αἱ Δωρικαὶ ὑπείξουσι φάλαγγες. οὐ μέντοι
γε καὶ ἀπαξιῶ ὑπὲρ τηλικαύτης συζύγου μάχην ἀναδεχόμενος·
375 τὰ γὰρ μεγάλα τῶν ἐπάθλων τοὺς ἀγῶνας κινεῖ. καὶ σὺ δὴ
εἴγε σοῦ χάριν ἡ οἰκουμένη πᾶσα συρρήξειε πόλεμον, ἀΐδιον
ὄνομα παρὰ τοῖς μεταγενεστέροις ἀποίσῃ. ἐλπίδι μόνον
ἀφόβῳ καὶ θεοῖς εὐμενέσιν ἐξελθοῦσα ἐνθένδε τελείᾳ σὺν
πίστει τὰ ὁμολογηθέντα ἀπαίτει δῶρα.

XVII.

Ἑλένη Πάριδι.

Ἡνίκα μοι τοὺς ὀφθαλμοὺς ἡ ἐπιστολή σου διέφθειρε,
κούφη τις ἔδοξεν ἡ τοῦ μὴ ἀντιγράψαι σοι δόξα. ἐτόλμησας
γὰρ ἔπηλυς ὤν, τὰ τῆς ξενίας καταπατήσας θεσμά, πίστιν
5 νομίμου γυναικὸς ὑπορύττειν; δῆλον γὰρ ὡς τούτου γε ἕνεκεν

---

359. πολέμ·υς A.   **367.** ἂν καὶ πᾶν δοίης αὐτῶς A.   καὶ ante ἀδελφὸν
om. P.

XVII. '-λενη -άριδι P.   **1.** '-νίκα P.   **3.** καταπατῆσαι P.

διὰ πελάγη καὶ πνευμάτων σε κομισθέντα ἐπὶ τῶν οἰκείων
λιμένων ἡ Ταιναρὶς ἐδέξατο χώρα, οὐδέ σοι εἰ καὶ τὰ μάλιστα
γένους ἐλήλυθας ἐξ ἀλλοδαποῦ τὰς θύρας ἡ ἡμετέρα ἐπε-
ζύγωσεν αὐλή, ὡς ἂν τῆς τοσαύτης χάριτος ὁ μισθὸς ὕβρις
εἴη; ὃς δ' οὕτως εἰσήρχου, πότερον ἐχθρὸς ἢ ξένος ἦσθα; οὐ 10
μὴν ἀμφιβάλλω μὴ οὐ ταύτην τὴν ἡμετέραν μέμψιν, καίτοι
δικαίαν οὖσαν, ἀγροικοτάτην ὀνομασθῆναι τῇ σῇ κρίσει.
ἄγροικος εἴην ὄντως μέχρις οὗ μὴ ἐπιλέλησμαι τῆς Αἰδοῦς·
μέχρι τὸ τοῦ βίου μοι σταθερὸν ἔξω πταίσματος ᾖ. εἰ γὰρ 15
καὶ μὴ πεπλασμένῳ προσώπῳ σκυθρωπή μοι ἐστὶν ὄψις οὐδὲ
ὑπερηφάνοις ὀφρύσι βλοσυρὰ κάθημαι, ἡ φήμη μέντοι μοι
καθαρά, καὶ μέχρι τοῦ παρόντος κατηγορίας ἐκτὸς ἔπαιξα,
καὶ καυχήσασθαι περὶ ἐμοῦ μοιχὸς ἔσχεν οὐδείς. ὃ δὴ καὶ
μᾶλλον θαυμάζω, τίς ποτε σοὶ τοῦ ἐγχειρήματος ἡ πεποίθησις,
τίς ἀφορμὴ σοὶ τὰς ἐλπίδας ἡμετέρου λέχους παρέσχετο. ἢ 20
ὅτι δὴ βίαν ἡμῖν ὁ Ποσειδώνιος ἐπήνεγκεν ἥρως, ἢ ἅπαξ
ἁρπαγεῖσα καὶ δὶς ἁρπαγῆναι ἀξία δοκῶ; ἔγκλημα μὲν γὰρ
ἂν ἐμὸν ἦν εἰ καὶ καταμαλακισθεῖσα παρέδωκα ἐμαυτήν·
ὁπότε ἡρπάγην τί ποτ' ἦν ἐμὸν ὅτι μὴ τὸ μὴ θέλειν; οὐ 25
μὴν οὐδ' ἐκ τῶν πεπραγμένων αὐτῷ τὸν ζητούμενον καρπὸν
ἀπηνέγκατο, καὶ γὰρ ἐπανῆλθον ἐκτὸς φόβου παντὸς καὶ
παθοῦσα μηδέν. φιλήματα μόνον βραχέα ἐμοῦ γε ἀπομαχο-
μένης ὁ ἰταμὸς ἔλαβε· περαιτέρω δ' ἔσχε τῶν ἐμῶν ἐκεῖνος
οὐδέν. ἥτις δ' ἄρ' ἐστὶν ἡ σὴ κακουργία, οὐκ ἂν τούτοις
ἤρκέσθη· οἱ θεοὶ κρεῖττον βουλεύσαιντο· οὐχ ὅμοιος ἐκεῖνος 30
σοὶ γέγονεν· ἀπέδωκε μὲν γὰρ ἀθιγῆ· ἡ δὲ οἷ ἐπιείκεια τὴν
κατηγορίαν ἐμείωσε, καὶ δοκεῖ μεταμελῆσαι τῷ νεανίᾳ τῆς
πράξεως. μετεμέλησεν οὐκοῦν τῷ Θησεῖ, ὡς ἂν αὐτὸν δια-
δέξαιτο Πάρις καὶ μήποτε τοὔνομά μοι τούτων ἀνθρώπων
ἀπείη στόματος; οὐ μέντοι καὶ ὀργίζομαι—τίς γὰρ ἂν ὀργί- 35
ζοιτο τῷ ἐρῶντι;—εἰ μόνον ὃν ἔρωτα προφέρεις μὴ πέπλασται.

---

9. tanti.   12. μέμψιν Α.   ὄψιν P.   13. οὕτως P.   14.
μέχρι Α.   μέχρις P.   18. καυχήσεσθαι Α.   21. ὑπήνεγκεν Α.   23.
παρέδωκε Α.   24. τὸ θέλειν (μὴ om.) P.   27. βραχέας Α.   30. βου-
λεύσαντο Α.   31. ἀθιγῆ ex ἀθίῃ corr. P.   ἡ δὴ Α.   34. ἀπείη om.

καὶ γὰρ καὶ τοῦτ' ἀμφιβάλλω. οὐχ ὅτι μὴ πέποιθα τῷ
ἐμαυτῆς κάλλει, ἢ τὴν ἐμαυτῆς ὄψιν οὐ καλῶς ἔγνων· ἀλλ'
ὅτι τὸ ἑτοιμόπιστον πρὸς ζημίας εἶναι ταῖς κόραις εἴωθεν,
40 καὶ τὰ σὰ ῥήματα γεγυμνῶσθαι πίστεως ὑποπτεύεται. ἀλλ'
ἁμαρτανέτωσαν ἄλλαι· γυνὴ γὰρ σώφρων σπανία· τίς δὲ
κωλύει τοὐμὸν ὄνομα ταῖς σπανίαις συνεῖναι ; ἢ ἐπειδή σοι
ἀξιόχρεως ἡ ἐμὴ μήτηρ ἔδοξε, ταύτης τῷ ὑποδείγματι κἀμὲ
45 οἵαν τ' εἶναι κάμπτεσθαι οἴει. πλάνη μὲν γὰρ ἐν τῷ τῆς
μητρὸς ἁμαρτήματι πρόσεστιν· ὑπὸ γὰρ πεπλασμένης μορφῆς
ἠπάτηται, καὶ πτεροῖς ὁ μοιχὸς ἐσκέπετο· ἐγὼ δ' οὐδαμῶς,
εἰ ἁμάρτοιμι, ἀγνοεῖν ἂν δυναίμην, οὐδέ τις ἔσται πλάνη
τὴν κατηγορίαν τῆς πράξεως συσκιάζουσα. ἐκείνη καλῶς
ἐπλανήθη καὶ τὸν ψόγον διὰ τοῦ ἀπατήσαντος ἀπελύσατο,
50 ἐγὼ δὲ τίνι Διὶ εὐδαίμων ἐπὶ τῷ πταίσματι τούτῳ λεχθήσομαι ; καὶ μὴν καὶ γένος καὶ προπάππους καὶ βασιλικὰ
κομπάζεις ὀνόματα· ἥδε μὴν οἰκία ἀποχρώντως τῇ ἑαυτῆς
εὐγενείᾳ περιφανής ἐστιν. ἵνα γὰρ ὁ Ζεὺς πρόπαππος ὢν
τοῦ πενθεροῦ μοι σιωπηθείη, καὶ πᾶν τὸ τοῦ Τανταλίδου
55 Πέλοπος καὶ Τυνδάρεω γένος, πατέρα μοι τὸν Δία ἡ Λήδα
δίδωσιν, ὑπὸ τοῦ κύκνου φενακισθεῖσα ἥτις εὐχερῶς πιστεύ-
σασα τὸν πεπλασμένον ἔθαλψεν ὄρνιν ἐπὶ τοῦ κόλπου· νῦν
οὖν ἄπιθι καὶ τὴν τοῦ Φρυγῶν ἔθνους πλατεῖαν ῥίζαν, καὶ
σὺν Πριάμῳ μεγαληγόρει τὸν Λαομέδοντα. οὓς ἔγωγε ὑποπ-
60 τεύω· ἀλλ' ὃς σοὶ πρὸς δόξης ὢν μείζονος πέμπτος ἐστὶ
Ζεύς, οὗτος ἐκ τοῦ ἐμοῦ ὀνόματος πρῶτος ἔσται. εἰ δὲ καὶ
τὰ τῆς σῆς Τροίας σκῆπτρα ἰσχυρότατ' εἶναι πιστεύσαιμι,
ἀλλ' οὐ μέντοι καὶ ἥττονα ταῦτ' ἐκείνων νομίζω. εἰ δὲ καὶ
πλούτου καὶ ἀνδρῶν ἀριθμοῦ τὸ ἔλαττον οὗτος ὁ τόπος ἔχει,
65 ἀλλ' ὡς ἀληθῶς εἰπεῖν βάρβαρος ἡ σὴ γῆ. καὶ δῶρά γε
μὴν τοσαῦτα ἡ πλουσία σοι ἐπιστολὴ ἐπαγγέλλεται, ὡς οἷά
τ' εἶναι ταῦτα καὶ τὰς θεὰς αὐτὰς παραπεῖσαι. καὶ εἰ τὸν

Δ, spatio relicto.   37. ταῦτα P.   39. (ζημίαν P.   40. καὶ τὰ] κατὰ Δ.
46. ἐσκέπτετο Δ.   49. ἀπαιτησαντος Δ.   52. ἀποχρῶντος P.   54.
πήλοπος Δ.   59. δόξαν P.   67. τιν' Δ.   72. τιμιώτερα an τιμιώτατα

ὅρον ἤδη τῆς σωφροσύνης παρελθεῖν ἠβουλόμην, σὺ μεῖζον
αἴτιον τοῦ πταίσματος ἂν ἐγένου. ἢ γὰρ ἐγὼ διὰ βίου τὴν
φήμην ἐκτὸς μώμου φυλάξω, ἢ σοὶ μᾶλλον ἢ τοῖς σοῖς ἕψομαι 70
δώροις· οὐ μέντοι καὶ παρὰ φαῦλον τίθεμαι ταῦτα· οὕτω καὶ
γὰρ εὐπρόσδεκτα αἰεὶ τὰ δῶρα τυγχάνει ἅπερ ὁ διδοὺς ποιεῖ
τιμιώτατα. καὶ πολλῷ πλέον ὅτιπερ ἐρᾷς, ὅτι πόνων εἰμὶ
αἰτία, ὅτι δι᾽ οὕτω μακροῦ πελάγους ἐλπίδες ἥκουσιν αἱ σαί.
κἀκεῖνα δ᾽ ἃ νῦν ποιεῖς, τολμηρότατε, τῆς τραπέζης δὴ προ- 75
κειμένης εἰ καὶ τὰ μάλιστα μὴ εἰδέναι πειρῶμαι, σημειοῦμαι
μέντοι. ἡνίκα νῦν μὲν ὀφθαλμοῖς εἰς ἐμὲ λοξοῖς σὺν χλιδῇ
ἀτενίζεις, οὓς μόλις ἐγκειμένους ὄμματα τὰ ἐμὰ φέρει. νῦν
στενάζεις, νῦν δὲ τὴν ἐγγὺς ἐμοῦ κύλικα λαμβάνεις, καὶ τοῦ 80
μέρους ἐξ οὗπερ ἐγὼ πέπωκα καὶ σὺ πίνεις. ἃ ποσάκις ἐγὼ
τοῖς δακτύλοις, ποσάκις συνεσκιασμένα ἐστοχασάμην σύμβολα
δίδοσθαι, τῆς ὀφρύος σοι μικροῦ δεῖν φθεγγομένης. καὶ πολλάκις μὲν ἔδεισα μήπως ὁ ἀνήρ μοι ταῦτα θεάσαιτο, καὶ
ἠρυθρίασα οὐχ ἅλις λανθάνουσα εἴτις ἐσημειοῦτο. πολλάκις 85
δ᾽ ἢ βραχυτάτῳ ἢ μακρῷ τονθορύσματι εἶπον· Οὐδὲν οὗτος
αἰσχύνεται· καὶ ἡ φωνή μοι αὕτη ψευδὴς ἥκιστα γέγονεν.
ἀλλὰ κἂν τῷ τῆς τραπέζης κύκλῳ ὑπὸ τῷ ἐμῷ ἀνέγνων
ὀνόματι ὃ περιενεχθέντα δι᾽ οἴνου γράμματα πεποιήκασιν·
Ἐρῶ σου. πιστεύειν μέντοι τούτῳ ὀφθαλμοῖς ἀνανεύουσιν
ἠρνησάμην· οἴμοι· ἤδη γὰρ ἔμαθον καὶ οὕτω φθέγγεσθαι 90
δύνασθαι. τούτοις ἔγωγε τοῖς μειλίγμασιν, εἰ ἁμαρτήσεσθαι
ἤμελλον, ἐπεκάμφθην ἄν· τούτοις ἡ ψυχή μοι ἁλῶναι
ἠδύνατο. ἔστι δέ σοι καὶ ὄψις σπανία ὁμολογῶ. καὶ δύναταί
τις κόρη πρὸς τὰς σὰς περιπλοκὰς ἐλθεῖν ἐθελῆσαι. ἀλλ᾽ 95
ἑτέρα τις μᾶλλον εὐδαιμονείτω δίχα δὴ πταίσματος, ἢ τὴν
ἐμὴν σωφροσύνην ἀλλοτρίῳ πεσεῖν ἔρωτι. μάνθανε τῷ ἐμῷ
παραδείγματι τῶν ἀγαθῶν τὴν ὄψιν ἀφίστασθαι δύνασθαι,
καὶ γὰρ ἔστιν ἀρετῆς τὸ τῶν ἀρεστῶν ἀγαθῶν ἀπέχεσθαι.

P, nequeo dicere. τιμιώτερα p.   73. πολλῶν A.   laboris.   77. εἴτ᾽ ἐμὲ
A.   συγχλιδῇ A.   85. longo murmure ut ω habent.   τονθορίσματι P.
τονθυρίσματι Δ.   93. ὄψει Δ.   97. scr. καλῶν.   98. τῶν ἀρετῶν

100 πόσους οἴει νέους ἐπιθυμεῖν, οὗπερ αὐτὸς ἐφίης; ἢ μόνος ὁ Πάρις
ὀφθαλμοὺς ἔχει φρονοῦντας; οὐ γάρ τοι σὺ πλέον βλέπεις ἀλλὰ
πλέον προπετέστερον τολμᾷς· οὐδέ σοι καρδία μείζων, ἀλλ' ἥττων
πρόσεστι γλῶττα. τότ' ἂν ἐγώ σε ἤθελον νηὶ ταχυδραμούσῃ
ἐληλυθέναι ὅτε μοι τὴν παρθενίαν μυρίοι μνηστῆρες ζητοῦντες
105 ἐτύγχανον. εἰ γὰρ σὲ ἑωράκειν πρῶτος ἂν τῶν μυρίων
ἐγένου· αὐτὸς ὁ ἀνὴρ συγγνώσεταί μου πάντως τῇ κρίσει.
νῦν δὲ πρὸς τὰς κτηθείσας καὶ ἤδη προαρπασθείσας ἡδονὰς
βραδὺς ἥκεις, καί σοι ὄψιμος ἡ ἐλπὶς γέγονεν· ὃ γὰρ ζητεῖς
ἄλλος ἔχει. ὡς ἂν μέντοι Τρωικὴ σοὶ σύνευνος εὐξαίμην
110 γενέσθαι, ἀλλ' ἄκουσαν ὁ Μενέλαος εἴληφε οὐχ οὕτω δέ με
ἔχει. παῦσαι, δέομαι, καρδίαν ἀπαλὴν ῥήμασιν ὑπορύττειν,
μηδέ μοι ἐπιβούλευε ἧς λέγεις ἐρᾶν. ἀλλ' ἔασον ὃν ἡ τύχη
παρέσχετο κλῆρον φυλάττειν μηδ' αἰσχρὸν λάφυρον τῆς ἐμῆς
115 σωφροσύνης σχεῖν ἐθελήσῃς. ἀλλ' ἡ Ἀφροδίτη σοι τοῦθ'
ὡμολόγησε, κἂν τοῖς τῆς ὑψηλῆς Ἴδης τέμπεσιν αἱ τρεῖς
σοι θεαὶ γυμνὰς παρέστησαν ἑαυτάς. καὶ τῆς μὲν βασιλείαν,
τῆς δὲ πολέμων γέρα διδούσης, ἡ τρίτη σοι Σύνευνος τῆς
Τυνδαρίδος, εἶπε, γενήσῃ. μόλις μὲν πιστεύειν οἷά τ' εἰμὶ
120 τὰ οὐράνια σώματα τῇ σῇ κρίσει τὴν ἑαυτῶν μορφὴν ὑπο-
θεῖναι· εἰ δὲ καὶ τοῦτ' ἀληθὲς εἴη, ἀλλὰ τῷ ὄντι θάτερον
μέρος πέπλασται καθ' ὃ τῆς κρίσεως ἔπαθον ἐμὲ λέγεις
δοθῆναι. οὐ γάρ μοι τοσήδε τις ἡ τοῦ κάλλους πεποίθησις,
ὡς ἐμαυτὴν οἴεσθαι δῶρον μέγιστον ἐπὶ μάρτυρι τῇ θεᾷ
125 γεγονέναι· ἀρκεῖται τοὐμὸν κάλλος τοῖς ἀνθρωπίνοις θαυμά-
ζεσθαι ὀφθαλμοῖς. ἡ δ' Ἀφροδίτη μοι ἐπαινέτις ἐπίβουλος.
ἀλλ' οὔτε τούτων οὐδὲν ἀκυρῶ· καὶ τοῖς δὲ τοῖς ἐπαίνοις
προστίθεμαι· τί δή ποτε γὰρ ἂν ἡ φωνή μοι ὃ σπεύδει
130 εἶναι ἀρνήσαιτο; βραδεῖα γὰρ ἡ πίστις τοῖς μεγάλοις εἴωθε
προσγίνεσθαι πράγμασι. πρώτη μὲν γὰρ ἡδονή μοι τὸ ἀρέσαι
τῇ Ἀφροδίτῃ· μετὰ δὲ ταύτην εὐθύς, τὸ δόξαι μέγιστον σοὶ

Δ.　100. habet *ut* s.　102. minus . . . oris.　109. Τρωικω
Δ.　114. μηδὲ με P.　126. οὐδ' Ἀφροδίτη μοι ἐπαινετῆς ἐπίβουλος
P. ἐπίβουλις Δ.　128. σπεύδεις Δ.　129. om. PpΔ.　137. σιδηρᾷ

γενέσθαι δῶρον, καὶ τὸ μήτε τὰς τῆς Ἀθηνᾶς μήτε τὰς
τῆς Ἥρας τιμάς σε τῶν τῆς Ἑλένης ἀγαθῶν εἰς ἀκοὴν
ἐλθόντων προτετιμηκέναι. ἆρ' οὖν ἐγώ σοι ἀνδρεία, ἐγὼ 135
βασιλεία ἐπίσημος; σιδηρᾶ γ' ἂν εἴην εἰ μὴ τοῦτ' ἐγὼ τὸ
στέρνον φιλοίην. σιδηρᾶ οὐκ εἰμί, πίστευέ μοι· ἀλλὰ μὴ
ἐρᾶν ἀπομάχομαι τούτου, ὃν μόλις οἴομαι ἐμὸν οἷόν τ' εἶναι
γενέσθαι. τί γὰρ ἐπιχειροίην διψηρὰν ἄμμον ἀρότρῳ σχίζειν,
καὶ ἐλπίσιν ἔπεσθαι ἃς ὁ χῶρος αὐτὸς ἀπαναίνεται; εἰμὶ δὲ 140
καὶ ἀμαθὴς πρὸς τὰς ἀφροδισίους κλοπὰς καὶ οὐκ ἔστιν ᾗ
τέχνῃ, μάρτυρες οἱ θεοί, τὸν πιστὸν ἐνεπαίξαμεν ἄνδρα. καὶ
νῦν δ' ὅτι λαθραίῳ σοι γράμματι τοὺς ἐμοὺς πέμπω λόγους,
νεωτέρῳ ἐγχειρήματι χρῆταί μου τὰ γράμματα. εὐδαίμονες 145
αἷς συνήθεια πρόσεστιν. ἐγὼ δ' ἀγνὼς τῶν πραγμάτων οὖσα,
δυσχερεστάτην ὑποπτεύω τὴν τοῦ τολμήματος ὁδὸν εἶναι.
αὐτὸς γὰρ ὁ φόβος τῷ κακῷ σύνεστι, καὶ νῦν ἤδη συγκέ-
χυμαι καὶ ὀφθαλμοὺς πάντας εἰς τοὐμὸν ἀφορᾶν οἴομαι
πρόσωπον. καὶ οὐκ οἶμαι τοῦτο ψευδῶς· ᾐσθόμην γὰρ
κακῶν ψιθυρισμάτων τοῦ δήμου, καί τινάς μοι φωνὰς ἡ 150
Αἴθρα ἀνήνεγκεν. ἀλλὰ σύ γε προσποιοῦ μὴ ἐρᾶν· εἴ γε
μὴ βούλει τοῦ πράγματος ἀποστῆναι. ἀλλὰ τοῦ χάριν ἂν
ἀποσταίης; προσποιεῖσθαι μὴ ἐρᾶν δύνῃ. καὶ παῖζε ἥκιστα
φανερῶς· μείζων γὰρ ἀλλ' οὐ μεγίστη δέδοται ἡμῖν ἐλευθερία
ὅτι περ ὁ Μενέλαος ἄπεστιν. ἐκεῖνος μὲν οὖν πορρωτέρω, 155
τοῦ πράγματος οὕτως ἐπαναγκάζοντος, ἀπεδήμησε· μεγάλη
γὰρ καὶ εὔλογος αἰτία τῆς ἐξαπιναίας ὁδοῦ γέγονεν. οὕτως
ἐμοί γε ἔδοξεν, ἐγὼ δὲ καὶ διστάζοντι πότερον ἀπελεύσεται
ἢ μή, Σπεῦσον, εἶπον, ἀπελθεῖν, πλὴν ὡς ὅ τι τάχιστα
ἐπανήξων. ἡσθεὶς τοιγαροῦν τῇ κληδόνι, φιλήματα δέδωκε
καὶ Τά τε προσόντα πάντα, φησί, καὶ οἶκος καὶ ξένος ὁ 160
Τρωικός σοι διὰ φροντίδος ἔστω. μόλις ἐπέσχον τὸν γέλωτα,
ὃν ἀπομαχομένη δὴ χαλινῶσαι, οὐδὲν ἔσχον ἐκείνῳ πλέον
εἰπεῖν πλὴν ὡς Ἔσται. ἐκεῖνος μὲν οὖν εἰς Κρήτην τὰ λαίφη
πνεύμασιν εὐφόροις παρέδωκεν, ἀλλὰ σύγε μὴ διὰ ταῦτα πάντα

δ' P.   160. φασὶ A.   161. μόλις δ' ἔπεσχον ἐγὼ P.   ὃν καὶ P.   163.

165 σοι νόμιζε ἐξεῖναι. οὕτω γὰρ οὑμὸς οὗτος ἀνὴρ ἄπεστιν ὡς
φυλάττειν με καὶ ἀπών· ἢ ἀγνοεῖς μακρὰς οὔσας τοῖς βασι-
λεῦσι τὰς χεῖρας; βαρὺ δ' ἔτι καὶ τὸ κάλλος ἐστί· καὶ γὰρ
ὅσον ἐπιμονώτερον πρὸς τοῦ ὑμετέρου στόματος ἐπαινούμεθα,
τοσοῦτον ἐκεῖνος δικαιότερον δέδοικε. καὶ τοὐμὸν δὲ κλέος
ὃ τέρπει με, ὡς τὰ νῦν ὂν τυγχάνει, αὐτὸ τοῦτο πρὸς ζημίας
170 μοι γένοιτ' ἄν· τὰ κρείττονα γοῦν ῥήματα τῇ φήμῃ δοτέον.
ἀλλὰ μηδ' ὅτιπερ ἀποδημῶν οὗτος σὺν σοί με κατέλιπε
θαύμαζε· πεπίστευκε γὰρ τῇ ἐμῇ βιοτῇ καὶ τοῖς ἤθεσι.
δέδοικε μὲν γὰρ περὶ τῷ κάλλει, θαρρεῖ δέ μου τῇ βιοτῇ·
καὶ τὸ μὲν ἐμὸν εὐδόκιμον ἄφοβον ἐκεῖνον, τὸ δὲ κάλλος
175 ποιεῖ φοβεῖσθαι. καὶ μὴν κελεύεις καὶ τὸν ἐκ ταὐτομάτου
δοθέντα μὴ ἀπολέσθαι καιρὸν ἀλλὰ τῇ τοῦ ἀπράγμονος ἀνδρὸς
ἀποχρήσασθαι ἀφελείᾳ. ἐμοὶ δὲ καὶ ἡδὺ τοῦτο καὶ δέδοικα.
καὶ οὔπω μοι τὰ τῆς βουλῆς ἅλις διήνυσται, ἐν ἀμφιβόλοις
δέ μοι τὸ λογιζόμενον ὀλισθαίνει. καὶ γὰρ ἐμοί τε ὁ ἀνὴρ
180 ἀποδημεῖ, καὶ σὺ δίχα συζύγου καθεύδεις καὶ παραλλὰξ
ἐμέ τε τὸ σὸν καὶ σὲ τοὐμὸν κάλλος ἁλίσκει. καὶ δὴ καὶ
μακραὶ πάρεισι νύκτες. καὶ πρὸς τούτοις εἰς λόγους σύνιμεν,
καὶ σὺ δέ, οἴμοι τῇ δυστήνῳ, μειλίχιος, καὶ οἶκος εἷς. καὶ
ἀπολοίμην εἰ μὴ ταῦτα πάντα τὸ τόλμημα προκαλέσαιτο·
185 ἀγνοῶ δὴ τοῦ χάριν διατρίβω, πλὴν ὑπὸ δέους. ὃ δὲ κακῶς
παραινεῖς ὤφειλες καλῶς οἷός τ' εἶναι βιάζεσθαι ὡς ἂν τὴν
ἀγροικίαν ἐμαυτῆς ἀπετιναξάμην. λυσιτελέστερον γὰρ ἐνίοτε
τοῖς πάσχουσιν αὐτοῖς ἡ βία καθίσταται, οὕτω δ' ἂν εὐδαίμων
ἦν κἀγὼ βιασθεῖσα. ἀλλ' ἐν ὅσῳ νέος ἐστὶ καὶ ἐν προοιμίῳ
190 ὁ ἔρως, πολεμήσωμεν τούτῳ· ἀρτιγενὴς γὰρ φλὸξ πολλάκις
ὕδατι βραχεῖ ὑφιζάνει. ἀλλὰ καὶ βέβαιος ἐν τοῖς ξένοις οὐκ
ἔστιν ἔρως, πλανᾶται γὰρ οἷά που καὶ αὐτοί, καί σου μηδὲν
σταθερώτερον ἐλπίζοντος ἔσεσθαι φεύγει. ἡ Ὑψιπύλη μάρτυς,

ἐφόροις A.   167. ἡμετέρου A.   169. τοῦτο om. P.   173. δέδοικα A.   μου om. P.   174. ἐμὸν om. P.   175. αὐτομάτου A.   177.
οὕτω A.   180. καὶ σὲ] ἐσὲ P.   181. σύνιμεν A.   184. δὴ om.
P.   189. ἐν προοιμίοις P.   δ' ἔρως A.   πολεμήσομεν τοῦτο A.
191. ἀλ[λὰ om.] P.   αὐτὸς P.   194. iuncta s.   198. εἶναι A.   200.

μάρτυς ἡ Μινῴα παρθένος ἑκατέρα λέχει συναφθεῖσα οὐκ
ἐγχωρίῳ. καὶ σὲ δέ φασι τὴν ἐπὶ πολλοῖς ἔτεσι φιληθεῖσαν 195
Οἰνώνην καταλιπεῖν, ἄπιστε. οὐ μέντοι τοῦτό γε αὐτὸς ἀρνῇ
καὶ ἡμῖν δὲ τὰ περὶ σοῦ πάντα ζητῆσαι, εἰ καὶ ἀγνοεῖς,
μεγίστη φροντὶς γέγονε. πρόσθες ὡς εἰ καὶ σπουδάσεις τῷ
ἡμετέρῳ στοιχῆσαι ἔρωτι, οὐ δυνήσῃ· ἤδη γὰρ οἱ Φρύγες 200
ἀναπετάσουσι τὰ ἱστία. ἐν ὅσῳ δέ μοι λόγοις ὁμιλεῖς καὶ
ἡ ἐλπιζομένη νὺξ ἑτοιμάζεται, ὁ πρὸς τὴν ἐνεγκαμένην ἐπι-
κομίζων εὐθὺς ἄνεμος ἔσται. καὶ ἐν μέσῳ τῷ τῶν προοιμίων
δρόμῳ τὰς πλήρεις ἡδονὰς καταλείψεις καὶ σὺν τοῖς ἀνέμοις
ὁ ἡμῶν ἔρως ἀποχωρήσει. ἢ ἅτε δὴ παραινεῖς ἔψομαί σοι καὶ 205
τὰ θαυμαζόμενα θεάσομαι Πέργαμα, καὶ νύμφη τοῦ μεγάλου
Λαϋμέδοντος ἔσομαι; οὐχ οὕτως ἐγὼ τῶν τῆς πτηνῆς φήμης
κηρυγμάτων ἀφροντιστῶ ὡς τῶν ἐμῶν ὀνειδῶν τὴν γῆν πᾶσαν
πληρῶσαι. τί ποτε γὰρ ἂν σχοίη περὶ ἐμοῦ Σπάρτη, τί δ'
Ἀχαῒς πᾶσα, τί τἆλλα ἔθνη, τί δ' ἡ σὴ Τροία λέγειν; τί 210
δ' ἂν ὁ Πρίαμος στοχάσαιτο περὶ ἐμοῦ, τί δ' ἡ τοῦ Πριάμου
γυνὴ καὶ οἱ τοσοῦτοι σοὶ ἀδελφοὶ καὶ νύμφαι αἱ Δαρδανίδες;
καὶ σὺ δ' αὐτὸς τί δήποτε δυνήσῃ πιστὴν ἐλπίσαι με
γενήσεσθαι καὶ τοῖς σαυτοῦ παραδείγμασι πῶς οὐ πολυ-
ώδυνος ἔσῃ; πᾶς γάρ τις ἔπηλυς τοὺς Ἰλιακοὺς λιμένας 215
εἰσιὼν αἴτιός σοι φόβου πολυφρόντιδος ἔσται. καὶ αὐτὸς δ'
ἂν μοι ποσάκις ὀργισθείς, Ὦ μοιχαλίς, εἴποις, ἐπιλαθόμενος ὡς
τῷ ἐμῷ πταίσματι καὶ τὸ σὸν σύνεστιν. ἔσῃ δὲ τῆς
αὐτῆς ἁμαρτίας καὶ αὐτουργὸς καὶ κατήγορος· ἡ γῆ, δέομαι, 220
πρόσθεν τοὐμὸν συγκαλύψειε πρόσωπον. ἀλλ' ἀπολαύσομαι τοῦ
Τρωικοῦ πλούτου καὶ μακαρίου καλλωπισμοῦ, καὶ δῶρα
τῶν ὑπεσχημένων ἀφθονώτερα λήψομαι. καὶ ἀλουργοὶ πρὸς
τούτοις καὶ πολυτελεῖς μοι δοθήσονται πέπλοι καὶ σταθμῷ
ἐπιστοιβασθέντος χρυσοῦ πλουσία γενήσομαι. σύγγνωθί μοι 225
ὁμολογούσῃ· οὐ τοσούτου μοι τὰ σὰ δῶρα τιμᾶται· ἀγνοῶ δὲ
τίνα τρόπον ἥδε με ἡ γῆ πρὸς ἑαυτὴν κατέχει. τίς γάρ

---

expedient.   203. τῷ om. A.   205. ὅτε A.   210. λέγει A.
224. σταθμῇ A.   225. verba τὰ σὰ ad μοι in 227 om. A.   225.
τιμᾶται ex τιμῶμαι corr. P.   227. συνδραμεῖσαι A.   228. alterum ἂν

μοι ἀδικουμένη παρὰ τοῖς Φρυγῶν ὁρίοις συνδραμεῖται ;
πόθεν ἂν ἀδελφοῦ, πόθεν ἂν πατρὸς συμμαχίαν ζητήσαιμι ;
230 πάντα τῇ Μηδείᾳ ψευδῶς Ἰάσων ὑπέσχετο, οὐδὲν δ' ἧττον
ἐκείνη τῆς Αἰσονίας οἰκίας ἀπηλάθη. οὐδ' ἦν Αἰήτης ἐκεῖ,
πρὸς ὃν ἂν ὑποστρέψειε περιφρονηθεῖσα, οὐχ ἡ μήτηρ αὐτὴ οὐδ'
ἡ ἀδελφὴ Χαλκιόπη. ἀλλ' οὐδὲν ἂν δείσαιμι τοσοῦτον, ἀλλ'
οὐδ' ἡ Μήδεια ἐδεδοίκει· ἡ γὰρ χρηστὴ πολλάκις ἐλπὶς ὑπὸ
235 τῶν οἰκείων οἰωνῶν φενακίζεται. πάσαις δὲ ναυσὶν εὑρήσεις
αἳ νῦν ἐν τῷ πελάγει χειμάζονται λειοτάτην ἐκ τῶν λιμένων
γεγονυῖαν τὴν θάλατταν. ἐμὲ δὲ καὶ ὁ δαλὸς καταπλήττει
ὃν τετοκέναι λελυθρώμενον πρὸ τῆς ἡμέρας τοῦ τοκετοῦ ἡ
σὴ μήτηρ ἔδοξε. δέδοικα δὲ καὶ τὰς τῶν μάντεων εἰσηγήσεις,
240 οὕς φασι Πελασγικῷ πυρὶ τὴν Ἴλιον κανθήσεσθαι προδιδάξαι.
ὡς δέ σοι νῦν ἡ Κυθέρεια εὐμενῶς ἔχει, νικήσασά τε καὶ
ἔχουσα τὰ τῇ σῇ ψήφῳ κτηθέντα ταύτῃ διττὰ τρόπαια,
οὕτως ἐκείνας ἔγωγε τὰς θεὰς εὐλαβοῦμαι, αἵπερ εἴ γε ἡ σὴ
καύχησις ἀληθής, τῆς δίκης, σοῦ κρίνοντος, οὐκ ἐκράτησαν.
245 οὐδέ γε ταλαντεύομαι τὴν γνώμην, ὡς εἴπερ σοι ἀκολου-
θήσαιμι οὐ παρασκευασθήσεται ὅπλα, καὶ ἐλεύσεται, οἴμοι,
διὰ ξιφῶν ὁ ἡμέτερος ἔρως. ἢ ἡ μὲν Ἀτρακὶς Ἱπποδάμεια
χαλεποὺς πολέμους ἐπενεγκεῖν τοῖς Κενταύροις ἠνάγκασε τοὺς
Αἱμονίους ἄνδρας, σὺ δ' οὕτω νωθρὸν γενέσθαι πρὸς δικαίαν
250 ὀργὴν τὸν Μενέλεων καὶ τοὺς διδύμους ἀδελφοὺς καὶ τὸν
Τυνδάρεων οἴει ; ὅτι δ' εὖ μάλα σαυτὸν σεμνύνεις καὶ γενναῖα
ἔργα διέξει, πολὺ τῶν σῶν ῥημάτων ἡ σαυτοῦ ὄψις ἀπέχει.
τὸ γάρ σοι σῶμα μᾶλλον ἂν Ἀφροδίτῃ ἢ τῷ Ἄρει ἁρμόζοι·
οὐκοῦν πολέμους οἱ γενναῖοι μετίτωσαν, σὺ δέ, Πάρι, διὰ
255 παντὸς ἔρα. ὃν δ' ἐπαινεῖς Ἕκτορα ὑπὲρ σοῦ κέλευε μάχεσθαι·
τῶν γὰρ σῶν ἔργων ἄλλη πέφυκεν ἡ στρατεία. οἷς ἔγωγε
εἴπερ ἐφρόνουν καὶ μικρὸν ἦν τι τολμηροτέρα, ἐχρησάμην
ἄν· χρήσεται δ' οὖν εἴτις φρονοίη κόρη. ἢ ἐγὼ τάχ' ἂν τὴν

---

om. A.   229. ψευδῶν A.   231. ἂν om. P.   232. ipsa.   237. ὁ
om. P.   241. κυνθήρεια A. κυνθέρεια P, sed ν erasum.   243. ἐκείνας
om. P.   εἰ om. P. αἱ A.   253. ἁρμόζει P.   254. πολέμου A.   255.
ὅπερ A.   259. faciam.   260. convinctas s.   264. ἂν om. P.

αἰδῶ καταθεμένη τοῦτο ποιήσαιμι, καὶ νικηθεῖσα τῷ χρόνῳ, 260
παράσχοιμι δεδεμένας τὰς χεῖρας. ὅτι δὲ καὶ ζητεῖς ὡς
ἂν λάθρα παρόντες ταῦθ᾽ ὁμιλήσαιμεν ἀλλήλοις, οἶδα τί
θηρεύεις, καὶ τίνα ποτὲ ὀνομάζεις ἐντυχίαν. ἀλλὰ πάνυ
σπεύδεις, ἔτι δέ σοι τὸ θέρος ἐν χλόῃ, τάχα δὲ καὶ φιλτέρα
ταῖς σαῖς εὐχαῖς ἥδε γένοιτ᾽ ἂν ἡ διατριβή. μέχρι μὲν οὖν 265
τούτων τὰ συνειδότα μοι τὴν τῆς διανοίας κλοπὴν γράμματα
προφαινέτω, ἤδη δὲ τῶν δακτύλων καμόντων, τὸ ἀπόρρητον
ἔργον στησάτω. τἆλλα δὲ διὰ τῶν προσπόλων Κλυμένης
καὶ Αἴθρας κοινολογησόμεθα, αἵ μοι δύο καὶ πρόσπολοι τυγ-
χάνουσι καὶ βουλή.

XVIII.

Λέανδρος Ἡροῖ.

Χαίρειν ὁ ἐξ Ἀβύδου σοι, Σηστιάς, πέμπει, ὅπερ κομίσαι
σοι μᾶλλον αὐτὸς ηὔχετο, εἰ τὸ τῆς θαλάττης κατεστόρεστο
κῦμα. εἰ δέ μοι οἱ θεοὶ ῥᾴδιοί εἰσι, κἀπὶ τῷ ἔρωτι εὐμενεῖς,
ἀναγκαστοῖς ὀφθαλμοῖς ταῦτα δὴ τἀμὰ ῥήματα ἀναγνώσῃ.
ἀλλ᾽ οὐκ εἰσὶ ῥᾴδιοι, τί γὰρ δήποτε τὰς ἐμὰς διατρίβειν εὐχὰς 5
ποιοῦσιν, οὐδέ με θεῖν ἐπὶ τῶν γνωρίμων ὑδάτων ἀνέχονται;
αὐτὴ βλέπεις τὸν οὐρανὸν πίσσης μελάντερον, καὶ τὴν θάλατταν
τεθολωμένην ὑπὸ πνευμάτων, καὶ μόλις ἂν καὶ κοίλαις ναυσὶ
διοδεύσιμον. εἷς μόνον ναύτης, τολμητίας καὶ οὗτος, παρ᾽ οὖ
σοι τὰ γράμματά μοι ἐπιδοθήσεται, τὴν πορείαν ἐκ τοῦ λιμένος 10
ἐκίνησεν. ἀναβήσεσθαι δὲ καὶ αὐτὸς ἐπὶ τῆς νεὼς ἔμελλον,
εἰ μὴ ὅτι τὰ πρυμνήσια λύοντος, ἐν ἀπόψει πᾶσα ἵστατο
Ἄβυδος. οὐκ εἶχον λαθεῖν τοὺς ἐμαυτοῦ γονεῖς, ὡς τὸ πρότερον,
καὶ ὃν κρύπτειν βουλόμεθα οὐκ ἂν ἔλαθεν ἔρως. αὐτίκα δὲ 15
ταῦτ᾽ ἐγὼ γράφων Ὡς εὐδαίμων, ἔφην, ἐπιστολὴ τυγχάνεις, ἤδη

XVIII. -έανδρος ἡροῖ P.   1. -αίρειν P.   ἀβείδου Pp.   σηστιὰς
P. ι post ras. σοι post πέμπει add. A.   4. ἀναγκασθεὶς P pr.
sed ε erasa et σ in aliam litteram mutata.   6. ἀνέρχονται P.
7. βλέπει A.   13. οὐδ᾽ P.   16. γὰρ P, ut puto. δὲ A.   23.

γὰρ ἐκτενεῖ σοι τὴν καλλίστην ἐκείνη χεῖρα. τάχα δ' ἂν καὶ
ἄψαιτό σου τοῖς χείλεσι, ταῦτα συμμύσασα, ὁπηνίκα τὸν δεσμὸν
τοῖς χιονώδεσιν ὀδοῦσιν ἐθέλοι ῥῆξαι. τοιούτων μοι λεχθέν-
20 των λόγων ἀμυδρῷ ψιθυρίσματι, τὰ λοιπὰ σὺν τῷ βιβλίῳ ἡ
ἐμὴ δεξιὰ διελάλησεν. ἃ πόσον ηὐχόμην νήχεσθαι ταύτην
μᾶλλον ἢ γράφειν καὶ φιλοπονοῦσαν διὰ τῶν συνήθων φέρειν
ὑδάτων. ἁρμοδιωτέρα μὲν γὰρ ἐκείνη γαλήνιον τύπτειν τὸ
πέλαγος, ἔστι μέντοι καὶ τῆς ἐμῆς διανοίας ὑπηρέτις ἁρμόδιος.
25 ἑβδόμη μὲν νὺξ ἥδε πάρεστι διάστημα καὶ ἐνιαυτοῦ μοι
μακρότερον, ἐξ οὗ τεθορυβημένον τὸ πέλαγος τοῖς πολυφλοίσβοις
κύμασιν ἀναζεῖ. ἐν ταύταις ἔγωγε ταῖς νυξὶν εἴπερ εἶδον ὕπνον
τὴν καρδίαν μοι τιθασεύοντα, εἰς μακρὸν ἡ μανία τῆς θαλάττης
ἐκτείνοιτο. ἐπὶ δέ τινος πέτρας καθήμενος, πρὸς τὰς σὰς
30 ἠιόνας ἀφορῶ σὺν ὀδύνῃ καὶ ὅπη μὴ τῷ σώματι δύναμαι, τῷ γε
λογισμῷ φέρομαι. καὶ δὴ καὶ τὸν φρυκτὸν τὸν ἐπὶ τῆς κορυφῆς
ἀγρυπνοῦντα τοῦ πύργου ἤτοι βλέπει μοι ὁ ὀφθαλμὸς ἢ
οἴεται βλέπειν. καὶ τρὶς μὲν ἀπεθέμην τὴν ἐσθῆτα κατὰ τῆς
ξηρᾶς ἄμμου καὶ τρὶς ἐπειρασάμην γυμνὸν τὸν βαρὺν δρόμον
35 ἁρπάσαι. τῷ δὲ νεανικῷ ἐγχειρήματι τὸ πέλαγος οἰδαῖνον
ἀντέστη, καί μου νηχομένου τὸ πρόσωπον ἀντιπροσώποις ἐβάπ-
τισε κύμασιν. ἀλλὰ σύ γε, Βορρᾶ, τῶν ὀξέων ἀνέμων ἀμειλικ-
τότατε, τί δή ποτέ μοι ἀμεταμέλητα πολεμεῖς; εἰ γὰρ οὐκ
40 ἀγνοῶν τοὺς ἔρωτας οὕτω κατ' ἐμοῦ τὴν θάλατταν ἀγριοῖς, τί
ποτ' ἂν ἐποίεις εἰ μὴ τούτους ἐγίνωσκες; καὶ νῦν δ' οὕτω κρυ-
μώδης ὢν ὁμῶς οὐκ ἄν, ἀλάστορ, ἀρνήσαιο μὴ οὐχὶ τῷ Ἀκταίῳ
ἐκκαυθῆναι πάλαι πυρί. εἰ δέ τις σοι τὴν ἐρωμένην ἁρπάσειν
μέλλοντι τὰς ἀερίους διόδους ἀποκλεῖσαι ἠθέλησεν, τίνα
45 τρόπον ἂν ἤνεγκας; φεῖσαι δή μου, δέομαι, καὶ μετριώτερον
τὴν εὐπετῆ διακίνησον αὖραν· οὕτω σοι ὁ Ἱπποτάδης μηδὲν
ὑποτάξειε σκυθρωπόν. ἀλλὰ γὰρ εἰς κενὸν δέομαι· ταῖς γάρ
μοι δεήσεσιν ἐκεῖνος ἀντιβομβεῖ, καὶ ἃ θραύει κύματα οὐδα-

γαλήνιον P, om. A, spatio relicto. **27.** ἐν ταύταις δ' P. τιθασεύονται
A. **32.** βλέπει μοι ex βλέποιμι corr. P. βλέπειν μοι A. **35.**
δέ γε A. ἀντίστη P. **36.** adversis. **40.** τούτους om. A, spatio
relicto. **41.** ἀλάστωρ P. **46.** συθρωπὸν A. **50.** καὶ P. δὲ A.

μόθεν ἐπέχει. εἴθε μοι νῦν ὁ Δαίδαλος τολμηρὰς δοίη πτέρυγας, εἰ καὶ τὸ Ἰκάριον πέλαγος ἐγγὺς ἐνταυθοῖ πάρεστιν. 50 ὑπενέγκαιμι γὰρ ἂν ὅ τι ποτ' ἂν γένοιτο· ἐξέστω μόνον ἐπᾶραι πρὸς ἀέρα τὸ σῶμα ὅπερ ἐν τοῖς ἀστάτοις ἐμετεωρίσθη πολλάκις ὕδασιν. ἐν δὴ τούτοις πάντα μοι τῶν ἀνέμων ἀπαγορευόντων καὶ τῆς θαλάττης, ἐπὶ νοῦν ἀναφέρω τὸν τοῦ κλέμματος πρῶτον χρόνον. νὺξ ἦν ἀρχομένη καὶ γὰρ ἡδονὴ τὸ μεμνῆσθαι ἡνίκα 55 τῶν πατρικῶν θυρῶν ἐξῄειν ἐρῶν. καὶ μηδὲν διατρίψας, ἀπεθέμην ὁμοῦ καὶ τὸν φόβον σὺν τῇ ἐσθῆτι, κἀπὶ τῆς ὑγρᾶς θαλάττης σχολαιοτέρας διερρίπτουν τὰς χεῖρας. ἡ δέ μοι σελήνη δονούμενον παρεῖχε τὸ φῶς νηχομένῳ, οἷα περ ἐνεργὸς 60 συνέμπορος πρὸς τὰς ἡμετέρας ὁδοὺς οὖσα. ταύτην δ' ὑφορώμενος ἔγωγε Ἵλαθι, ἔφην, θεὰ λαμπροτάτη, καί σοι ἐπὶ νοῦν αἱ τοῦ Λάτμου ἔλθοιεν ἀπορρῶγες. οὐκ ἀφίησιν Ἐνδυμίων σε ψυχῆς ἀποτόμου τυγχάνειν· στρέψον δή σοι τὸ πρόσωπον πρὸς τοὐμὸν κλέμμα, δέομαι. σὺ γάρ, θεά, τοῦ οὐρανοῦ διολισθή- 65 σασα, θνητὸν ἄνδρα ἐζήτεις· ἐξείη τἀληθῆ λέγειν, θεός ἐστι καὶ αὐτὴ πρὸς ἣν νῦν ἐπείγομαι. τὰ μὲν οὖν ἤθη τί ποτ' ἂν διηγοίμην τὰ ψυχῆς οὐρανίας ἐπάξια ; τὸ δέ γε κάλλος ἐκείνης οὐδεμιᾷ συμβέβηκεν ὅ τι μὴ θεαῖς ταῖς ἀληθιναῖς. τοῦ γε μὴν τῆς Ἀφροδίτης, καὶ τοῦ σοῦ κάλλους, οὐδὲν προτιμότερον· ὡς ἂν δὲ μὴ τοῖς λόγοις ἐμοῦ μόνου πιστεύοις, καὶ αὐτὴ 70 σκόπει. ὁπόσον τοιγαροῦν, ἡνίκα ὡς ἄργυρος ταῖς καθαραῖς λάμπεις ἀκτῖσιν, ὑπείκουσι τῷ φωτί σου πάντες ἀστέρες, τοσοῦτον πασῶν τῶν εὐειδῶν εὐειδεστάτη ἐκείνη· εἰ δ' ἀμφιβάλλεις, σὺν σοί, ὦ Κυνθία, τὸ φῶς ἔχεις. ταῦτ' ἐγὼ ἢ καὶ 75 ἀληθῶς εἰπεῖν οὐχ ἑτεροῖα τούτων λαλήσας διὰ τῶν ὑδάτων εἰκόντων μοι νυκτὸς ἐφερόμην. τὸ δ' ὕδωρ ἠκτινοβόλει τῆς σελήνης κατ' ἔμφασιν ἀντανακλωμένης καὶ διηνεκὲς σέλας ἦν ἐν τῇ σιωπῇ τῆς νυκτός. καὶ πρὸς τὴν ἡμετέραν ἀκοὴν οὐδ' ὁποθενοῦν ᾔει φωνὴ πλὴν τοῦ ψόφου τῆς ὑπὸ τοῦ σώματος 80 διακινουμένης θαλάττης. αἱ δ' Ἀλκυόνες μόναι τοῦ ἐρωμένου

---

adest. **51.** ἔξεστιν Α. **59.** mihi. ἐλένη pro σελήνη Α. **61.** ἔφη Α. **65.** θεὰ om. P. **74.** tecum! lumen. **75.** εἰ P. λαλήσα Α. **81.**

Κήυκος μεμνημέναι, ἔδοξάν μοι ἀγνοῶ τί ποτ' ἦν ἡδὺ μιννυ-
ρίζειν. καὶ ἤδη ταῖς χερσὶν ἀπαγορευούσαις ὑπ' ἀμφοτέρους
τοὺς ὤμους ἐρρωμένως ἐπ' ἄκρου τοῦ ὕδατος ἐμετεωριζόμην.
85 ὡς δὲ πόρρωθεν εἶδον τὸν λύχνον, Τοὐμὸν πῦρ, εἶπον, ἐστὶν ἐν
ἐκείνῳ· ἐκεῖνος αἰγιαλὸς τοὐμὸν κέκτηται φῶς. αὐτίκα δὲ ταῖς
χερσὶν ἐκκαμούσαις ἐπανῆλθεν ἡ ῥώμη καὶ μαλακώτερόν μοι
τὸ ὕδωρ ἢ πρόσθεν ἦν ἔδοξεν. ὡς ἂν δὲ μηδ' ἔχοιμι τοῦ
90 ψύχους αἰσθάνεσθαι τοῦ παγετώδους πελάγους, ὁ θερμὸς ἔρως
τοῖς ἐρῶσι στέρνοις προσετετήκει. ὅσῳ δὲ μᾶλλον προσεπέ-
λαζον καὶ ἐγγυτέρω μοι αἱ ἠιόνες ἐγίνοντο, καὶ ὅσῳπερ ἔλαττον
τὸ ὑπόλοιπον ἦν, τοσούτῳ μοι τὸ νήχεσθαι ἥδιον ἦν. ἐπεὶ δὲ
καὶ πρὸς σοῦ βλέπεσθαι οἷός τ' ἦν, αὐτίκα θεωμένη προστίθης
95 μοι φρόνημα, καὶ ὡς ἂν ἰσχύοιμι πράττεις. τηνικαῦτα δ' ἐγὼ
καὶ νηχόμενος σπεύδω τῇ δεσποίνῃ ἀρέσαι, κἂν τοῖς ὑμετέροις
ὀφθαλμοῖς διαρρίπτω τὰς ἐμαυτοῦ χεῖρας. σὲ δὴ μόλις ἡ σὴ
τροφὸς ἐπέχει μὴ οὐ κατελθεῖν εἰς τὴν θάλατταν, καὶ ταῦτα
γὰρ εἶδον, οὐδ' αὐτὴ περὶ τούτων μοι διηγήσῃ. οὐδὲν μέντοι
100 καὶ ἤνυσεν, εἰ καὶ τὰ μάλιστά σε πορευομένην κατεῖχεν, ὡς
μὴ ἐπὶ τοῦ πρώτου κύματος τὸν πόδα σοι γενέσθαι διάβροχον. ὑποδέχῃ δέ με περιπλοκαῖς, καὶ εὐδαίμονα συνάπτεις
φιλήματα τοῖς μεγάλοις θεοῖς καὶ πέραν θαλάττης ζητεῖσθαι
ἄξια. καί μοι περιβόλαιον δίδως τῶν σαυτῆς ὤμων ἀφελομένη,
καὶ τὴν κόμην διάβροχον οὖσαν τῷ τῆς θαλάττης ὑγρῷ τερ-
105 σαίνεις. τὰ λοιπὰ δὴ νὺξ καὶ ἡμεῖς καὶ ὁ συνίστωρ ἔγνωκε
πύργος καὶ λύχνος ὁ διὰ τῶν ὑδάτων μοι τὴν πορείαν ὑπο-
δεικνύς. οὐ γὰρ μᾶλλον αἱ τῆς νυκτὸς ἐκείνης ἡδοναὶ
δύνανται ἀριθμεῖσθαι, ἢ τὰ τῆς Ἑλλησποντιακῆς θαλάττης
κύματα. ὅσῳ γὰρ ἡμῖν βραχύτερον ἐδίδοτο διάστημα καιροῦ
110 πρὸς τὰ κλέμματα, τοσούτῳ μᾶλλον ἐχρῆν φυλάττεσθαι, μὴ
ἀργὸν ἐκεῖνο παρέλθῃ. ἤδη δὲ τῆς Τιθωνοῦ συζύγου τὴν νύκτα

Κάυκος Δ. Κύηκος Ρ.   82. ita, μινν. ΡΔ.   84. ἐμετεωριζόμενον Δ.
86. αἰγιαλὸς Δ.   87. ἐπανῆλθον Δ.   89. ἔχομαι Δ.   95. ἐγὼ
om. Ρ.   ἀρέσας Δ.   96. ἡμετέροις Ρ.   97. τροφὸς om. Ρ.   ἀπέχει
Δ.   98. dabis.   100. ὡς ἐμῇ Δ.   σοι add. ina. 2 Δ.   103.
ἀφελκομένη Ρ.   109. ἡμῶν Δ.   110. ἐκεῖνος Δ.   111. τιθώνης Ρ.

φυγαδεύειν μελλούσης, πρόδρομος τῆς Ἠοῦς ὁ ἑωσφόρος ἀνέτειλε. φιλήματα δ᾽ ἐπιστοιβάζομεν σπουδῇ καὶ ἀτάκτως καὶ ἁρπάζοντες, καὶ μεμφόμεθα τὴν τῶν νυκτῶν διατριβὴν ὡς βραχεῖαν. καὶ οὕτως ἐγὼ ταλαντευθεὶς ταῖς τῆς πικρᾶς τροφοῦ 115 παραινέσεσι πρὸς τὸν ψυχρὸν αἰγιαλὸν ἄπειμι τὸν πύργον καταλιπών. χωριζόμεθα δὴ δακρύοντες· ἐγὼ δὲ πρὸς τὴν θάλατταν ἐπάνειμι τῆς παρθένου, ἀφορῶν μέχρις ἂν ἐξῇ πρὸς τὴν δέσποιναν ἐμαυτοῦ. εἴ τις πίστις ἐστὶ τῇ ἀληθείᾳ αὐτόσε μὲν ἐρχόμενος κολυμβητὴς εἶναί μοι δοκῶ, αὐτόθεν δ᾽ ἐπανιὼν 120 ναυαγός. καὶ τοῦτο δ᾽ εἰ πιστεύεις· πρὸς σὲ μὲν κατάντης φαίνεται ἡ ὁδός· ἐκ σοῦ δ᾽ ἐπανιόντος, ἄναντες ὕδατος ἀργοῦ. ἄκων τε πρὸς τὴν ἐνεγκαμένην ἐπάνειμι—τίς ἂν πιστεῦσαί μοι δύναιτο; καὶ ἄκων νῦν ὡς ἀληθῶς ἐπὶ τῆς ἐμαυτοῦ πόλεως διατρίβω. οἴμοι τί δήποτε ταῖς ψυχαῖς συνημμένοι τοῖς ὕδασι 125 διωρίσμεθα, καὶ μία μὲν τοὺς δύο ψυχή, μία δὲ γῆ μὴ φέρει; ἤτοι γὰρ ἐμὲ Σηστὸς ἡ σή, ἢ σὲ Ἄβυδος ἡ ἐμὴ λαμβανέτω· τοσοῦτον γὰρ σοὶ ἡ ἐμὴ γῆ ὅσον ἐμοὶ ἡ σὴ πόλις ἀρέσκει. τί δήποτε γὰρ ἐγὼ θορυβοῦμαι ὁσάκις θορυβεῖται τὸ πέλαγος; τοῦ χάριν ἄνεμος, αἰτία κούφη, βλάπτειν με δύναται; ἤδη 130 τοὺς ἡμετέρους ἔρωτας ἔγνωσαν καὶ οἱ καμπύλοι δελφῖνες, οὐδὲ ἀγνῶτά με τοῖς ἰχθύσιν οἴομαι εἶναι. ἤδη φαίνεται τετριμμένη πορεία τῶν εἰθισμένων μοι ὑδάτων, οὔκουν ἑτέρως, ἢ ὡς λεωφόρος ἁμάξαις πολλαῖς πιεσθεῖσα. ὃ δέ μοι ἐδυσχέραινον 135 μὴ προσεῖναι, τὸ μὴ δύνασθαι αὖθις ἐπανιέναι, καὶ νῦν ὑπὸ τῶν πνευμάτων μὴ προσὸν δυσχεραίνω. κύμασι γὰρ οὔ τι μετρίοις τὸ τῆς Ἀθαμαντίδος λευκαίνεται πέλαγος καὶ μόλις ἐπὶ τῶν οἰκείων ὅρμων ἀσφαλὴς ἡ ναῦς μένει. ταύτην τὴν θάλατταν τοιαύτην οἴομαι γεγενῆσθαι ἡνίκα πρῶτον ἐκ τῆς 140 καταποντισθείσης παρθένου τοῦ ὀνόματος οὗπερ ἔχει ἐπέτυχε. καὶ ἀποχρώντως ὁ τόπος οὗτος ἐκ τῆς ἀπολωλυίας δεδυσφή-

113. τ᾽ ἀτάκτως Α. καὶ ὡς ἁρπάζοντες Α. 115. τροφοῦ om. Α. παραίνεσε Α. 116. πρὸς om. Α. 118. ἐξῇ Α. ἐξῆν Ρ. ἐμαυτὴν Α. 121. credis. 122. ἄναντις Α. 125. συνεμμένοι Α. 127. γὰρ add. ma. 2 Α. ἐμὲ om. Ρ. σῇ σεστῇ Α. 130. ἄνεμος om. Α pr., add., ut puto, ma. 2. βλέπειν Α. 131. ἔρωτας om. Ρ. 133. μοι πόρεια Ρ. 135. iterare. 137. οὗτοι Α. 140. ἔχεις Α. 141. δεδυσμεμήταί Α. 147. Parte egeo

μηται "Ελλης· ἵνα δ' ἐμοῦ φείσηται κατηγορίαν τοῦτο τοῦ
ὀνόματος οἴεται. νῦν φθονῶ τῷ Φρίξῳ ὃν ἄφοβον διὰ τῆς δεινῆς
145 θαλάττης τὸ χρυσοῦν τοῖς ἐρίοις πρόβατον ἤνεγκεν. οὐ μέντοι
γε συνεργίαν θρέμματος ἢ νεὼς ἐπιζητῶ εἰ μόνον ὕδωρ μοι
δοθείη, ὅπερ ἂν τῷ σώματι τέμνοιμι. οὐδενὸς γὰρ ἔνδειαν ἔχω
μέρους· γενέσθω μόνον νήξεως εὐπορία· ὁ αὐτὸς καὶ ναῦς καὶ
ναύτης καὶ διακομιστὴς ἂν γενοίμην. οὐδ' ἔψομαι τῇ Ἑλίκῃ
150 ἢ ᾗπερ οἱ Τύριοι χρῶνται Κυνοσουρίδι· οὐδὲ γὰρ φροντίζει τῶν
δημώδων ἄστρων ἔρως. Ἀνδρομέδαν ἄλλος σκοπείτω καὶ τὸν
περιφανῆ στέφανον καὶ Ἄρκτον τὴν Παρρασίδα τὴν ἐν τῷ
ψυχρῷ λάμπουσαν πόλῳ. ἐμοὶ δ' ἐπεὶ Περσεὺς καὶ σὺν Διὶ
Βάκχος τούτων ἠράσθησαν οὔκουν ἀρέσκει τῆς ἀδήλου πορείας
155 ταῦτ' εἶναι μηνύματα. ἔστιν ἐμοὶ φῶς ἕτερον πολλῷ τούτων
ἀπλανέστερον· οὐδ' ἂν ἐν σκότῳ γένοιτο τούτου γε ἡγουμένου
ὁ ἡμέτερος ἔρως. πρὸς τοῦτ' ἔγωγε ἀτενίζων Κόλχους τε καὶ
ἔσχατα τοῦ Πόντου καὶ ὅποι ποτὲ ὁδὸν ἡ Θετταλὴ ναῦς πεποίηκεν, ἀπελεύσομαι. καὶ δὴ τὸν μείρακα Παλαίμονα νηχό-
160 μενον ὑπερβαλεῖν δύναμαι, ὃν ἐξαπιναίως θαυμαστή τις βοτάνη
θεὸν ἀποδέδωκε. πολλάκις ἀτονοῦσιν ὑπὸ τῆς συνεχοῦς αἱ
χεῖρές μοι κινήσεως καὶ μόλις ἅτε δὴ κεκμηκυῖαι διὰ τῶν ἀπείρων
ὑδάτων ἕλκονται. ἐμοῦ δὲ ταύταις λέγοντος, ὡς Οὐκ εὐτελὲς
ὑμῖν τῶν πόνων τὸ ἔπαθλον, ἤδη γὰρ δώσω κατέχειν τῆς δεσ-
165 ποίνης τὸν τράχηλον, ἐκεῖναι ῥώννυνται παραχρῆμα καὶ πρὸς
τὸ γέρας συντείνουσιν, ὥσπερ ταχὺς ἵππος Ἠλείας βαλβῖδος
ἀφεθείς. αὐτὸς τὸν ἔρωτα τοιγαροῦν ᾧ πίμπραμαι φυλάττω
παρ' ἐμαυτῷ, καί σοι μᾶλλον ἀξία τοῦ οὐρανοῦ ἕπομαι, κόρη.
170 ἀξία μὲν τοῦ οὐρανοῦ, ἀλλ' ἐπὶ γῆς ἔτι διατρίβεις· ἢ φράσον
πόθεν ἂν κἀμοὶ πρὸς τοὺς οὐρανίους θεοὺς ὁδὸς γένοιτο. ἐντεῦθεν γὰρ σπανίως ἀπολαύω σου ὁ ταλαίπωρος ἐραστὴς ἐγώ,
καὶ σὺν τῇ ψυχῇ μου ταράττεται καὶ τὰ κύματα. τίς δ' ἂν
εἴη μοι ὄνησις ὅτι σοῦ μὴ πλατεῖ πελάγει διώκισμαι· οὐδὲν
γὰρ ἧττον ἡμῖν καὶ τὸ στενὸν οὕτως ὕδωρ ἀνθίσταται. ηὐχόμην,

---

nulla.   149. αυνοσοφίδι ex A notatur.   151. ἀνδρομέδης P.   156. ἐν
om. A.   τοῦτο γε ἡγουμένον A.   161. κικλήσεως A.   164. τὸν τῆς δεσποίνης
τράχηλον A.   172. σὺν] ὧν A.   173. διώκεισμαι P.   177. est G.

οὐδὲ γὰρ τοῦτό γε διστάζω, πόρρω τῆς οἰκουμένης ἁπάσης ἀπῳ- 175
κίσθαι καὶ σὺν τῇ δεσποίνῃ πόρρω καὶ τὰς ἐλπίδας ἔχειν.
ὅσῳ δ' ἐγγύτερον νῦν ἐστιν ἐγγυτέρῳ καὶ τῷ πυρὶ πίμπραμαι
καὶ πρᾶγμα μὲν οὐκ αἰεί, αἰεὶ δέ μοι πάρεστιν ἡ ἐλπίς. μικροῦ
δεῖν τῇ χειρὶ οὗπερ ἐρῶ τοσαύτη τίς ἐστιν ἡ γειτνίασις, ἅπτομαι·
πολλάκις δ' ἀλλ' οἴμοι κράζεις Τίς βλάπτει με τιμωρία; ἆρ' 180
οὖν ἕτερόν ἐστι τὸ τὰ φεύγοντα μῆλα βούλεσθαι δρέπεσθαι, καὶ
τὴν ἐλπίδα τοῦ δραπετεύοντος ὕδατος διώκειν τῷ στόματι;
ἆρ' οὖν ἐγώ σε οὐκ ἔστιν ὅτε εἰ μὴ ὅτε τὸ ὕδωρ ἐθέλοι θεάσομαι,
καί με χειμὼν οὐδεὶς εὐδαίμονα ὄψεται; καὶ μηδενὸς ὄντος 185
ἀτακτοτέρου μᾶλλον τῶν ἀνέμων τε καὶ τοῦ ὕδατος, ἐν ἀνέμοις
καὶ ὕδασιν ἀεί μοι κείσεται ἡ ἐλπίς; ἔτι μέντοι θέρος ἔστιν· τί
δὲ γένοιτ' ἂν ἡνίκα μοι κακώσει τὴν θάλατταν Πλειὰς καὶ
Ἀρκτοφύλαξ καὶ αἶξ ἡ Ὠλενία; ἤτοι γὰρ οὐκ ἔγνων πόσον ἂν
ἀπερίσκεπτος εἴην, ἤ με πρὸς τὰ κύματα καὶ τότε ὁ ἀφύλακτος 190
ἔρως πέμψει. μηδέ με οἴου τὸν ἀπόντα σοι καιρὸν ἐπαγγέλ-
λεσθαι· δώσω γάρ σοι τῶν ὑπεσχημένων ἐνέχυρα οὔκουν σὺν
χρόνῳ. ἔστω γὰρ ὀλίγας καὶ ἔτι νύκτας ἐξοιδαῖνον τὸ πέλαγος,
ἐγὼ δὲ πειράσομαι καὶ τῶν κυμάτων ἀπαγορευόντων ἐλθεῖν.
ἢ γὰρ εὐτυχὴς ἡ τόλμα μοι ἀπαντήσειεν ἂν σωθέντι, ἢ θάνατος 195
πέρας ἔσται τοῦ πολυφρόντιδος ἔρωτος. εὔξομαι μέντοι πρὸς
τοῖς αὐτόθι μέρεσιν ἐκβρασθῆναι, καί μοι τὸ ναυαγῆσαν σῶμα
πρὸς τὸν σὸν ἐξοκεῖλαι λιμένα. κλαύσει καὶ γάρ, καὶ ψαῦσαι
μου τὸ σῶμα ἀξιώσεις καί, Τοῦ θανάτου, φήσεις, ἐγὼ τούτῳ 200
ἐγενόμην αἰτία. εἰ δὲ καὶ τὰ μάλιστα δυσχεραίνεις τῇ κληδόνι
τῆς ἐμῆς ἀπωλείας, καὶ τοῦτο τῆς ἐπιστολῆς κακίζεις τὸ μέρος,
παῦσαι τοῦτο κακίζειν· ὡς ἂν δὲ τὴν ὀργὴν στήσῃ τὸ πέλαγος,
αἱ σαὶ ταῖς ἐμαῖς εὐχαῖς συνίτωσαν, δέομαι. βραχείας ἡμῖν δεῖ 205
τῆς γαλήνης μέχρις αὐτόσε περαιωθῶ· ἁψαμένου δέ μου τῆς
σῆς ἠιόνος, ὁ χειμὼν ἐπικείσθω. ἐκεῖ πρόσφορός ἐστιν ὅρμος
τῇ ἐμῇ νηὶ καὶ ἐπὶ οὐδενὸς ὕδατος ἂν ἡ ἐμὴ ναῦς βέλτιον

---

180. lacrimas *pro verbo cepit* et quae mihi poena nocet *legit*. poena s.
182. τῷ om. P.   183. ἐθέλῃ A.   189. ἧτι A.   190. με om. A.
191. ἀπαγγέλλασθαι P.   195. ὡς ἂν σωθέντι P.   203. Desine. τοῖτο

ἵσταιτο. ἐκεῖ με ὁ Βορρᾶς συγκλείσαι, ἔνθα τὸ χρονίζειν ἡδύ·
210 τότε ὀκνηρὸς ἐγὼ πρὸς νῆξιν, τότε καὶ ἀσφαλὴς ἔσομαι. οὐδὲ
λοιδορήσομαι κατ᾽ οὐδὲν τοῖς κωφοῖς κύμασιν, οὐδὲ δυσχερανῶ
τὸ ὕδωρ ὡς τῷ νηξομένῳ γενόμενον χαλεπόν. ἐπ᾽ ἴσης δ᾽
ἄνεμοί με καὶ τρυφεραὶ κατεχέτωσαν πήχεις, καὶ δι᾽ αἰτίας
215 ταυτασὶ δύο κωλυοίμην ἐκεῖ. ἐγὼ μὲν οὖν ἐπειδὰν ὁ χειμὼν
ἀνάσχοιτο, τῇ τοῦ σώματος χρήσομαι εἰρεσίᾳ· μόνον σὺ τὸν
λύχνον ἔχε διὰ παντὸς ἐν ἀπόψει. ἡ δ᾽ ἐπιστολὴ ἀντ᾽ ἐμοῦ
σὺν σοὶ διανυκτερεύσαιτο, ᾗπερ αὐτὸς εὔχομαι μετ᾽ ὀλίγον ἀκο-
λουθῆσαι.

XIX.

Ἡρὼ Λεάνδρῳ.

"Οπερ μοι χαίρειν ἔπεμψας, Λέανδρε, ῥήμασιν, ὡς ἂν πράγμασι τοῦτο σχεῖν δυνηθείην ἔλθε. μακρὸς πᾶς τίς ἐστιν ἡμῖν
ὁ χρόνος, ὃς τὰς ἡδονὰς ἡμῖν ὑπερτίθεται. σύγγνωθι γὰρ ὁμο-
5 λογούσῃ ὡς ἀκαρτερήτως ἐρῶ. πιμπράμεθα γοῦν ἴσῳ πυρί·
ἀλλ᾽ εἰμὶ σοὶ τὴν δύναμιν ἄνισος, ὑποπτεύω γὰρ ἰσχυρότερον
εἶναι τοῖς ἀνδράσι τὸ φρόνημα. ὡς δὲ τὸ σῶμα, οὕτω καὶ ἡ
διάνοια ταῖς ἀπαλαῖς κόραις ἀσθενεστάτη· πρόσθες γὰρ ὀλίγου
χρόνου τριβὴν ἔτι, καὶ παντάπασιν ἂν ἐκλίποιμι. ὑμεῖς μὲν
10 γὰρ ἢ κυνηγετοῦντες ἢ ἀγρῶν ἡδέων ἐπιμελούμενοι ἐν ποικίλῃ
τριβῇ τὸν μακρὸν διατίθεσθε χρόνον. καὶ ἤτοι ἀγορά γε ὑμᾶς
κατέχει, ἢ χάρις παλαίστρας ἢ χαλινῷ κάμπτετε ταχινοῦ τράχηλον ἵππου. καὶ νῦν μὲν ὄρνις παγίδι νῦν δ᾽ ἰχθῦς ἀγκίσ-
τροις ἁλίσκετε, καὶ οἴνῳ προστεθέντι κατακλύζετε τὴν βραδυ-
15 τῆτα τοῦ χρόνου. ἐμοὶ δὲ τούτων ἀφεστηκότων, ἢ εἴπερ ὀλίγῳ
δριμύτερον πίμπραμαι, τί ποτε ποιεῖν λείπεται; οὐδὲν πλὴν

γε Α.   208. ἵστατο P.   209. συγκλείσατο Δ.   214. δύο om. P.
216. ἔχει Α.

XIX. -᾽ρω -εανδρω P.   1. -περ P.   4. γάρ μοι P.   5. μὲν οὖν Α.
10. μικρὸν Α.   12. ταχείνου P.   13. ἀγκίστροιν Α.   14. βραδυθῆτα
Α.   15. summotis.   16. Quid faciam G ω.   18. credi : et quid

ἐρᾶν. ποιῶ τοίνυν ὃ λείπεται καὶ σοῦ, ὦ μόνη ἡμετέρα ἡδονή,
καὶ πλέον ἢ πιστεύεσθαι δύναται, ὅπερ ἐμοὶ πιστόν, μάλα ἐρῶ.
ἢ τοίνυν πρὸς τὴν φίλην τροφὸν ψιθυρίζω καὶ θαυμάζω, τίς ἂν 20
αἰτία ποτὲ τὴν σὴν ἄφιξιν βραδύνειν ποιοίη. ἢ πρὸς τὴν
θάλατταν ἀφορῶσα τὰ πρὸς τῶν στυγουμένων ἀνέμων ἐγειρο-
μένα κύματα μικροῦ τοῖς σοῖς ῥήμασιν ὀνειδίζω. ἢ ἐπειδὰν
μικρόν τι τῆς ἀγριότητος ὑποχαλάσῃ τὸ βαρὺ πέλαγος, ἀγανακτῶ ὡς ἐλθεῖν σου δυναμένου μέν, βουλομένου δὲ μηδαμῶς.
καί μου μεμφομένης διὰ τῶν ἐρώντων ὀφθαλμῶν δάκρυα καταρ- 25
ρεῖ, ἃ τῷ τρομερῷ δακτύλῳ ἡ συνίστωρ ἀπομόργνυσι γραῦς.
πολλάκις ἀποσκοπῶ εἴ που ἐπὶ τῆς ἠιόνος εἴη βήματα σά,
ὥσπερ ἂν τῆς ἄμμου τὰ τῶν σημείων ἐντιθέμενα φυλαττούσης.
ᾧ ἂν δ᾽ ἐροίμην περὶ σοῦ καὶ ἐπιστείλαιμί σοι, πολυπραγμονῶ,
εἴτε τις κατῆρεν ἐξ Ἀβύδου, εἴτε τις πρὸς Ἄβυδον ἀποπλεύσειε. 30
τί δ᾽ ἂν εἴποιμι ποσάκις δίδωμι φιλήματα ταῖς ἐσθῆσιν ἃς
αὐτὸς ἀποτίθῃ τῶν Ἑλλησποντιακῶν ἐπιβαίνων ὑδάτων; οὕτως
ἐπειδὰν ἡ νὺξ παραγένηται καὶ ὁ τῆς νυκτὸς φίλτατος χρόνος
διωσάμενος τὴν ἡμέραν τοὺς λαμπροὺς παραστήσῃ ἀστέρας,
εὐθὺς ἐπ᾽ ἄκρου τοῦ πύργου τὸν ἄγρυπνον λύχνον τίθεμεν, 35
τῆς συνήθους ὁδοῦ σοι σημεῖον καὶ γνώρισμα. καὶ νήματα τοῖς
κλωστῆρσι στρεφομένοις κατάγουσα, τέχνῃ γυναικείᾳ τὴν βρα-
δεῖαν διατριβὴν σοφιζόμεθα. τί μέντοι φθέγγομαι κατὰ τὸν
οὕτω μακρὸν χρόνον, πυνθάνῃ· οὐδὲν ὅτι μὴ τὸ Λεάνδρου διὰ 40
στόματός ἐστί μοι ὄνομα. Πότερον ἤδη νομίζεις ἐξεληλυθέναι
τῆς οἰκίας τὴν ἐμήν, τροφέ, τέρψιν, ἢ γρηγοροῦσι πάντες καὶ
δέδοικε τοὺς οἰκείους ἐκεῖνος; ἀρ᾽ οὐ δοκεῖς ἐκεῖ τῶν ――――
ἤδη τῶν ὤμων ἀποτίθεσθαι τὴν ἐσθῆτα καὶ τῷ τῆς Ἀθηνᾶς
λίπει περιαλείφειν τὸ σῶμα; ἡ δὲ κατένευσεν οὕτως ἔχειν, οὐχ 45
ὅτι τῶν ἡμετέρων φιλημάτων φροντίζει ἀλλ᾽ ὁ ὕπνος ὑφέρπων
τὸ γηραιὸν κάρα κινεῖ. καὶ μετὰ βραχύ τι τῆς ὥρας, Ὄντως
ἤδη, φημί, νήχεται καὶ διωθούμενος τὸ ὕδωρ ἡσυχῇ τὰς χεῖρας

---

amplius? **22.** σοῖς om. P. **27.** περισκοπῶ A. σοι A. **33.** scr.
φίλτερος. χρόνος om. P. **37.** ὑήματα A? κλαυστῆρσι A? κατάγουσα P.
40. ὅτι μοι P. **41.** ὄψιν P. **42.** ἢ γρήσουσι A. **43.** spatium
vacuum in P p inter τῶν et ἤδη: puto οἰκείων legere scribam non potuisse.
lacuna non notatur de A. **44.** σῶμα om. P: confer xvi. 224. **48:**

διαρρίπτει. καὶ ὀλίγον αὖθις εἰς γῆν νῆμα κατήγαγον, καὶ
50 ζητῶ εἴπερ οἷόν τ' ἐστὶν κατὰ μέσον σε τυγχάνειν τὸν πόρον.
καὶ νῦν μὲν ἀφορῶμεν νῦν δὲ ψοφοδεέσι φωναῖς ἱκετεύομεν ὡς
ἂν εὐπετῆ σοι τὴν ὁδὸν λυσιτελὴς αὔρα παράσχοι. κἂν ταῖς
ἀκοαῖς ἐνίοτε φωνὰς εἰσδεχόμεθα καὶ πάντα κτύπον τῆς σῆς
55 ἐπελεύσεως εἶναι πειθόμεθα. οὕτως οὖν ἐπειδὰν τὸ πλεῖστόν
μοι μέρος τῆς νυκτὸς παραλογιζομένης διανυσθῇ ἀψόφως μοι
τοὺς ὀφθαλμοὺς ὁ ὕπνος ὑποκαμόντας ὑπέρχεται. τάχα μέντοι,
ῥάθυμε, καὶ ἄκων σὺν ἐμοὶ καθεύδεις ἐν ὕπνοις κἂν μὴ θέλῃς
αὐτὸς ἀφικνεῖσθαι, ἀφικνῇ. καὶ γὰρ νῦν μὲν ἔγγιστά σε
60 βλέπειν δοκῶ, νῦν δὲ νήχεσθαι νῦν δὲ διαβρόχους ἐπιφέρειν
τοῖς ἐμοῖς ὤμοις τὰς χεῖρας. καὶ νῦν μὲν αὐτὴ διδόναι τοῖς
διαβρόχοις μέλεσιν ὅπερ εἴωθα σκέπασμα, νῦν δέ σοι τὰ
στέρνα τῷ ἐμαυτῆς κόλπῳ θάλπειν. καὶ πολλὰ μετὰ τοῦτο
σώφρονι σιωπᾶσθαι ἄξια γλώττῃ· ἃ γὰρ ποιεῖν ἡδὺ ταῦτα
65 λέγειν αἰσχύνη. οἴμοι τῇ δειλαίᾳ· βραχεῖα γὰρ ἥδε καὶ οὐκ
ἀληθινή ἐστιν ἡ τέρψις· αἰεὶ γὰρ αὐτὸς εἴωθας ἅμα τοῖς ὕπνοις
ἀπιέναι. βεβαιότερον οὐκοῦν ὦ ἀπλήστως ἐρῶντες συνίωμεν,
μηδ' ἀληθοῦς πίστεως αἱ ἡμέτεραι στερείσθωσαν ἡδοναί. τί
70 γὰρ ἐγὼ τοσαύτας χήρας νύκτας ψυχρὰ διήνυσα ; τί τοσάκις
ἀπ' ἐμοῦ, νωθρέ, τυγχάνεις, κολυμβητά ; ἔστι μὲν ὁμολογῶ τὸ
πέλαγος οὔπω τῷ νηχομένῳ προσψαύεσθαι δυνατὸν ἀλλὰ τῆς
γε παρελθούσης νυκτὸς λειότερον ἦν τὸ πνεῦμα. εἰς τί γοῦν
ἐκείνη παρέδραμε ; τί μὴ τὰ μέλλοντα ἐδεδοίκεις ; οὕτως ὁδὸς
75 ἀγαθὴ τοῦ χάριν ἀπώλετο, καὶ οὐχ ἥρπασας ταύτην ; εἰ δ'
αὐτίκα σοι τοῦ πρὸς ἡμᾶς δρόμου δοθείη εὐπορία, κρείττων ἡ
νὺξ ἥδε τῷ ὄντι τῆς προτέρας ἐκείνης ἂν γένοιτο. καὶ τάχιστα
μεταβέβληται τὸ τῆς θαλάττης εἶδος χειμαζομένης· σὺ δ' ἡνίκα
σπεύδεις, πολλάκις εἰς ἐλάττονα χρόνον ἥκεις. ἐνταῦθα δὴ
80 συγκλεισθεὶς οὐδὲν ἂν ὅπερ δυσχερανεῖς σχοίης, καὶ οὐδείς σε
συνόντα μοι λυπήσῃ χειμών. ἀληθῶς γὰρ εἰπεῖν χαίρουσα ἂν

ἡσυχεῖ P.   49. εἰς om. P.   52. τὸν ὁδὸν A.   54. ἐπιλείσεως
P.   56. ἀψόρως A. ἀψόβως P : scripsi ἀψόφως. ὑποκαμόντος A.
58. θέλοις P.   69. ψυχρὰς P.   70. κολυμβητέ A.   71. οὕτω A.
76. πρωτέρας P.   80. scr. λυπήσει.   82. ἱκετεύοιμι P.   85. γὰρ καὶ

ἔγωγε τοὺς ἀνέμους τηνικαῦτα ἠχοῦντας ἀκούοιμι, καὶ οὐδέ
ποτ' ἂν ἱκετεύσαιμι γαληνὸν γενέσθαι τὸ ὕδωρ. τί μέντοι
συμβέβηκεν ὅτου χάριν νῦν μᾶλλον τὸ ὕδωρ δέδοικας καὶ τὸ
πρόσθεν ὀλιγωρούμενον νῦν εὐλαβῆ πέλαγος ; μέμνημαι καὶ 85
γὰρ ἡνίκα σου ἐρχομένου χαλεπὴ ἦν καὶ ἀπειλοῦσα ἡ θάλαττα,
ἤτοι ἔλαττον ἢ οὐ πολλῷ ἔλαττον, ἡνίκα σοι ἐβόων Οὕτω δὴ
τολμηρὸς ἔσῃ, ὡς ἂν μέντοι μὴ θρηνηθῆναί μοι τῇ ταλαιπώρῳ
τὴν σὴν ἀρετήν. πόθεν οὖν ὁ καινὸς φόβος οὗτος ; πήποτε ἡ
τόλμα ἐκείνη πέφευγε ; ποῦ δ' ἐστὶν ὁ μέγας ἐκεῖνος τῶν περι- 90
φρονουμένων ὑδάτων κολυμβητής ; εἴης μέντοι τοῦτο μᾶλλον ἢ
ὃ πρότερον εἶναι εἰώθεις, καὶ δι' ἠρεμοῦντος τοῦ πελάγους
ἀσφαλῆ ποιοῦ τὴν πορείαν, εἰ μόνον ὁ αὐτὸς εἴης, εἰ μόνον ὡς
γράφεις φιλοίμεθα, καὶ τὸ πῦρ ἐκεῖνο μὴ ψυχρὰ σποδὸς γίνοιτο.
οὐδὲ γὰρ τοσοῦτον ἐγὼ δέδοικα τοὺς ἀνέμους ὡς τὰς εὐχάς μοι 95
παρέλκοντας, ὅσον μὴ ὁ σὸς ἔρως παραπλήσια τοῖς ἀνέμοις
πλανῷτο. καὶ μήποτε οὐ τοσούτου με ἀξίαν ἡγῇ, μὴ οἱ
κίνδυνοι τῆς τούτων αἰτίας μείζονες εἶεν, καὶ δοκοίην μισθὸς
τῶν πόνων ἐλάττων εἶναι. ἔστι δ' ὅτε καὶ δέδοικα, μήποτέ με
βλάψειεν ἡ πατρὶς καὶ τῷ Ἀβυδηνῷ νυμφίῳ ἀκατάλληλος ἡ 100
Σηστιὰς κόρη λεχθείην. ἔχω μέντοι φέρειν πάντα καρτερικώ-
τερον ἢ εἰ ῥᾳστώνην οὐκ οἶδ' ἥντινα ὑπ' ἀντιζήλου ἁλοὺς ἄγεις,
εἰ πρὸς τὸν σὸν τράχηλον χεῖρες ἀλλότριαι ἔρχοιντο καὶ νέος
ἔρως τοῦ ἡμῶν ἔρωτος πέρας εἴη. ἀπολοίμην μᾶλλον ἢ τούτῳ 105
πληγείην τῷ πάθει, καί μοι τὸ πεπρωμένον πρότερον εἴη τοῦ
σοῦ πταίσματος. οὐχ ὅτι δέ μοι μελλούσης ὀδύνης τεκμήρια
δέδωκας ταῦτά φημι ἢ καὶ ὑπὸ καινῆς φήμης θορυβηθεῖσα.
ἀλλ' εὐλαβοῦμαι πάντα· τίς γὰρ ἀμερίμνως ἠράσθη ; ὁ δὲ χῶρος 110
τοὺς ἀπόντας πλείω δεδοικέναι βιάζεται. ὡς εὐτυχεῖς ἐκείνας
ἡγοῦμαι ἃς ἡ σφῶν αὐτῶν παρουσία τὰ μὲν ἀληθῆ τῶν ἁμαρ-
τημάτων εἰδέναι δίδωσι, τὰ δὲ ψευδῆ κωλύει φοβεῖσθαι. ἡμᾶς
δ' ἥ τε ἀνύπαρκτος ἀδικία θροεῖ, καὶ ἡ γενομένη λανθάνει,
ἑκατέρα δὲ πλάνη τὰ ἴσα δήγματα διεγείρει. εἴθε μὲν οὖν 115

P. 88. μὴ om. P. ταλαιπώρω P. 97 μὴ P. μηδ' οἱ A. 103. σὸν
om. A. ἔρχοντο P pr. A. 104. νέου A. 108. κενῆς P, αι superscr.

ἔλθοις, εἰ δ᾽ οὖν, ἢ τοιοῦτος ὁ ἄνεμος ἢ ὁ πατὴρ αἴτιος τῆς σῆς
βραδυτῆτος, μηδέ τις εἴη γυνή. ὅπερ εἰ γνοίην, θνήξομαι,
πίστευέ μοι, ὑπὸ τοῦ ἄλγους· ἤδη δὲ πάλαι ἁμαρτάνεις εἰ τὸν
ἐμὸν ζητεῖς θάνατον. ἀλλ᾽ οὔθ᾽ ἁμαρτήσεις καὶ μάτην ἐγὼ
120 τούτοις θροοῦμαι, ἀλλ᾽ ὡς μηδὲν μᾶλλον ἔλθοις ὁ φθονερὸς
χειμὼν ἀπομάχεται. οἴμοι τῇ δειλαίᾳ ἡνίκα καὶ αἱ ἠιόνες τοῖς
κύμασι πλήττονται καὶ κέκρυπται ἡ ἡμέρα σκοτειναῖς καλυπτο-
μένη νεφέλαις. τάχα πρὸς τὸν πόντον ὁ τῆς Ἕλλης συμπαθὴς
παραγέγονε μήτηρ, ὡς ἂν τὴν καταποντισθεῖσαν παῖδα τετα-
125 ραγμένοις θρηνήσειε κύμασιν· ἢ τὴν ὀνομασθεῖσαν θάλατταν
ἐκ τοῦ τῆς προγόνης φθονουμένου ὀνόματος ἡ πρὸς θαλαττίαν
θεὰν μεταμειφθεῖσα μητρυιὰ συνταράττει. οὐδὲ γὰρ εὐνοεῖ
ταῖς ἁπαλαῖς κόραις, ὡς νῦν ἐστίν, οὗτος ὁ τόπος· ἐν τούτοις
γὰρ τοῖς ὕδασιν ἡ Ἕλλη ἀπώλετο, τούτοις κἀγὼ βλάπτομαι.
ἀλλὰ σύγ᾽, ὦ Πόσειδον, καὶ γάρ σου μέμνησαι τῶν ἐρώτων,
130 οὐδεὶς ἔρως ὑπό γε τῶν ἀνέμων διεκωλύθη. εἰ μήθ᾽ ἡ Ἀμυ-
μώνη μήτε μὴν ἡ τὴν μορφὴν ἀξιέπαινος Τυρὼ μῦθος κενὸς
εἴη τοῦ σοῦ πλημμελήματος, ἥ τε διαφανὴς Ἀλκυόνη τῷ
Κήυκι καὶ τῇ Ἀλκυόνῃ γεγενημένη, καὶ ἡ μήπω περιειλιγμένη
135 τὰς κόμας ὄφεσι Μέδουσα, καὶ ἡ ξανθὴ Λαοδίκη καὶ ἡ πρὸς
οὐρανὸν ἀναληφθεῖσα Κελαινώ, καὶ ὧν ἀνεγνωκυῖα μέμνημαι
τὰ ὀνόματα. ἀληθῶς γὰρ εἰπεῖν πλείους ταύτας οἱ ποιηταί,
Πόσειδον, ᾄδουσι τὴν ἁπαλὴν πλευρὰν πλευρᾷ συνάψαι τῇ σῇ.
ὅτου δὴ χάριν τοσαυτάκις τῆς ἔρωτος πεπειραμένος δυνάμεως
140 καταιγίδι τὴν εἰωθυῖαν ἡμῖν ὁδὸν ἀποκλείεις ; φείδου τῆς ἀγριότητος καὶ τῷ πλατεῖ πελάγει τὰς σὰς σύναπτε μάχας· τουτὶ δὲ
τὸ βραχύτατον ὕδωρ δύο χώρας διίστησι. σοὶ δὲ πρέπει ἤτοι
μεγάλας μεγάλῳ γε ὄντι χειμάζειν ὁλκάδας ἢ στόλοις ὅλοις
145 γίνεσθαι χαλεπόν. αἰσχρὸν γὰρ τῷ τοῦ πελάγους θεῷ νεανίαν
καταπλήττειν νηχόμενον, καὶ λίμνης ἡστινοσοῦν ἐλάττων ἐστὶν

---

115. ἐλθεῖν A.   hic ventus.   ὁ πῦρ pro ὁ πὴρ A.   **116.** βραδυθήτος A.
118. peccas.   **121.** οἱ A.   **124.** θρηνήσει A.   **125.** ἰνὼ καὶ λευκοθέα
P marg. A marg.   **126.** θεὰ P.   **131.** ἀμυμόνη P.   **133.** κύηκι
P.   **135.** ἢ om. P.   **137.** scr. ταύτας καὶ πλείους.   **139.** scr. τοῦ
δή.   **141.** τῆς ἀγριότητος P.   τῇ ἀγρίῳ A.   **147.** verba καὶ ad ἐκεῖνος in

ἥδε ἡ δόξα. εὐγενὴς μὲν γὰρ ἐκεῖνος καὶ ῥίζης περιφανοῦς,
ἀλλ' οὐχὶ καὶ ἐκ τοῦ ὑπόπτου σοι Ὀδυσσέως τὸ γένος κατήγαγε.
σύγγνωθι δὴ καὶ συντήρει τοὺς δύο· νήχεται γὰρ ἐκεῖνος, ἀλλ'
ἐν τοῖς αὐτοῖς ὕδασι τό τε σῶμα τοῦ Λεάνδρου ἡ ἡμετέρα ἐλπὶς 150
αἰωρεῖται. ἤνεγκε δὴ καὶ φῶς ἡ γηραιά μοι τροφός, καὶ γὰρ
ἐκείνου προτεθέντος γράφομεν, καὶ σύμβολα τὸ φῶς ἡμῖν
δέδωκεν. αὐτίκα δ' ἡ τροφὸς οἶνον τῷ αἰσίῳ πυρὶ ἐπιρραίνει,
καί, Πλήρεις ἐσόμεθα, φησίν, αὔριον· καὶ αὐτὴ πίνει. τέλεσον 155
δὴ πλήρεις ἡμᾶς, νικήσας τὴν θάλατταν, καὶ δι' αὐτῆς ὡς ἡμᾶς
ὀλισθήσας, ὦ παντάπασιν ὅλῃ μοι τῇ καρδίᾳ εἰσδεδεγμένε.
καὶ πρὸς τὸ σὸν στρατόπεδον ἐπανακομίζου, ὦ τὸν συστρατιώτην
καταλιπὼν ἔρωτα· τί γὰρ ἐν μέσῳ τῷ λέχει τὸ σῶμά μοι μόνον
κεῖται; οὐδὲν γὰρ ἔστιν ὅπερ ἂν δείσαις· ἐπεί σοι τολμήσαντι
αὐτὴ ἡ Ἀφροδίτη εὐμενὴς ἔσται, κἀκ τῆς θαλάττης γεννηθεῖσα 160
καταστορέσει τὴν τῆς θαλάττης πορείαν. ἐμοὶ δὲ καὶ πολλάκις
ἀσμένως δοκεῖ διὰ μέσων ἐλθεῖν τῶν κυμάτων· ἀλλ' ἥδε ἡ
θάλαττα τοῖς ἄρρεσιν ἀσφαλεστέρα εἶναι φιλεῖ. τί δήποτε
γὰρ ἐνταῦθά μοι τοῦ Φρίξου καὶ τῆς Φρίξου ἀδελφῆς ὀχουμένων,
ἡ γυνὴ μόνη τοῖς βαθυτάτοις ὕδασι τοὔνομα δέδωκεν; εἰ δ' ἴσως 165
δέδοικας μήποτε καιρὸς οὐκ εἴη σοι πρὸς ἐπάνοδον καὶ δυνατῶς
οὐκ ἔχεις τοῦ διττοῦ πόνου τὸ βάρος ἐνεγκεῖν, ἀλλ' ἡμεῖς
ἑκατέρωθεν ἐν μέσῃ τῇ θαλάττῃ συνέλθωμεν καὶ φιλήματα ἐπ'
ἄκρων τῶν κυμάτων συναντήσαντες δῶμεν. καὶ οὕτως αὖθις
ἑκάτερος πρὸς τὴν οἰκείαν ἐπανέλθωμεν πόλιν· μικρὸν μὲν γὰρ 170
τοῦτο ἀλλὰ πλέον ἢ τοὐδὲν ἔσται. ὤφειλεν ἤτοιγε ἡ αἰδὼς
αὕτη ἥ με οὕτως ἐρᾶν ἀναγκάζει, ἢ ὁ δειλὸς ἔρως ἐθελῆσαι
ὑπεῖξαι τῇ φήμῃ. νῦν δὲ πράγματα κακῶς συνημμένα, ἔρως
καὶ εὐλάβεια, μάχονται. τίνι δ' ἂν ἐποίμην ἐν ἀμφιβόλοις κεῖται·
αὕτη μὲν γὰρ πρέπει, ἐκεῖνος δὲ τέρπει. ὡς μὲν οὖν ὁ Παγα- 175
σαῖος Ἰάσων ἅπαξ εἰς τοὺς Κόλχους εἰσῆλθεν, ἐπὶ τῆς ταχινῆς

---

149 om. A: causa patet.   150. ἠδ' A.   151. ineptit Plan. ut nunc est.
In archetypo ἔρεγκε scriptum est ; hoc in ἤνεγκε mutatum et ἡ γηραιά cet.
a librario post addita.   151. ὑποτεθέντος A.   158. μοι om. A.   165.
καιρὸν A.   δυνατὸς P.   166. διστοῦ A.   167. ἡμᾶς A.   ἑκατέροθεν A.
συνέλθομεν A.   168. καυμάτων A.   συναστήσαντες A.   169. οἰκίαν A.
170. τὸ οὐδὲν P.   171. ὤφειλον A. , ἤτοι με P.   ἤ με P.   ἔμε A.   172.

ἀναβιβασάμενος τὴν Κολχίδα νεὼς ἀπήγαγεν. ὡς δ' ἅπαξ ὁ
Ἰδαῖος μοιχὸς ἐλήλυθε πρὸς τὴν Λακεδαίμονα, εὐθὺς σὺν τῇ
οἰκείᾳ ἐπανέζευξε λείᾳ. σὺ δ' ὅσῳ τοῦτο πολλάκις ζητεῖς
180 οὗπερ ἐρᾷς, τοσούτῳ πολλάκις καταλιμπάνεις· καὶ ὁσάκις βαρὺ
ταῖς ναυσὶν ἀνάγεσθαι νήχῃ. οὕτω γε μήν, ὦ νεανία τῶν
ἐξοιδαινόντων ὑδάτων περιγενόμενε, οὕτω σπεῦδε περιφρονεῖν
τὴν θάλατταν, ὡς δὴ καὶ φοβεῖσθαι. αἱ μὲν γὰρ νῆες ὑπὸ τῆς
θαλάττης καὶ τῇ τέχνῃ πονοῦσαι βυθίζονται· σὺ δὲ τὰς σαυτοῦ
185 χεῖρας τῆς εἰρεσίας οἴει δύνασθαι πλέον; ὃ γὰρ σὺ φιλεῖς, τὸ
δὴ νήχεσθαι λέγω, τοῦθ' οἱ ναῦται δεδοίκασι, Λέανδρε· ἥδε γὰρ
ταῖς ναυγούσαις ὁλκάσιν ἔκβασις εἶναι φιλεῖ. οἴμοι τῇ
δυστήνῳ· ἐπιθυμῶ μὴ πεῖσαι ὅπερ παραινῶ καὶ εἴης αὐτὸς
δέομαι τῶν ἐμῶν εἰσηγήσεων ἰσχυρότερος. εἰ μόνον δὴ φθάσαις
190 καὶ τὰς πολλάκις διὰ τῶν κυμάτων ἐκτιναχθείσας ἐπιβάλοις
τοῖς ὤμοις χεῖρας κεκμηκυίας ἤδη. ἀλλά μοι ὁσάκις πρὸς τὸ
γλαυκὸν ἐπιστρέφομαι ὕδωρ, ἀγνοῶ τί ποτε ψῦχος τὸ στέρνον
ἔχει τοὐμόν. οὐδὲν δ' ἧττον τεθορύβημαι καὶ τῇ τῆς παρελθούσης νυκτὸς ὄψει, εἰ καὶ τὰ μάλιστα τοῖς ἑαυτῆς ἐξιλασάμην
195 ἐκείνην θύμασιν. καὶ γὰρ ὑπὸ τὴν ἠῶ ἤδη σβεννυμένου τοῦ
λύχνου καθ' ὃν χρόνον φιλοῦσιν ἀληθεῖς ὄνειροι φαίνεσθαι,
πέπτωκε μέντοι τῶν δακτύλων ὁ ἄτρακτος ἐκλυθέντων ὑπὸ τοῦ
ὕπνου, καί μοι τὸν τράχηλον τῷ προσκεφαλαίῳ φέρουσα δέδωκα.
200 ἐνταῦθα δ' ἐγὼ βλέπειν ἐδόκουν δελφῖνα διὰ τῶν κυμάτων
πεφυσημένων νηχόμενον οὔκουν ἀμφιβόλῳ τῇ πίστει, ὃν
ἐπειδὴ παρὰ τῇ ψάμμῳ διέπαιξε τὸ κλυδώνιον, ὁμοῦ τότε κῦμα
καὶ ἡ ζωὴ τὸν ταλαίπωρον ἐγκατέλιπεν. ὅ τι ποτὲ δ' ἂν εἴη
τοῦτό γε δέδοικα· μηδὲ σύ μου γέλα τὸν ὄνειρον, μηδὲ πίστευε
205 τῇ θαλάττῃ τὰς χεῖρας, ὅτι μὴ νηνεμίας. εἰ δέ γε σαυτοῦ μὴ
φείδῃ, φείδου μέντοι τῆς ἐρωμένης κόρης, ἥτις οὐδέποτ' ἂν
ὅτι μὴ σοῦ σωζομένου σῶς ἔσται. ἐλπὶς δ' ὁμῶς γείτονός ἐστι
γαλήνης τῶν κυμάτων δὴ λωφησάντων, σὺ δ' εἰρηναίας ὁδοὺς

ὑπῆξαι P.   180. ὡσάκις P.   181. περιγενόμενς P.   περιγενομένης A.
183. βαδίζονται A.   184. οὐδὲ A.   189. ἐκτειναχθείσας P.   191. τί A.
194. ἐξελασάμην A.   195. ἔω P.   σφεννυμένου A.   197. ὁ ἄτρωκτος A.
ἡ ἄτρακτος P.   201. illusit Vs.   204. νηνεμίαν A.   210. ἀλεαινέτω A.

ἐν ἀφόβῳ τῷ στέρνῳ τέμνε. ἐν τῷ μεταξύ γε μήν, ἐπεὶ μὴ
διοδεύσιμός ἐστιν ὁ πορθμὸς νηχομένῳ, τὴν μισουμένην βρα- 210
δυτῆτα πεμφθέντα γράμματα λεαινέτω.

XX.

Ἀκόντιος Κυδίππῃ.

Ἀπόθου δέος ἅπαν· οὐδὲν γὰρ αὖθις τῇδε τῷ ἐραστῇ ὁμό-
σεις· ἀπόχρη καὶ γὰρ ὁπότε σαυτὴν ἅπαξ μοι ἐπηγγείλω. καὶ
ἀνάγνωθι δή· οὕτως ἡ νόσος ἀποχωρῆσαι τοῦδε τοῦ σώματος·
τὸ γὰρ ἔν τινι μέρει τοῦ σοῦ σώματος ἄλγος ἄλγος ἐμὸν
ἡγοῦμαι. τί δὲ δή σοι καταρχὰς εὐθὺς αἰδὼς ἐπιγίνεται; καὶ 5
γὰρ ὡς ἐν τῷ τῆς Ἀρτέμιδος ἄλσει, καὶ νῦν ὑποπτεύω τὰς σὰς
εὐγενεῖς γένυς ἐρυθριᾶσαι. συζυγίαν ἐγὼ καὶ τὴν ὁμολογη-
θεῖσαν ἡμῖν πίστιν οὐχ ἁμαρτίαν ἀπαιτῶ· ἐρῶ δέ σου οὐχ ὡς
μοιχὸς ἀλλ' ὡς ὀφειλόμενος σύνευνος. εἰ γάρ τοι τὰ ῥήματά γε
ἀναλογίσῃ, ἅπερ ὁ ληφθεὶς ἐκ τοῦ δένδρου καρπὸς πρὸς τὰς 10
σώφρονάς σοι χεῖρας, ἐμοῦ βεβληκότος, ἤνεγκεν· εὑρήσεις ἐκεῖ
τοῦτο σαυτὴν ὑπισχνουμένην ὅπερ αὐτὸς εὔχομαι, σαυτήν, φημί,
κόρη, μᾶλλον ἢ ὥστε τὴν θεὰν μνημονεῦσαι. καὶ νῦν δέ γε
ταὐτὸ δέδοικα ἀλλὰ τοῦτ' αὐτὸ δριμύτερον γέγονε καὶ τὸ πῦρ
τῷ χρόνῳ δύναμιν προσέλαβε καὶ ἐπέδωκεν. ὁ δ' ἔρως, ὃς οὐκ 15
ἔστιν ὅτε ὀλίγος ἦν, οὐδὲ τῷ μακρῷ τούτῳ γέγονε χρόνῳ, καὶ ἡ
ἐλπὶς ἥν μοι δέδωκας, ἐπιτείνεται. ἐλπίδα μέν μοι σὺ δέδωκας·
ὁ δ' ἐμὸς οὗτος ἔρως ἐπίστευσέ σοι· οὐδὲ γὰρ ἂν ἐπὶ μάρτυρι
τοῦτο γεγονὸς τῇ θεᾷ ἀρνήσασθαι δύναιο. παρῆν γάρ, καὶ ὡς
παροῦσα ἐτύγχανε, τοὺς σοὺς λόγους ἐσημειώσατο, καὶ ἔδοξε 20
τὴν κόμην κινήσασα προσδεδέχθαι τὰ εἰρημένα. εἰ καὶ τὰ
μάλιστα φήσεις ὑπὸ τῆς ἐμῆς ἠπατῆσθαι πανουργίας ὁπότε

XX. -κόντιος -υδιππη P. 1. -πόθου P. 2. ἐπαγγείλω A. μὴ ἐπηγγείλω
P. μὴ om. Dilthey, et A. 4. σοῦ om. P: add. Dilthey et sic A. 9.
γάρ τι A. ἀναλογήσῃ A et Pp: ἀναλογίσῃ Dilthey, tacite. 10. ἤνεικεν
P. ἤνεγκεν Dilthey et sic A. 12. τῆς θεᾶς AP. τὴν θεὸν Dilthey.
13. Nunc quoque idem timeo. 17. ita PA. 18. γεγονοὺς P. 22.

μοι τοῦ δόλου ἔρως αἰτία λέγοιτο. τί γὰρ οὑμὸς δόλος ᾔτησεν
ὅτι μή σοι συναχθῆναί με μόνῃ ; καίτοι τοῦτο, ὅπερ μοι μέμφῃ,
25 συμβουλεύειν ἂν οἷά τ' ἦσθα. ἥκιστα μὲν γὰρ ἐγὼ πανοῦργος
οὔτ' ἐκ φύσεως ἦν οὔτ' ἐξ ἐθῶν, σὺ δέ με νῦν εὐμήχανον, πίστευέ μοι, ποιεῖς, ὦ παρθένε. ἐμοὶ μέντοι σε, εἴ τι καὶ πεπλασ-
μένοις ῥήμασιν ἐντέχνως εἰργάσμεθα, ὁ πολύτροπος συνήρμοσεν
ἔρως. καὶ τοῖς ὑπ' ἐκείνου λογογραφηθεῖσι ῥήμασι πεποίηκα
31 τὸν ἐπιθαλάμιον. . . . καὶ δὴ δόλος ὄνομα τῷδε τῷ ἔργῳ μοι
κείσθω, καὶ καλοίμην δόλιος εἴγε δόλος τοῦτο βούλεσθαι κατέχειν οὗ τις ἐρᾷ. ἰδοὺ δὲ καὶ πάλιν γράφω καὶ ἱκέσια ῥήματα
πέμπω· ἕτερος δόλος οὗτος καὶ πάντως, ὅπερ ἂν δυσχεραίνοις,
35 ἔχεις. εἰ γὰρ λυπῶ ὅ τι περ ἐρῶ, ὁμολογῶ ὡς ἀπαύστως
λυπήσω, εἰ δὲ καὶ αὐτή με φυλάττῃ, ἀλλ' αὐτὸς μάλα λυπήσω.
ἀλλοὶ μὲν γὰρ διὰ ξιφῶν τὰς εὐδοκουμένας αὐτοῖς ἥρπασαν
κόρας· ἐμοὶ δ' ἔσται πλημμέλημα τὰ λάθρα γραφόμενα ῥήματα ; οἱ θεοὶ ποιήσαιεν ὡς ἂν πλείους σοι δυναίμην δεσμοὺς
40 περιθεῖναι, ὡς ἂν ἡ σὴ πίστις μηδαμόθεν ἐλεύθερος ᾖ. μύριοι
μὲν γὰρ ὑπολελείφαται τρόποι. ἡμεῖς δ' εἰς ἓν ἐνιδροῦμεν
ἄναντες ἔτι, ἀλλὰ τοὐμὸν πῦρ οὐδ' ὁτιοῦν ἀπείρατον μεῖναι
ἐάσει. ἔστω δὲ καὶ ἀμφίβολον, εἰ δυνηθείης ἁλῶναι, ἀλλ'
ἁλώσῃ τῷ ὄντι· ἔστι δὲ καὶ ἡ ἔκβασις παρὰ τοῖς θεοῖς, σὺ μέντοι
45 γ' ἁλώσῃ. εἰ δὲ καὶ μέρος ἐκφύγοις, ἀλλ' οὐ πάνθ' ὑπερβήσῃ
τὰ δίκτυα, ἅπερ πλείω ἢ νομίζεις ὁ Ἔρως ἐξέτεινεν. εἰ δὲ μηδὲν
μηδ' αἱ τέχναι λυσιτελήσουσι, πρὸς ὅπλα γε μὴν ἐλευσόμεθα,
καὶ ἁρπαγεῖσα ἐπὶ τοῦ ἐρῶντός μου κόλπου ἀπενεχθήσῃ. οὐ
γάρ εἰμι νῦν, ὃς εἰώθειν τῆς τοῦ Πάριδος καθάπτεσθαι πράξεως,
50 οὐδέ γε τινὸς ἄλλου ὃς τοιοῦτος γέγονεν, ὡς ἀνὴρ δυνηθῆναι
γενέσθαι. καὶ ἡμεῖς δ', ἀλλὰ σιωπῶ. εἰ καὶ θάνατος εἴη

μου P.   23. scr. συναφθῆναι. uni.   24. consiliare potes *finxit*.   25.
ita A.   οὕτως ἐκ φύσεως ἦν οὐδ' Dilthey.   ἐξ ἐθῶν C. Dziatzko, ἔξωθεν PA.
26. δὲ μή A.   27. εἰργάσμεθα (sic) P.   εἰργασάμεθα A.   29. ἐπὶ τὸν
θάλαμον A.   30. om. PA, et ipse Planudes propter difficultatem.   31.
ita PA.   34. πάντα A.   δυσχερανῇς A.   35. λυπήσω A, et ita Dilthey
ex coniectura.   ζητήσω P.   καὶ σε ζητήσω post λυπήσω addit A.   36.
φυλάττει A.   37. μέν γε P.   41. ἡμᾶς εἰς A.   ἐνιδροῦμεν PA. in uno.
43. ἔστι P.   47. λυσιτελοῦσι A.   48. μοι PA.   49. εἴωθεν A.   τοῦ

μοι ταύτης τιμωρία τῆς ἁρπαγῆς, ἔσται μέντοι ἐλάττων τοῦ
σε μὴ ἐσχηκέναι. ἀλλ' εἴπερ εὐειδὴς ἧττον ἦσθα, μετριώτερον
ἂν ἐζητήθης, τολμητίαι γὰρ ἀναγκαζόμεθα σῷ γίνεσθαι κάλλει.
σὺ τοῦτο ποιεῖς καὶ ὀφθαλμοί γε οἱ σοί, οἷς εἴκουσι πάντες 55
ἀστέρες, καὶ οἳ τῆς ἐμῆς φλογὸς αἰτία γεγόνασι· τοῦθ' ἡ ξανθὴ
κόμη ποιεῖ καὶ ὁ ἐλεφάντινος τράχηλος καὶ χεῖρες ἃς εὔχομαι
πρὸς τὸν ἐμὸν ἐλθεῖν τράχηλον, καὶ σεμνότης καὶ ὄψις ἐκτὸς
ἀγροικίας αἰδήμων καὶ πόδες ὁποίους εἶναι μόλις οἶμαι τῆς 60
Θέτιδος. τὰ λοιπὰ δ' εἴπερ ἐπαινεῖν ἠδυνάμην, ἦν ἂν εὐτυ-
χέστερος· οὐδὲ γὰρ ἀμφίβαλλω, μὴ οὐχὶ καὶ μέρος τι τῶν σῶν
ὅλως ἔργον ἐπαίνων εἶναι. οὐκ ἂν οὖν εἴη θαυμαστὸν εἰ ὑπὸ
ταύτης τῆς μορφῆς συνελαθεὶς ἔχειν τῆς σῆς φωνῆς ἠβουλήθην
ἐνέχυρον. καὶ καθάπαξ, ὁπότε σὺ σαυτὴν ὁμολογεῖν ἀναγκασ- 65
θήσῃ δόλοις ἁλῶναι, ἔσῃ τοῖς ἐμοῖς δόλοις ἁλοῦσα κόρη. καὶ
μέμψιν ὑποσταίην, καί μοι τὸ προσῆκον δοθείη γέρας. τί δή
ποτε γὰρ ἂν τοῦ τοσοῦδε πλημμελήματος τὸ κατάλληλον ἀπείη
ἐνέχυρον; τὴν μὲν γὰρ Ἡσιόνην ὁ Τελάμων τὴν Βρισηίδα δ'
εἷλεν ὁ Ἀχιλλεύς, ἑκατέρα δὲ τῷ νικήσαντι πάντως ἠκολού- 70
θησεν ἀνδρί. κατηγόρει μου δὴ ὁπόσον βούλῃ, καὶ ἐξέστω
σοι ὀργίζεσθαι, εἰ μόνον ἐξείη μοι δοθῆναι καὶ ὀργιζομένης
ἀπολαῦσαι. αὐτοὶ γὰρ οἱ τὴν ὀργὴν ποιήσαντες αὐτοὶ ταύτην
καὶ λεπτυνοῦμεν, μόνον εὐπορία τις ἐξευμενίσασθαί σε μικρὰ
δοθήτω· μόνον ἐξείη μοι πρὸ τοῦ σοῦ προσώπου στῆναι δακρύ- 75
οντα, καὶ τοῖς δάκρυσιν ἐξείη ῥήματα προστιθέναι, καὶ ὡς
εἰώθασιν οἱ δοῦλοι χαλεπὰς μάστιγας εὐλαβούμενοι τὰς χεῖρας
ὑφειμένας πρὸς τὰ σὰ γόνατα τείνειν. ἀγνοεῖς τὸ σαυτῆς
δίκαιον. κάλει με δή, τοῦ γὰρ χάριν ἀπὼν ἐλέγχομαι; καί με 80
ἤδη ποτὲ δεσποίνης δίκην ἐλθεῖν κέλευσον. εἰ γὰρ καὶ αὐτή
μοι τοὺς πλοκάμους διασπαράξαις, καί μοι τὸ πρόσωπον πελιδνὸν

---

om. P.　　52. ἔσται A, et ita Blass ; ἔστι P.　　54. τῷ σῷ P.　　55.
οἱ ὀφθαλμοὶ P.　　59. ἐκτὸς A, Dilthey ex coniectura : ἐκ τῆς P.　　60.
πόδας A. οἶμαι μόλις εἶναι P.　　61. δ' om. P.　　62. με οὐχὶ A. ἐπαίνων
PA. ἐπαινετὸν Dilthey, quasi ex P, sed falsus est.　　64. ἐβουλήθην A.
65. σαυτὴν Dilthey. ταύτην PA. δόλως A pr. δόλοις delet Dilthey.
68. ita PA : Dilthey omisit nescio quomodo verba πλημμελήματος τὸ
κατάλληλον.　　71. βούλει A.　　72. ita PA : δυνηθῆναι Blass. ὀργιζο-
μένου P. corr. Dilthey, cum A. σοῦ ἀπολαῦσαι P.　　75. flentem.　　82.

τοῖς δακτύλοις σοι γένοιτο. πάντ' ἂν ὑπομείναιμι, τοῦτο μόνον
ἴσως ἂν δείσαιμι, μή ποτέ σοι ἡ χεὶρ ἐπὶ τῷ ἐμῷ σώματι κακω-
85 θείη. ἀλλὰ μήτε με δεσμοῖς μήθ' ἀλύσεσι σφίγγε· φυλαχ-
θήσομαι γὰρ τῷ στερρῷ σου συνδεδεμένος ἔρωτι. ἡνίκα δ' ἂν
καλῶς καὶ ὁπόσον ἂν βούληται κορέσῃ ἑαυτὸν ὁ θυμός, αὐτὴ
σαυτῇ τότε φήσεις, *Ὦ πόσον καρτερικῶς οὗτος ἐρᾷ. αὐτὴ
90 σαυτῇ φήσεις ἰδοῦσα πάντα ὑπενεγκόντα με 'Ο καλῶς οὕτω δου-
λεύων οὗτος δουλευέτω μοι δή. νυνὶ δ' ὁ κακοδαίμων ἀπὼν
ἄγομαι ὑπ' εὐθύνην, καί μου ἡ δίκη ἀρίστη οὖσα μηδενὸς προ-
ασπίζοντος ἐξαπόλλυται. ἀλλὰ τοῦθ' ὅπερ τὰ γεγραμμένα
ἐκέλευεν ἡμετέρα ἐστὶ παροινία· ὃ κατ' ἐμοῦ μόνον πάντως
95 μέμψασθαι ἔχεις. ἀλλ' οὐκ ἀξία σὺν ἐμοὶ καὶ ἡ Δηλία παρὰ
σοῦ φενακίζεσθαι. εἰ δὲ καὶ μὴ θέλεις ἐμοὶ τὴν ὑπόσχεσιν ἀποδοῦναι τῇ θεῷ γε ἀπόδος. παρῆν γὰρ καὶ εἶδεν, ἡνίκα σὺ
κατασοφισθεῖσά γε ἠρυθρίας, καὶ μνήμοσιν ἔκρυψε τὴν σὴν
φωνὴν ἀκοαῖς. εἰ γὰρ καὶ τἆλλα πάντα ἀπείη, οὐδὲν ἐκείνης
100 ἐστὶ βιαιότερον ἐπειδὰν τὴν αὑτῆς θειότητα, ὅπερ οὐκ ἂν ἠθέ-
λησα, ἀμελουμένην ὁρᾷ. καί σοι μάρτυς ὁ Καλιδώνιος ἔσται
κάπρος· καὶ γὰρ ἔγνωμεν ὡς μᾶλλον ἐκείνου μήτηρ ἐπὶ παιδὶ
χαλεπωτέρα εὑρέθη. μάρτυς καὶ Ἀκταίων θηρίον ποτὲ νομισ-
θεὶς ἐκείνοις μεθ' ὧν πρόσθεν αὐτὸς τὰ θηρία παρεδίδου
105 θανάτῳ. καὶ μήτηρ ἡ ὑπερήφανος, ἡ λίθου διὰ τοῦ σώματος
ἀνασχόντος καὶ τὰ νῦν δακρύουσα ἐπὶ τῆς Μυγδονίας ἵσταται
γῆς. οἴμοι Κυδίππη· δέδοικά σοι φάναι τἀληθές, μή ποτε
δόξαιμι τῆς ἡμετέρας αἰτίας χάριν τὰ ψευδῆ παραινεῖν σοι.
λεκτέον δ' ἐστὶν ὅμως· τοῦτ' ἔστι, πίστευέ μοι, ὅτι δὴ πολλάκις
110 νοσοῦσα κατάκεισαι κατ' αὐτὸν τὸν τοῦ γάμου καιρόν· αὐτή
σοι συμβουλεύει καλῶς ἡ θεός, καὶ προσταλαιπωρεῖ μηδαμῶς σε γενέσθαι ψεύδορκον καὶ σπεύδει σε σώζεσθαι

σοι PA.   86. στερρῷ P, A non liquet.   88. σαυτὴν P.   89.
ὑπενεγκόντα Dilthey: ὑπενεγκότα A.   ὑπερεγύεικοντα P, unde coniecerim
ὑπέρευ ενεγκόντα. ὑπερενεγκόντα p.   91. νυνὶ δὴ P.   92. ἐξαπόλυται A.
93. quod iussit.   scr. ἔστω.   94. sic, ἔχεις PA.   96. γε om. A.   97.
σὺ ex σοι corr. P.   99. τῆς P.   100. ἠθέλησαν A. ἠθέλησεν P.   101.
nam scimus.   102. Μελεάγρῳ παιδὶ P. Μελεάγρῳ super παιδὶ A : glossam
omisi.   107. σοι Dilthey: σε PA. τἀληθῆ A.   108. τῆς om. P.
109. πίστεως A.   111. προσταλαιπορεῖ A.   114. σοι PA.   116.

σωζομένης τῆς πίστεως. ἐντεῦθεν γὰρ γίνεται, ὡς, ὁσάκις
ἂν παρασπονδεῖν ἀποπειρᾷ, τοσαυτάκις ἐκείνη σοι διορθοῦται
τὴν ἁμαρτίαν. φείδου κινεῖν τὸ δεινὸν τῆς μεγαθύμου παρθέ- 115
νου τόξον. ἔτι γὰρ πραϋνθῆναι δύναται εἰ μόνον αὐτὴ
ἐθελήσεις. φείδου, δέομαι, τὰ τρυφερὰ σαυτῆς μέλη τοῖς
πυρετοῖς διαφθείρειν. συντηρείσθω δέ μοι τὸ αἰδῆμον πρόσωπον τοῦτο. φυλαττέσθω μοι ὄψις ἡ πρὸς τὴν ἐμὴν γεννηθεῖσα πυρπόλησιν καὶ τὸ τοῖς χιονώδεσι χείλεσι λεπτὸν 120
ἐρύθημα ὑποπεφυκός. ἐχθρός ἐστιν εἴ τις μάχεται μὴ
γενέσθαι σε ἡμετέραν· σοῦ γὰρ ἀσθενούσης κἀγὼ ταὐτὰ
εἴωθα πάσχειν. κατατείνομαι δ' ἐπίσης σοῦ γε ἤτοι νυμ-
φευομένης ἢ νοσηλευομένης· καὶ λέγειν οὐ δύναμαι τί ποτ'
ἂν ἔλαττον θέλοιμι. κατατείνομαι πολλάκις ὅτι σοι τοῦ 125
ἀλγεῖν αἴτιός εἰμι, καί σε τῇ ἐμῇ μηχανῇ βλάπτεσθαι οἴομαι.
εἰς τὴν ἐμὴν δ', ἱκετεύω, κεφαλὴν αἱ τῆς δεσποίνης ἔλθοιεν
ψευδορκίαι, τῆς δ' ἐμῆς τιμωρίας ἐλεύθερος ἐκείνη γε ἤτω.
ὡς ἂν μέντοι μηδ' ἀγνοοίην τί ποτε πράττεις, πυκνότερον
ἐπὶ τῶν προθύρων ὀδυνώμενος δεῦρο κἀκεῖσε ὡς μηδὲν ἐπι- 130
στάμενος εἰμι. ἕπομαί τε λάθρα τῇ παιδίσκῃ καὶ τὸν οἰκέτην
ἀνερευνῶ, εἰς τί σοι προύχώρησεν ὁ ὕπνος, εἰς τί δ' ἡ
τροφή. οἴμοι τῷ δυστήνῳ, ὅτι μὴ ταῖς ἐντολαῖς ὑπηρετοῦμαι
τῶν ἰατρῶν, καὶ πιέζω τὴν χεῖρα καὶ ἐπιπιπτω τῷ λέχει.
οἴμοι καὶ αὖθις τῷ δυστίνῳ, ὅτι πόρρω ἐκεῖθεν ἀπέστησα 135
ἐμαυτόν, ὃν δ' ἥκιστ' ἂν ἐθέλοιμι πάρεστιν ἴσως ἄλλος ἐκεῖ.
ἐκεῖνος τῶν χειρῶν τούτων ἅπτεται καὶ παρεδρεύει τῇ ἀσθε-
νούσῃ, μισητὸς τοῖς θεοῖς καὶ σὺν τοῖς θεοῖς ἐμοί. καὶ τοῖς
οἰκείοις δακτύλοις τὴν σφύζουσαν ψηλαφῶν ἀρτηρίαν, πολλάκις
τοὺς λευκοὺς πήχεις δι' αἰτίαν τήνδε κατέχει. καὶ πολυ- 140
πραγμονεῖ τὸν κόλπον, καὶ φιλήματα δ' ἴσως συνάπτει, καί
οἱ πληρέστερος ὁ μισθὸς τῆς οἰκείας ὑπηρεσίας. τίς σοι

πραυθῆναι P. corr. Dilthey. πρπονθῆναι A. 117. αὐτῆς P. πυρωτοῖς A.
118. συντηρείσθω μοι δὲ P. δὲ om. A. 121. Hostibus e vel ex s. μάχεται
μοι A, μὴ om. 127. αἱ τῆς P. αὐτῆς A. 128. ἐκείνη ἐλεύθερος (γε om.)
P. ἤτω PA. ἔστω Dilthey. 129. μέντοι A. δὲ P. 130. δεῦρι A.
131. τὴν οἰκέτην A. 134. ἐπιπίπτω P. ἐνιπίπτω A. 135. ita PA.
139. ἀρτεμίαν P. 140. καὶ ἐμοὶ A. 142. πληρέστατος P. 143.

συνεχώρησε τὸ ἡμέτερον λήιον ἀμᾶν; πρὸς τὰς ἑτέρου δ'
145 ἐλπίδας τίς σοι πεποίηκεν τὴν ὁδόν; οὗτος ὁ κόλπος ἐμός
ἐστιν, αἰσχρῶς τἀμὰ λαμβάνεις φιλήματα· ἐκ τοῦ ὑπεσχη-
μένου μοι σώματος αἶρε σαυτοῦ τὰς χεῖρας. αἶρε σαυτοῦ
τὰς χεῖρας, ἀδόκιμε· ἧς γὰρ θιγγάνεις, ἡμετέρα μέλλει γενήσεσθαι. εἰ τὸ ἐντεῦθεν ποιήσεις τοῦτο, μοιχὸς ὄντως ἔσῃ.
ἐπίλεξαι σαυτοῦ παρὰ τῶν ἀγάμων, ὑπὲρ ἧς οὐκ ἂν ἕτερος
150 ἀμύναιτό σε. εἰ γὰρ ἀγνοεῖς, τοῦτο τὸ πρᾶγμα δεσπότην
οἰκεῖον ἔχει. εἰ δ' ἐμοὶ οὐ πιστεύεις, τὸ τῶν συμπεφωνημένων
εἶδος ἐξέτασον· ὡς ἂν δὲ μὴ ψευδὲς τοῦτο φῇς εἶναι, αὐτή γε
ἀναγνώτω. σὺ δ' ἐκ τοῦ ἀλλοτρίου θαλάμου—σοι προλέγομεν
ἡμεῖς—ἔξιθι· ἔξιθι ἐνθένδε· τί δρᾷς; οὐ σχολάζει τὸ λέχος
155 τοῦτο. ὃ γὰρ ἔχεις καὶ σὺ τῆς ἀνθρωπίνης ὁμολογίας ἄλλα
τὰ ῥήματα, οὐκ ἔσται γοῦν διὰ ταῦτα ἴση ἡ σὴ δίκη τῇ ἐμῇ.
ἐμοὶ μὲν γὰρ αὕτη ἑαυτὴν ὡμολόγησε, σοὶ δ' αὐτὴν ὁ πατὴρ
πρῶτος ὢν ἀπ' ἐκείνης· ἀλλ' ὡς ἀληθῶς εἰπεῖν, αὐτὴ ἑαυτῇ
ἐγγυτέρα μᾶλλον ἢ ὁ πατήρ ἐστι. κατηγγυήσατό σοι ταύτην
160 ὁ πατήρ, αὐτὴ δὲ καὶ ὤμοσε τῷ ἐρῶντι· κἀκεῖνος μὲν ἀνθρώ-
πους αὕτη δὲ θεὰν παρήγαγε μάρτυρα. κἀκεῖνος μὲν δέδοικε
μὴ ψεύστης, αὕτη δὲ μὴ καὶ ἐπίορκος ὀνομάζοιτο. μή τι
γοῦν ἀμφιβάλλεις πότερον οὗτος ὁ φόβος μείζων ἐστὶν ἢ
ἐκεῖνος; καὶ καθόλου εἴπερ ἀμφοῖν τοὺς κινδύνους συνάγειν
δύνῃ, ἄθρει πρὸς τὴν ἔξοδον τῶν πραγμάτων· ἡ μὲν νόσῳ
165 κάμνει ὁ δ' ἔρρωται. καὶ ἡμεῖς δ' ἀνομοίους ἀγῶνας κατὰ νοῦν
ὑπερχόμεθα οὔτε δ' ἡ ἐλπὶς ἡμῖν ἡ αὐτὴ οὔτε φόβος πρόσεστιν
ἴσος· σὺ μὲν γὰρ ζητεῖς ἐκ τοῦ ἀσφαλοῦς, ἐμοὶ δὲ τὸ
ἀπωσθῆναι καὶ θανάτου βαρύτερον· καὶ τούτου ἤδη ἔγωγε,
οὗπερ αὐτὸς ἴσως ἐρασθήσῃ, ἐρῶ. εἴ σοι γοῦν τοῦ δικαίου,

τί σοι Α. 144. ἑτέρας P. spes. 147. ἐμοὶ Α. ἧς] εἰ Α. μέλλει
P. de Α non liquet. 148. εἴτ' ἐντεῦθεν ποιήσας Α. 149. ἀγάνων
Α. ἀμύνοιτό Α. 153. σοὶ δ' ἐκ Α. προλέγομεμον ἡμᾶς Α. 154.
hinc. 155. humani. 156. ita Dilthey corr. cum Α. σὴ om. P.
157. ἐμὸς Α. σὺ δ' P. 158. ἑαυτὴν P. 159. κἀκκείνους Α. ἀνθρώποις
P. 161. ψεύσης Α. μὴ καὶ Α ut voluit Dilthey. μὴ δὲ P. 162.
ἀμφιβάλλῃς P. πρότερον P. ἐκείνους Α. 163. κάτῶ Α. 164.
ἔξοδον Dilthey: ἔφοδον PΑ. 165. ἀνόμοιον Dilthey, fort. ἀνομοίως.
167. δὲ καὶ τὸ P: καὶ iam deleverat Dilthey. 169. ἐγέγονε Α. 172.

εἴ σοι τοῦ ὀρθοῦ φροντὶς ἐγεγόνει, ὑποχωρεῖν αὐτὸς τῷ ἐμῷ 170
πυρὶ ὤφειλες. νυνὶ δ' ἐπεὶ ὁ ἀμείλικτος οὗτος ὑπὲρ ἀδίκου
μάχεται δίκης, πρὸς τί ποτε, Κυδίππη, γράμματα τὰ ἐμὰ
καταντᾷ; οὗτος γὰρ ὡς ἂν κακῶς ἔχοις ποιεῖ καὶ τῇ Ἀρτέμιδι
ὕποπτος εἴης· τοῦτον, εἰ φρονεῖς, κωλύσαις ἄν σοι τοῦ οὐδοῦ
ἐπιβῆναι. τούτου γὰρ ἐνεργοῦντος, τοὺς οὕτω δεινοὺς ὑπέρχῃ 175
τῆς ζωῆς σοι κινδύνους· ἀλλὰ πέσοι ἀντὶ σοῦ ὁ τὰ τοιαῦτα
κινῶν. ὃν εἴπερ ἀπώσαιο καὶ ἐρασθείης οὗπερ ἡ θεὸς οὐ
καταψηφίζεται, καὶ σὺ παραχρῆμα τῆς σωτηρίας σαυτῆς
ἐπιλήψῃ. στῆσον οὖν, παρθένε, τὸν φόβον· σταθηρᾶς γὰρ
ἀπολαύσεις τῆς σωτηρίας, ποίει μόνον τὸν συνίστορα τῶν 180
ὑπεσχημένων νεὼν τιμῆσαι. οὐ γὰρ βουσὶ σφαττομένοις οἱ
οὐράνιοι θεοὶ χαίρουσιν, ἀλλὰ τῇ τηρουμένῃ πίστει καὶ
μαρτύρων χωρίς. ἄλλαι μὲν οὖν ὡς ἂν ῥᾴονες γένοιντο καὶ
σίδηρον καὶ πῦρ ὑπομένουσι· χυλὸς δ' ἑτέραις πικρὸς ἐπώδυνον
ἄκος φέρει. σοὶ δ' οὐδενὸς τούτων δεῖ· τὴν ἐπιορκίαν φύλαξαι 185
μόνον καὶ σαυτὴν ὁμοῦ φύλαττε καὶ ἐμὲ καὶ τὴν δοθεῖσαν
πίστιν ἡμῖν. ἡ δ' ἄγνοιά σοι καὶ ὑπὲρ τοῦ παρελθόντος
πταίσματος δώσει συγγνώμην, ὅτι σοι τῆς διανοίας αἱ ἀνα-
γνωσθεῖσαι συνθῆκαι ἐξέπεσον· νῦν δέ σε τούτων ἀνέμνησαν
οἵ τε ἐμοὶ λόγοι καὶ νόσημα τὸ παρὸν ὅπερ φέρειν εἴωθας 190
ὁσάκις ἂν πειρᾷ ψεύδεσθαι. καὶ μὴν καὶ τοῦτο φυλαξαμένη
πάντως ἐν τοκετῷ δεηθήσῃ τὰς φωσφόρους σοι τὴν θεὸν
χεῖρας προσενεγκεῖν. ἡ δὲ ἀκούσεται καὶ πολυπραγμονήσει
τὰ ἀκουσθέντα, καὶ ἐξετάσει ἐκ τίνος ἀνδρὸς ἂν ὁ τοκετὸς
εἴη οὗτος. ἀλλ' ὑποσχεθήσῃ τινὰ εὐχήν· ἀλλ' ἐπίσταταί σε 195
ψευδῆ ὑπισχνουμένην· ἀλλ' ὀμόσεις· ἀλλ' οἶδέ σε δυναμένην
ψεύδεσθαι τοὺς θεούς. οὔκουν ἐνεργεῖται τὰ περὶ ἐμοῦ· ὑπὲρ
μείζονος ταλαιπωροῦμαι φροντίδος· ἀλγεῖ μοι γὰρ ἡ καρδία

Ad quid. ita, τὰ ἐμὰ PA.　　175. οὕτω om. P.　　ὑπέχρη A.　　176.
κανῶν A.　　178. ita PA : confer notam ad Ovidium.　　180. τοὺς A.
ὑπερσχημένων A.　　183. ῥάους A.　ὑπομείνουσι A.　　184. ἐπόδυνον P.
187. καὶ delet Dilthey.　　188. ἀναγκασθεῖσαι A.　　189. σοι A.　verba
ab καὶ νόσημα ad finem versus 190 om. A.　ὠσάκις P.　　191. τῷ τοκετῷ
A.　　192. προσενάγειν P.　　195. ὑποσχελήσῃ A.　ἐπίσταταί σε P.
ἐπισταταίσης (sic) A.　　196. δυναμένην om. A pr.　　197. ταυτὰ περὶ A.

τῆς σῆς ζωῆς ἕνεκεν. τί δὲ νῦν σε ἐν ἀδήλοις περιδεεῖς οἱ
200 γονεῖς ἔκλαυσαν, οὓς ἀγνῶτας τοῦ συῦ πταίσματος εἶναι ποιεῖς;
καὶ ἵνα τί ἀγνοοῦσιν; ἔξεστι πάντα διηγήσασθαι τῇ μητρί·
οὐδ' ὁτιοῦν γὰρ αἰσχύνης, Κυδίππη, τὸ σὸν ἔργον ἔχει.
σπεῦσον καθ' εἱρμὸν ἀναγγεῖλαι ὅπως μοι τὸ πρῶτον ἐγνώσθης,
205 ἡνίκα τὰ τῆς τοξοφόρου θεᾶς ἐτέλεις ἱερά, ὅπως ἐξαπίνης
αὐτὸς ἰδών σε, εἰ τοῦτ' ἴσως ἐστοχάσω, ἔστην ἀχανὴς ἐπὶ
τῷ σῷ κάλλει γενόμενος, καί μου σφόδρα σε θαυμάζοντος,
σαφὲς τοῦτο μανίας σύμβολον, πέπτωκε διολισθῆσαν τῶν
ὤμων μοι τὸ ἱμάτιον. τὸ δ' ἐντεῦθεν οὐκ οἶδ' ὁπόθεν ὑπό-
210 σφαιρον μῆλον ἐληλυθέναι, σοφοῖς γράμμασι ῥήματα φέρον
ἐπίβουλα. ὅπερ ἐπειδὴ τῆς ἱερᾶς Ἀρτέμιδος παρούσης
ἀνέγνως, ἡττηθῆναί σου τὴν πίστιν ὑπὸ μάρτυρι τῇ θεῷ.
ὡς ἂν δὲ μηδ' ἀγνοοίη τίς ποτ' ἂν ὁ νοῦς εἴη τῶν γε-
γραμμένων, τὰ ἀναγνωσθέντα σοι πάλαι ῥήματα καὶ νῦν
215 αὖθις ἀνένεγκαι. ἡ δ' αὐτίκα φήσει, Νυμφεύθητι ᾧπερ ἡ
χρηστή σε συνάπτει θεός· ὃν ἐμὸν γενήσεσθαι γαμβρὸν
ὤμοσας ἐκεῖνος γινέσθω· ὅστις ποθ' οὗτός ἐστιν ἀρεσκέτω,
ἐπειδὴ πρόσθεν ἤρεσε τῇ Ἀρτέμιδι· τοιαύτη ἡ μήτηρ ἔσται
εἰ μόνον μήτηρ ἔσται. ἀλλ' ὅμως καὶ ζητήσει τίς ποτ' ἂν
220 εἴην καὶ ὁποῖος· καὶ δὴ σκοπείτω· εὑρήσει γὰρ ὑμῖν τὴν θεὸν
συμβουλεύσασαν. νῆσός τις ταῖς Κωρυκίαις οἰκουμένη τὸ
πάλαι νύμφαις τῷ Αἰγαίῳ πελάγει περιζώννυται τοὔνομα Κέως.
ἐκείνη δή μοι πατρίς ἐστιν· οὐ μὴν οὐδ' εἰ εὐγενῆ δοκιμάσεις
225 ὀνόματα ἐξ ὀλιγωρουμένων ὑδάτων ἐλέγχομαι γεννηθείς. ἔστιν
ἡμῖν καὶ χρήματα· ἔστι καὶ ἤθη μώμων ἀπηλλαγμένα, καὶ
ὡς ἄν σοί με συνάψειεν ἔρως, πλέον οὐδ' ὁτιοῦν. ηὔξω ἂν

---

198. ζενῆς Α.   199. περιδεηεῖς Α.   203. καθ' εἱρμὸν Ρ, et recte
licet εἱρμὸς alibi non aspiretur: καθ' ἕρμου Α. καθ' . . . ὸν p. Unde
καθηρμωσμένως Dilthey reportaverit, nescio.   205. ὅπως Dilthey.
ὅπη Α. ὅπερ Ρ.   ἐστοχάξω Α.   206. ἔστη Α.   212. victam GVs. ἐπὶ
Dilthey.   213. ἀγνοοίην Ρ.   214. ἀνένεγκαι Dilthey et Α. ἀνένεικαι
Ρ.   215. ἡ] οὗ Α pr. σε add. Dilthey, om. ΡΑ.   217. ὅστις ποθ' οὗτός
ἐστιν Α et Ρ pr. : ὅστις ποτ' ἐστιν οὗτος ἐστιν Ρ₂. ἤρησε Ρ.   218. τοσαύτη
Α. verba εἰ μόνον μήτηρ ἔσται om. Ρ.   220. ἡμῖν Ρ.   222. τοὔνομα
τις Α. Κέως Blass. Κῶς ΡΑ.   223. probabis.   224. aquis.   225.
μώμων Dilthey et Α. κώμων Ρ.   228. ἐθελήσαις Ρ. ἐθελήσεις Α.

σαυτῇ τοιοῦτον ἄνδρα καὶ μὴ ὀμόσασα, ὀμόσασα δ' οὐκ ἂν
τοιοῦτον σχεῖν ἐθελήσαις ; ταῦτά σοι ἡ ἑκατηβόλος ἐν ὕπνοις
γράφειν ἐκέλευσε Φοίβη, ταῦτά σοι καθ' ὕπαρ ἔρως γράφειν 230
ἐκέλευσεν, ὧν θατέρου μὲν τὰ βέλη ἐμὲ ἤδη ἐκάκωσε, τὰ δὲ
θατέρας φυλάττου μή σε κακώσῃ. συνῆπται δ' ἡμῶν καὶ ἡ
σωτηρία· φεῖσαι γοῦν καὶ ἐμοῦ καὶ σαυτῆς. τί διστάζεις
ἓν βοήθημα τοῖς δυσὶ προσαγαγεῖν ; ὅπερ εἰ ἀπαντήσειεν, 235
ἐπειδὰν ἤδη τὰ δοθέντα ἠχήσῃ συνθήματα καὶ ἡ Δῆλος
αἵματι βαφείη τῷ κατ' εὐχήν, χρυσῇ ἀνατεθήσεται τοῦ
εὐδαίμονος εἰκὼν μήλου καὶ δυσὶν ἔπεσιν ἐπιγραφήσεται ἡ
ὑπόθεσις·

Τοῦ μήλου μαρτύρετ' Ἀκόντιος εἰκόνι τοῦδε·
ὅσσ' ἐγράφη τούτῳ, πάντα βέβαια πέλειν. 240

ἀλλ' ἵνα μὴ τὰ γράμματα μηκυνόμενα τὴν κάμνουσαν κεφαλὴν
ἐνοχλῇ, ἐχέτω καὶ ἡ κλεὶς τὸ σύνηθες πέρας, Ὑγίαινε.

XXI.

Κυδίππη Ἀκοντίῳ.

Ὑπερέδεισα, καὶ δὴ τὰ γραφέντα σοι καὶ ψιθυρίσματος
ἐπῆλθον χωρίς, μήποτ' ἀγνοοῦσά μοι ἡ γλῶττα τοὺς θεοὺς
αὖθις ὀμόσῃ. ὡς δ' οἶμαι καὶ αὖθις ἐθήρευσας ἄν· εἰ μή, ὡς
αὐτὸς ὡμολόγησας, ἠγγυημένην με εἰδὼς ἅπαξ, ἀποχρῶν οἴει.
ἀλλ' οὐδ' ἀναγνώσεσθαι ἔμελλον· ἀλλ' εἴπερ σοι ἀμείλικτος 5
ἐγενόμην ἐπέδωκεν ἂν ἴσως ἡ δεινὴ τῆς θεᾶς ὀργή. πάντα
δ' ἐμοῦ ποιούσης καὶ εὐσεβῆ θυμιάματα τῇ Ἀρτέμιδι προσ-
φερούσης, ἐκείνη μέντοι τῷ δικαίῳ μέρει σοι μᾶλλον εὐνοεῖ.

ἐθελήσειας Dilthey. 229. ταύτῃ P. 230. ὑπὲρ A. 233. ἡμῶν
Dilthey et A. ἡμᾶς P. καὶ ἐμαυτοῦ A. 240. ἐγράφην A. 241.
ὀχλῇ P. 242. ὑγίαιε A.

XXI. -υδίππη -κοντίω P. 1. -περέδεισα P. ἀπῆλθον A. 3. εἰ μὴν P.
4. με om. P. ἀποχρώντως οἴει vel οἴῃ vel εἴη A. (ἀποχρῶν A pr. ut vid.)
ἀποχρῶν οἴῃ vel οἴει ex εἴη correctum P. ἀποχρῶν εἴη p. 7. προσφέρουσας
P. corr. Dilthey cum A.

καὶ ὥσπερ δῆτα σπεύδεις πιστεύεσθαι, μνήμονί σοι ὀργῇ
10 ἀμύνει· μόλις τοιαύτη περὶ τὸν ἑαυτῆς Ἱππόλυτον γέγονεν.
ἀλλὰ βέλτιον ἡ παρθένος ἵλεως εἴη τοῖς τῆς παρθένου ἐνιαυτοῖς, οὓς εὐλαβοῦμαι μήποτέ μοι ὀλίγους ἐθελήσειεν εἶναι.

ΤΕΛΟΣ.

10. sic, περὶ, PA.

www.ingramcontent.com/pod-product-compliance
Lightning Source LLC
Chambersburg PA
CBHW071749110726
47908CB00006B/1741